A nova questão da habitação em Portugal

TÍTULO:
A nova questão da habitação em Portugal — Uma abordagem de economia política

AUTORES
Ana Cordeiro Santos, José Reis, Nuno Teles, Luís Mendes, André Carmo, Jorge Malheiros, Ana Gago, Agustin Cocola-Gant, João Pedro Ferreira, Nuno Baetas da Silva, João Fontes da Costa, Raquel Ribeiro, Rita Silva, Tiago Castela, Nuno Serra.

CONJUNTURA ACTUAL EDITORA
Sede: Rua Fernandes Tomás, 76-80, 3000-167 Coimbra
Delegação: Avenida Engenheiro Arantes e Oliveira, 11 – 3° C - 1900-221 Lisboa - Portugal
www.actualeditora.pt

CAPA
FBA

PAGINAÇÃO
João Jegundo

IMPRESSÃO E ACABAMENTO
ACD Print, S.A.

Maio 2019

DEPÓSITO LEGAL
n.º: 456455/19

Biblioteca Nacional de Portugal – Catalogação na Publicação

SANTOS, Ana Cordeiro

A nova questão da habitação em Portugal. – (Fora de coleção)
ISBN 978-989-694-391-2

CDU 332

Cofinanciado por:

Ana Cordeiro Santos
coordenação

A nova questão da habitação em Portugal

Uma abordagem de economia política

ACTUAL

APRESENTAÇÃO

ANA CORDEIRO SANTOS

A provisão de habitação em Portugal não pode ser cabalmente compreendida sem se considerar a articulação crescente com a finança. Se considerarmos uma primeira fase, entre os anos 1990 até à crise financeira internacional de 2008–2009, verificamos que este sistema de provisão foi fortemente determinado pela evolução do sector financeiro, propiciando as condições necessárias para uma política assente na aquisição de casa própria com recurso ao crédito em larga escala. Quer isto dizer que tal sistema de provisão foi fundamental para a expansão do sector financeiro, através da explosão do crédito às famílias e às empresas, algo que é identificado como traço distintivo do processo de financeirização semiperiférico português (Rodrigues *et al.*, 2016a e 2016b). Contudo, nas dinâmicas atuais do capitalismo nacional já é possível discernir novos elementos, em grande medida decorrentes da recente crise financeira internacional e do programa de ajustamento a que o país foi subsequentemente sujeito entre 2011 e 2014, e cujos efeitos ainda se fazem sentir na economia e na sociedade portuguesa.

Talvez surpreendentemente, tendo em conta o papel do crédito à habitação no desencadear da crise financeira e no alastramento dos seus efeitos à escala global, o nexo finança-habitação continua a densificar-se. O presente livro dá conta dos mais recentes desenvolvimentos desta relação que, como se irá mostrar, são cada vez mais delineados por uma procura transnacional dirigida ao imobiliário nacional e pela maior relevância de novos agentes financeiros, como os fundos imobiliários internacionais, no que parece estar a constituir-se como uma nova fase da financeirização da habitação — o que indicia também uma nova etapa do capitalismo financeirizado português, dada a indissociável imbricação entre a finança e a habitação. É, pois, desta imbricação que emerge a nova questão da habitação que se identifica e que oferece o título ao presente livro.

Um segundo objetivo deste livro é precisamente aquele que o seu subtítulo indicia: *Uma abordagem de economia política*. Neste sentido, a análise que aqui se apresenta procurará situar os desenvolvimentos recentes da financeirização da habitação em Portugal no seu devido contexto histórico, político e geográfico. Tal implica a convocação de várias áreas disciplinares e interdisciplinares para melhor se dar conta da multidimensionalidade e das inter-relações que a habitação estabelece com outros domínios da vida pessoal e coletiva, como seja o bem-estar psicossocial ou outras esferas da política social. Requer ainda a consideração das dimensões mais sistémicas da provisão habitacional, dada a sua permeabilidade à finança internacional, bem como as que lhe são mais específicas nas mais variadas escalas — sectorial, nacional, regional ou local — já que a habitação, como nenhum outro sistema de provisão, está irremediavelmente ligada a territórios concretos.

Assim, a partir de diversas perspetivas e enfoques, disciplinares e interdisciplinares, não só se examina o sistema de provisão de habitação a partir de diferentes unidades de análise (internacionais, nacionais, regionais ou locais), como se leva em consideração uma diversidade de variáveis explicativas, materiais e não materiais (incluindo as debilidades estruturais da economia portuguesa bem como a ideologia que diferentes modelos de provisão veiculam). O estudo das transformações recentes neste sistema de provisão inclui, deste modo, os diversos meios através dos quais estas mudanças vêm sendo promovidas (de alterações regulatórias aos discursos produzidos), bem como os seus efeitos. Para tal propósito, serão mobilizados diversos métodos de pesquisa: uns de natureza mais quantitativa, tal como a análise de dados estatísticos, outros de natureza mais qualitativa, como é o caso da realização de entrevistas ou a análise de documentos de arquivo.

Finalmente, a abordagem de economia política toma como ponto de partida o trabalho de Ben Fine (*e.g.* 2010, 2012 e 2017) e Manuel Aalbers (*e.g.* 2008, 2016 e 2017), entre outros, que nos parece mais apto para a análise da centralidade da habitação no processo de financeirização português, determinando tanto o processo de acumulação capitalista nesta economia semiperiférica, como as relações sociais que vêm suportando este processo e a ideologia veiculada.[1] Argumentar-se-á que o problema atual da habitação já não diz respeito à famosa questão evocada por Engels há cerca de século e meio e que tratava da escassez de alojamentos familiares resultante da afluência da população rural às principais cidades europeias no auge do processo de industrialização. Questão aliás que ainda se adequava à realidade nacional dos anos 1960 e 1970, mas que acabou por se resolver nos anos 1990. A questão da habitação de hoje remete para a economia política de um sector cada vez mais dominado pelo capital financeiro internacional, mas com impactos em territórios precisos, produzindo crescentes desigualdades socioterritoriais.

A habitação, intrínseca e irremediavelmente ligada a um território concreto, é assim crescentemente transformada num ativo financeiro transacionável, permitindo que agentes de uma qualquer proveniência extraiam as rendas fundiárias associadas, sem necessidade de manter com este território e os seus habitantes qualquer tipo de ligação relacional a longo prazo. Neste processo, há territórios que assumem um papel decisivo — em geral as áreas metropolitanas — onde se concentram os recursos e as oportunidades, mas também as mais gritantes desigualdades, materializando o processo de mudança induzido pela atual fase do capitalismo financeirizado. Outros territórios, não sendo diretamente marcados pela presença da finança, não deixam de por ela ser afetados, no que toca à perda de recursos materiais e humanos. Como tal, este sistema de provisão não só reflete gritantes desigualdades socioterritoriais nesta periferia europeia, como consiste num mecanismo cada vez mais relevante de reprodução e de criação de novas iniquidades. Também destes aspetos se dá conta neste livro, cuja organização é apresentada em seguida.

No primeiro capítulo apresento a evolução recente da provisão da habitação em Portugal, situando-a no quadro mais vasto do processo de financeirização da economia portuguesa. Relembro que este processo não

---

[1] Ben Fine e Manuel Aalbers são os consultores externos do projeto FINHABIT – "Viver em tempos financeiros: habitação e produção de espaço no Portugal democrático", o qual beneficiou de apoio financeiro da Fundação para a Ciência e Tecnologia (FCT/MEC) e do FEDER através do Programa Operacional Competitividade e Inovação COMPETE 2020 (PTDC/ATP-GEO/2362/2014 – POCI-01-0145-FEDER-016869), no âmbito do qual o trabalho que aqui se apresenta foi desenvolvido.

pode ser dissociado do projeto político de integração europeia em geral, e da criação da União Económica e Monetária em particular, que permitiu o acesso a financiamento externo, algo inédito para uma economia periférica como a portuguesa. O endividamento das famílias e empresas atingiu então níveis nunca antes registados, na sua maior parte dirigidos à produção e aquisição de novos alojamentos. Como resultado, os desequilíbrios estruturais da economia portuguesa acentuaram-se, associando-se ao reforço do peso económico e político dos sectores mais protegidos da concorrência internacional, como os da construção e o imobiliário. A habitação financeirizada tornou-se um mecanismo cada vez mais determinante de produção de desigualdades, com expressão numa clivagem crescente entre proprietários e inquilinos. Contudo, este crescimento das desigualdades não se explica pela ausência ou insuficiência do Estado neste domínio da provisão. Pelo contrário, ele é o resultado de uma interventiva ação na promoção do nexo finança-habitação, designadamente através de apoio ao crédito para a aquisição de habitação própria. Mais recentemente, este apoio vem sendo crescentemente dirigido a uma elite internacional e ao desenvolvimento de novos mercados financeiros. Em simultâneo, importantes transformações ideológicas vêm acompanhando esta trajetória financeira da habitação, transformações essas que tornam mais desafiante a resposta à nova questão da habitação.

No segundo capítulo, José Reis detém-se sobre as formas territoriais de provisão de habitação. Mostra como esta provisão é diferenciada no território nacional, indicando que o subsistema marcado pela financeirização, apesar de ser o mais influente dos modelos em presença, é apenas um entre os demais, e que a sua expressão territorial caracteriza essencialmente a Área Metropolitana de Lisboa (AML) e, parcialmente, a do Porto. Por isso, contrapõe uma visão territorial a uma perspetiva exclusivamente financeira para sugerir uma compreensão mais ampla. Esclarece como o subsistema de provisão assente na casa própria sem encargos pontua, com diferentes intensidades, o território nacional. E sublinha que as modalidades de menor intensidade financeira dizem respeito a territórios que ainda constituem comunidades territoriais com relevantes recursos demográficos, produtivos e habitacionais. Assim, põe em evidência o enorme desperdício que vem sendo gerado por lógicas financeiras indutoras da concentração de recursos, designadamente na AML, o país afluente, que coexiste com um país em esforço, onde subsiste capacidade produtiva, e com um país em perda, marcado por intensa regressão demográfica e produtiva. Perante a imbricação entre a habitação e a finança e o seu papel na produção de desequilíbrios territoriais, defende a reversão da concentração metropolitana, um combate à desintegração territorial e a recolocação do território no centro das políticas públicas. Finalmente, conclui que uma política de habitação territorialmente mais consciente é um bom contributo para aquelas finalidades.

No terceiro capítulo, Nuno Teles recentra a discussão em torno da terra e da renda fundiária. Argumenta que a financeirização da habitação se deve, em última análise, às características únicas e singulares da terra, isto é, ao território que os alojamentos residenciais ocupam, e ao rendimento que a propriedade deste permite gerar, a renda fundiária. Apoiando-se na economia política marxista, redefine o conceito de renda fundiária e mobiliza-o para explicar a preferência da finança pelo imobiliário, em geral, e pela habitação, em particular. Destaca, em concreto, a capacidade que a terra revela para produzir fluxos de rendimento relativamente estáveis e duradouros, e de uma forma relativamente independente dos usos específicos do capital na atividade produtiva, algo que é partilhado com o capital financeiro. Inclui, assim, na análise uma dimensão da financeirização da habitação ainda subdesenvolvida na literatura, que acresce a outras formas financeirizadas de habitação, como o crédito e sua titularização, e que ajuda a compreender a crescente e cada vez mais diversificada imbricação entre a finança e a habitação.

O quarto capítulo, da autoria de Luís Mendes, André Carmo e Jorge Malheiros, debruça-se sobre a cidade de Lisboa para mostrar como a mudança urbana na atualidade resulta da dialética entre os movimentos cíclicos de capital financeiro à escala transnacional e a produção de ambiente construído à escala local. Argumenta que o padrão da gentrificação, isto é, do movimento de chegada de grupos de estatuto socioeconómico mais elevado à cidade, não segue uma estrutura global económica e política uniforme, mas produz e reproduz conexões histórico-geográficas específicas e sensíveis à escala local. As grandes procuras residenciais e turísticas à escala internacional, bem como os fluxos transnacionais de capital e de investimento estrangeiro, estabelecem forçosamente relações com o capital local e o ambiente construído intraurbano. Defende, no entanto, que o processo de mudança em curso apresenta contornos agressivos, materializando-se na cidade a luta de classes, e que as relações socioespaciais reproduzem e reforçam a riqueza e o poder da classe dominante por via da acumulação por despossessão, desalojamento e expulsão da classe dominada. Tal não implica apenas o desalojamento direto, isto é, a expulsão das pessoas das suas casas e bairros, negando-lhes o direito à habitação e ao lugar. Significa também o desalojamento indireto, impedindo-se ou negando-se o acesso dos grupos mais vulneráveis, e mesmo das classes médias, a determinados lugares da cidade, apenas acessíveis aos grupos mais favorecidos.

Elegendo o bairro de Alfama, em Lisboa, para análise, e através de uma investigação de campo intensiva, Ana Gago e Agustin Cocola-Gant analisam no quinto capítulo o impacto do alojamento local nos usos e vivências desta comunidade local. Dão conta de um intenso processo de investimento imobiliário que tem como principal objetivo a extração de rendas através do arrendamento de curta duração a turistas. A população residente é assim paulatinamente substituída por visitantes provenientes de economias mais avançadas, alterando radicalmente a vida no bairro. Os autores sublinham que este fenómeno não pode ser desligado do processo de financeirização da economia portuguesa, gerador de baixos salários, e das políticas públicas prosseguidas, designadamente a desregulação do mercado de arrendamento e os incentivos ao investimento estrangeiro, que tornaram o mercado de habitação local inacessível aos residentes atuais. Mostram ainda como este investimento internacional reverte em serviços para consumidores temporários e com mais recursos económicos, que ao invés de melhorar as condições de vida dos habitantes que resistem, cria problemas de convivência diários que acarretam uma deterioração da qualidade de vida e alimentam uma sensação de perda e de frustração.

Focando a análise na Área Metropolitana de Lisboa, no sexto capítulo, João Pedro Ferreira, Nuno Baetas da Silva e João Fontes da Costa, a partir de dados do Instituto Nacional de Estatística, entre outros, e recorrendo ao método econométrico, analisam os fatores que determinam o preço da habitação na última década, como a distância ao centro histórico e a proximidade da costa. Dão conta do extraordinário aumento dos preços no município de Lisboa e nos concelhos circundantes, acentuando, assim, o fosso entre o custo da habitação no centro da área metropolitana e o da sua periferia, o que contribui para a deslocalização da população de mais baixo rendimento para os subúrbios urbanos e periurbanos, assim intensificando a segmentação social do território. Concluem que esta extraordinária mediação espacial operada pelos preços da habitação é o reflexo de um sistema de provisão dominado pela provisão mercantil, seja no segmento de venda, seja no de arrendamento.

Baseando-se no questionário do projeto FINHABIT aplicado à população portuguesa em 2018, no sétimo capítulo, Raquel Ribeiro analisa as dimensões materiais e subjetivas das condições de habitação da população portuguesa. Confirma o papel fundamental, essencial e não alienável da habitação na satisfação, individual e familiar, das necessidades de bem-estar físico e psicológico do ser humano, reforçando a indissociabilidade entre habitação, segurança e dignidade humana. Mostra que a habitação é um mecanismo de reprodução de desigualdades sociais na medida em que os grupos socioeconómicos mais vulneráveis, com menores rendimentos e em situações profissionais mais precárias residem em alojamentos com maior número de problemas, sobrepondo o mal-estar psicossocial às más condições de habitabilidade. Mostra ainda que as desigualdades habitacionais variam em função do regime de ocupação, observando-se uma maior presença de problemas habitacionais entre os moradores de habitação social e os arrendatários e, pelo contrário, que os proprietários (com ou sem encargos de crédito) residem em habitações com melhores condições e estão mais satisfeitos com a sua situação habitacional.

No oitavo capítulo, a partir de um conjunto de entrevistas realizadas a residentes na Área Metropolitana de Lisboa, Rita Silva também encontra uma clara linha de demarcação entre proprietários e inquilinos. Enquanto os proprietários manifestam, de uma forma geral, maior grau de satisfação com a sua situação habitacional, quem vive em alojamentos arrendados ou em situações informais de habitação padece de níveis elevados de ansiedade, seja devido ao risco de perder a casa face ao aumento das rendas, seja devido à ausência de alternativas em caso de despejo. Demonstra que os inquilinos de alojamentos de habitação social valorizam a relativa estabilidade habitacional face aos inquilinos do mercado privado de arrendamento, apesar dos problemas que resultam de pior localização, da degradação habitacional do parque público, ou dos espaços envolventes. Os capítulos de Raquel Ribeiro e de Rita Silva ilustram, assim, os efeitos devastadores do facto de a oferta pública de habitação ser praticamente inexistente. Demonstram ainda o modo como a habitação constituiu, em pleno século XXI, um mecanismo de aprofundamento das desigualdades sociais, já que o seu acesso, quer do ponto de vista do usufruto do espaço envolvente, quer das condições materiais e subjetivas de habitabilidade, depende do preço, o que agrava a segmentação socioterritorial, como aliás também exposto no capítulo de João Pedro Ferreira, Nuno Baetas da Silva e João Fontes da Costa.

O nono capítulo, de Tiago Castela, recorda a dimensão contingente e situada da financeirização das políticas da habitação em Portugal, concentrando-se no período que vai do início da ditadura de Marcelo Caetano em 1968, até ao segundo acordo com o Fundo Monetário Internacional em 1982. Aborda a criação do Fundo de Fomento da Habitação (FFH), entidade da qual o atual Instituto da Habitação e Reabilitação Urbana é herdeiro. Sublinha que, desde o início, a missão explícita do FFH foi estimular um aumento das taxas de propriedade habitacional através do crédito bancário, de modo a suportar a emergência de uma indústria da construção orientada para a exportação. E defende que, através do Fundo, o aparelho estatal pós-revolucionário teve um papel central na reconfiguração do mercado da habitação em Portugal e no início da sua financeirização, nomeadamente graças a uma articulação com bancos e seguradoras nacionalizadas para a utilização de instrumentos de intervenção indireta, como os designados contratos de desenvolvimento ou os empréstimos subsidiados. Aludindo a experiências de outros contextos, mostra ainda a importância de evocar a influência externa na condução da política habitacional, assim como da continuidade de políticas habitacionais entre os vários regimes políticos.

O capítulo décimo, de Nuno Serra, também sustenta a ideia de continuidade política no domínio da habitação. Defende que o perfil minimalista das políticas de habitação desenvolvidas em Portugal, tanto do ponto de vista da escassa despesa pública, como da perspetiva das respostas adotadas e da sua incidência territorial, reproduz os padrões registados durante o Estado Novo. Tal explica-se, no quadro da emergência tardia e imperfeita do Estado Providência português, pela primazia atribuída às áreas da educação e da saúde, em termos de políticas públicas. O nível de despesa e de promoção pública de alojamentos mantiveram-se, assim, em níveis baixos no período democrático. Apenas nos anos 90 do século passado, com a redução das taxas de juro e a bonificação do crédito à aquisição de casa própria, o Estado passou a assumir uma "política habitacional" mais robusta, mas que assentou na provisão através do mercado. O autor argumenta que esta política, indissociável do processo de financeirização da economia portuguesa, continua a obstaculizar a desejável desmercadorização da habitação, ao contrário do que sucedeu na saúde e na educação, estando, por isso, na base do surgimento de crises recorrentes do acesso ao alojamento por parte da generalidade das famílias.

Finalmente, no capítulo décimo primeiro, revisito a questão da habitação que Engels abordou há um século e meio, transpondo-a para a atualidade do Portugal contemporâneo. Defendo que esta diz sobretudo respeito à metamorfose da habitação em ativo financeiro por via das mais variadas formas de titularização, seja através do crescente papel dos fundos imobiliários, seja através da criação de novas sociedades imobiliárias. Esta conclusão sai reforçada com a análise da atual política de habitação devotada à criação de um quadro regulatório favorável à criação de tais entidades financeiras, do qual fazem parte vantajosas condições fiscais para garantir que os privados, mas também as entidades públicas, executem, pelo menos parcialmente, as políticas públicas. À semelhança do que Engels vaticinava no seu tempo, referindo-se à expansão do regime de propriedade privada para resolver o problema da escassez de alojamentos nas principais cidades, não é expectável que a nova questão da habitação se venha a resolver com inovadoras engenharias financeiras.

Contudo, no momento em que se redige este texto debate-se na Assembleia da República a Lei de Bases da Habitação. Trata-se de um sinal positivo e de esperança que poderá, pelo menos, oferecer alguma resistência a novos desenvolvimentos do nexo finança-habitação. Assim o espero, como anseio que este livro também ofereça esse contrapeso na sua devida e modesta escala.

REFERÊNCIAS BIBLIOGRÁFICAS

Aalbers, Manuel B. (2017), "The Variegated Financialisation of Housing", *International Journal of Urban and Regional Research*, 41(4), 542–54.

Aalbers, Manuel B. (2016), *The Financialization of Housing: A Political Economy Approach*. London: Routledge.

Aalbers, Manuel B. (2008), "The Financialization of Home and the Mortgage Market Crisis", *Competition & Change*, 12(2), 148–66.

Fine, Ben (2017), "The Material and Culture of Financialisation", *New Political Economy*, 22(4), 371–82.

Fine, Ben (2012), "Neo-Liberalism in Retrospect? — It's Financialisation, Stupid", *in* B. Fine, K-S. Chang e L. Weiss (orgs.), *Developmental Politics in Transition: The Neoliberal Era and Beyond*. Basingstoke: Palgrave MacMillan, 51–69.

Fine, Ben (2010), "Locating Financialisation", *Historical Materialism*, 18(2), 97–116.

Rodrigues, João; Santos, Ana Cordeiro; Teles, Nuno (2016a), "Semi-peripheral Financialisation: The Case of Portugal", *Review of International Political Economy*, 23(3), 480–510.

Rodrigues, João; Santos, Ana Cordeiro; Teles, Nuno (2016b), *A financeirização do capitalismo em Portugal*. Lisboa: Actual.

HABITAÇÃO EM TEMPOS FINANCEIROS EM PORTUGAL*

ANA CORDEIRO SANTOS**

INTRODUÇÃO

Este primeiro capítulo tem por objetivo enquadrar os vários contributos do presente livro. Para tal, oferece um retrato global da evolução da provisão da habitação em Portugal, situando-a no quadro mais vasto do processo de financeirização da economia portuguesa. Procura fazê-lo através de uma abordagem de economia política, prestando devida atenção ao papel da habitação no processo de acumulação capitalista da economia portuguesa, às relações sociais que lhe subjazem, e à ideologia veiculada.

A provisão de habitação em Portugal não pode ser cabalmente compreendida sem se considerar a articulação crescente com a finança, no

---

* Este trabalho é financiado pelo FEDER – Fundo Europeu de Desenvolvimento Regional através do COMPETE 2020 – Programa Operacional Competitividade e Internacionalização (POCI) e por fundos nacionais através da FCT – Fundação para a Ciência e Tecnologia, no âmbito do projeto PTDC/ATP-GEO/2362/2014 – POCI-01-0145-FEDER-016869. O presente capítulo dá continuidade, sintetizando e atualizando, o trabalho desenvolvido nos últimos anos no Centro de Estudos Sociais. Agradeço a João Rodrigues, José Reis, Nuno Serra, Nuno Teles, Raquel Ribeiro e Rita Silva, o trabalho que em conjunto desenvolvemos e muito contribuiu para a economia política da habitação que aqui se apresenta. Agradeço ainda a Rita Silva, que comigo conduziu as entrevistas a destacados especialistas citados neste capítulo, estando a estes também grata por disponibilizarem o seu valioso tempo para connosco debaterem os mais variados temas da habitação em tempos financeiros. Erros e omissões são da minha inteira responsabilidade.

** Centro de Estudos Sociais da Universidade de Coimbra.

quadro de mudanças de natureza mais sistémica, em parte partilhadas com outras economias capitalistas avançadas. No caso português, esta articulação financeira deve ter em conta o projeto político de integração europeia (Santos *et al.*, 2014; Rodrigues *et al.*, 2016a e 2016b). Embora já seja possível encontrar traços do nexo finança-habitação no período ditatorial, que se densificaram no período democrático (ver os capítulos de Castela e de Serra neste volume), foi a criação da União Económica e Monetária (UEM) que permitiu o acesso inédito, para uma economia semiperiférica como a portuguesa, a financiamento externo em condições aparentemente favoráveis. O endividamento das famílias e empresas atingiu níveis nunca antes registados, na sua maior parte dirigidos à produção e aquisição de novos alojamentos, que agravou os desequilíbrios estruturais da economia portuguesa com o reforço do peso económico e político de sectores relativamente protegidos da concorrência internacional, como a construção e o imobiliário.

No contexto da mais recente crise internacional, marcado por um programa de ajustamento externo que assentou numa política económica de desvalorização interna, o nexo finança-habitação conheceu alterações significativas advindas do crescimento do investimento estrangeiro no imobiliário. Com efeito, o mercado imobiliário atravessa atualmente um momento de forte procura sem quaisquer precedentes históricos, com os preços da habitação a aumentar ininterrupta e substancialmente acima da evolução salarial. Isto significa que a habitação está a tornar-se inacessível a camadas cada vez mais significativas da população, transformando-se assim num mecanismo cada vez mais determinante de reprodução de desigualdades sociais. O presente capítulo procura dar conta de todas estas transformações recentes.

1. A HABITAÇÃO FINANCEIRIZADA EM PORTUGAL

A evolução recente da habitação em Portugal encontra-se intimamente ligada à financeirização da economia (Santos *et al.*, 2014; Rodrigues *et al.*, 2016a e 2016b), sendo fortemente marcada pela liberalização da banca nacional e sua inserção nos mercados financeiros internacionais, que permitiram o crescimento intensivo e extensivo da construção de novos alojamentos familiares nas principais metrópoles do país e sua aquisição com recurso ao crédito por parte das famílias, sobretudo na Área Metropolitana de Lisboa (Ribeiro e Santos, 2018 e 2019).[1] A imbricação entre a habitação e a finança é de tal modo intensa que o inverso também é verdadeiro, isto é, a financeirização da economia foi, em grande medida, promovida por este sistema de provisão por via da explosão do crédito bancário concedido aos sectores da construção e do imobiliário e às famílias.

Este nexo finança-habitação explica-se, por um lado, pelo processo de integração europeia, que contribuiu para a explosão do crédito bancário sem quaisquer antecedentes históricos. Por outro lado, explica-se pelas debilidades da economia portuguesa — consubstanciadas na posição intermédia do país, em termos de desenvolvimento, acumulando fortes défices de balança corrente —, e no quadro de um Estado Providência insuficiente, aspetos que favoreceram a provisão privada de habitação mais permeável à influência da finança (Santos e Reis, 2018).

Com efeito, apesar de a habitação se ter afirmado como uma área de pleno direito constitucional no âmbito da política social, com a implementação do regime democrático em 1974, as fragilidades do Estado Providência fizeram-se sentir neste sector com particular relevo. A revolução democrática não produziu efetivamente mudanças tão amplas quanto se esperaria no domínio das políticas de habitação. O período de maior intervenção do Estado foi curto, não tendo um impacto duradouro. A escassa participação do Estado na provisão direta da habitação acabou por ser colmatada pela provisão privada, tanto na vertente da produção mercantil de alojamentos, como na vertente das formas realizadas pelas famílias, através da autoconstrução. Ou seja, o sector privado foi desde sempre o principal responsável pela construção de habitação em Portugal, sendo a provisão pública remetida a política de habitação social para pobres (cf. Serra, 2002, e o capítulo do mesmo autor neste volume).[2]

---

[1] Para efeitos do presente capítulo, entende-se por financeirização o conjunto de processos históricos e institucionais — como a privatização, liberalização e regulação favorável à finança — que contribuiu para o peso acrescido dos atores, dos motivos e dos mercados financeiros no capitalismo contemporâneo, exercendo uma influência crescente nas suas dinâmicas socioeconómicas (cf. Rodrigues *et al.*, 2016a e 2016b).

[2] Maria João Freitas, socióloga e investigadora do Laboratório Nacional de Engenharia Civil, com experiência política no sector (primeiro no Instituto Nacional de Habitação – INH e mais tarde no Instituto da Habitação e da Reabilitação Urbana – IHRU),

Se a política pública de habitação até aos anos 1990 reflete a emergência tardia, e em contraciclo, do Estado Providência português, não conseguindo por isso corresponder às expetativas geradas pela implantação e consolidação do regime democrático, a política de habitação desenvolvida a partir da segunda metade daquela década é fortemente determinada pela evolução do sector financeiro, que propicia e impulsiona as condições necessárias para o sucesso de uma estratégia de aquisição de casa própria com recurso ao crédito em larga escala.

A financeirização da economia teve por isso um impacto muito direto no sector da habitação, contribuindo decisivamente para a prevalência das políticas de incidência na procura, nomeadamente através do estímulo à aquisição de casa própria com recurso ao crédito, que se tornara barato e abundante. A integração europeia foi um elemento decisivo neste processo. A adesão à então Comunidade Económica Europeia (CEE) promoveu, numa primeira etapa, os processos de privatização e liberalização do sector financeiro, completados basicamente no início dos anos 90, abrindo o sector a novos agentes, privados e estrangeiros, findos os limites ao crédito, o controlo da entrada e saída de capitais e o controlo político das taxas de juro (Rodrigues *et al.*, 2016a e 2016b).

As alterações da regulação europeia e internacional dos mercados financeiros, em geral, e do sector bancário, em particular, incluindo os sucessivos acordos de Basileia, favoreceram a viragem dos sectores bancários nacionais para os empréstimos à habitação, promovendo a convergência, no espaço europeu, das práticas dos diferentes bancos, nomeadamente a aplicação de técnicas de avaliação de risco de crédito, que abriram as portas à titularização do crédito hipotecário (Santos *et al.*, 2014; Rodrigues *et al.*, 2016a e 2016b), ainda que de modo muito diferenciado (ver Teles, neste volume). Se no início da década de 1980 o sector

esclarece, em entrevista concedida a 28 de abril de 2017, que os agentes públicos consideravam que o papel do Estado era sobretudo de financiador da construção e que esta deveria estar a cargo de terceiros. A mesma visão é partilhada, em entrevista concedida a 7 de junho de 2017, por João Ferrão, geógrafo e investigador do Instituto de Ciências Sociais da Universidade de Lisboa, tendo assumido a pasta de secretário de Estado do Ordenamento do Território e Cidades, entre 2005 e 2009. Lembra que o INH era, do ponto de vista jurídico, uma entidade parabancária e que o pelouro da habitação pertenceu até à sua entrada em funções ao Ministério das Obras Públicas porque esta era então percecionada como uma questão de construção civil e não de política social.

financeiro português era ainda fortemente regulado pelo Estado num sentido não necessariamente favorável à expansão dos mercados, uma década depois já se assemelhava aos dos Estados europeus mais financeirizados, como o Reino Unido, acompanhando a evolução dos países do Sul europeu, com os quais tem mais afinidades e que aderiram pela mesma altura à CEE (Gráfico 1). Esta adesão verificou-se, note-se, no período da sua aceleração neoliberal, por via do Ato Único, e da sua transformação em União Europeia (UE), com o Tratado de Maastricht.

Gráfico 1 — Índice de reforma financeira, 1973–2005[3]

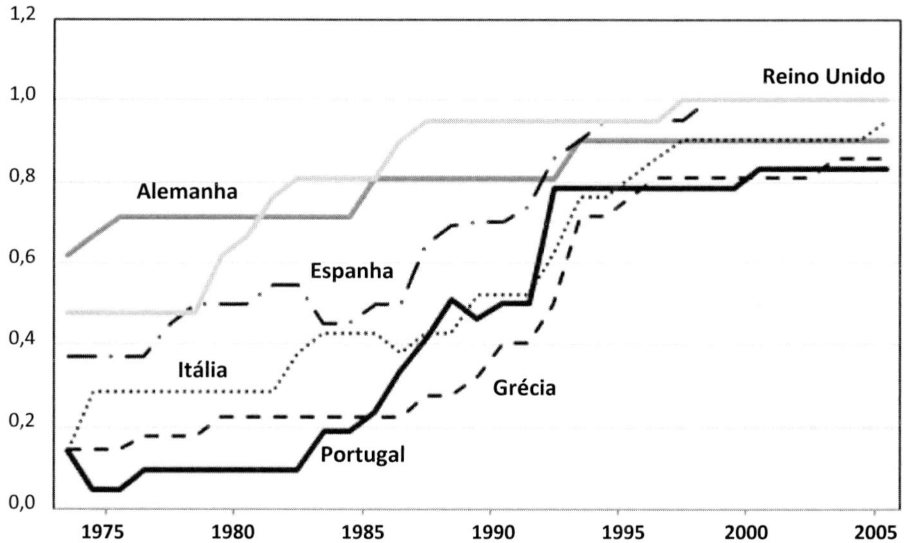

Fonte: Abiad *et al.* (2008).

Já no quadro da criação da União Económica e Monetária (UEM), a estratégia de adesão ao Euro catapultou o sector financeiro para novos patamares. A combinação de um conjunto muito favorável de fatores contribui para este salto qualitativo: a reforma das instituições financeiras nacionais, como vimos; a adoção de uma moeda forte, que permitiu

[3] O índice é construído a partir de um conjunto de indicadores referentes a: controlo de crédito e montante de reservas legais, controlo de taxa de juro, barreiras à entrada de novos agentes, propriedade pública da banca, controlo de movimentos de capitais, regulação do sector bancário e mercado de títulos (ver Abiad *et al.*, 2008).

eliminar o risco cambial; e a política do Banco Central Europeu (BCE) de controlo da taxa de inflação, garantindo o valor real da dívida no futuro. O sector bancário português passou a aceder aos mercados de dívida internacional (sobretudo proveniente de países da Zona Euro) como nunca tinha sido possível até então e a taxas de juro marginalmente superiores às praticadas nos mercados interbancários dos países do centro daquela zona monetária.

A notável descida das taxas de juro foi encarada como um dos sinais mais relevantes da inserção bem-sucedida da finança nacional nos mercados financeiros internacionais. Julgou-se, naquele momento, que assim se favoreceria a acumulação de capital, condição necessária para aumentos de produtividade, por um lado; e, por outro, que se promoveria a acumulação de riqueza pelas famílias, em particular através da compra de habitação própria (Rodrigues *et al.*, 2016a e 2016b). De um nível de endividamento privado abaixo da média europeia, Portugal atingiu o topo em termos europeus, com famílias e empresas a endividarem-se (Gráfico 2).

Gráfico 2 — Crédito às famílias e empresas não financeiras (% do PIB, Portugal e União Europeia), 1995–2015

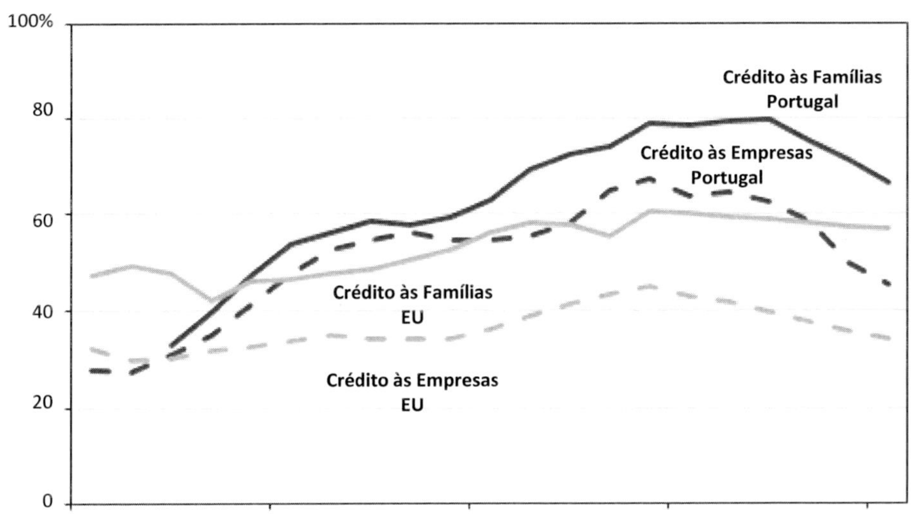

Fonte: ECRI (2016).

O continuado crescimento da concessão de crédito não encontrou qualquer obstáculo até à crise financeira de 2008–2009. Mas a partir destes anos, os mercados financeiros internacionais fecharam-se progressivamente e foram substituídos pelo financiamento de emergência do Eurossistema. O endividamento caiu, mantendo-se, no entanto, acima da média da União Europeia.

2. HABITAÇÃO E ACUMULAÇÃO DE CAPITAL

A moeda única, suportada pelo BCE, foi fundamental para a credibilidade dos bancos portugueses, e consequentemente para o processo de expansão financeira e a dinâmica mais geral de acumulação de capital. A habitação foi fulcral para a evolução da finança e sua interpenetração nas relações de consumo das famílias e de investimento das empresas não financeiras. A banca financiou não só a construção e sectores de atividade associados, como o imobiliário, mas também a compra da habitação por parte das famílias. Quer isto dizer que a banca conseguiu não apenas capturar parte dos lucros dos construtores na esfera da produção, como ainda extrair uma parte dos salários dos trabalhadores com os empréstimos à habitação. O financiamento da compra de habitação, considerado mais seguro porque assente num bem durável que serve de garantia de pagamento, assegurava também o retorno dos empréstimos concedidos à construção, já que estes eram reembolsados com o resultado da venda dos novos alojamentos.

Longe de uniformemente distribuído por todos, o crédito às empresas não financeiras, em fase de verdadeira explosão, concentrou-se de forma desproporcionada em apenas alguns sectores de atividade económica. Assim, as indústrias transformadoras, que no início da década de 1990 captavam 40 % de todos os empréstimos empresariais concedidos, viram esta percentagem gradualmente reduzida para 12 %, em 2008. Pelo contrário, o crédito bancário para construção e atividades imobiliárias, que representava 11 % da dívida empresarial em 1990, atingiu os 38 % em 2008 (Rodrigues *et al.*, 2016a e 2016b).

Esta evolução refletiu a deslocação de capital nacional para sectores relativamente menos expostos à concorrência internacional no contexto de uma moeda estruturalmente forte o que, desta forma, penalizou sobretudo os sectores industriais produtores de bens transacionáveis. Isto significa que, a par do crescimento sem precedentes do crédito concedido, o sector bancário atravessou também uma transformação qualitativa. Tal deveu-se à adoção de regulação bancária internacional, como vimos, que favoreceu o financiamento de habitação própria através de hipotecas, e deste modo as atividades da construção e do mercado imobiliário. Deveu-se ainda ao investimento público em infraestruturas, nomeadamente rodoviárias, que favoreceu estes mesmos sectores, apesar dos limites orçamentais de Maastricht e daqueles que mais tarde viriam a ser impostos pelo Pacto de Estabilidade e Crescimento. Como é sabido, as parcerias público-privadas foram os principais artifícios financeiros utilizados para assegurar a continuação do investimento público em infraestruturas sem que tal tivesse impacto imediato no défice público, constrangido pelas regras orçamentais impostas pela UE.

Estas formas de engenharia financeira, com a participação do sector bancário, permitiram o crescimento do investimento durante os anos 1990, liderado por uma explosão na área da construção, chegando a contribuir em 2001 para cerca de 8 % do total da riqueza criada e 12 % do emprego do país (Gráfico 3). Este período correspondeu a um forte crescimento do número de alojamentos construídos para habitação familiar, passando de cerca de 70 mil por ano em 1995, para os 125 mil registados em 2002 (Gráfico 4).

Gráfico 3 — Peso do sector da construção (% do emprego, VAB e FBCF), 1995–2015

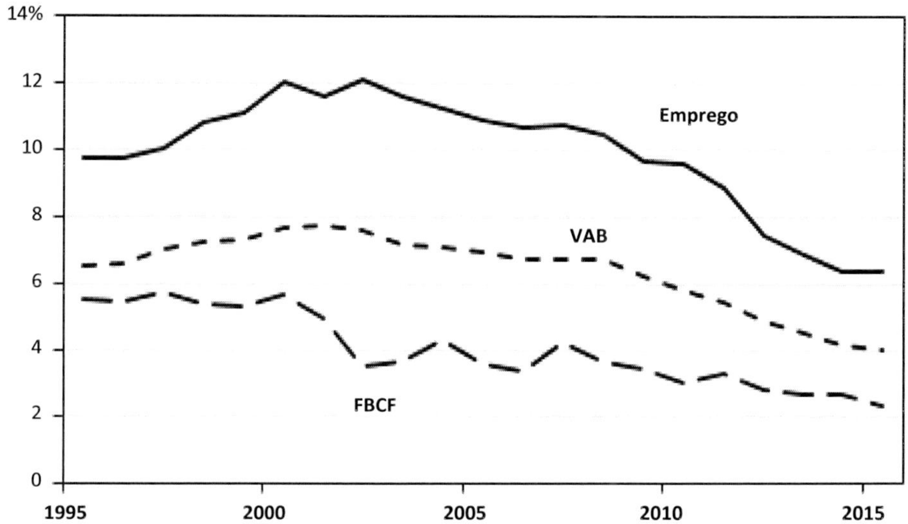

Fonte: INE.

Numa fase inicial, o sector da construção foi um dos vencedores do processo de europeização e de financeirização do capitalismo em Portugal, tendo beneficiado do crescimento das obras públicas subsidiadas com os fundos europeus e da expansão do imobiliário dos anos 90. Contudo, o sector entrou em declínio a partir do novo milénio. Com a recessão internacional de 2001 e o progressivo fim dos apoios públicos à habitação própria (em boa parte devido à renovada disciplina orçamental a que o Estado português foi sujeito no âmbito do Pacto de Estabilidade e Crescimento), começou a fazer-se sentir no mercado imobiliário um desfasamento entre oferta e procura, que afetou de forma mais aguda o sector da construção.[4] O investimento (isto é, a Formação Bruta do Capital Fixo – FBCF) em habitação caiu abruptamente nos primeiros anos do milénio, assim como o emprego e a riqueza gerada pelo sector (isto é, o Valor

[4] O efeito do fim dos apoios públicos à compra de casa própria a crédito sobre o sector da construção é reconhecido pelos agentes do sector. Luís Lima, presidente da Associação dos Profissionais e Empresas de Mediação Imobiliária de Portugal (APEMIP), dá conta de um número significativo de projetos que foram cancelados na altura porque deixaram de ter viabilidade com o fim do crédito bonificado, numa entrevista concedida a 16 de junho de 2017.

Acrescentado Bruto – VAB) (Gráfico 3). O número de habitações concluídas diminui bruscamente de um extraordinário pico de cerca de 125 mil, em 2002, para 74 mil em 2004, caindo em 2016 até sete mil (Gráfico 4).

Por sua vez, o número de transações caiu de 375 mil, em 1999, para 276 mil, em 2004. Contudo, entre 2001 e 2008 o volume de transações manteve-se algo elevado, denotando uma relativa capacidade de resistência do mercado imobiliário à crise que se instalava no sector da construção. Esta capacidade de resistência do mercado imobiliário explica-se, em parte, pela descida das taxas de juro entre 2001 e 2006, que permitiu a manutenção dos empréstimos à habitação e uma procura de fogos. Muito embora o sector da construção já se encontrasse em grandes dificuldades antes da crise financeira de 2008–2009, fruto da estagnação económica da primeira década do milénio, este declínio acentua-se com a crise, devido à elevada dependência, absoluta e relativa, de financiamento junto da banca nacional, que arrasta também consigo o sector do imobiliário. Contudo, já é visível uma inversão desta tendência nos últimos anos, como iremos desenvolver mais à frente.

Gráfico 4 — Volume de transações e fogos concluídos em construções novas, 1995–2016

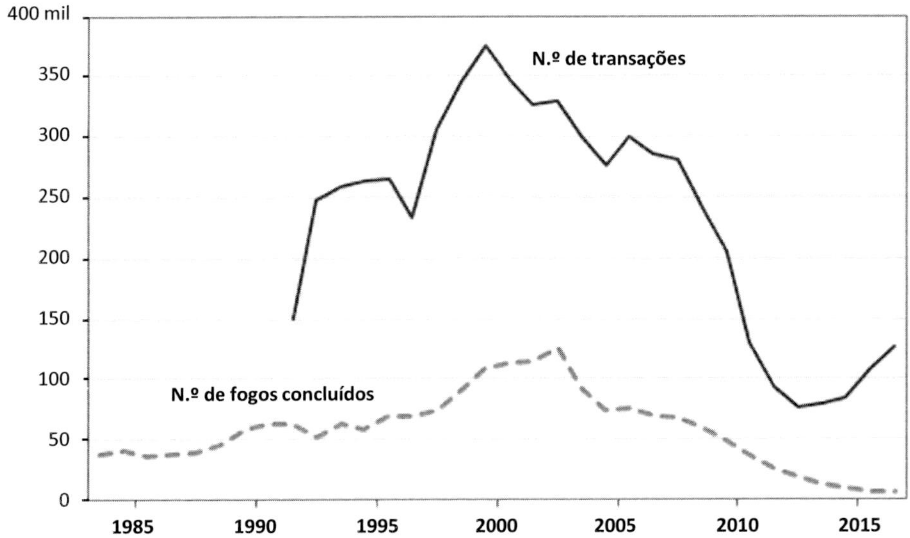

Fonte: Hyposat.

A ascensão e queda dos sectores da construção e do imobiliário mostram que o capital abundante e barato não contribuiu para a transformação estrutural da economia portuguesa. Pelo contrário, o fluxo de capital estrangeiro não fez mais do que sustentar as debilidades estruturais da economia portuguesa, ao financiar um crescente défice externo, debilidades que se agravaram com a crise financeira e a intervenção externa subsequente (Santos e Reis, 2018).

3. O ESTADO E O NEXO FINANÇA-HABITAÇÃO: PRIMEIRA FASE

O Estado teve e continua a ter um papel fundamental na financeirização da habitação em Portugal. Numa primeira fase, o Estado assumiu a tarefa de reconfigurar o sector financeiro português, que foi particularmente favorável ao mercado de crédito; assim como a política de habitação prosseguida, que privilegiou a aquisição de casa própria com recurso ao crédito, mediante bonificações associadas aos empréstimos e aliciantes incentivos fiscais. Contudo, numa segunda fase, a financeirização da habitação é mais fortemente marcada pela procura externa, sem que o Estado tenha deixado de desempenhar um papel relevante, como veremos na próxima secção.

Apesar de a habitação se ter afirmado como uma área de pleno direito da política social no momento imediatamente subsequente ao 25 de Abril, as fragilidades do Estado Providência fizeram-se sentir com particular intensidade neste sector. De facto, a inexistência desde sempre de uma verdadeira política de habitação — que se traduz numa incipiente oferta pública de habitação e no papel marginal que o Estado em regra desempenhou como promotor de habitação — está bem patente no escasso peso da despesa pública no sector e, em decrescendo, quando comparado com o de outras componentes da despesa social. Em 2017, os gastos com habitação e serviços coletivos não chegavam sequer a 1 % do total da despesa pública, constituindo a maior parcela deste agregado canalizada para a Ação e Segurança Social, com cerca de 36 % (Gráfico 5).

Gráfico 5 — Despesa do Estado por funções (% do total), 1995–2017

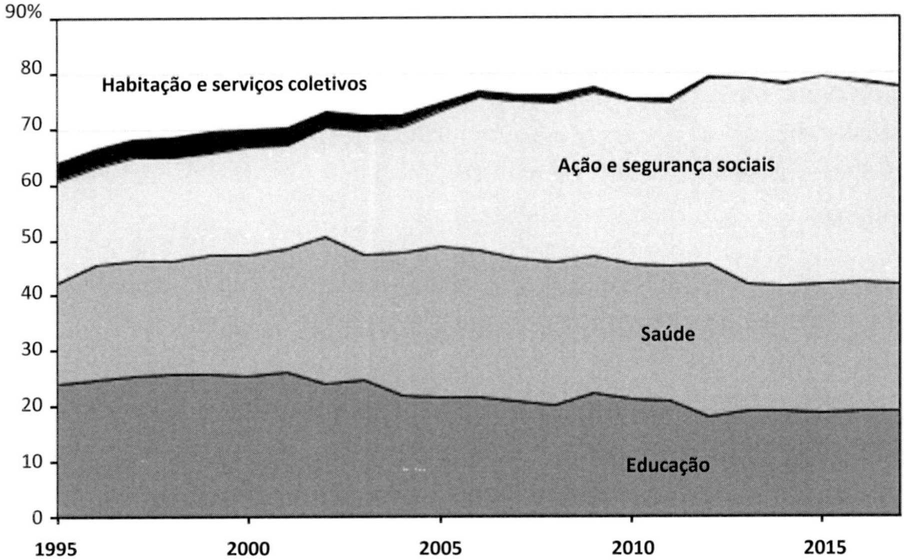

Fonte: Direção-Geral do Orçamento, Ministério das Finanças.

Na ausência de uma política pública de provisão de habitação, a supressão das necessidades habitacionais transferiu-se para o sector mercantil e para as próprias famílias, através da autoconstrução (Serra, 2002, e neste volume). Esta ausência terá favorecido a aceitação de normas de provisão consentâneas com soluções individualizadas, tanto por parte das entidades públicas como da população, não emergindo movimentos sociais com força suficiente para reivindicar um papel mais interventivo por parte do Estado e mais próximo das áreas da educação e da saúde.[5]

[5] A esta demissão da administração central relativamente à provisão de habitação acresce a ausência de articulação com a política de planeamento e ordenamento do território, gerando uma enorme pressão sobre as principais autarquias do país para expandir a malha urbana e dotá-la de infraestruturas de saneamento básico e equipamentos sociais. Segundo Demétrio Alves, primeiro secretário da comissão executiva da Área Metropolitana de Lisboa (AML), esta pressão sobre o uso dos solos deriva do predomínio das lógicas de mercado sobre o planeamento e ordenamento do território, a que se associa uma pressão social em torno da propriedade habitacional. Em sua opinião, esta pressão não é o resultado da ausência de instrumentos de planeamento, mas sim da incapacidade de intervenção municipal neste domínio. Tal ajuda a explicar alguma conivência por parte dos poderes locais relativamente à ocupação ilegal, induzindo o crescimento dos chamados bairros clandestinos, posteriormente designados por áreas

É certo que nos anos 1980 já se optava por medidas de apoio ao crédito para a aquisição de casa própria. No entanto, no seu conjunto, estas políticas não viriam, como se pretendia, a estimular a promoção de habitação privada ao longo desta década, servindo os empréstimos sobretudo para a transação de andares em *stock* e para a compra de andares por inquilinos, o que beneficiava quase exclusivamente as classes médias, em detrimento dos agregados familiares mais necessitados (Serra, 2002). Não obstante o seu fracasso, estas medidas denotam efetivamente uma preferência política pelo estímulo à aquisição de casa própria já nesta altura, que constitui indubitavelmente o eixo central das políticas habitacionais, legitimadora de uma "cidadania proprietária" (Castela, 2017, e neste volume).

Porém, a financeirização do capitalismo português criou as condições necessárias para o sucesso de um modelo de política focado na aquisição de casa própria a crédito, que se tornara mais barato e abundante. É, pois, a partir da segunda metade da década de 1990, que este eixo é amplamente sustentado por mudanças profundas no mercado bancário, que, como vimos, possibilita a expansão da oferta de crédito, a preços mais baixos, a que um número crescente de famílias portuguesas passa a conseguir aceder. O Estado contribuiu ativamente para a expansão deste modelo de provisão através de mecanismos de bonificação do crédito e de concessão de benefícios de natureza fiscal. Este apoio representou cerca de dois terços do total da despesa pública, entre 1987 e 2011, sendo muito inferior o valor despendido em programas de promoção direta de empreendimentos habitacionais (habitação social), que representaram cerca 2 %, ou de apoio ao arrendamento (designadamente conceção de subsídios ao arrendatário), na ordem dos 8 % (IHRU, 2015 e Serra, neste volume).

A intervenção do Estado central na promoção habitacional direta passa, por conseguinte, a circunscrever-se às situações mais expressivas

---

urbanas de génese ilegal (opinião expressa em entrevista concedida a 29 de maio de 2017). Boa parte destas urbanizações ainda persistem na AML e continuam de difícil resolução, constituindo mais um exemplo de segmentação socioespacial da habitação produzida pelo predomínio de lógicas de mercado (opinião expressa por Teresa Craveiro, técnica da Câmara Municipal de Lisboa, em entrevista concedida a 15 de maio de 2017). Consulte-se, ainda, a este propósito Castela (2011).

de carência de alojamento, a par de uma transferência gradual de responsabilidades e competências para os municípios (nem sempre acompanhada das respetivas contrapartidas financeiras) em matéria de alojamento. Assim, findo o ciclo de concessão de apoios à aquisição de casa própria, através dos regimes de crédito bonificado e da concessão de benefícios fiscais, a política de habitação circunscreve-se agora à tímida resolução dos problemas habitacionais dos cidadãos mais carenciados, centrando-se sobretudo na reabilitação e no incentivo ao arrendamento (Santos *et al.*, 2014). Quer isto dizer que, no essencial, a política de habitação em Portugal sempre foi uma política devotada à compra de casa própria, o que explica a evolução dos empréstimos à habitação: em 1995 representavam cerca de 17 % do PIB; em 2012 atingiram o valor mais elevado, com 65 %; em 2015 decaíram até aos 55 % (Gráfico 6) — compondo então cerca de 80 % da dívida total dos portugueses.

Gráfico 6 — Dívida das famílias (% do PIB), 1995–2015

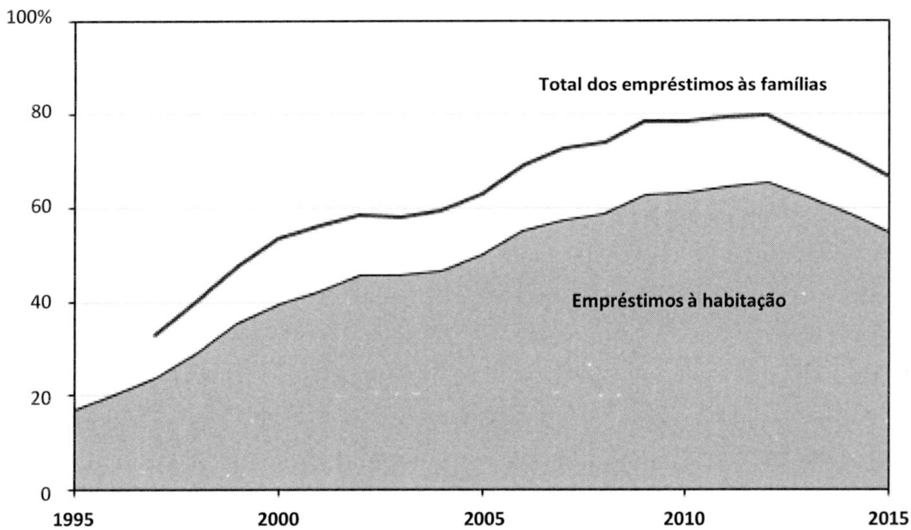

Fonte: ECRI (2016).

Assim, em vez de estar associada à retração do Estado Providência, como se tem verificado noutros contextos em que se vem observando uma redução do peso da provisão pública (Fernandez e Aalbers, 2016; Aalbers, 2017), em Portugal, onde a provisão pública de habitação sempre foi marginal, a evolução da dívida das famílias é o resultado direto da financeirização, com a intervenção estatal a desempenhar um papel central, ao assegurar a evolução sincrónica da procura e da oferta de crédito.

O crescimento dos empréstimos à habitação ditou transformações significativas em termos da forma de ocupação habitacional, com a casa própria a significar, segundo os censos, cerca de 75 % do total de alojamentos em 2001, mantendo aproximadamente este peso desde então, quando rondava os 65 % em 1991 e cerca de 57 % em 1981. Neste período também se registou um aumento do número de alojamentos de segunda residência e de fogos devolutos, que em 2011 passaram a representar 19 % e 13 % do total dos alojamentos familiares (INE, 2018). Tal denota, ainda que de modo aparente, a supressão das necessidades de alojamento das famílias portuguesas. Contudo, a crise financeira de 2008–2009 fez estremecer o equilíbrio frágil que se formou entre a banca e a construção, por intermédio da habitação. Sendo certo que o sector da construção já se encontrava em dificuldades com a estagnação económica e o progressivo fim dos apoios públicos à compra de casa própria, a crise agravou a situação destes sectores, sobretudo a partir de 2011, perante o pedido de financiamento externo à Troika, composta pelo Banco Central Europeu, a Comissão Europeia e o Fundo Monetário Internacional. As políticas de austeridade prosseguidas produziram então níveis historicamente elevados de desemprego, uma quebra acentuada do rendimento das famílias e o aumento generalizado do custo de vida, colocando a descoberto a vulnerabilidade das famílias portuguesas face à instabilidade económica e financeira do país. O crédito malparado nas carteiras dos bancos disparou e o acesso ao crédito hipotecário tornou-se mais restritivo. O sistema bancário português acabou por ficar exposto e o mercado imobiliário paralisou.[6] Contudo, uma nova conjugação de fatores veio a

---

[6] Contudo, o nível de incumprimento dos empréstimos à habitação sempre se manteve relativamente baixo dada a importância, material e subjetiva, da habitação para as famílias (ver Ribeiro, neste volume), sendo a última despesa que deixam de pagar (Frade e Coelho, 2015). Ainda assim, o rácio de crédito vencido dos empréstimos concedidos pelo sector financeiro às famílias com finalidade de habitação duplicou entre 2009 e 2016, passando de 1,5 % para 3,0 %, tendo decaído desde este ano, e atingindo o valor de 2,7 % em setembro de 2018 (Banco de Portugal, 2018). É por isso paradoxal o contraste com a invisibilidade social das famílias que perderam as suas casas por incumprimento do pagamento das prestações do crédito à habitação; um sinal talvez de culpabilização

alterar a dinâmica do sector, direcionando-o cada vez mais para a procura externa. Entramos na segunda fase da financeirização da habitação em Portugal.

4. O ESTADO E O NEXO FINANÇA-HABITAÇÃO: SEGUNDA FASE

Perante um mercado imobiliário estagnado e em plena crise económica e financeira, dá-se uma alteração profunda da política económica em geral, e da política da habitação em particular, o que transformou significativamente a provisão da habitação. Esta evolução é potenciada pelo contexto da crise financeira global, caracterizado por baixas taxas de crescimento do produto e taxas de juro, que tornaram o mercado imobiliário um investimento cada vez mais atrativo para o capital global, em busca de rendibilidade, um pouco por toda a parte (Fernandez *et al.*, 2016).

A 17 de maio de 2011 é assinado o memorando de entendimento entre o governo português e a União Europeia, definindo as "condições gerais da política económica" para o país, contrapartida da "concessão de assistência financeira da União Europeia a Portugal".[7] Entre os sete tópicos constantes deste acordo, encontra-se um exclusivamente dedicado ao mercado de habitação, que se subdivide em três grandes tipos de medidas: mercado de arrendamento, reabilitação e tributação, que, em conjunto, ditaram uma nova vaga de liberalização do mercado de arrendamento.[8] Com efeito, o acordo previa a alteração da Lei do Arrendamento Urbano, reduzindo os direitos dos inquilinos e acelerando o término dos contratos, o que incluía, entre outras, as seguintes medidas: limitação da possibilidade de transmissão do contrato a familiares, eliminação de mecanismos de controlo das rendas, redução do tempo mínimo de pré-aviso de rescisão do contrato por parte dos senhorios e criação de um procedimento

---

e vergonha resultante de uma responsabilização (individual e coletiva) por essa situação (cf. entrevista a Maria João Freitas, nota 2).

[7] Ver https://www.portugal.gov.pt/media/371372/mou_pt_20110517.pdf, consultado a 15.01.2019.

[8] Os outros seis são: 1. política orçamental, 2. regulação e supervisão do sector financeiro, 3. medidas orçamentais estruturais, 4. mercado de trabalho e educação, 5. mercados de bens e serviços, e 7. condições de enquadramento.

de despejo extrajudicial por violação de contrato que acelere o prazo de despejo para três meses. O memorando recomendava ainda a antecipação do termo dos contratos de arrendamento para a realização de obras de renovação e o nivelamento dos incentivos fiscais ao arrendamento com os da habitação própria.

A 14 de agosto de 2012 é aprovada a Nova Lei do Arrendamento Urbano, entrando em vigor três meses depois.[9] Ainda que o objetivo explicitado fosse o estímulo ao arrendamento urbano, o resultado prático, no entanto, tem sido a aceleração do termo dos contratos de arrendamento, com vista à venda dos imóveis ou a novos usos, como o alojamento local. A forte aceleração do volume de transações de imóveis e o crescimento do arrendamento de muito curta-duração demonstram a nova dinâmica do sector. Com efeito, desde 2014 que se regista um crescimento acelerado do número de transações, na sua grande maioria de apartamentos existentes, tendo-se multiplicado duas vezes e meia em apenas quatro anos e chegando às 46 mil transações no terceiro trimestre de 2018 (Gráfico 7). Já o número de apartamentos registados como alojamento local multiplicou-se por seis no mesmo período, ultrapassando os 26 mil alojamentos em 2018 (Gráfico 8).[10]

---

[9] Cf. https://dre.pt/application/dir/pdf1sdip/2012/08/15700/0441104452.pdf, consultado a 15.01.2019.

[10] Esta evolução reflete, parcialmente, o processo de legalização do sector a partir de 2014, sendo sobretudo motivada pelo contexto de crise e de expansão turística, que tornaram o alojamento local uma atividade económica relevante para pequenos proprietários. Esta perspetiva é partilhada por Eduardo Miranda, presidente da Associação do Alojamento Local (ALEP), em entrevista concedida a 31 de maio de 2017, e é claramente confirmada por dados do Registo Nacional de Alojamento Local (RNAL). Em 2016, cerca de 80 % daqueles registos diziam respeito a proprietários com apenas um imóvel, estando os registos com mais de 50 propriedades concentrados em apenas 25 proprietários (0,1 % o total) (NSBE e FDUNL, 2016). Para uma exposição mais detalhada sobre este sector consulte-se Barata-Salgueiro (2017).

Gráfico 7 — Volume de transações de alojamentos familiares, 2009–2018

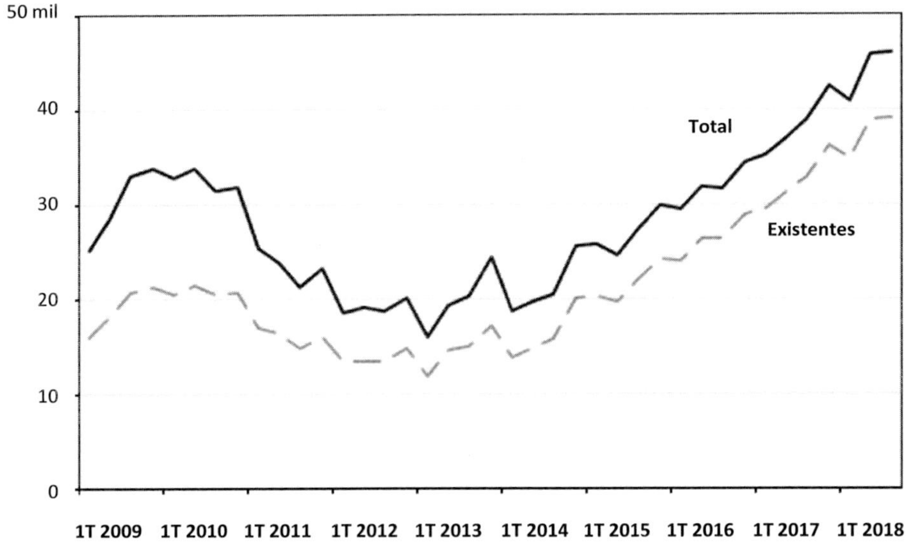

Fonte: INE.

Gráfico 8 — Registo de imóveis em alojamento local, 2009–2018

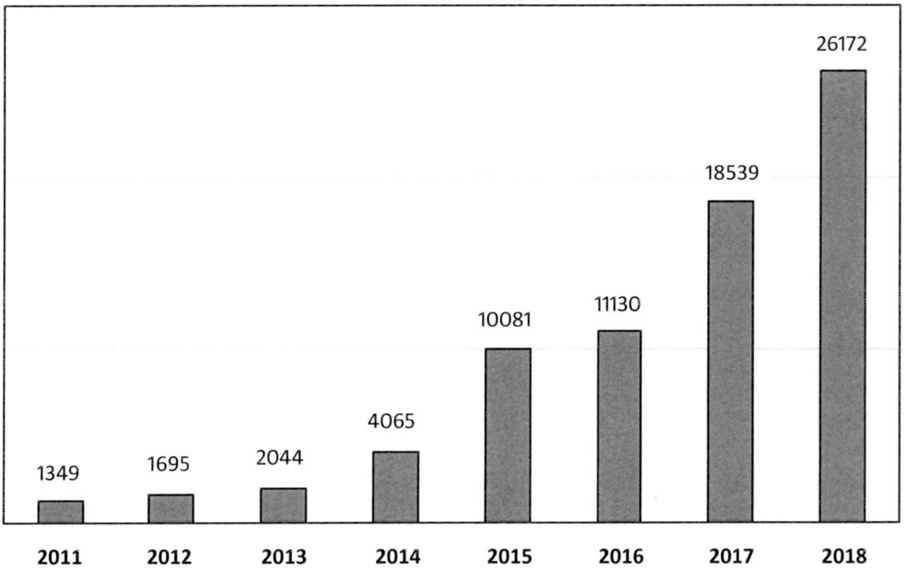

Fonte: Registo Nacional de Alojamento Local.

Um segundo tipo de desenvolvimento relevante diz respeito a um conjunto de medidas que vêm incentivando a procura externa. O Regime de Autorização de Residência para Atividade de Investimento (ARI) é o mais recente, tendo entrado em vigor em 8 de outubro de 2012. O ARI permite que cidadãos de Estados terceiros possam obter uma autorização de residência temporária para o exercício de atividade de investimento com a dispensa de licença de residência ao entrar em território nacional (os chamados Vistos Dourados). Embora esta medida visasse o investimento produtivo gerador de novos postos de trabalho num período de forte crise económica e financeira no país, o facto é que, entre outubro de 2012 e 31 dezembro de 2018, das 6962 autorizações de residência concedidas 94 % foram obtidas por via do requisito da aquisição de bens imóveis.[11] As principais nacionalidades dos novos residentes são a chinesa (59 %), a brasileira (9 %) e a turca (4 %), e esta medida terá gerado um investimento total de cerca de 4250 milhões de euros.

A este novo interesse no imobiliário residencial português por parte de cidadãos de Estados extraeuropeus soma-se a procura por parte dos cidadãos europeus. Estes beneficiam de um regime fiscal específico para o residente não habitual em sede do Imposto sobre o Rendimento das Pessoas Singulares (IRS), no quadro do Código Fiscal do Investimento, aprovado pelo Decreto-Lei n.º 249/2009, de 23 de setembro, que isenta o pagamento de IRS, em Portugal e no país de origem, as pensões de reforma, e tributa a 20 % outros rendimentos. De modo análogo ao Regime de Autorização de Residência para Atividade de Investimento, o objetivo desta medida era atrair para Portugal profissionais não residentes qualificados em atividades de elevado valor acrescentado ou de propriedade intelectual, industrial ou *know-how* (como músicos, atores, engenheiros, arquitetos, dentistas ou investigadores). Contudo, em janeiro de 2019, das cerca de 27 mil pessoas abrangidas por este regime apenas 8 % desenvolvem atividades consideradas de elevado valor acrescentado, o que está a pôr em causa a legitimidade da medida devido ao seu efeito sobre a escassez de alojamentos para os residentes permanentes.[12]

---

[11] As remanescentes por via do requisito da transferência de capital e de criação de postos de trabalho. Ver https://www.sef.pt/pt/Documents/Mapa_ARI_PT_dezembro18.pdf, consultado a 15.01.2019.

[12] Cf. http://app.parlamento.pt/webutils/docs/doc.pdf?path=6148523063446f764c324679595842774f6a63334e7a637664326c75636d567858833426c636d6431626e52686379395953556c4a4c3342794f4455324c58687061576b744e4331684c6e426b5a673d3d&fich=pr856-xiii-4-a.pdf&Inline=true, consultado a 15.03.2019. Veja-se ainda Crisóstomo (2019).

Isto para lá dos incidentes diplomáticos com outros Estados europeus, nomeadamente a Finlândia e a Suécia, já que se trata também de uma medida de competição fiscal desleal.[13]

Estas medidas denotam uma renovada aposta nos sectores da construção e imobiliário, reforçados com as reformas regressivas da legislação laboral alegadamente implementadas para estimular o emprego. É certo que há recuperação da atividade económica. Contudo, esta verifica-se em atividades de menor valor acrescentado, a que se associam relações contratuais precárias e salários baixos, como são as atividades da construção, do imobiliário ou do turismo. O que se constata é, pois, uma crescente periferização da economia portuguesa, progressivamente reestruturada em torno de trabalho barato e desqualificado (Santos e Reis, 2018). Quer isto dizer que mesmo quando as taxas de desemprego formal caem, subsistem elevadas taxas de subutilização do trabalho, a precariedade e o aumento dos assalariados que auferem salário mínimo. Porém, o custo de vida aumenta, constituindo a habitação uma componente central deste aumento, assim gerando um hiato cada vez maior entre rendimentos e preços da habitação.

Desde 2014 que os preços da habitação têm aumentado continuamente em Portugal, em especial em Lisboa, no Porto e na região do Algarve: zonas turísticas que atraem mais procura externa, motivada pelos incentivos fiscais ou pela facilidade da obtenção de autorizações de residência, como vimos. Outros fatores, de ordem interna, têm também contribuído para esta evolução dos preços da habitação, incluindo a recuperação da economia, a ligeira melhoria do rendimento das famílias, a descida das taxas de juro e a gradual recuperação do crédito à habitação. Entre o primeiro trimestre de 2014 e o segundo trimestre de 2018, os preços da habitação aumentaram 34 % (em termos nominais), equivalendo este valor a 40 % para os imóveis existentes e a 18 % para os imóveis novos (Gráfico 9).

[13] Cf. https://www.dn.pt/edicao-do-dia/10-set-2018/interior/novas-regras-de-acordo-fiscal-com-finlandia-para-pensionistas-comecam-em-2022-9822536.html, consultado a 15.01.2019.

Gráfico 9 — Índice de preços da habitação (base: 2015), 2009-2018

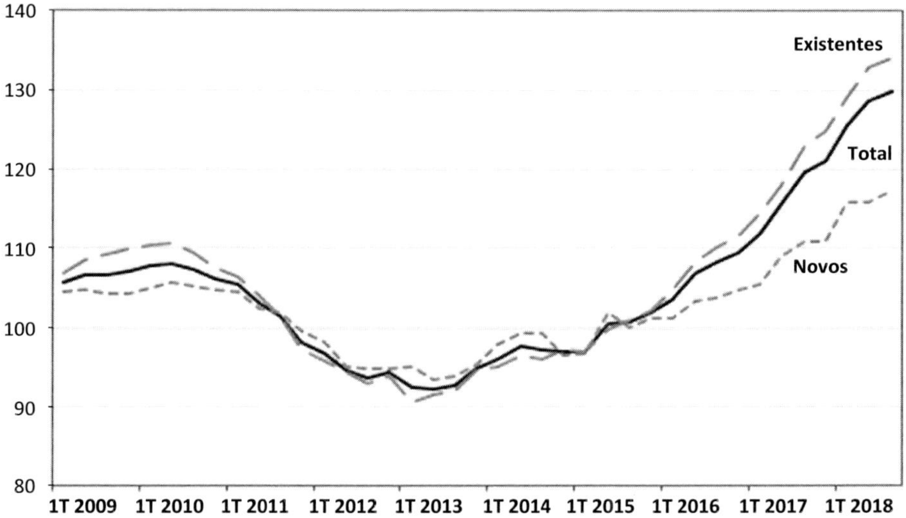

Fonte: INE.

Tal evolução dos preços da habitação face aos rendimentos da população portuguesa faz com que a habitação se torne cada vez menos acessível nos locais de maior pressão, substituindo proprietários nacionais por proprietários de economias mais avançadas ou com maior poder económico, e residentes habituais por residentes ausentes durante uma boa parte do ano e visitantes ocasionais. Isto provoca não só profundas transformações nas vidas das pessoas, que são forçadas a refazê-las noutros espaços, como também a descaracterização dos lugares com resultados ainda incertos (ver Ferreira *et al.*; Gago e Cocola-Gant; Mendes *et al.*, neste volume).

Esta evolução dos preços começa a preocupar o relativamente impotente regulador bancário, que teme a presença de uma bolha especulativa e os efeitos que advirão para o sector de uma baixa acentuada dos preços (Banco de Portugal, 2018). A probabilidade desta baixa é elevada, dado o rápido crescimento dos preços, assim constituindo um risco para um sector bancário altamente exposto ao sector imobiliário. Tal deve-se ao facto de boa parte dos empréstimos concedidos consistir em empréstimos às famílias para a compra de casa e aos sectores da construção e atividades imobiliárias, como vimos, a que acresce o facto de uma parte não negligenciável dos ativos da banca ser constituída por imóveis.

Em 2017, a exposição a ativos imobiliários representava 38 % do ativo total do sector bancário, a maior parte dizendo respeito a garantias imobiliárias associadas ao crédito à habitação, e constituindo aproximadamente 28 % do seu ativo (*ibidem*). Esta exposição significa que um decréscimo acentuado de preços no mercado imobiliário residencial terá efeitos negativos sobre a banca. Por um lado, diminuirá o valor dos imóveis dados como garantia de empréstimos, ainda que este efeito seja mais relevante para os empréstimos mais recentes. Por outro lado, uma diminuição dos preços poderá inverter as atuais condições favoráveis à redução dos imóveis recebidos em dação nos balanços dos bancos, que têm beneficiado da dinâmica do mercado imobiliário dos últimos anos. Adicionalmente, a correção dos preços conduz, mesmo no caso em que os ciclos do mercado imobiliário sejam financiados com capital próprio, a reduções da riqueza das famílias e de outros investidores, à semelhança do que se verificou durante a crise de 2008–2009. Acresce que estes efeitos serão potencialmente mais fortes numa próxima crise, porque a margem para a queda dos preços será agora maior. Também os agentes que intervêm no sector reconhecem a maior volatilidade do investimento estrangeiro, que beneficiou de um conjunto de fatores externos fortuitos, como a instabilidade política nos países do Magreb e a crise económica e política no Brasil, potenciando a procura estrangeira; fatores que no entanto poderão alterar-se a qualquer momento.[14] Quer isto dizer que a pressão para manter os preços da habitação elevados é enorme porque deles depende a sobrevivência do imobiliário e da banca.

5. NOVOS AGENTES E MERCADOS FINANCEIROS

A crescente imbricação entre a finança e a habitação em Portugal não se limita ao endividamento das famílias e das empresas dos sectores da construção e do imobiliário, ou à recente procura por parte de uma elite internacional, atraída por benesses fiscais, nem sequer à conversão da

[14] É, por exemplo, a opinião de Luís Lima, presidente da Associação dos Profssionais e Empresas de Mediação Imobiliária de Portugal (APEMIP), em entrevista concedida a 16 de junho de 2017, e de Hugo Santos Ferreira, secretário-geral da Associação Portuguesa se Promotores e Investidores Imobiliários (APPII), concedida a 13 de maio de 2017.

habitação residencial em novos usos turísticos. Esta imbricação diz ainda respeito ao desenvolvimento de novos mercados financeiros no país, seja através do surgimento de novas entidades, como os fundos de investimento imobiliário, seja por meio de novos instrumentos financeiros, como a titularização de créditos hipotecários.

Ainda que em menor grau do que em outros países financeirizados do Centro, estes novos instrumentos e entidades permitiram à banca nacional aumentar a sua liquidez, o que possibilitou manter a concessão de crédito no contexto de estagnação económica da primeira década de 2000 e criar novos mercados financeiros a partir do investimento imobiliário desde então. Durante a crise, permitiram ainda gerir o património imobiliário da banca mitigando os efeitos do seu modelo de negócio. No atual contexto de relativa recuperação económica assente no imobiliário, outros mercados se adivinham, como os que se espera que surjam com as recentemente criadas sociedades de investimento e gestão imobiliária (SIGI).

Os fundos de investimento imobiliário[15] tiveram um crescimento robusto ao longo das últimas duas décadas. Surgidos em 1985, ano em que se deram os primeiros passos na liberalização do sector financeiro, pretendia-se com estes fundos criar um novo produto de investimento capaz de captar as poupanças de pequenos e médios investidores, com o intuito de estas serem aplicadas em ativos imobiliários (Coelho *et al.*, 2002). Com efeito, estes fundos permitem transformar ativos imóveis, por natureza indivisíveis e com pouca liquidez, em produtos financeiros divisíveis, sob a forma de unidades de participação no fundo, e com elevada liquidez, oferecendo um nível intermédio de rendibilidade e de risco. Estes fundos são autorizados e regulados pela Comissão do Mercado de Valores Mobiliários (CMVM), devendo cumprir um conjunto de critérios no que diz respeito à composição dos seus ativos, nomeadamente permitir a realização de atividades de aquisição de imóveis para arrendamento ou

[15] Há vários tipos de fundos: fundos de investimento imobiliário (FII), fundos especiais de investimento imobiliário (FEII), fundos de gestão de património imobiliário (FUNGEPI) e fundos de investimento imobiliário de arrendamento habitacional (FIIAH). Os fundos distinguem-se ainda entre fundos abertos e fundos fechados. Os primeiros estão associados a maior liquidez, podendo as suas unidades de participação ser emitidas e resgatadas a qualquer momento, pelo contrário, nos fundos fechados, as unidades de participação são fixas. Ver https://www.apfipp.pt/index2.aspx?MenuCode=FII, consultado a 15.01.2019.

para revenda, o desenvolvimento de projetos de construção e de reabilitação urbana, entre outros.

Os investidores passaram, então, a ter à sua disposição unidades de participação destes fundos, com a vantagem, relativamente ao investimento direto em imóveis, de poderem aplicar as suas poupanças no montante que desejarem num investimento com elevada liquidez e diversificação do risco, já que cada unidade de participação diz respeito a uma carteira de ativos imóveis. Podem ainda beneficiar de uma gestão profissional da carteira e de um regime fiscal que tem sido bastante favorável, contribuindo significativamente para a rendibilidade do investimento e assim denotando uma vez mais o papel do Estado no desenvolvimento do nexo finança-habitação (Razina e Cardoso, 2005; Filipe, 2016).

Os referidos fundos conheceram um crescimento assinável na primeira década do milénio (Gráfico 10). Em 2013, atingiram um valor máximo de 258 fundos, correspondendo a um total de cerca de 13 mil milhões de euros (Gráfico 10). Em novembro de 2018 estavam ativos 119 fundos de investimento imobiliário (FII), 92 fundos especiais de investimento imobiliário (FEII) e três fundos de gestão de património imobiliário (FUNGEPI), que geriam um valor global de cerca de 10 765 milhões de euros. A Interfundos (14,1 %), a Norfin (11,8 %) e a GNB (10,3 %) detinham as quotas de mercado mais elevadas.[16]

[16] Cf. http://www.cmvm.pt/pt/Estatisticas/EstatisticasPeriodicas/FundosDeInvestimentoImobiliario/Pages/Setembro2018.aspx?shpage=FundosDeInvestimentoImobiliario, consultado a 15.01.2019.

Gráfico 10 — Valor dos ativos detidos por fundos de investimento imobiliário (milhões de euros), 1996–2018

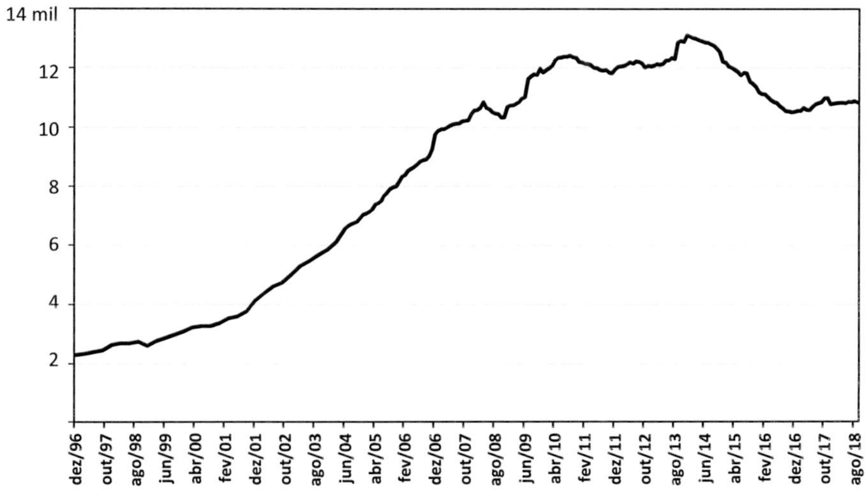

Fonte: CMVM.

Contudo, o mercado de fundos de investimento imobiliário é relativamente reduzido no contexto do sistema financeiro nacional, representando cerca de 12 % do total dos ativos em gestão em novembro de 2018. No contexto internacional, traduz a posição periférica do país, não chegando a representar 2 % deste mercado na Zona Euro, avaliado em cerca de 614 mil milhões de euros em agosto de 2018.[17] A crise financeira afetou negativamente o mercado imobiliário, repercutindo-se no valor e na rendibilidade dos fundos; contudo, também em resultado dos desenvolvimentos descritos na secção anterior a rendibilidade destes fundos encontra-se já em franca recuperação (Gráfico 11). E é esta evolução da rendibilidade que explica o crescimento do investimento estrangeiro no sector.

---

[17] Cálculos próprios a partir das estatísticas consultadas a 15.01.2019, em http://www.cmvm.pt/pt/Estatisticas/EstatisticasPeriodicas/GestaoDeActivos/Pages/2018_3t.aspx?shpage=GestaoDeActivos e http://sdw.ecb.europa.eu/reports.do?node=1000003517.

Gráfico 11 — Valor dos ativos detidos por fundos de investimento imobiliário e taxa de retorno, 2007–2017[18]

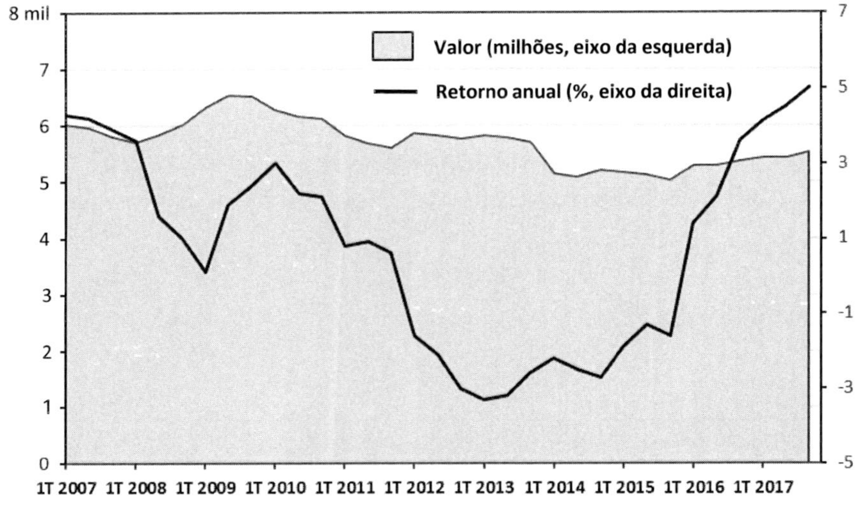

Fonte: APFIPP.

Com efeito, observa-se uma presença crescente de os fundos de investimento estrangeiro em resultado da crise da banca nacional, que dispunha de um património imobiliário apetecível e que necessitava de o vender. Assim, estes fundos de investimento, como o norte-americano *Lone Star,* que adquiriu recentemente o Novo Banco, e o fundo norte-americano *Apollo,* que comprou o portfólio imobiliário da Fidelidade, interessaram-se pelo património imobiliário da banca nacional, que estava disposta a vender a preço de saldo (Ferreira, 2018a e 2018b). Segundo Luís Lima, este tipo de fundos, os designados fundos abutres, chegou a oferecer 30 % do valor dos imóveis; e em alguns casos a banca acabou por vendê-los a este valor devido à enorme necessidade de liquidez, assim perdendo muito dinheiro com esta operação.[19] O interesse mantém-se, ainda que noutros moldes, por parte de fundos e investidores estrangeiros,

[18] A rentabilidade dos fundos é construída a partir de um cabaz de fundos, seguindo metodologias internacionais, o que explica a diferença entre as Gráficos 10 e 11. Dados obtidos a 15.01.2019, em http://www.apfipp.pt/index2.aspx?MenuCode=FII&ItemCode=FII_IND&name=Estat%C3%ADsticas.

[19] Em entrevista concedida a 16 de junho de 2017.

que vêm adquirindo bens imobiliários, incluindo no segmento residencial (cf. nomeadamente PwC e ULI, 2018; Banco de Portugal, 2018).[20]

A titularização de créditos também surge tardiamente em Portugal, quando comparada com a realidade dos países do Centro europeu. Criada legalmente apenas em 1999, através do Decreto-Lei 453/99, só arrancou verdadeiramente a partir de 2001, após um conjunto de alterações de teor legal e fiscal, o que tornou a atividade mais atrativa (Almeida e Crespo, 2011), atingindo o montante mais elevado de cerca de 65 mil milhões em 2011. Com a crise internacional e com as mudanças regulatórias — que visavam nomeadamente o reforço do colateral junto do BCE — a titularização do crédito cai abruptamente (Gráfico 12).

Gráfico 12 — Ativos dos fundos e das sociedades de titularização de crédito (milhões), 2005–2018

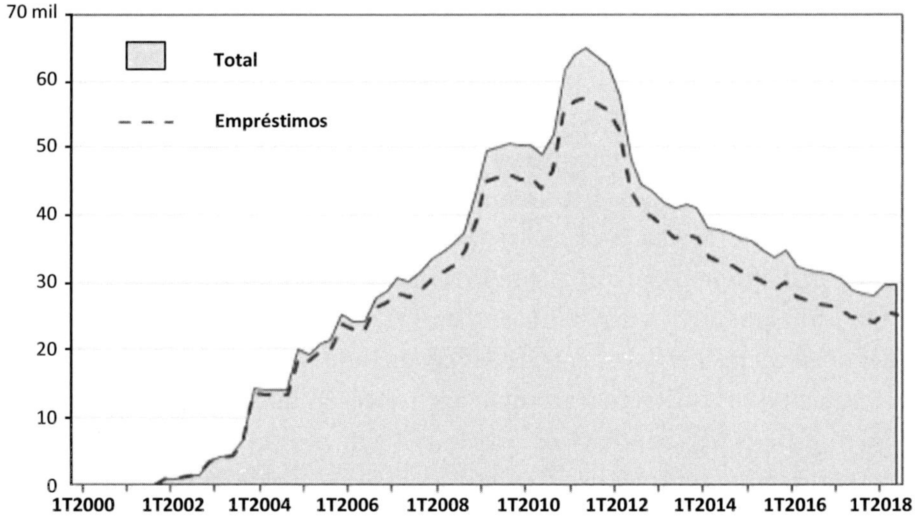

Fonte: BdP.

[20] Hugo Santos Ferreira, secretário-geral da APPII, também dá conta da crescente importância de investidores internacionais, que constituem cerca de 30 % dos associados da APPII, e destaca o maior peso dos fundos de investimento americanos e espanhóis. Identifica o investimento residencial por parte de estrangeiros como uma mudança relevante no sector, estimulado por políticas como o regime fiscal para o residente não habitual e o regime de autorização de residência. Salienta ainda o papel do Regime Excecional para a Reabilitação Urbana que, através de isenções fiscais ao nível do IMI, IMT e do IVA, estimulou o investimento em reabilitação (entrevista concedida a 31 de maio de 2017).

Apesar de tardia, e do reduzido peso por comparação com o de outros países, a titularização teve também o seu papel na expansão do crédito em Portugal, porque permitiu transferi-lo para terceiros e assim aumentar a liquidez da banca para a concessão de novo crédito. Estes títulos apresentaram, ainda, a vantagem de um elevado grau de liquidez, já que podem ser transacionados entre agentes financeiros. Além disso, serviram de garantia dos empréstimos junto do BCE e também, deste modo, como instrumento de gestão de liquidez. Após a crise financeira, a procura destes títulos aumentou substancialmente pela necessidade de colateral para obter financiamento junto do BCE, o que explica o seu crescimento no período imediatamente subsequente à crise (BdP, 2013). Contudo, a partir de 2010, com o agravamento dos critérios de elegibilidade dos ativos titularizados como garantia nas operações de financiamento junto do Eurossistema, a sua função no financiamento da banca nacional foi substancialmente reduzida.

Não obstante, adivinha-se a criação de novas entidades que avançam o nexo finança-habitação. É o caso das sociedades de investimento e gestão imobiliária (conhecidas na designação inglesa por *Real Estate Investment Trusts* – REIT, mas que adotam a designação SIGI em Portugal). À semelhança dos fundos de investimento imobiliário e da titularização da dívida hipotecária, as futuras SIGI também permitirão transformar a propriedade imobiliária, por natureza um bem fixo num determinado território, num ativo transacionável, permitindo que agentes de uma qualquer proveniência possam extrair as rendas fundiárias geradas numa outra parte, sem a necessidade de manter com ela qualquer ligação relacional, com a responsabilização associada à pertença a uma dada comunidade. Ou seja, as SIGI serão mais um instrumento que "cria liquidez a partir da fixidez espacial" (Gotham, 2009). A principal diferença é que, relativamente aos fundos imobiliários, as SIGI são sociedades anónimas cotadas, o que torna mais fácil o acesso a este tipo de investimento por parte dos pequenos investidores, bastando-lhes adquirir ações destas sociedades no mercado de capitais.

Ainda é cedo para saber que impacto terão as SIGI na habitação; porém, é fácil entender que as novas sociedades especializadas no imobiliário fazem parte do mesmo processo de continuada expansão do capital financeiro na habitação. No atual momento, isto significa uma presença cada vez mais forte do capital financeiro dito global, com transferência de propriedade imobiliária para uma elite estrangeira, atraída por generosas rendas fundiárias com o forte apoio fiscal e regulatório do Estado português (veja-se Teles, neste volume). Significa também o crescimento de desigualdades sociais, com a continuada transferência de rendas fundiárias dos agentes nacionais para o exterior, isto é, das famílias e empresas portuguesas, as que se desfazem da sua propriedade, as que pagam rendas cada vez mais insustentáveis e suportam os benefícios fiscais com a degradação dos serviços públicos.[21]

6. HABITAÇÃO E DESIGUALDADE SOCIAL

O crescimento extraordinário da dívida das famílias nas duas últimas décadas sintetiza bem a natureza desequilibrada dos processos de financeirização na semiperiferia portuguesa. No entanto, este envolvimento das famílias com a finança está longe de ser um fenómeno socialmente transversal em Portugal. Ao contrário do que aconteceu, por exemplo, com a expansão do mercado de crédito *subprime* nos EUA, em Portugal esta expansão não se dirigiu de todo para as classes subalternas, com um elevado risco de incumprimento, mas sim para famílias com rendimentos mais elevados e, consequentemente, com melhores garantias de solvência.[22] Em 2013, menos de metade das famílias portuguesas, o equivalente a 45,9 %, tinha algum tipo de dívida; 32,7 % tinha um empréstimo para a compra da residência familiar; 3,7 % tinha hipotecas de propriedades que não a residência principal e 17,3 % tinha empréstimos que não estavam garantidos por propriedade imobiliária (INE e BdP, 2016; Costa, 2016). Adicionalmente, constata-se que o nível de envolvimento das famílias com o mercado da dívida aumenta à medida que subimos na pirâmide de rendimentos, já que este envolvimento abrange 21,6 % das famílias

[21] Consulte-se o capítulo 11 deste volume para um exame mais detalhado das SIGI e do Fundo Nacional de Reabilitação do Edificado, neste caso um fundo público, mas que replica a lógica dos fundos imobiliários privados.

[22] Isto não significa que o crédito hipotecário não tenha deixado de constituir um risco para as famílias mais vulneráveis, como a evolução da taxa de incumprimento no pós-crise o demonstrou (cf. nota 6).

com nível mais baixo de rendimento, mas corresponde a 69,4 % das famílias que pertencem ao escalão superior de rendimentos. No segmento do mercado hipotecário de residência principal, as taxas de participação são de 11,1 % e 58,4 %, respetivamente, para estes dois escalões (*ibidem*).

O facto de a dívida das famílias consistir sobretudo em crédito hipotecário, e de este estar concentrado naquelas que usufruem de maiores rendimentos, é um indicador de desigualdade não só no que respeita ao acesso à finança, mas também ao acesso à habitação. Para os segmentos relevantes das classes médias e altas, o crédito hipotecário emergiu como a melhor forma de satisfazer as necessidades habitacionais, permitindo-lhes adquirir a sua residência familiar com importantes apoios estatais. Dada a abrangência do regime de crédito bonificado, tal significou que uma parte importante das famílias com crédito hipotecário beneficiou de algum tipo de apoio, contendo um efeito regressivo, na medida em que beneficiou desproporcionadamente as classes de rendimento médio e alto (Bronchi e Gomes-Santos, 2002; Martins e Villanueva, 2006). A propriedade habitacional também permitiu controlar as despesas com a habitação relativamente aos inquilinos que têm enfrentado uma subida continuada dos preços das rendas. Mesmo os proprietários com hipotecas beneficiaram da evolução favorável do serviço mensal da dívida face aos inquilinos, no contexto da crise. Com a maior parte das hipotecas contratualizadas com taxas de juro variáveis indexadas à taxa do mercado interbancário, a Euribor, os pagamentos mensais do serviço da dívida seguiram os cortes nas taxas de juro efetuados pelo BCE desde 2009, o que permitiu uma redução significativa destas prestações (INE, 2015). Pelo contrário, os inquilinos passaram a enfrentar custos crescentes com as rendas e condições contratuais mais desvantajosas, como vimos, traduzindo uma desigualdade crescente no acesso à habitação. Esta hipótese é claramente confirmada pela diferença entre o custo mensal das hipotecas e das rendas face ao rendimento do agregado familiar: em 2016, apenas 4 % das famílias com hipotecas tinham um nível de despesa excessivo com a habitação (isto é, superior a 40 % do rendimento disponível), enquanto 34 % das famílias arrendatárias tinham de suportar um nível considerado excessivo (Eurostat, 2018). Esta não é apenas uma diferença quantitativa em termos dos encargos suportados com a habitação, ela também reflete os mais baixos rendimentos dos inquilinos face aos proprietários, e espelha ainda diferenças qualitativas relevantes em termos das condições de habitabilidade entre os diferentes regimes de ocupação (ver os capítulos de Ribeiro e de Silva, neste volume).

Ao beneficiar sobretudo as famílias mais prósperas numa área tão relevante da provisão, e através de formas de provisão mercadorizadas, a habitação financeirizada foi duplamente prejudicial aos segmentos sociais mais vulneráveis da população, que não só não puderam aceder ao crédito para a compra de casa própria, como viram o acesso ao mercado de arrendamento privado mais dificultado, não encontrando alternativas perante a insuficiente oferta pública. Por outro lado, a resolução mercantil das necessidades habitacionais por uma parte cada vez mais significativa da população foi limitando a força política para a resolução coletiva dos problemas habitacionais das margens. Sem acesso ao crédito, ao arrendamento privado, ou à habitação social, restaram não-soluções precárias, como a sobrelotação ou a ocupação de imóveis vagos, senão mesmo a rua (ver Silva, neste volume).

Se é verdade que através do crédito hipotecário as famílias se tornaram uma fonte mais relevante de rendimentos para o sector bancário, podendo ser encarada como uma forma de expropriação financeira, tal como argumentado por Lapavitsas (2009), a propriedade imobiliária foi genericamente benéfica para os proprietários, incluindo os que contraíram crédito. No atual momento especulativo do mercado imobiliário, o crescimento das rendas é um fenómeno de maior relevância social, associando-se ao aumento dos despejos em determinadas zonas urbanas e à deslocalização das populações para as periferias. Tal resulta numa transferência cada vez maior de rendimentos das famílias da classe média e baixa para os senhorios, não correspondendo sequer a uma melhoria das suas condições habitacionais. Pelo contrário, a escassez de alojamentos para o arrendamento de longa duração nos centros urbanos empurra os mais vulneráveis para condições ainda mais degradantes (Silva, neste volume). Em suma, numa primeira fase da financeirização da habitação verificou-se predominantemente uma transferência de rendimento das famílias para a banca, resultado de uma política de habitação que favoreceu a aquisição de casa própria. Já a segunda fase do processo de financeirização é marcada por uma enorme pressão sobre o mercado de arrendamento, resultado da liberalização deste mercado que facilitou a cessação dos contratos vigentes e promoveu outros usos do espaço urbano. No entanto, a financeirização das famílias não deve ser vista como um fenómeno genericamente prejudicial, mas sim como um fenómeno que exacerba as desigualdades socioeconómicas existentes, produzindo mais concentração de riqueza, material e financeira.

Antes de concluir, importa ainda referir a questão do congelamento administrativo das rendas, que remonta a 1943 e que se manteve após o 25 de Abril, sendo tema recorrente no debate público e apresentando-se como principal causa dos problemas deste segmento do mercado ainda nos dias de hoje. Contudo, desde 1985 que o mercado de arrendamento vem sendo progressivamente liberalizado para os novos contratos, sendo que as rendas têm acompanhado esta evolução. De facto, o congelamento das rendas foi revogado em 1985 (através do Decreto-Lei n.º 46/85), o ano que precede a adesão portuguesa à Comunidade Económica Europeia. A partir de 1990 (com o Decreto-Lei n.º 321/B), a liberalização do mercado de arrendamento tem vindo a ser sucessivamente reforçada até ao Novo Regime de Arrendamento Urbano de 2012, como já referido.[23] Em resultado, entre 2001 e 2011 o valor médio mensal das rendas aumentou, em termos reais, cerca de 50 % (INE, 2012), tendo disparado a partir de 2014 como anteriormente demonstrado. No entanto, o mercado de arrendamento não se expandiu como se pretendia. Este constrangimento deve-se mais ao nexo finança-habitação que favoreceu o mercado de compra e venda do que ao Regime de Arrendamento Urbano, que vem tendencialmente favorecendo o proprietário em detrimento do inquilino. [24] Em suma, se numa primeira fase de financeirização da habitação a compra de casa própria impediu o desenvolvimento de um mercado de

---

[23] Importa notar que, mesmo antes de 1985, o valor da renda dos novos contratos era fixado a preços de mercado, o que explica a evolução crescente das rendas dos novos contratos ao longo do tempo. Quer isto dizer que o valor das rendas muito baixas é relativamente residual, referindo-se aos contratos muito antigos ainda em vigor, boa parte deles arrendados ao Estado, institutos públicos ou a autarquias (INE, 2012).

[24] António Machado, membro da direção da Associação dos Inquilinos Lisbonenses, em entrevista concedida a 5 de maio de 2017, confirmou esta evolução recente do mercado de arrendamento, que vem sendo preterido em favor do apoio à compra de casa própria, seguindo-se a contração de alojamentos no mercado de arrendamento, seja devido a novos usos como o alojamento local ou à manutenção de um número elevado de prédios desocupados que aguardam a realização de mais-valias futuras.

arrendamento enquanto regime de ocupação alternativo, na segunda fase é a procura por parte de uma elite global e financeira que vem impedindo este crescimento, com impactos ainda mais devastadores.[25]

7. A ECONOMIA POLÍTICA DA HABITAÇÃO FINANCEIRIZADA EM PORTUGAL

Em Portugal sempre se privilegiou um modelo privado de provisão de habitação, crescentemente assente em mecanismos mercantis, tomando-se este bem essencial como uma vulgar mercadoria, isto é, um bem que é produzido para ser transacionado no mercado e para a realização do seu valor de troca. O predomínio deste modelo conduziu a uma segmentação do mercado de habitação em função do seu preço, sobrepondo diferenças territoriais e sociais, a que se associaram formas desiguais de vivência e uso do espaço (Guerra, 1997 e 2011; Barata-Salgueiro, 2001 e 2017; Carmo *et al.*, 2015; Santos, 2016; Ribeiro e Santos, 2018 e 2019). A forte correlação entre as características do parque habitacional e as da população que nele reside significa que a habitação é um relevante mecanismo de reprodução de desigualdades sociais no nosso país, limitando o acesso de importantes segmentos da população a recursos relevantes, localizados em territórios concretos, incluindo sistema de transportes, oportunidades de trabalho, serviços e equipamentos sociais e culturais, coartando a si e aos seus descendentes as oportunidades disponíveis a quem habita em espaços privilegiados. Neste volume dá-se conta do agravamento das desigualdades sociais que replica desigualdades territoriais, socioeconómicas, de género, geracionais, étnicas, entre outras (ver neste volume os capítulos de Gago e Cocola-Gant; Mendes *et al.*; Reis; Ribeiro; e Silva).

Apesar de as fragilidades deste sistema de provisão se deverem, em grande medida, às debilidades da economia portuguesa, consubstanciadas na posição intermédia do país, em termos de desenvolvimento e no

[25] João Ferrão chega mesmo a contrapor a financeirização da habitação à financeirização da cidade, que envolve todo o espaço em redor, as infraestruturas e os equipamentos, e que transforma, tanto de um ponto de vista macro, como de uma perspetiva micro, os processos de produção da cidade, e que considera que se acentuou com a crise financeira e a maior dependência do investimento estrangeiro (em entrevista concedida a 7 de junho de 2017).

quadro de um Estado Providência insuficiente, o nexo finança-habitação foi deliberada e progressivamente promovido por sucessivos governos no período democrático. Este nexo fez ainda parte de um projeto europeu. As reformas que a integração europeia induziu no sistema financeiro nacional e a política de habitação assente quase exclusivamente em bonificações fiscais dirigidas ao crédito hipotecário forjaram deliberadamente uma relação cada vez mais imbrincada entre a finança e a habitação. As debilidades persistentes da economia portuguesa no contexto da crise financeira global fizeram emergir novos atores nacionais e internacionais. O nexo finança-habitação prossegue, densificando-se, com o Estado cada vez mais dependente do capital financeiro global, mantendo todo um sistema iníquo de incentivos e prometendo a criação de novos produtos e mercados que convertem o imobiliário em títulos financeiros de elevada liquidez e rendibilidade. A perceção de que ao Estado não resta outra escolha que não seja a de atrair capital estrangeiro parece cada vez mais arreigada, sustentando toda uma política económica quase exclusivamente voltada para o investimento imobiliário estrangeiro (cf. capítulo 11). Contudo, são cada vez mais evidentes as contradições da metamorfose da habitação em ativo financeiro, que começa a excluir segmentos cada vez mais relevantes das famílias. A ligação entre o poder do capital financeiro global e a desproteção das comunidades locais vai-se tornando cada vez mais notórias. O hiato entre os rendimentos e os preços e rendas das casas que empurra a população para as periferias põe cada vez mais em causa a adequação do modelo privado a este sistema de provisão. Se o modelo de provisão privada financeirizada funcionou para importantes segmentos da população até determinada altura, legitimando uma cidadania proprietária, os seus atuais efeitos disruptivos podem agora pô-lo em causa. Seja como for, só um processo multidimensional de desfinanceirização poderá contribuir para resolver as velhas e as novas questões da habitação em Portugal. Uma questão a que se voltará no último capítulo deste livro.

REFERÊNCIAS BIBLIOGRÁFICAS

Aalbers, Manuel B. (2017), "The Variegated Financialisation of Housing", *International Journal of Urban and Regional Research*, 41(4), 542–54.

Abiad, Abdul; Detragiache, Enrica; Tressel, Thierry (2008), "A New Database of Financial Reforms", *IMF Staff Papers*, Palgrave Macmillan, 57(2), 281–302.

Almeida, Ana M.; Crespo, Maria T. (2011), "Assessing Securitisation in Portugal — Compilation and measurement issues", Supplement 1/2011 to the Statistical Bulletin, October 11, 143–49.

Banco de Portugal – BdP (2018), *Relatório de Estabilidade Financeira*. Lisboa: Banco de Portugal.

Banco de Portugal – BdP (2013), *Relatório de Estabilidade Financeira*. Lisboa: Banco de Portugal.

Barata Salgueiro, Teresa (2017), "Alojamentos turísticos em Lisboa", *Scripta Nova*, XXI (578), 1–43.

Barata Salgueiro, Teresa (2001), *Lisboa, periferia e centralidades*. Oeiras: Celta Editora.

Bronchi, Chiara; Gomes-Santos, José C. (2002), "Reforming the Tax System in Portugal", *Società italiana di economia pubblica*, Working Paper 191.

Carmo, Renato M.; Cachado, Rita; Ferreira, Daniela (2015), "Desigualdades em tempos de crise: vulnerabilidades habitacionais e socioeconómicas na Área Metropolitana de Lisboa", *Revista Portuguesa de Estudos Regionais*, 40, 5–22.

Castela, Tiago (2019), "A habitação em Portugal no projeto de desenvolvimento da Europa Ocidental: o fomento estatal da propriedade e da indústria da construção após 1968", *in* Ana Cordeiro Santos (org.), *A nova questão da habitação em Portugal: uma abordagem de economia política*. Lisboa: Actual.

Castela, Tiago (2017), "Tradição da propriedade? Deslegitimação e geografias quotidianas do arrendamento em Portugal, 1974–1982", *in* Teresa Sá Marques; José Alberto Rio Fernandes; José Teixeira; Patrícia Abrantes; Fátima Matos; Laura Soares (org.), *XI Congresso da Geografia Portuguesa — As dimensões e a responsabilidade social da Geografia: livro de atas*. Porto: Faculdade de Letras da Universidade do Porto e Associação Portuguesa de Geógrafos, 113–16.

Castela, Tiago (2011), "A Liberal Space: A History of the Illegalized Working-Class Extensions of Lisbon", Tese de doutoramento, University of California, Berkeley.

Coelho, Miguel; Fazenda, Rita; Mendes, Victor (2002), "Os fundos de investimento em Portugal", *Cadernos do Mercado de Valores Mobiliários*, 13, 11–39.

Costa, Susana (2016), "Situação financeira das famílias em Portugal: uma análise com base nos dados do ISFF 2013", *Revista de Estudos Económicos*, 2(4), 15–59.

Crisóstomo, Pedro (2019), "Ana Gomes pede investigação a 'esquema de dumping fiscal' em Portugal", *Jornal Público*, 8 de março, https://www.publico.pt/2019/03/08/economia/noticia/ana-gomes-pede-bruxelas-investigue-esquema-dumping-fiscal-portugal-1864655.

European Credit Research Institute – ECRI (2016), *ECRI Statistical Package 2016, Lending to Households and Non-financial Corporations in Europe* (1995–2014).

Eurostat (2018), *EU-SILC Survey*, consultado a 15.01.2019, em http://appsso.eurostat.ec.europa.eu/nui/show.do?dataset=ilc_lvho07c&lang=en.

Fernandez, Rodrigo; Aalbers, Manuel B. (2016), "Financialization and Housing: Between globalization and varieties of capitalism", *Competition & Change*, 20(2), 71–88.

Fernandez, Rodrigo; Hofman, Annelore; Aalbers, Manuel B. (2016), "London and New York as a Safe Deposit Box for the Transnational Wealth Elite", *Environment and Planning A*, 48(12), 2443–461.

Ferreira, Cristina (2018a), "Novo Banco vende sede na Avenida da Liberdade e muda-se para as Amoreiras", *Jornal Público*, 21 de julho, https://www.publico.pt/2018/07/21/economia/noticia/novo-banco-vende-sede-na-avenida-da-liberdade-e-mudase-para-as-amoreiras-1838657.

Ferreira, Cristina (2018b), "Fidelidade vende 2000 fracções à Apollo sem dar direito de preferência aos inquilinos", *Jornal Público,* 29 de junho, https://www.publico.pt/2018/06/29/economia/noticia/fidelidade-vende-2000-fraccoes-a-apollo-sem-dar-direito-de-preferencia-aos-inquilinos--1836274.

Ferreira, João Pedro; Silva, Nuno Baetas; Costa, João Fontes (2019), "O preço da habitação: as determinantes do valor na Área Metropolitana de Lisboa", *in* Ana Cordeiro Santos (org.), *A nova questão da habitação em Portugal: uma abordagem de economia política*. Lisboa: Actual.

Filipe, Bruno (2016), *O regime fiscal dos fundos de investimento imobiliário*. Dissertação de Mestrado. Lisboa: Instituto Superior de Contabilidade e Administração de Lisboa.

Frade, Catarina; Coelho, Lina (2015), "Surviving the Crisis and Austerity: The coping strategies of Portuguese households", *Indiana Journal of Global Legal Studies*, 22(2), 631–664.

Gago, Ana; Cocola-Gant, Agustin (2019), "O alojamento local e a gentrificação turística em Alfama, Lisboa", *in* Ana Cordeiro Santos (org.), *A nova questão da habitação em Portugal: uma abordagem de economia política*. Lisboa: Actual.

Gotham, Kevin Fox (2009), "Creating Liquidity out of Spatial Fixity: The secondary circuit of capital and the subprime mortgage crisis", *International Journal of Urban and Regional Research*, 33(2), 355–71.

Guerra, Isabel (2011), "As políticas de habitação em Portugal: à procura de novos caminhos", *Cidades, Comunidades e Territórios*, 22, 41–68.

Guerra, Isabel (1997), "Um olhar sociológico sobre o alojamento", *Sociologia, Problemas e Práticas*, 24, 165–181.

Instituto da Habitação e Reabilitação Urbana – IHRU (2015), *1987-2011: 25 Anos de Esforço do Orçamento do Estado com a Habitação*. Lisboa: Instituto da Habitação e Reabilitação Urbana. Consultado a 15.01.2019, em https://www.portaldahabitacao.pt/.

Instituto Nacional de Estatística – INE (2018), Recenseamento da população e habitação — Censos 1981–2011. Consultado a 15.01.2019, em http://www.ine.pt/.

Instituto Nacional de Estatística – INE (2015), Construção e habitação: Indicadores de Preços na Habitação. Consultado a 15.01.2019, em http://www.ine.pt/.

Instituto Nacional de Estatística – INE (2012), Evolução do Parque Habitacional em Portugal 2001–2011. Lisboa: Instituto Nacional de Estatística.

Instituto Nacional de Estatística – INE; Banco de Portugal – BdP (2016), *Inquérito à situação financeira das famílias*. Lisboa: INE e BdP.

Lapavitsas, Costas (2009), "Financialised Capitalism: Crisis and financial expropriation", *Historical Materialism*, 17(2), 114–48.

Martins, Nuno C.; Villanueva, Ernesto (2006), "The Impact of Mortgage Interest-rate Subsidies on Household Borrowing", *Journal of Public Economics*, 90, 1601–23.

Mendes, Luís; Carmo, André; Malheiros, Jorge (2019), "Gentrificação transnacional, novas procuras globais e financeirização do mercado de habitação em Lisboa", *in* Ana Cordeiro Santos (org.), *A nova questão da habitação em Portugal: uma abordagem de economia política*. Lisboa: Actual.

Nova School of Business and Economics – NSBE; Faculdade de Direito da Universidade Nova de Lisboa – FDUNL (2016), *O alojamento local em Portugal — Qual o fenómeno?* Lisboa: Associação da Hotelaria de Portugal.

PwC; Urban Land Institute – ULI (2018), *Emerging Trends in Real Estate, Europe 2018*. PwC; Urban Land Institute.

Razina, Florbela; Cardoso, Luís F. (2005), "Impacto dos benefícios fiscais na rendibilidade dos fundos de investimento imobiliário: uma análise empírica", *Cadernos do Mercado de Valores Mobiliários*, 20, 95–101.

Reis, José (2019), "O território ainda existe? Sistemas de provisão de habitação e o desperdício do país", *in* Ana Cordeiro Santos (org.), *A nova questão da habitação em Portugal: uma abordagem de economia política*. Lisboa: Actual.

Ribeiro, Raquel, Santos, Ana Cordeiro (2018a), "Financeirização das famílias e a desigualdade socioeconómica e territorial em Portugal", *Revista Portuguesa de Estudos Regionais*, 47, 73–93.

Ribeiro, Raquel (2019), "A 'casa' — Entre o sonho e a realidade", *in* Ana Cordeiro Santos (org.), *A nova questão da habitação em Portugal: uma abordagem de economia política*. Lisboa: Actual.

Ribeiro, Raquel; Santos, Ana Cordeiro (2019), "Financeirização da habitação e desigualdades socioterritoriais: um estudo comparado das áreas metropolitanas de Lisboa e do Porto", mimeo.

Rodrigues, João; Santos, Ana Cordeiro; Teles, Nuno (2016a), "Semi-peripheral Financialisation: The case of Portugal", *Review of International Political Economy*, 23(3), 480–510.

Rodrigues, João; Santos, Ana Cordeiro; Teles, Nuno (2016b), *A financeirização do capitalismo em Portugal*. Lisboa: Actual.

Santos, Ana Cordeiro; Reis, José (2018), "Portugal: uma semiperiferia reconfigurada", *e-cadernos CES*, 29, 57–76.

Santos, Ana Cordeiro; Teles, Nuno; Serra, Nuno (2014), "Finança e Habitação em Portugal", *Cadernos do Observatório sobre Crises e Alternativas*, 2, 1–59.

Santos, Sofia (2016), "Who Are You Calling Sub/urban? Socio-Spatial Inequality and Mobility in the Lisbon Metropolitan Area", *Portuguese Journal of Social Science*, 15(3), 387–407.

Serra, Nuno (2019), "Quanto custa ser parente pobre? Do lugar periférico da habitação nas políticas sociais à sua centralidade no processo de financeirização", *in* Ana Cordeiro Santos (org.), *A nova questão da habitação em Portugal: uma abordagem de economia política*. Lisboa: Actual.

Serra, Nuno (2002), *Estado, território e estratégias de habitação*. Coimbra: Quarteto.

Silva, Rita (2019), "Crise e desigualdade habitacional: como (não) se vive em Lisboa", *in* Ana Cordeiro Santos (org.), *A nova questão da habitação em Portugal: uma abordagem de economia política*. Lisboa: Actual.

Teles, Nuno (2019), "Financeirização da habitação: a terra e renda fundiária como elos em falta", *in* Ana Cordeiro Santos (org.), *A nova questão da habitação em Portugal: uma abordagem de economia política*. Lisboa: Actual.

O TERRITÓRIO AINDA EXISTE? SISTEMAS DE PROVISÃO DE HABITAÇÃO E O DESPERDÍCIO DO PAÍS*

JOSÉ REIS**

"o melhor exercício contemplativo é justamente a observação atenta do real, da 'espantosa realidade das coisas', como diz Alberto Caeiro [...] a atitude contemplativa não se exige apenas para tentar apreender a totalidade sem margens do real, mas também para relacionar as partes com o todo, as moléculas com o universo, os homens com a humanidade, para reunir num só acto a análise e a síntese, a distinção e a composição"

José Mattoso (2002), *A escrita da história*

INTRODUÇÃO

A atração pela vertigem transformadora das sociedades é compreensível e tem toda a razão de ser. "Tudo o que é sólido se dissolve no ar, tudo

* Para além do grande benefício que tirei do facto de este texto ter sido produzido no quadro do projeto FINHABIT (PTDC/ATP-GEO/2362/2014 – POCI-01-0145-FEDER-016869), ele é tributário de duas interlocuções muito especiais: com Ana Cordeiro Santos, que dirigiu este projeto e coordenou de forma muito competente todos os trabalhos conducentes a este livro, e com Raquel Ribeiro. Recebi de ambas excelentes comentários. Devo ainda a Raquel Ribeiro uma ajuda inestimável na organização da informação estatística e na produção dos mapas, assim como uma competentíssima revisão. Quero aqui deixar o meu agradecimento por tudo isto. Não é, no entanto, apenas por razões de bom protocolo que acrescento a indispensável ressalva: a responsabilidade da análise feita e das ilações tiradas é exclusivamente minha.

** Faculdade de Economia da Universidade de Coimbra. Centro de Estudos Sociais.

o que é sagrado se profana...".[1] Na verdade, a mudança, a transformação e a emergência são dados permanentes da organização da vida coletiva e ocupam lugares centrais na nossa perceção das coisas. E são, além disso, expressão das sedes (nos dois significados literais desta ortografia) de poder a partir das quais se determinam muitas das circunstâncias que nos rodeiam. Contudo, também temos na memória que nem tudo se confina estritamente ao sentido último do movimento. Há persistências, resistências e reconfigurações que disputam pelo menos um pedaço do cenário. Há, sobretudo, heterogeneidades. Em cada momento, o produto final das interações sociais e das dinâmicas coletivas é o resultado de forças diversas em que o que é mais poderoso tem necessariamente de se articular com outras presenças e outras fontes da vida material e da sua reconfiguração. E pode até acontecer que daí resultem trajetórias inesperadas, não dedutíveis da condição nominal de cada força (tratei do que designei "universo-das-trajetórias-inesperadas" em Reis, 2001). Foi Alfred Marshall quem lembrou que o próprio "progresso depende primacialmente de se saber até onde as forças *mais fortes*, e não apenas as forças *mais altas*, podem ser utilizadas para aumentar o bem social".[2]

Olhemos para Portugal e pensemos no território. Basta recuar algumas décadas para que as provas da mudança e da transformação se revelem de forma intensa em múltiplos planos. Mas as continuidades e as persistências também. Faz certamente parte da identificação do país a ideia de que no seu território se foram consolidando modos de vida diversos e formas de reprodução social significativas, culturas técnicas importantes, atividades relevantes e diferenciadoras, dinamismos produtivos e empresariais não negligenciáveis. E que isso, para além de resultar de uma diversidade que é, ela própria, territorial, não desaparece facilmente.[3] Isto é, as múltiplas

[1] A frase, bem conhecida, é de Marx e Engels no *Manifesto Comunista*.

[2] Esta evocação foi feita por Albert Hirschman (1985) num ensaio significativamente intitulado "Against Parsimony: Three easy ways of complicating some categories of economic discourse", que tomo como inspirador do propósito geral deste texto.

[3] Esta variedade e estas persistências foram objeto de interesse quando se estudou a condição intermédia do país e essa foi uma das dimensões estruturais que esteve na base do conceito de semiperiferia e da sua aplicação a Portugal. A outra foi o papel de intermediação que este tipo de sociedades desempenham à escala internacional (Wallerstein, 1979; Santos, org., 1993; Reis, 2018; Santos e Reis, 2018). Para o caso português sublinhou-se também a capacidade destes espaços para gerar mecanismos

imagens de Portugal formam-se também examinando as suas estruturas territoriais e uma *espessura* interna que lhe foram dando capacidades superiores às que teria se fosse apenas um ponto, sem pluralidade nem diferença.

O que está hoje em causa é saber se estas estruturas, tendo sido importantes, ainda mantêm relevância, diferenciando e capacitando o país. Ou se, inversamente, estão a transformar-se inexoravelmente, perdendo significado ontológico e deixando de ser variáveis dotadas de conteúdo próprio, por se terem tornado estritamente dependentes de fatores que lhes são exteriores e as manipulam e cujo poder tende a ocupar todo o campo da realidade económica, social e política. Uma das formas mais veementes de perceber esta transformação é a que resulta do predomínio totalizante das determinantes financeiras e do poder dos respetivos mercados, cuja emergência distingue os capitalismos atuais dos que os precederam. Se prevalecer esta segunda hipótese, evidentemente que apenas nos cumpre olhar para o que tem poder transformador e capacidade para gerar submissão. Quando muito, encontraremos no território, reconduzido à condição de paisagem, sinais episódicos, porventura folclóricos, de rarefação da "luz" emanada da fonte de poder. Porém, se não for só assim, então faz sentido regressar a um entendimento genealógico do que compõe a vida material, empenhando-nos em descortinar para além do que parecem ser apenas formas de chegada dos efeitos comandados pelo que é alheio a cada lugar. Neste caso, a hipótese de que as sociedades mantêm intensidade territorial é bastante plausível.

Se a análise da vida material não deve deixar de dar primazia às formas produtivas de criação de riqueza e de bem-estar, essa mesma análise pode ser particularmente iluminada pela observação da esfera da reprodução social, isto é, do modo como as pessoas reconstituem as suas capacidades e estruturam a sua vida, para além da produção. Ora, este é um dos domínios que tem sido essencial para interpretar o território e a sua diferenciação. Vamos observá-lo aqui através da provisão de habitação, um domínio basilar da reprodução social, que os desenvolvimentos recentes dos capitalismos têm mostrado que se torna crucial porque onera a economia das famílias e a sua mobilidade.

---

de compensação dos desequilíbrios mais agudos. Tratei da relevância dos sistemas produtivos locais em Reis (1992).

Organizei este capítulo começando por discorrer sobre o que entendo ser a intensidade territorial das sociedades e sobre os modos de desenvolvimento em que esta se reforça ou perece. Nesse contexto, distingo as políticas públicas e as racionalizações intelectuais que as precedem segundo o modo com encaram o território. Interessa-me ver em que termos podemos falar de produção de espaço, se apenas como produção externa ou também como produção endógena. Discorro preso à ideia de que o território tem contido sempre elementos diferenciadores (não apenas ilustrativos da diferença, mas também produtores de diferença). Vou ter em mente as estruturas territoriais do continente português e procurarei deixar claro que nelas têm sempre estado presentes modos próprios e estruturados de organizar a vida material. Invoco o que isso teve de positivo e aproximo-me da ideia de que começa a surgir com clareza a possibilidade de estarmos perante uma enorme fragilização do quadro territorial do país através de processos de concentração com uma notória originalidade entre nós. Trata-se de um modelo de crescimento unipolar, centrado em Lisboa, que verdadeiramente nunca teve lugar na nossa contemporaneidade, pois mesmo ao longo das últimas décadas foram várias as territorialidades que alimentaram o dinamismo do país. As evoluções demográficas revelam isso com crueza. No entanto, há dimensões e dinâmicas do próprio território que subsistem como relevantes, mostrando uma vida material que não é facilmente reconduzível a tendências gerais. Isso acontece, por exemplo, quando observamos a evolução do emprego. É aqui que introduzo as questões da habitação, pois também neste plano estão disponíveis provas de uma presença territorial *diferenciadora* (e não apenas *diferenciada*). Isso permite-me falar de formas territoriais de provisão de habitação e permite ainda que as relacionemos com a própria diversidade do conjunto da vida material dos territórios. Mostrarei que ao lado da provisão sujeita à financeirização há modos de provisão territoriais que emanam de condições materiais locais. E concluo mostrando que subsistem tensões, observáveis territorialmente, entre modos de provisão que provam a persistência de variedade significativa, sendo esta uma ilação importante para as políticas públicas.

1. A INTENSIDADE TERRITORIAL DAS SOCIEDADES, MODOS DE DESENVOLVIMENTO E PRODUÇÃO DE ESPAÇO: A VISÃO GENEALÓGICA

O *território*, isto é, as estruturas materiais e sociais, os atores, as culturas, as formas de poder e as inter-relações que dinamizam endogenamente o espaço, tem sido repetidamente, ao longo de diversos momentos, uma entidade insubmissa que desafia quadros conceptuais e materiais que se achavam normalizados e estáveis. As sociedades têm espaço e ele não é apenas polvilhado por pontos. O que nelas encontramos são meios de vida, urbanidades e ruralidades, centros e periferias, hibridizações, sistemas produtivos, competências técnicas, recursos e capacidades inscritos em materialidades precisas e heterogéneas. Isso teve o necessário reconhecimento intelectual e são várias as abordagens que procuram interpretar o que podemos designar *intensidade territorial* das sociedades. Na Economia, a primeira e mais poderosa intuição foi a de Alfred Marshall,[4] posteriormente reavivada e reinterpretada por múltiplos contributos que criaram o conceito de distrito industrial marshalliano (Becattini, 1979 e 2004; Reis, 2010). Em tais circunstâncias, os territórios são tidos em conta pela sua *espessura* própria, por aquilo que os identificam e representam. Nesta *visão genealógica* (Reis, 2009 e 2012), tudo isto são *ativos* territoriais que mapeiam o que foi sendo consolidado e que, ao mesmo tempo, serve de base para dinâmicas próprias de transformação do espaço. É pela *copresença* e pela *proximidade* que os territórios se constituem como tal e que desencadeiam interações, estabelecem hábitos e práticas, desenvolvem conhecimentos, qualificações e competências e consagram formas de autoridade.

Foi neste sentido que argumentei, com maior detalhe, quando escrevi:

> A resposta à pergunta 'o que é um território' exige que consideremos três dimensões das estruturas e das dinâmicas territoriais: proximidade, densidade e polimorfismo estrutural. (Reis, 2009: 235)

---

[4] Nos *Principles of Economics*, de 1890, designadamente quando se interrogou sobre "a concentração de atividades especializadas em lugares específicos" (Marshall, 2013: 222–31) e, antes disso, em *The Economics of Industry* (Marshall e Marshall, 1879).

O *espaço* não é, portanto, apenas um conjunto de localizações ditadas pela condição física e extensiva do planeta. A diferença entre espaço e território consiste exatamente no facto de este ter a *espessura* que acabou de se descrever, enquanto o primeiro é apenas uma realidade geográfica que representa a *localização* e a *distância*. A ideia de produção de espaço está nalguns casos relacionadas com a transformação do que preexiste a partir do exterior. Mas dessa ideia também tem de fazer parte a produção de espaço originado na própria realidade material que o constitui enquanto proximidade, assim como nas práticas "sociotécnicas" em que se envolve (Painter, 2010). Em termos mais gerais, o território pode ser visto como um mecanismo de coordenação, consistindo nisso a sua condição institucional (Branch, 2017).

O lugar dos territórios e das dinâmicas territoriais associa-se a uma determinada ontologia socioeconómica que os transcende, mas relativamente à qual não são independentes. Quando a lógica económica ou as políticas públicas têm como primeira finalidade mobilizar e coordenar a panóplia de ativos que podem compor o sistema de produção e de provisão, os territórios têm aí um lugar definido pela positiva e que corresponde aos recursos, capacidades e dinâmicas que possuem ou desencadeiam ou em que se inserem. É certamente um lugar diferenciado e porventura desigual. Mas cada território é *sujeito*, embora distinto. Nestas circunstâncias, a economia pode ser essencialmente definida como um sistema de produção, provisão e geração de bem-estar assente nas estruturas produtivas de que dispõe e nas relações de produção e redistribuição que a partir delas se estabelecem (Reis, 2018). Quando o lugar do sistema de produção e provisão é estruturado a partir das forças que o compõem internamente (e que, no capitalismo industrial, são o empresariado e o operariado e as relações de trabalho que lhe correspondem, onde as variáveis lucro, salário, emprego e produção são centrais) o lugar do território é um. Quando, inversamente, a própria economia é comandada por dinâmicas e poderes que a condicionam e determinam (as lógicas financeiras desligadas da produção, a busca de posições rentistas em transações específicas e o poder de classes ou agentes especulativos), o papel dos territórios reconfigura-se estruturalmente. E tende a não ser muito mais de que um *objeto*. No entanto, estas duas posições polares (capitalismo industrial produtivista e capitalismo financeiro rentista)[5] são apenas isso mesmo — polares. Pelo meio há um *continuum* de situações. Isso não autoriza que iludamos uma fenomenologia da diversidade e da diferença, justificando que nos interroguemos se elas são episódicas, transitórias ou estruturais.

As sociedades não são planas nem territorialmente harmoniosas e correspondem-lhes sempre lógicas hierárquicas e de comando. O que interessa saber é como é que estas se constituem e qual é a que prevalece. Tomando por referência uma distinção já canónica, a questão consiste em perceber se essa lógica assenta num conjunto de instituições de natureza inclusiva ou, pelo contrário, apenas extrativa (Acemoglu e Robinson, 2012). As fases mais intensas de industrialização e urbanização assentaram em lugares dominantes do território. Os restantes foram incluídos no processo global pelas forças de arrastamento e por processos de mobilidade a favor dos primeiros, onde se foram concentrando recursos, atividades e poderes. Acontece, contudo, que estas tendências não foram "totalitárias", no sentido em que, por si mesmas, ocupassem e determinassem integralmente a realidade material das sociedades. Não o foram quando ainda não vigoravam plenamente, coexistindo ou articulando-se extensivamente com inscrições territoriais antigas. Não o foram quando enfrentaram as suas próprias crises e dependeram de "compensações" dinâmicas geradas ainda de forma endógena. E não o foram também quando a intensidade da industrialização e da urbanização foi acompanhada por intensidades territoriais que partilharam de um modo de desenvolvimento que, afinal, era ele próprio composto pelas diferenciações de escala local. Em todos os casos os territórios manifestam a sua presença e tornaram evidente a morfologia compósita das sociedades, a sua diversidade.

O problema de hoje, quando as sociedades e os próprios sistemas produtivos estão sob o poder e a constrição de intensas relações verticais externas, é o de saber se o território ainda subsiste como sujeito ou foi radicalmente reduzido à condição de objeto. Esta última possibilidade é bastante forte. Há uma ontologia social, económica e política em que o território se apresenta como sujeito. E há outra em que ele é essencialmente reconduzido à condição de objeto.

---

[5] Para uma análise da financeirização em Portugal cf. Rodrigues, Santos e Teles (2016a e 2016b) e Reis (2018). Para a distinção entre estes dois tipos de capitalismo, cf. Bresser-Pereira (2018).

Está demonstrado que a financeirização (Lapavitsas, 2013; Rodrigues, Santos e Teles, 2016a) é um dos mais poderosos mecanismos que estruturam (ou desestruturam) as economias contemporâneas. Para além da realidade institucional e material em que assenta, ela passou a incorporar-se, pelo poder de que dispõe, na cultura e nas decisões dos diferentes atores económicos, assumindo a natureza de restrição normalizadora que os sujeita e incorpora num processo dominador. Sabendo-se que há uma linha que distingue os que se inserem e os que não se inserem em tais processos, há quem defenda que as diferenciações que a partir daí podem ocorrer entre os que são envolvidos serão sobretudo devidas a intensidades de acesso, seja isso ou não o resultado de diferentes posições estruturais. Seguindo esta perspetiva, quando a geografia intervém na análise é, em geral, para descrever diferentes graus da influência financeira. Uma espécie de evolução da "mancha de óleo". Tratar-se-ia de uma simples refração produzida pela introdução da variável espacial e estaríamos perante diferenciações mais ou menos anódinas, isto é, descritivas e não essenciais.

Ora, a questão que vale a pena introduzir é esta: uma análise territorial da financeirização significará apenas a busca daquelas diferenciações ou pode encaminhar-nos para a identificação de posições estruturais diferentes, mesmo em domínios que são geralmente dominados pela financeirização, por exemplo, a provisão de habitação? Para dilucidar este problema o território tem de ser conceptualizado não apenas como variável descritiva, que dá conta da variedade espacial, mas antes como um sistema material e relacional, assente na proximidade e em mecanismos concretos que o definam. O que aqui vou defender, a partir de uma perspetiva territorialista, é que, em vez de simples diferenciações, podemos encontrar diversas posições estruturais. Não é, portanto, de uma descrição dos diferentes graus de acesso aos mecanismos financeiros que se trata. Vale a pena, por exemplo, pensar em formas diferentes de organizar a produção, a provisão e a organização da vida.

2. POLÍTICAS PÚBLICAS E TERRITÓRIO: O QUE VAI EMERGINDO

Os princípios de coesão territorial postulam a capacitação dos territórios através da descentralização e da consideração dos seus recursos próprios. Admito que houve momentos em que isto constituiu matéria substantiva e fez parte da lógica de comando prevalecente. Pela resistência, pela emergência ou pela simples presença, os territórios tiveram um lugar nas políticas públicas que não podia ser ignorado. Não se tratou apenas de enunciados provisórios ou circunstanciais. Nos dias de hoje o quadro parece, no entanto, ser bem diferente. As visões dominantes assentam na noção de que a questão prévia é estabelecer externamente, segundo uma trajetória *top-down*, áreas e linhas estratégicas às quais os territórios se devem adaptar. E, por isso, confiar nas vantagens competitivas das áreas onde se localizam os fatores tornados prioritários.

Um exemplo relevante que pode aqui considerar-se é o da política regional europeia. Inicialmente ela era parte da política regional e de coesão, pode admitir-se que predominou a primeira forma de ver indicada antes, enquanto a atual política de inovação europeia exemplifica a segunda. Tratava-se então de estruturar as regiões endogenamente, isto é, através de estruturas e finalidades ali ancoradas. Nas relações inter-regionais sublinhava-se a ideia de convergência e de trajetória na direção de um patamar comum. Mais recentemente, a política regional e de coesão passou a estar subordinada à política de inovação e esta passou a centrar-se na chamada *smart specialization*:[6] "a especialização inteligente tem uma função central e estratégica na nova política de coesão enquanto veículo chave". Ela é, mais concretamente, uma condicionalidade *ex-ante* daquela política. "Foca-se [...] em poucas áreas globalmente competitivas", isto é, na "identificação de áreas estratégicas". Às regiões cabe satisfazer aquelas condições e verificar se dispõem de tais áreas. Para isso, a política de inovação relaciona-se com as regiões através da "ajuda", num processo de descoberta das suas próprias capacidades ou, melhor, da sua capacidade de resposta às condicionalidades exteriormente definidas. A finalidade é identificar aquelas áreas através de um "processo de descoberta empresarial" (*entrepreneurial discovery process*) (sic). As tecnologias (designadas *Key Enabling Technologies*) são tidas como uma importante componente das "estratégias de especialização inteligente". A inovação e as tecnolo-

[6] Neste parágrafo tomo como referência o "Guide to Research and Innovation Strategies for Smart Specialisations (RIS 3)", maio de 2012. As frases citadas são também deste documento. Ver a Smart Specialisation Platform em http://s3platform.jrc.ec.europa.eu/s3-guide.

gias passam assim de instrumentos a finalidades, quando se considera o território. Saem do seu lugar próprio para ocupar o centro de todos os lugares. A seletividade territorial (lida-se com alguns territórios e não com o sistema territorial) passa a ser a norma. Isso leva a uma redução do território a atores e processos selecionados. Uma redução extrema, admita-se. O que importa é apenas um conjunto de *world class clusters* (sic, de novo). Assume-se, pois, que o objetivo das políticas públicas não é o território que existe; é um território prefigurado. E a sua natureza consiste numa visão transformadora do próprio território estabelecida fora dele. É cativante a similitude deste tipo de abordagem com a que constituiu expressões antigas da teoria de modernização, como por exemplo os exercícios de extensão agrária.[7] O objeto são certos elementos territoriais, não os territórios: apenas elementos específicos, alguns atores sob certas condições. Nesta intensa tarefa de tradução conceptual, densidade discursiva e imaginação sem limites, não custa a concluir que o território parece ter sido *lost in translation*...

Perante este novo discurso modernista, será a insistência no território apenas uma obstinação de alguns que, redutoramente, veem a sua própria especialização intelectual de forma excessiva? Por que razão hão de os territorialistas insistir no território? Ele é assim tão importante? Eis algumas razões.

A primeira é uma razão de prudência. Há riscos macrossociais e macroeconómicos relacionados com a anulação do território enquanto elemento-chave da coesão e com a sua transformação em simples veículo de outras políticas. Um destes riscos é o baixo nível de uso ou mesmo o abandono de recursos localizados. As consequências podem ser o conflito e a desarticulação espacial.[8] Em Portugal, assim como noutras sociedades, são hoje visíveis os problemas de desertificação e de fragmentação territoriais. Não são apenas as regiões sujeitas ao abandono e ao desapro-

---

[7] O que é curioso é que, relativamente a este tipo de abordagens, a teoria social parece ter perdido o sentido crítico que teve noutras circunstâncias.

[8] Este texto foi estruturado a partir das minhas convicções territorialistas antigas. Suponho que só fui influenciado pela atualidade na proporção adequada. A frase a que se prende esta nota foi escrita muito antes das perplexidades suscitadas pela conflitualidade territorial tornada enfim popular por episódios como os dos *gilets jaunes*. O tempo que certas coisas demoram a ser percebidas é bíblico... Mas a sua popularidade é, nessa altura, instantânea...

veitamento de recursos. É também a fraqueza crescente de muitos lugares urbanos, exceto a capital.

A segunda razão é de âmbito. A concentração da estratégia num conjunto limitado de condições definidas *ex-ante* e alheias aos próprios territórios deixa espaço para que surjam, ao lado do que foi formalmente estabelecido, outras dinâmicas não valorizadas, sejam elas positivas ou negativas. Portugal serve de novo como exemplo. No mesmo momento em que se elaboram pesadas estratégias de inovação que devem orientar, aliás, condicionar, as políticas públicas, emergem ao lado modalidades imprevistas, assentes no uso intensivo de trabalho precário, mal pago, criador de externalidades negativas e para as quais a ligação com o território é apenas instrumental, visto que a questão do seu desenvolvimento lhe é irrelevante. Refiro-me, por exemplo, ao turismo *low cost* como poder dominante não incluído em nenhum exercício previsional.

Finalmente, há uma razão de coerência conceptual. Como o exemplo anterior mostra, a existência de *place based resources* (uma noção quase tautológica) não significa que não se esteja a promover a proliferação de uma noção de espaço descontínuo. Está, de facto. Mais ainda, podemos estar perante a geração de desequilíbrios regionais profundos e perante estilos de desenvolvimento que levam à concentração num único lugar. Portugal aparece de novo como exemplo: várias estratégias regionais, mas só um espaço relevante em crescimento.

Na União Europeia assiste-se à transição do nível nacional e regional de racionalização das políticas (nalguns casos articulado com o nível europeu) para uma espécie de "federalismo-liberal". Por outras palavras, isso significa uma transição da deliberação democrática para decisões de poderes burocráticos não escrutinados. Em vários domínios, e muito especialmente no do desenvolvimento regional, pode encontrar-se uma grande similitude com a formação da União Económica e Monetária (UEM): a definição de alguns objetivos centrais e um conjunto de condições a satisfazer, que representam condicionalidades para a vida material. Nisso consiste, por exemplo, a ideia errada de que a inovação, tal como a moeda, é um objetivo e não um instrumento. Por isso, vai emergindo uma nova fratura territorial na Europa, sob a feição antiga da divisão centro/periferia mas agora com a forma que lhe é dada pelos poderes financeiros diretamente associados à construção da UEM. Somam-se a isso crescentes problemas territoriais nos planos nacionais que não são simples derivações dos problemas entre economias nacionais. Eles são cumulativos e exigiriam uma governação territorial para a qual já não há lugar.

Deve também sublinhar-se que as visões anteriores apenas se referem à produção, ao papel produtivo dos territórios. E quando está em causa a reprodução social, isto é, a forma como se organizam as condições de vida das pessoas e se constituem as estruturas sociais que formam a sociabilidade e as interações? Este não pode ser um assunto omitido quando se considera o território, que é uma categoria holista, destinada a abarcar o conjunto dos elementos que estruturam a vida. E também não pode ser negligenciado quando se concebem as políticas públicas, visto que estas devem ter como propósito alcançar visões articuladas da vida coletiva.

3. OS SISTEMAS DE PROVISÃO DE HABITAÇÃO EM PORTUGAL: O TERRITÓRIO AINDA EXISTE

A informação disponível,[9] por concelhos, sobre os modos de acesso à habitação no nosso país permite reconhecer situações diferenciadas. Todos eles assentam maioritariamente na casa própria e, salvo dois casos pontuais,[10] num peso minoritário ou mesmo marginal do arrendamento. Mas, uma vez estabelecido este quadro, há um contínuo que vai da presença intensa dos encargos atuais, certamente com dependência financeira, até ao grande predomínio da habitação própria sem encargos, passando pelo equilíbrio destas duas situações. Com base na intensidade de cada uma das modalidades podem definir-se quatro sistemas de provisão de habitação.

Há, no sentido já iniciado por Ribeiro e Santos (2018), uma análise espacial a fazer sobre a expressão que cada um destes sistemas assume no país e ela é clara (Mapa 1). É-o desde logo nos dois sistemas que, pela sua natureza, vou designar *polares*. Mas é também "legível" noutro, enquanto o que resta pode ser considerado mais difuso, sem que isso lhe retire significado. Globalmente, podemos falar de sistemas territoriais de

---

[9] Uso os dados do INE para 2011 que permitem calcular o peso da habitação própria com encargos, da habitação própria sem encargos e do arrendamento.

[10] Os concelhos de Lisboa e do Porto.

provisão de habitação, dada a forte relação que existe entre o acesso à casa e as condições materiais diferenciadas dos territórios, isto é, as suas características intrínsecas e o seu papel na organização estrutural do país.

Mapa 1 — Sistemas de provisão de habitação no continente, 2011

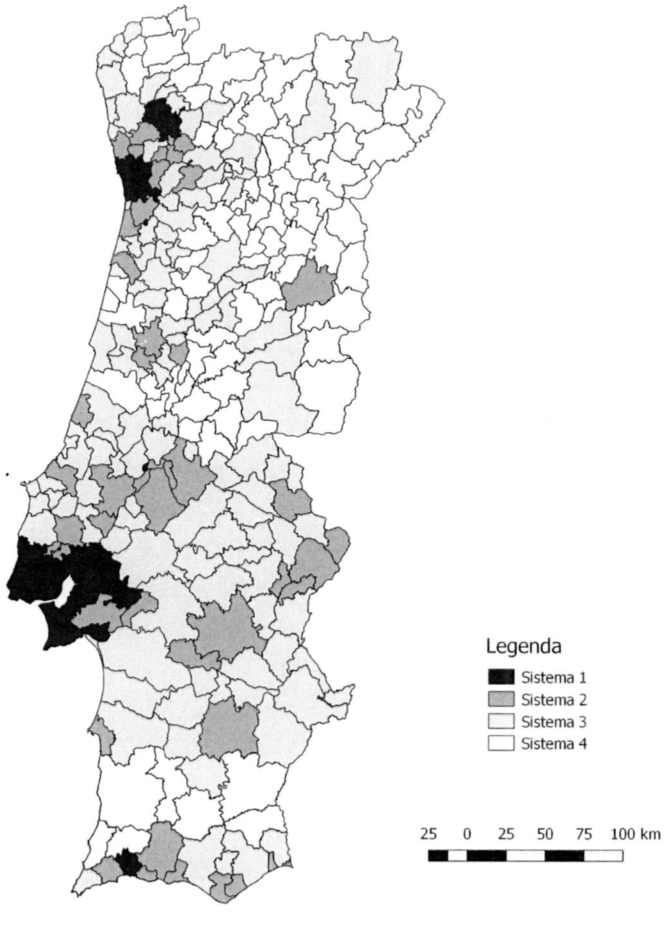

Fonte: INE, Censo 2011.

O sistema de provisão de habitação assente na casa própria sem encargos: a produção e a reprodução social na periferia em regressão

Este sistema (sistema 4, no mapa), assenta num baixo peso da casa própria com encargos (menos de 25 %, e em muitos casos significativamente menos, do total dos alojamentos ocupados por proprietários) e num peso igualmente baixo, ou mesmo marginal, do arrendamento, o que denota uma presença muito relevante da habitação própria sem encargos atuais. Quer dizer, nesta dimensão importante da esfera da reprodução social o mecanismo mais importante é, pelo menos presentemente, alheio ao mercado. Estamos, pois, perante situações em que os recursos próprios das famílias em matéria de habitação prevalecem. Geograficamente, trata-se de uma larga fração do espaço nacional, 88 municípios, situados predominantemente no interior norte e centro, tanto na zona fronteiriça leste e norte como no miolo destas regiões. Mas também tem expressão no Alto Minho e em certas zonas do litoral, assim como no Baixo Alentejo e mesmo no Algarve (veja-se o mapa). Evidencia, é certo, algumas das grandes características da estrutura espacial portuguesa, como a distinção litoral/interior ou centro/periferia, mas não se compagina com visões meramente dicotómicas. Não representa pouco, pois corresponde aos lugares de vida de quase 900 mil pessoas, o que equivale a mais de metade da Área Metropolitana do Porto (AMP), embora constitua apenas 9 % do total nacional. São, evidentemente pequenos meios. Só nove concelhos têm mais de 20 mil habitantes, embora dois deles ultrapassem os 40 mil.

Um sistema de provisão de habitação assente na casa própria sem encargos significa o quê? Provavelmente uma longa consolidação de formas de organização da vida em que intervêm múltiplas variáveis localmente estabelecidas: relações familiares, iniciativa e meios próprios, interajuda, relações de trabalho e emprego fixadas pela proximidade, transferências inter-regionais de rendimento,[11] relações pontuais com o mundo bancário e financeiro. Mas também, eventualmente, episódios de descentralização produtiva, de uso do território pelo exterior, para além de especificidades várias. Autoestruturação, resistência ou afastamento, quais serão as palavras-chave para qualificar este sistema?

Vejamos o que se passa com a evolução da população residente[12] deste espaço no período 2001–2017. O dado incontornável é que estamos perante uma clara perda demográfica. Salvo duas exceções muito específicas,[13] são concelhos com regressão superior à média do país,

[11] Incluindo, certamente, as remessas da emigração.

[12] Dados do Censo de 2001 e estimativas do INE para 2017.

[13] Aljezur e Vagos.

embora a sua intensidade varie. Encontram-se aqui as situações de maior declínio. A larga maioria (75) tem diminuições superiores a 10 % e 36 concelhos superam a diminuição de 20 %.

E com o emprego? Vou considerar o pessoal ao serviço nas empresas[14] em 2001 e 2016, um indicador de emprego "formal". Quanto a este aspeto, a situação não é tão cristalina como na demografia. São vários os espaços compreendidos neste sistema de provisão de habitação em que se registam fortes variações positivas deste tipo de emprego. Assim com estão dentro dele as mais fortes reduções. No entanto, apesar destas condições demográficas, são na sua larga maioria concelhos onde o emprego formal tem crescido mais, e em muitos casos largamente mais,[15] do que a média nacional (3,7 %). Mas é também verdade que, em 34 municípios, à regressão demográfica se juntou a do emprego e em muitos casos isso foi extremamente acentuado. O que quer dizer que há fragmentação. Mas o dado significativo e, porventura, inesperado é a existência de situações positivas.

Interessa também ver se esta modalidade espacial é radicalmente difusa ou revela um padrão. Revela um padrão: é periférico. Estamos perante formas de reprodução social presentes em territórios em fragilização e em perda e sujeitos a fortes desequilíbrios e desigualdades. O que se passa com a habitação exprime isso mesmo. A demografia confirma-o. Mas nem por isso se deve declarar a irrelevância destes casos. Pelo contrário, eles contêm uma forte interpelação às políticas públicas. Uma tal presença no território pode ser ignorada quando pensamos formas de organização do país mais robustas do que as que ocorrem em zonas de concentração económica e polarização social?

O sistema de provisão de habitação pela financeirização e pelo mercado: uma metrópole assimétrica em processo de concentração

Ao sistema de provisão anterior contrapõe-se outro, radicalmente diferente em todas as suas componentes. Ambos formam os casos polares de um país assimétrico em várias escalas. Trata-se agora do sistema (sistema 1) em que a habitação própria sem encargos atuais é francamente

[14] Quadros de Pessoal apresentados ao Ministério do Trabalho.

[15] Em 45 dos 88 concelhos deste sistema o crescimento deste tipo de emprego foi superior ao dobro da média nacional.

minoritária devido ao peso muito elevado das obrigações contraídas para acesso à propriedade do alojamento habitado. Esta situação predomina e, salvo exceções,[16] constitui sempre mais de 51 % dos alojamentos ocupados por proprietários, chegando a atingir 70 %. O arrendamento é apenas elevado nos municípios de Lisboa e do Porto, onde constitui, respetivamente, 42 % e 44 % dos alojamentos de residência habitual. Nos restantes casos varia entre 15 % e 30 %. Estamos perante o domínio da financeirização e do mercado. O peso total destes dois encargos (pagamento de empréstimos e rendas), considerando unicamente os alojamentos de residência habitual, é sempre superior a 57 %, tem 64 % como média, e há concelhos em que se ultrapassa o valor de 70 %.

Também aqui há um padrão espacial claro, que identifica este sistema de provisão com as duas áreas metropolitanas. Mas é a de Lisboa que lhe define a dimensão e a espessura: 17 dos seus 18 concelhos cabem nesta categoria e juntam-se-lhe ainda outros da sua influência direta. Já a Área Metropolitana do Porto revela uma natureza muito diferente, pois apenas sete dos 17 concelhos que a compõem têm estas características, enquanto os restantes se distribuem por outros sistemas de provisão que mais abaixo vou designar intermédios. Vive no espaço correspondente a este sistema de provisão de habitação assim definido 44 % da população do continente português, mais de 4 milhões de pessoas.

O Mapa 1 mostra devidamente a característica metropolitana deste sistema, assim como os seus prolongamentos e a presença de situações singulares. Geograficamente falando, a sua concentração (intensa) em pequenas áreas físicas é óbvia. Dá também para ver que ele não tem plena expressão dentro de cada metrópole e que há uma gradação que depressa se vai formando através de um dos sistemas de características intermédias a que já me vou referir.

Este sistema é, em grande medida, fruto dos processos de mobilidade populacional e da sua concentração nas periferias metropolitanas. Se no sistema de provisão anterior podemos pressupor que predominam elementos territoriais que fixaram as pessoas desde há muito, aqui encontramos o território como lugar de receção. A habitação é, nestes contextos, uma variável dependente de processos muito distintos.

---

[16] Lisboa, Porto, Guimarães e Loures.

Acontece que estes territórios, tendo todas as características de lugares dominantes, nem por isso são territórios robustos. É certo que a larga maioria dos municípios atrai população e aumenta a sua dimensão[17] — para alguns estimam-se acréscimos impressionantes, entre 33 % e 48 %.[18] A exuberância demográfica recente é notória (comparem-se agora os Mapas 1 e 2), embora também se possa pressentir afluências anteriores.

E como se comporta o indicador de emprego que se adotou? Chama a atenção o facto de, entre 2002 e 2016, em vários concelhos, diminuir significativamente o pessoal ao serviço nas empresas ou o seu aumento ser inferior à média nacional. Isso acontece em 18 dos 29 concelhos. No conjunto da Área Metropolitana de Lisboa (AML) a evolução deste ponto de vista é positiva, mas o mesmo já não acontece na do Porto. Contudo, quando há sete concelhos da AML em que as perdas são superiores a 13 % isto não significará que estamos perante uma economia que, simultaneamente, se desindustrializa, deixa de ter na empresa a sua instituição central e fragmenta e precariza o mercado do trabalho? Provavelmente sim. É uma hipótese razoável admitir que a financeirização e o mercado que estruturam o acesso à habitação coexistam não com um quadro estável e afluente de inserção social e laboral mas com uma grande reestruturação das relações sociais e laborais. A segmentação dos usos do espaço, distinguindo dormitórios de trabalho e emprego e fazendo deslocar os mais vulneráveis para longe, são outros aspetos que completam o leque de problemas. Metropolização, fragmentação e precariedade serão aqui as palavras-chave? Parece que, com efeito, estamos perante um padrão espacial claro e um modelo de reprodução social onde confluem os processos de estabilização urbana mais fortes (diferenciação dos rendimentos e das qualificações com forte intensidade das interações económicas, financeiras, sociais e culturais) com os que revelam a dimensão assimétrica que distinguem internamente o centro e a periferia da metrópole.

---

[17] Moita, Guimarães, Barreiro, Lisboa e Porto têm crescimento negativo.

[18] Sesimbra, 33 %; Montijo, 40 %; Alcochete, 44 %; Mafra, 48 %.

Dois sistemas de provisão de habitação intermédios, com grande peso da casa própria e diferentes expressões do peso dos encargos

Entre as duas situações polares anteriores (uma periferia em regressão e expressões complexas da concentração metropolitana) há dois sistemas de provisão de habitação que, à falta de melhor termo, se podem designar *intermédios*. São, de facto, vários matizes intermédios. Correspondem a pesos relativamente próximos de habitação própria com encargos e sem encargos. E, salvo nalguns casos de maior intensidade urbana, a baixas expressões do arrendamento. Distingo os dois sistemas pelo facto de num a casa própria com encargos ter um peso superior a 40 % do total dos alojamentos ocupados por proprietários, enquanto no outro tal valor é inferior a 40 %, mas superior a 25 %. Esta distinção permite observar como o primeiro corresponde em boa medida a diferenciações ainda dentro das áreas metropolitanas e a prolongamentos das suas influências ou a localizações urbanas dispersas no país em diferentes contextos. E como o segundo preenche manchas muito largas e contínuas do país, com pequenos centros urbanos e territórios estruturalmente próximos dos que apresentam a natureza periférica que associei ao primeiro sistema de provisão analisado. Nos espaços definidos por estes sistemas de provisão de habitação vivem 4,6 milhões de pessoas. Em conjunto equivale a cerca de metade do país. Este país intermédio não é, ao contrário do que se poderia desejar, um país estabilizado que equilibrasse aquela polarização. É, em geral, um país em regressão demográfica, salvo exceções que já se apontarão. E o mesmo acontece com o emprego.

Um sistema de provisão de habitação com encargos significativos e peso também significativo de casa própria sem encargos

A presença do acesso à habitação própria através da contração de empréstimos pesa entre 40 % e 50 % no total dos alojamentos ocupados por proprietários (sistema 2), tendo a casa própria sem encargos atuais também um peso expressivo. Por sua vez, o arrendamento é largamente minoritário (entre os 10 % e os 20 % em 35 dos 46 concelhos).

Como se vê no Mapa 1, é um sistema delimitado geograficamente, não originando grandes manchas. Salvo os casos que mostram a sua presença nas áreas metropolitanas (sobretudo a do Porto) ou junto delas, denuncia a ossatura urbana não metropolitana do país, isto é, a rede de cidades médias e as suas proximidades, assim como alguns contínuos urbanos ou núcleos mais dispersos.

No espaço correspondente a este sistema de provisão, os casos de crescimento demográfico apenas ocorrem no quadro metropolitano ou na respetiva área de influência, nalgumas cidades médias de maior dimensão e na sua proximidade, bem como no Algarve. Quando se trata de meios de menor dimensão ou sem contiguidade significativa a zonas mais densas, a tendência é regressiva. E isso é acentuado pela diminuição do emprego, que só pontualmente tem uma variação diferencial positiva considerável face à média do país. É, pois, um sistema de provisão de habitação que, apesar da sua relativa autoestruturação, não tem ligado a si outras condições de vida material dinâmicas. Começa assim a completar-se o desenho das situações de perda populacional e a sua associação a formas de provisão de habitação mais assentes na autonomia das famílias.

Um sistema de provisão maioritariamente assente na casa própria sem encargos, com peso baixo ou residual da habitação com encargos

A condição intermédia do sistema anterior tem agora um caso de muito maior intensidade do papel da casa própria sem encargos, que constitui a modalidade maioritária (sistema 3). Ao contrário do sistema que analisei primeiro, não se trata de situações generalizadamente periféricas, tanto do ponto de vista geográfico como socioeconómico; mas antes predominantemente de pequenos meios, salvo exceções, em que se incluem ainda cidades médias.[19]

A habitação é uma dimensão essencial da reprodução social. Através de variáveis relevantes foi possível estabelecer os sistemas de provisão que aqui se analisaram. Vê-se bem que, apesar da taxonomia, a realidade é complexa e muito diversificada. Isso mesmo fica demostrado pelo mapeamento feito. E ficou-o, sobretudo, pelo ensaio de relacionamento de cada um com a variável demográfica e a do emprego. Vimos, por exemplo, que o sistema próprio das Áreas Metropolitanas e dos seus pro-

[19] E até concelhos da AMP.

longamentos corresponde, agregadamente, às situações de crescimento demográfico mas é muito diverso do ponto de vista das tendências do emprego que está a ser aqui considerado, deixando perceber a presença de outras formas. Incluindo as precárias. No entanto, pode considerar-se que corresponde ao que podemos chamar o *país afluente*, se admitirmos que este corresponde à coincidência de crescimento demográfico positivamente diferenciado e crescimento do emprego estruturado. O sistema de provisão de habitação em que a presença dos encargos é baixa equivale, por sua vez, à periferia em maior regressão demográfica mas nem por isso deixa de se sobrepor a situações de variação local positiva e significativa do emprego. Por esta última razão, não corresponde ao *país em perda*, embora este seja fácil de identificar, se consideramos que resulta de regressões intensas da demografia e do emprego. Começa assim a revelar-se um hibridismo territorial importante em que a escassa presença de encargos com a habitação tanto diz respeito a concelhos que apresentam criação de emprego como a concelhos em que a regressão económica é notória. Tal hibridismo é naturalmente mais evidenciado pelos dois sistemas de provisão de habitação intermédios.

Em vista desta relação complexa entre sistemas de habitação e vida material e demográfica do território, interessa ter agora uma visão do território em diferentes escalas e de uma autonomização da demografia e da variável do emprego. É isso que vou procurar fazer na secção seguinte, começando por uma interpretação da evolução territorial do país. Uma vez mapeados os sistemas de provisão de habitação, a finalidade é agora regressar ao território para observar a sua constituição quanto às duas dimensões indicadas.

4. AS DINÂMICAS DIFERENCIADORAS E O TERRITÓRIO QUE AINDA EXISTE: A VIDA MATERIAL ENTRE CONCENTRAÇÃO, DESEQUILÍBRIOS E PAÍS DIFUSO

As tendências da macro-organização territorial portuguesa parecem hoje claras: do ponto de vista demográfico, um original crescimento *unipolar* com concentração na proximidade da capital e apenas replicado de forma limitada, sendo possível encontrar um *satélite* no Algarve; fragilidade dos mecanismos de articulação entre territórios, tendo-se tornado notório o fornecimento de população àquele "centro" por parte do resto do país convertido em "periferia" muito mais estreita. Trata-se de uma enorme convulsão do quadro territorial do continente português, que se desestruturou. Além disso, esta presença dominadora de dinâmicas de concentração unipolar metropolitana em Lisboa, com regressão de outros espaços relevantes e deslaçamento de antigas relações territoriais internas, deixa a região da capital sem a companhia de mecanismos compensatórios presentes em dinâmicas territoriais anteriores, que sempre dotaram o país de capacidades não desprezíveis. Esses mecanismos, entre os quais se contavam capacidades regionais de investimento e de criação de emprego e sistemas sociais locais dinâmicos, foram essenciais na transformação de problemas metropolitanos profundos em simples crises locais, em vez de crises generalizadas. Mas eles podem já não existir quando uma nova crise estalar em Lisboa. Nesse caso, ela será inexoravelmente nacional.

A hipótese que se deve colocar é que esta nova territorialidade se realiza pela concentração lisboeta das atividades mais dinâmicas, mesmo que não sejam as mais robustas, e pela mobilidade das pessoas, com especial incidência nos jovens qualificados. Ao mesmo tempo, acentua-se o peso da própria periferia metropolitana e a natureza precária e trabalho-intensiva de muitas daquelas atividades, porventura com forte segmentação face às que têm maior capacidade de realização de valor. Dos nove concelhos cuja população cresce mais de 20 % num período em que o país decresce 1 %, sete são da periferia lisboeta e concentram meio milhão de pessoas. Os outros dois são do Algarve.

Uma das consequências da unipolaridade territorial é o deslaçamento, com intensidades diferentes, dos territórios urbanos de escala não metropolitana e dos de baixa densidade, onde não se organizam dinâmicas importantes, dado o efeito destrutivo das perdas populacionais, a que se junta a fragilização do sistema produtivo e uma terciarização excessiva. A outra consequência desta reversão estrutural é a limitação de grande parte do território a lugar de acontecimentos difusos. O território não desapareceu, lá porque se desestruturou. Tornou-se foi menos capaz do que podia ser num quadro organizado. E trata-se de uma realidade sem interlocução política nem racionalização do ponto de vista do país. São, repete-se, realidades difusas. Porventura o lado insubmisso do território. Talvez, mais friamente, a sua fratura. Resta saber se também o seu lado resistente. São estas duas características — *unipolaridade com um satélite* e *comportamentos difusos* — que mais marcam hoje o território continental. É isso que é necessário analisar, juntamente com o deslaçamento que representa. No grande espaço difuso é ainda possível identificar padrões que subsistem: perificidade em aprofundamento ou esforços de resistência.

Este quadro é significativamente diferente do que existiu nas décadas de 80 e 90, entre 1981 e 2001. Num contexto demográfico ainda positivo, só o Alentejo estava em situação regressiva. O Norte e o Centro, cuja evolução foi positiva, revelavam a presença de sub-regiões particularmente dinâmicas sendo possível admitir que estávamos perante capacidades regionais para estabelecer a estrutura e a dinâmica dos respetivos territórios, salvaguardando-lhes a coerência. Ao contrário, no período mais recente esse enraizamento regional perdeu-se, perante uma força unipolarizadora original.

A sociedade portuguesa de hoje parece assim fragilizar-se do ponto de vista demográfico e concentrar-se do ponto de vista espacial. Num contexto destes, a articulação territorial do país, antes assente na presença de várias capacidades regionais diferenciadas mas, salvo exceções, globalmente convergentes, vê-se substituída por uma dinâmica absorvente ditada a partir do centro. A demografia e o emprego são as primeiras variáveis que ajudam a analisar este estado de coisas.

4.1. A demografia

A *unipolaridade com um satélite* tem tradução estatística especialmente clara na evolução demográfica. A *concentração* de pessoas no espaço que designei deste modo conjuga-se com uma forte *regressão* populacional disseminada no território. No Mapa 2 mostram-se as evoluções demográficas à escala municipal num período (2001–2017) para o qual se estima que tenha havido uma evolução negativa do país e do continente (respetivamente -1 % e -1,1 %).

Mapa 2 — Variação da população residente nos municípios do continente (2001–2017)

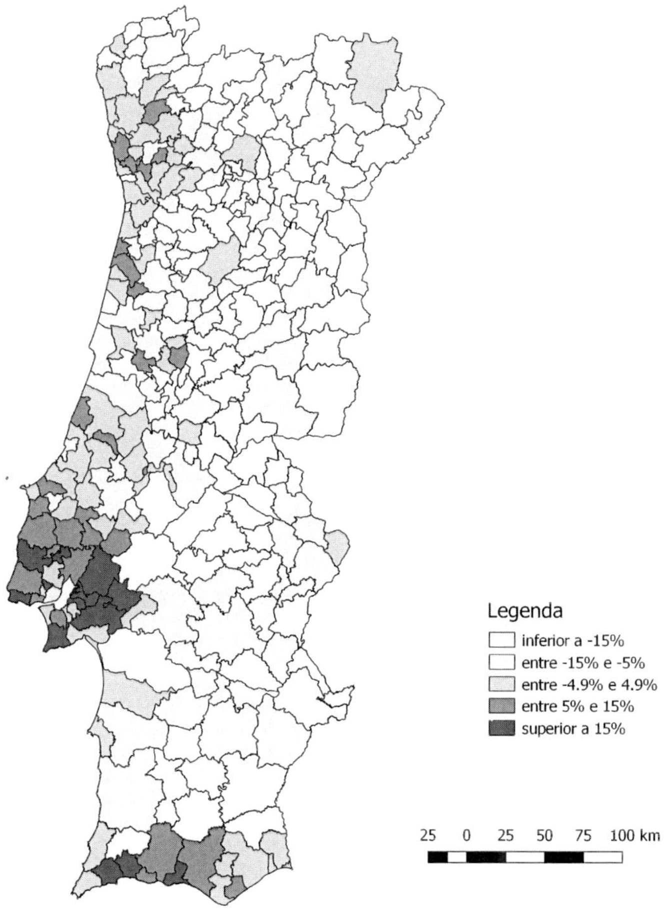

Fonte: INE.

São 88 os concelhos (873 mil pessoas) em que há perdas superiores a 15,0 %. Todos eles, exceto o Porto, têm menos de 20 mil habitantes e a larga maioria tem menos de dez mil, sendo notória a sua condição periférica. Dentro deste conjunto podemos encontrar 46 casos extremos, tratando-se sempre de pequenos meios,[20] com decréscimos entre -20,0 % e -37,4 %. Se somarmos a estes os municípios em que as perdas ultrapassam o quíntuplo da média nacional (para além, portanto, de -5,0 %) são 174 e

[20] Só quatro deles atingem um patamar entre os dez e os 15 mil habitantes.

(ainda) lá vivem 3,3 milhões de pessoas. Ao padrão periférico anterior juntam-se agora cidades médias de menor dimensão e vários espaços do litoral. Onde se incluem também cinco municípios da AMP,[21] para não falar dos concelhos de Lisboa e do Porto, que representam especificidades óbvias.

Inversamente, há 12 concelhos em que o crescimento demográfico foi superior a 15,0 %. Concentram 800 mil pessoas. Três são do Algarve, sendo os restantes da AML ou da sua proximidade. Se observarmos todos os casos de crescimento superior a 5,0 % encontramos 37 concelhos (2,72 milhões de habitantes) e uma distribuição geográfica onde dominam as duas áreas metropolitanas e o Algarve, registando-se agora também a presença de Braga e as periferias de outras cidades médias. Mas apenas isso.

Passando a observação para a escala das NUTS III, capta-se a evolução conjunta da Área Metropolitana de Lisboa, que aumenta a sua população em 155 mil pessoas (mais 5,8 %), somando 2,8 milhões de habitantes. Só o Algarve (440 mil pessoas) acompanha aquela tendência de forma significativa, somando mais 39 mil habitantes e aumentando em 9,6 %. As outras duas NUTS III que crescem são a do Cávado, mas isso limita-se a 8 mil (2,1 %), e a do Oeste a 16 mil (4,7 %), evolução que no entanto se explica claramente pela evolução metropolitana que lhe está próxima. O resto dos territórios do continente perde, portanto, mais de *280 mil pessoas*. A Área Metropolitana do Porto, que passa a ter 1,7 milhões de pessoas, decresce e o mesmo acontece com a generalidade dos territórios da rede de cidades médias mais estruturadas, salvo a exceção apontada.

O crescimento da AML ocorre essencialmente na sua periferia, visto que o seu centro, Lisboa, perde 57 mil pessoas (10 %), não sendo nos concelhos da sua coroa mais imediata que se verificam os aumentos mais espetaculares: Mafra cresce 48 %, Alcochete, Montijo, Sesimbra crescem entre aquele valor e os 22 % de Cascais.

Na AMP, em perda, a única tendência próxima da de Lisboa é o reforço, embora limitado, da periferia face ao centro. O decréscimo do Porto (menos 47 mil pessoas, 18 %) tem apenas um escasso contraponto em dois concelhos que crescem mais de 10 %, Maia e Valongo, juntos somando mais 24 mil pessoas. Nos restantes casos encontramos reduções demográficas ou pequenos acréscimos absolutos ou percentuais.

---

[21] Arouca, Espinho, Oliveira de Azeméis, Vale de Cambra e Santo Tirso.

Passemos agora das escalas anteriores, concelhia e intermunicipal, para a das NUTS II, sendo que já observámos a AML e o Algarve que, como se sabe, são simultaneamente NUTS II e NUTS III. À posição estruturalmente regressiva do Alentejo (712 mil habitantes), que perdeu neste período 8,3 % dos seus habitantes, juntam-se o Centro (2,2 milhões), com uma perda de 5,1 % e o Norte (3,6 milhões), que diminui 3,2 %. As NUTS III que compõem o Norte e o Centro acompanham generalizadamente a regressão demográfica das respetivas regiões, o mesmo acontecendo com as do Alentejo.

Estamos assim perante uma situação de *unipolaridade* e outra de *regressão*. Regressão vista na estrutura territorial do país e bem expressa na debilidade da outra área metropolitana, mas também evidente na fragilização das próprias cidades médias estruturadas fora da influência metropolitana,[22] para não referir as de pequena dimensão.

4.2. O emprego

Considere-se agora uma variável de emprego e observe-se a sua evolução territorial no período 2002–2016. Trata-se do pessoal ao serviço em empresas, isto é dos 2,9 milhões de pessoas que naquele último ano constavam dos quadros de pessoal enviados ao ministério do trabalho. Assuma-se que este é um indicador de emprego formal, presente numa relação laboral estabelecida dentro de uma empresa. Afasta-se assim o trabalho independente, real ou fictício, e aquele que seja mobilizado através de qualquer instrumento ocasional ou mesmo sem ele. Como se sabe, estes dados não incluem a administração pública, em qualquer dos seus patamares, e são pouco representativos da agricultura, dada a escassa dimensão empresarial desta atividade.

Naquele período, este volume de trabalho cresceu 3,7 % no país e 4,1 % no continente. As variações percentuais mais impressionantes são sobretudo em concelhos de pequena dimensão: entre os 66 que crescem acima

---

[22] Só encontro duas exceções a um estado geral regressivo: Braga, com mais 15 mil pessoas, influenciando o registo já observado da NUTS III do Cávado, e — na Região Centro em decréscimo generalizado — Aveiro, Leiria e Viseu, embora estes três concelhos somem, juntos, uma variação de 11 mil habitantes.

do quíntuplo da média nacional (isto é, mais de 18,5 %) predominam, salvo exceções,[23] os pequenos ou muito pequenos[24] e periféricos, sendo também possível lá encontrar as periferias das áreas metropolitanas, concelhos algarvios e realidades do litoral. Este mesmo padrão difuso revela-se ainda no intervalo de crescimento entre o dobro e o quíntuplo da média.

Mapa 3 — Variação do pessoal ao serviço nos municípios do continente (2002–2016)

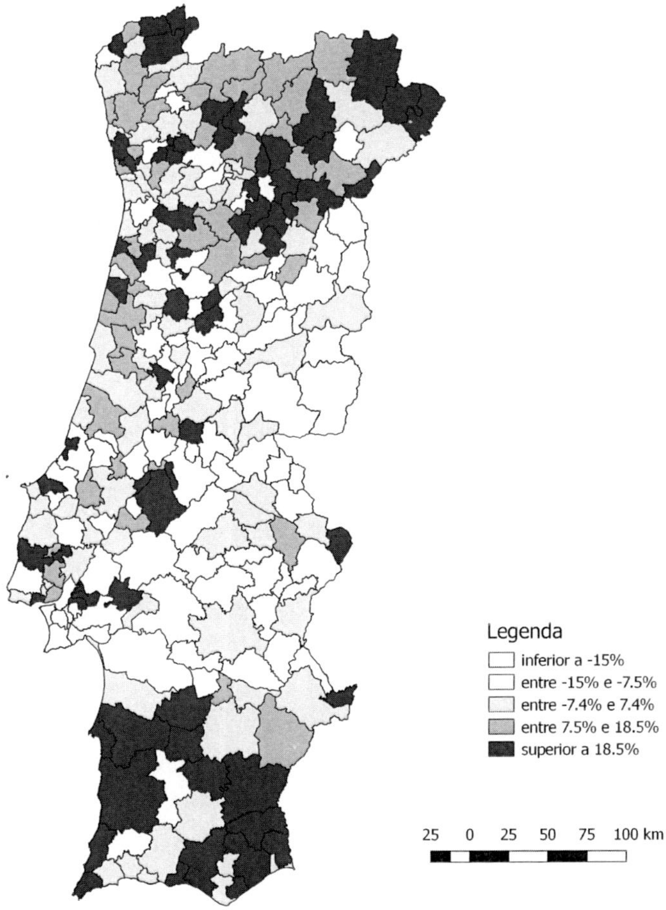

Fontes: GEP/MSESS e MTSSS.

---

[23] Oeiras, Maia, Felgueiras, Vila do Conde e Loulé.

[24] Só Sintra, Almada ou Santa Maria da Feira têm dimensão acima dos 20 mil postos de trabalho.

As situações inversas, em que se regista grande decréscimo deste tipo de emprego, têm também grande presença no território — em 51 concelhos esta variação ultrapassa os -15 %. Predominam, de novo, os pequenos concelhos periféricos. E de novo lá encontramos concelhos das duas áreas metropolitanas. Isto mesmo se repete nos 124 concelhos em que o emprego diminui (quando cresce no país).

O Mapa 3 mostra bem esta condição difusa e a difícil associação de qualquer dos comportamentos a um padrão territorial, e muito menos ao metropolitano. Porém, é possível reparar que os crescimentos percentuais mais elevados se ajustam a situações periféricas e que os territórios de maior atração demográfica não são os mais dinâmicos deste ponto de vista (comparem-se os Mapas 2 e 3). Este é o argumento que quero fixar. As evoluções deste tipo de emprego não podem, pois, ser decalcadas das populacionais, apesar da profunda assimetria da evolução demográfica em Portugal, com a unipolaridade que apontei. Têm particularidades notórias.

O que significa isto? Pode, em primeiro lugar, significar pequenos dinamismos de pequenos meios. E, na verdade, assim é, como já se disse acima. E isso não é irrelevante. Por outro lado, seria de esperar que os 24 concelhos de maior dimensão (mais de 25 mil postos de trabalho), por óbvios motivos estatísticos, tivessem uma evolução percentual perto da média (diferença entre 5 % e -5 %, por exemplo). Mas isso só acontece em cerca de 1/3. Para além disso, há grandes crescimentos e grandes perdas em proporções semelhantes. Por sua vez, entre os 213 concelhos de mais pequena dimensão,[25] as situações polares (isto é, grandes decréscimos e grandes aumentos) são a larga maioria, com predomínio das evoluções superiores (e às vezes muito superiores) à média. Evidentemente que encontramos aqui situações em que a dimensão engana, porque são localizações em contínuos urbanos densos, incluindo as áreas metropolitanas ou a proximidade de cidades médias. Mas a larga maioria são pequenos meios, sem estas características.

A agregação dos municípios em NUTS III permite ver como se destacam o Alentejo Litoral, as Terras de Trás os Montes e o Alto Tâmega,

[25] Refiro-me aos concelhos que têm menos de dez mil empregos e que em conjunto somam 600 mil, mais de 20 % do total.

pois estas são as que aumentam mais do que os já referidos 18,5 %. Com um crescimento ainda expressivo, mais do dobro da média, temos o Baixo Alentejo, o Alto Minho, o Algarve, o Douro, o Tâmega e Sousa e o Cávado. A esta escala já fica autorizada uma interpretação territorial mais robusta, necessariamente associada ao papel positivo de vários espaços periféricos e de pequena dimensão no crescimento do emprego. Como se vê no Gráfico 1, só no Algarve e, de forma menos significativa, no Cávado, há uma associação entre esta evolução e o crescimento demográfico. Nas restantes, há crescimento do emprego com decréscimo populacional, sendo este, nalguns casos, muito expressivo.

Fazendo também aqui uma aproximação à escala regional através da observação das NUTS II, encontramos duas situações de perda absoluta, no Centro (-1,2 %, acompanhada de perda populacional) e no Alentejo (-0,5 %, com forte regressão demográfica), e três de ganho, no Algarve, na AML (9,6 % e 5,8 %, respetivamente, com a já sabida afluência) e no Norte (6,2 %, num contexto de decréscimo de pessoas). Temos, pois, situações em que este segmento do mercado do trabalho acompanha a demografia, tanto positiva como negativamente. E situações de discrepância, sendo o Norte que chama mais a atenção ao apresentar esta evolução positiva do emprego quando está em perda demográfica. O Gráfico 1 mostra também, para os grandes espaços do continente, como se comparam as duas evoluções.

4.3. As variáveis demográficas e do emprego: uma observação conjugada para identificar os "países" que compõem o país

Já se viu que da conjugação da evolução das duas variáveis em utilização resultam situações territoriais muito diferentes e resulta, até, alguma perplexidade. Estas são, no entanto, combinatórias que ajudam a identificar os "países" que compõem o país. É possível distinguir quatro. A um chamo *país afluente* por o seu crescimento demográfico positivo superar 10 % e por, quanto ao pessoal ao serviço, apresentar taxas superiores ao dobro da média nacional. A outro designo-o *país em perda ou regressivo*, por ter uma perda demográfica profunda, (-10 % ou além disso, em muitos casos bastante além) e uma redução do pessoal ao serviço, que em muitos casos é enorme. Depois, aponto um *país em esforço*: crescimento demográfico negativo (-2 % ou menos) mas com um aumento do pessoal ao serviço superior à média de Portugal. Finalmente, chamo, porventura de forma benévola, *país expectante* ao conjunto dos municípios que não cabem nas situações anteriores.

Mapa 4 — Uma identificação do país a partir da evolução demográfica e do emprego

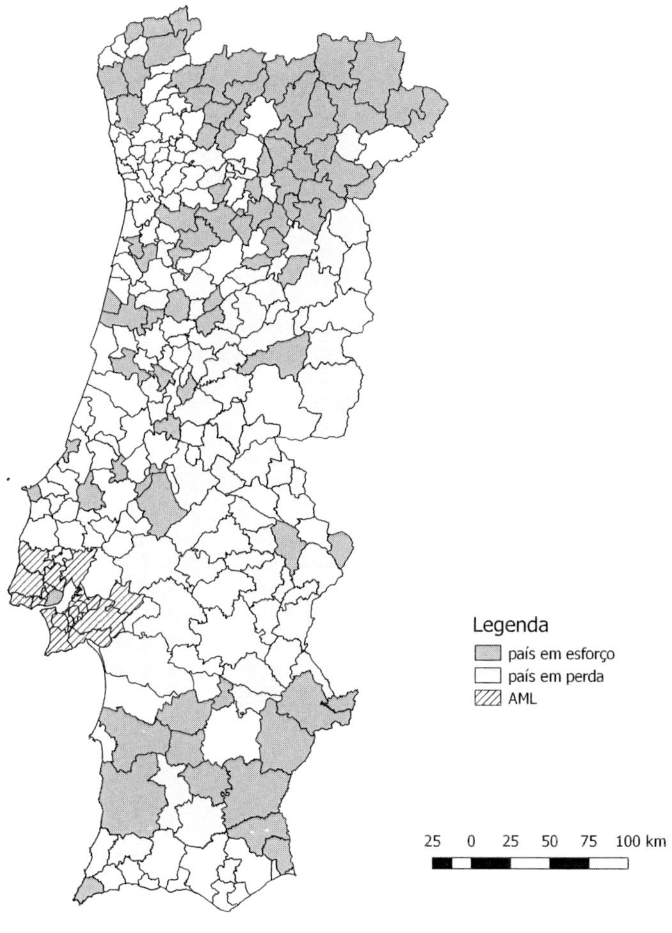

Fontes: INE, GEP/MSESS e MTSSS.

No Mapa 4 fixo apenas o país em perda e o país em esforço. Definem-se assim contínuos demográficos significativos que esbatem alguns dos problemas de análise que a escala concelhia, por si só, traz consigo. O que quero argumentar com esta representação é que há no território nacional realidades territoriais importantes que estão a ser "desligadas" do país por se encontrarem em perda absoluta, tanto demográfica como produtiva, enquanto outras, estando também em perda de pessoas, "resistem" oferecendo níveis de atividade relevantes mas, provavelmente, dificilmente sustentável sem uma mudança radical da lógica populacional. Reforçarei este ponto quando, na conclusão, regressar às questões da provisão de habitação e sugerir a necessidade de pensar as duas coisas conjuntamente.

A análise por NUTS III oferece um quadro muito significativo, que supera os problemas do artificialismo da escala municipal quando as delimitações não são relevantes do ponto de vista socioeconómico ou quando a baixa dimensão exige que se contextualizem as grandes variações relativas. No gráfico seguinte consideram-se as *diferenças entre a evolução de cada NUTS II e III e a evolução da média nacional das duas variáveis que estou a usar*: a evolução da população residente entre 2001 e 2017 (que registou um decréscimo de -1 %) e do pessoal ao serviço nas empresas (que aumentou 3,7 %). A primeira tem o óbvio significado de revelar o potencial demográfico de cada espaço e a segunda mostra como evolui o emprego formal no quadro de relações empresariais, não incluindo, portanto, o trabalho informal, o trabalho independente (real ou fictício) ou o trabalho autónomo.[26]

[26] Os Quadros de Pessoal não incluem o emprego na administração pública. No plano em que me estou a colocar, creio que isso não influencia a análise.

Gráfico 1 — Variação da população residente (2001–2017) e do pessoal ao serviço nas empresas (2002–2016) por NUTS III

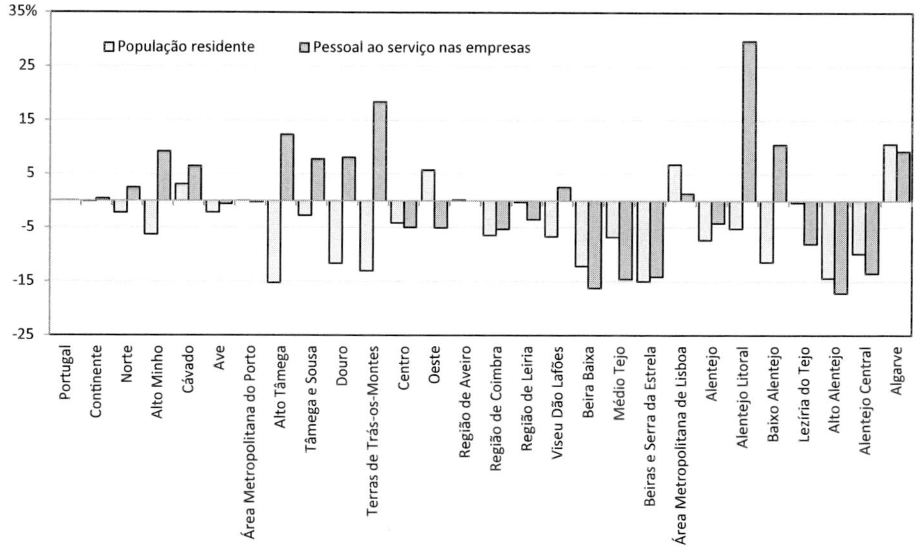

Fontes: INE, GEP/MSESS e MTSSS.

A primeira impressão que esta informação causa é a de uma significativa descoincidência entre a evolução demográfica e a deste tipo de emprego. Parece haver circunstâncias em que a economia independe da demografia, sendo aquela mais dinâmica do que esta. Estes *países descoincidentes*, com sinais de desestruturação por causa da perda demográfica, situam-se a norte, no Alto Minho e no Ave, no Douro e em Trás-os-Montes, mas também inclui Viseu Dão-Lafões. A par dele há um *país afluente*, com uma geografia muito precisa: limita-se à AML e ao Algarve, sendo acompanhado pelo Cávado. É apenas aqui que coincide o crescimento demográfico com o aumento do pessoal ao serviço nas empresas (nas duas primeiras NUTS com a demografia a destacar-se, sucedendo o inverso na terceira). Mas acontece que as dinâmicas demográficas mais positivas só parcialmente são acompanhadas pelo aumento do emprego formal. A AML é o caso mais notório.

Como se vê, há 11 NUTS III em que os acréscimos do pessoal ao serviço nas empresas é superior (nalguns casos de forma expressiva) à evolução nacional. Em oito delas há regressão demográfica. O que significa isto?

Por outro lado, as situações críticas de *regressão demográfica* abundam. Em 14 NUTS III, a variável considerada tem valores entre -5 % e -16 %. Nalgumas delas, o valor aqui calculado do pessoal ao serviço é ainda mais regressivo: o Alto Alentejo, o Alentejo Central, a Beira Baixa, as Beiras e Serra da Estrela e o Médio Tejo formam o mapa do *país em perda* profunda, o lado mais atingido de um país deslaçado. Sobressai a fragilidade da Região de Coimbra, da Região de Leiria e da Lezíria do Tejo, onde a evolução da demografia e do tipo de emprego é, em qualquer dos casos, inferior à média nacional. Este *país frágil* mostra bem que o problema tem também uma dimensão *urbana* e *litoral*.

CONCLUSÃO

O território tornou-se um conceito residual nas políticas públicas. Pode servir para ilustrar um adicional de consciência perante um assunto cortante (os "incêndios", o "interior") e desencadear medidas compensatórias. Não tem servido para estruturar e tornar-se parte constituinte das próprias políticas. Quando muito, interpela-se o território para se verificar se ele tem capacidade para responder a uma racionalidade exterior, formada num ponto alto da escala dos poderes e dentro de uma lógica conscientemente *aespacial*. São as condicionalidades *ex-ante*. Mas não se atribui ao território, isto é, aos sistemas urbanos e às redes de cidades existentes ou às grandes continuidades regionais infranacionais (as regiões) a condição de sujeitos próprios que, no mínimo, são parte da soberania.

Para quem olhe para as sociedades como comunidades territoriais e para quem insista em considerar que há recursos no território, o exercício anterior pode resultar em desperdícios. No caso da habitação em Portugal resulta seguramente. Há um imenso "parque" habitacional dotado de valor, com uma capacidade de acolhimento superior à população existente e, a maior parte dele, sem ónus de encargos, que está desaproveitado e tende a ficar cada vez mais desaproveitado. A isto se podem somar outros "desaproveitamentos", como os dos muitos alojamentos vagos, que nem no mercado de arrendamento se incluem, demonstrando a presença poderosa de outras lógicas, que não a das pessoas e a dos territórios.

Se as políticas públicas de habitação não estiverem estritamente dependentes de uma visão que se estrutura a partir das lógicas financeiras e da confluência de população num ponto ou em poucos pontos, se se considerar que a provisão de casa é um elemento central da organização da vida material, então parece haver razões, juntamente com as da justiça territorial, para fazer de outro modo. A "desfinanceirização", em vez do seu inverso, assim como uma interpretação rigorosa do significado do investimento estrangeiro no imobiliário residencial, significariam não apenas outras prioridades políticas como uma consciência útil da natureza disruptiva, face ao país e ao que o constitui, dos poderes desequilibradores em presença.

REFERÊNCIAS BIBLIOGRÁFICAS

Acemoglu, Daron; James A. Robinson (2012), *Why Nations Fail: The Origins of Power, Prosperity and Poverty*. New York: Crown Publishers.

Becattini, Giacomo (2004), *Industrial Districts. A New Approach to Industrial Change*. Cheltenham: Edward Elgar.

Becattini, Giacomo (1979), "Dal 'settore' industriale al 'distretto' industriale. Alcune considerazioni sull'unita d'indagine dell'economia industriale", *Rivista di Economia e Politica Industriale*, 1.

Branch, Jordan, (2017) "Territory as an Institution: Spatial ideas, practices and technologies", *Territory, Politics, Governance*, 5(2), 131–44.

Bresser-Pereira, Luís Carlos (2018), "Capitalismo financeiro-rentista", *Estudos Avançados*, 32(92), 17–29.

Hirschman, Albert (1985), "Against Parsimony: Three easy ways of complicating some categories of economic discourse", *Economics and Philosophy*, 1, 7–21.

Lapavitsas, Costas (2013), *Profits without Producing*. London: Verso.

Marshall, Alfred (2013 [1890]), *Principles of Economics*. New York: Palgrave Macmillan.

Marshall, Mary; Alfred Marshall (1879), *The Economics of Industry*. London: Macmillan.

Mattoso, José (2002), "A escrita da história", *Obras Completas*, vol. 10. Lisboa: Círculo de Leitores, 11–22.

Painter, Joe (2010), "Rethinking Territory", *Antipode*, 42, 5, 1090–118.

Reis, José (2018), *A economia portuguesa: formas de economia política numa periferia persistente (1960–2017)*. Coimbra: Edições Almedina.

Reis, José (2012), "An Epistemology of Territory: A perspective on contexts for social relations, *in* Patricia Ashley e David Crowther (orgs.), *Territories of Social*

Responsibility: Opening the research and policy agenda. Farnham, Burlington: Gower Publishing, 93–106.

Reis, José (2010), "Marshallian Industrial Districts in Portugal: A conceptual solution for empirical analyses' pressures", *in* Tiziano Raffaelli; Giacomo Becattini; Katia Caldari e Marco Dardi (orgs.), *The Impact of Alfred Marshall's Ideas: The global diffusion of his work*. Cheltenham e Northampton: Edward Elgar, 166–70.

Reis, José (2009), "Uma epistemologia do território", *in* José Reis, *Ensaios de economia impura* (2.ª edição). Coimbra: CES/Almedina, 227–43.

Reis, José (2001), "A globalização como metáfora da perplexidade? Os processo geoeconómicos e o 'simples' funcionamento dos sistemas complexos", *in* Boaventura de Sousa Santos (org.), *Globalização: fatalidade ou utopia?* Porto: Afrontamento, 109–34.

Reis, José (1992), *Os espaços da indústria: a regulação económica e o desenvolvimento local em Portugal*. Porto: Afrontamento.

Ribeiro, Raquel; Santos, Ana Cordeiro (2018), "A financeirização das famílias e a desigualdade socioeconómica e territorial em Portugal", *Revista Portuguesa de Estudos Regionais*, 47, 73–93.

Rodrigues, João, Santos, Ana Cordeiro; Teles, Nuno (2016a), *A financeirização do capitalismo em Portugal*. Coimbra: Actual.

Rodrigues, João; Santos, Ana Cordeiro; Teles, Nuno (2016b), "Semi-Peripheral Financialisation: The Case of Portugal", *Review of International Political Economy*, 23(3), 480–510.

Santos, Ana Cordeiro; Reis, José (2018), "Portugal: uma semiperiferia reconfigurada", *e-cadernos CES*, 29, 57–76.

Santos, Boaventura de Sousa (org.) (1993), *Globalização: fatalidade ou utopia?* Porto: Afrontamento.

Wallerstein, Immanuel (1979), *The Capitalist World-Economy*. Cambridge: Cambridge University Press.

FINANCEIRIZAÇÃO DA HABITAÇÃO: A TERRA E RENDA FUNDIÁRIA COMO ELOS EM FALTA*

NUNO TELES**

INTRODUÇÃO

A relação entre a finança e a habitação ganhou relevância pública com a crise financeira internacional de 2008–2009, já que esta foi desencadeada pela crise do mercado *subprime* americano de 2007. O *subprime* é um mercado de crédito hipotecário de alto risco, que, por isso, tende a proporcionar maiores ganhos do que os gerados no mercado hipotecário tradicional. Destinado ao financiamento da compra de habitação pelas famílias mais pobres e com menos garantias financeiras, este mercado beneficiou, durante os anos 2000, da abundância de capital nos mercados financeiros norte-americanos e do processo de titularização de dívida que, aparentemente, permitia uma maior dispersão do risco (Tooze, 2018). Criaram-se assim as condições para a extensão do crédito imobiliário a famílias antes afastadas deste mercado na ilusão de um aumento continuado do preço da habitação. Contudo, a partir de 2006, com as subidas das taxas de juro do Banco Central americano, o Federal Reserve, a dinâmica especulativa do mercado imobiliário sucumbiu, atingindo o mercado de *subprime* como a sua primeira vítima. A crise neste mercado rapidamente

---

* Este trabalho é financiado pelo FEDER – Fundo Europeu de Desenvolvimento Regional através do COMPETE 2020 – Programa Operacional Competitividade e Internacionalização (POCI) e por fundos nacionais através da FCT – Fundação para a Ciência e Tecnologia, no âmbito do projeto PTDC/ATP-GEO/2362/2014 – POCI-01-0145-FEDER-016869.

** Universidade Federal da Bahia, Salvador, Brasil. *E-mail*: teles.nuno@gmail.com.

contagiou todo o sistema financeiro norte-americano, tendo na falência do banco de investimento Lehman Brothers, declarada em setembro de 2008, o seu principal marco.

Embora o mercado imobiliário tenha estado no epicentro da crise financeira internacional de 2008–2009, o longo desenrolar desta crise mudou o enfoque das análises das causas imediatas para o modelo financeiro subjacente, com responsabilidades apontadas à crescente importância da banca de investimento, à titularização de dívida ou às agências de notação (King, 2016). No diagnóstico mais estrutural, os desequilíbrios macroeconómicos internacionais e a concomitante acumulação de reservas ganharam relevância nas explicações mais convencionais (Wolf, 2015). O papel inicial dos mercados imobiliários no espoletar da turbulência financeira foi, progressivamente, perdendo importância na literatura. Ainda que a crise tenha começado na habitação, a bolha especulativa em torno dela poderia aparentemente ter acontecido num qualquer outro sector, do mercado bolsista ao mercado das tulipas.

Dez anos depois, a relação entre habitação e finança continua, tão ou mais forte ainda, agora explicada pelo efeito da política monetária prosseguida desde então. Após a falência do Lehman Brothers, a desconfiança relativamente aos mercados financeiros internacionais quanto à solvabilidade de muitos dos seus agentes quase congelou os mercados de crédito. Sem acesso ao crédito para refinanciar os seus balanços, os bancos, baseados num modelo de negócio de financiamento de curto-prazo, ameaçavam falir. Face a este cenário, os tradicionais instrumentos de política monetária dos bancos centrais — o acesso a liquidez e as taxas de juros praticadas — tornaram-se insuficientes num contexto de escassez de garantias (*collateral*) de qualidade. Foram-se improvisando novas formas de intervenção, desde empréstimos concedidos bancos centrais com maturidades longas— como por exemplo as Long Term Refinancing Operations do Banco Central Europeu (BCE) — à compra direta de ativos no balanço da banca — o Quantitative Easing —, passando pela abertura de linhas crédito em moeda estrangeira, trocadas entre os vários bancos centrais, que permitiram o refinanciamento das operações internacionais da banca internacional sedenta de dólares (Tooze, 2018).

O resultado foi um extraordinário crescimento dos balanços dos bancos centrais e, assim, da moeda criada por estes. Contudo, a criação monetária promovida pelos bancos centrais não foi transmitida à restante economia de forma homogénea. Por um lado, a banca internacional, ainda numa situação precária, decidiu acumular reservas e apertar os critérios de concessão de crédito a famílias e empresas que enfrentavam então os efeitos generalizados da crise. Por outro lado, a falta de procura agregada, agravada pelas políticas de austeridade adotadas a partir de 2010, afetou a procura de crédito junto da banca. Em conclusão, se a política monetária expansionista teve o efeito desejável de suster o dominó de falências financeiras que colocava toda a economia internacional em perigo, os seus efeitos no crescimento económico e no emprego foram modestos.

A torrente de liquidez dos bancos centrais provocou, no entanto, transformações profundas na economia internacional, em dois sectores de atividade fundamentais para os países mais desenvolvidos: os mercados de títulos financeiros e o imobiliário. Os preços destes ativos atravessam hoje um período de crescimento recorde. Num ambiente de fraco crescimento económico e taxas de juro extremamente baixas, as rendibilidades que proporcionam atraem os capitais de um sector financeiro internacional inundado de liquidez. Segundo o índice construído pela revista *The Economist* (2018) para avaliar a progressão de preços da habitação em 22 centros urbanos de países desenvolvidos, só uma das cidades, Milão, testemunhou uma queda dos preços nos últimos cinco anos (-9 %). Todas as restantes sofreram aumentos do preço bem acima da inflação: 4 % em Tóquio, 63 % em Berlim, 78 % em Dublin ou 54 % em Amesterdão. Segundo este índice, Lisboa encontra-se numa posição intermédia, com um aumento do preço médio de habitação de "apenas" 18 % nos últimos cinco anos, o que refletirá uma reanimação do mercado imobiliário mais tardia, com início em 2015.

O Banco de Portugal (2018) apresenta valores diferentes. Segundo esta instituição, o aumento médio de preços em Portugal foi de 27 % entre o segundo trimestre de 2013 e o final de 2017, promovido não tanto pela recuperação do crédito de habitação às famílias[1] — que explicou todo o dinamismo do sector imobiliário em Portugal desde os anos 90 —, mas

[1] A percentagem de transações de alojamentos familiares financiadas com recurso ao crédito situava-se em 41 % no último trimestre de 2017, em forte recuperação face a 2013 (20 %), mas longe dos valores pré-crise, de 2009 (cerca de 65 %) (Banco de Portugal, 2018).

sobretudo pelo surgimento de novos agentes de natureza financeira neste mercado: os fundos de investimento ocupam 76 % do mercado imobiliário comercial português, chegando a 90 % se somarmos os fundos de pensões e os REIT (Real Estate Investment Funds). Estes fundos são na sua esmagadora maioria de origem estrangeira. Ainda segundo o Banco de Portugal, 80 % de toda a propriedade comercial vendida em 2017 foi comprada por não residentes. As rendibilidades anuais são atraentes. Em 2017, a rendibilidade anual foi de 11 % (5,4 % devido à evolução de preços e 5,7 % devido às rendas cobradas).

O mercado imobiliário nacional e, dentro deste, a habitação, têm refletido uma conjuntura financeira mais favorável de abundante liquidez internacional em busca de rendibilidade. No caso português, este dinamismo do mercado imobiliário alia-se a fatores mais estruturais da economia portuguesa, como o aumento do turismo, que tem beneficiado de taxas de crescimento acima de 10 % ao ano.

Ainda que com diferentes configurações espaciotemporais, a estreita relação entre habitação e finança tem-se prolongado nos anos posteriores à crise de 2008–2009, sublinhando a necessidade de análise da relação entre ambas que vá além da conjuntura que deu origem à crise financeira internacional. No domínio da economia política, esta relação foi operacionalizada através do conceito de financeirização. Este conceito dá conta das profundas transformações da economia internacional nos últimos 40 anos, que possibilitaram a ascendência da esfera financeira face a outros sectores da economia.[2] Dentro desta literatura, a financeirização da habitação tem sido objeto de algumas tentativas de teorização (Aalbers, 2008 e 2016; Christophers, 2012) e numerosos estudos de caso (ver por exemplo, para Portugal, Santos *et al.*, 2014; para Espanha, Coq Huelva, 2013; ou para o Brasil, Klink e Denali, 2014). Todavia, se os estudos de caso mostram a relação umbilical entre finança e habitação nas mais diversas geografias, a teorização sobre esta relação apoia-se num modelo de sistema financeiro dominado por mercados de títulos financeiros, algo característico só em alguns dos países mais desenvolvidos. Um escrutínio mais atento (e menos eurocêntrico) da relação entre financeirização e

[2] Para uma discussão detalhada do conceito de financeirização nas suas diferentes correntes ver French *et al.* (2009); Lapavitsas (2013); Van der Zwan (2014).

terra mostra que este fenómeno não se limita nem aos países mais desenvolvidos, nem aos sectores de promoção imobiliária e construção, seja ela comercial ou habitacional. Por exemplo, é notório o interesse de agentes financeiros internacionais na apropriação de terra agrícola em países em vias de desenvolvimento durante as últimas décadas — veja-se, por exemplo, as compras de fundos de pensões de professores norte-americanos de terra no cerrado brasileiro (Farthing, 2017).

No presente capítulo procura-se explicar, de forma exploratória, como o processo de financeirização e o imobiliário se entrecruzaram durante a crise de 2008. Argumenta-se que esta relação entre finança e habitação não é circunstancial, mas que também não é explicada pela especificidade da habitação (ou da construção). Defende-se, pelo contrário, que a financeirização da habitação se deve à especificidade de mercadoria que lhe está subjacente, a terra, e ao rendimento que esta gera, a renda fundiária. Este capítulo inscreve-se, assim, num esforço recente de integrar a terra nas análises de financeirização da habitação, onde se destaca o livro recém-publicado de Josh Ryan-Collins, Toby Lloyd e Laurie Macfarlane, *Rethinking the Economics of Land and Housing* (2017). Contudo, esta análise constitui apenas um passo inicial e tímido, no qual o conceito de renda fundiária ainda se encontra por definir de uma forma clara e inequívoca. Apoiando-se na economia política marxista, este capítulo tem como propósito apresentar um conceito mais bem delimitado de renda fundiária e das suas características, que permita simultaneamente uma explicação mais robusta para a preferência da finança pelo imobiliário e, consequentemente, pela habitação.

Na primeira secção deste capítulo faz-se uma breve revisão das diferentes elaborações teóricas da relação entre financeirização e habitação, sistematizando-as e assinalando os seus progressos e limites. Na segunda secção apresenta-se o contributo original de Ryan-Collins *et al.* e a sua (insuficiente) discussão da renda. Na terceira secção discute-se a elaboração teórica de Marx sobre renda em *O capital* e a vantagem teórica da análise marxista para explicar a relação entre finança e terra (para além do sector agrícola que ocupa boa parte da análise de Marx). A última secção conclui ilustrando o poder explicativo do conceito de renda fundiária e discutindo as implicações políticas de qualquer tentativa de reversão do processo de financeirização da habitação em curso.

1. FINANÇA E HABITAÇÃO: RAZÕES PARA UM CASAMENTO

A relação entre financeirização e habitação, ou de uma forma mais geral, produção de espaço urbano, tem sido crescente objeto de estudo teórico nas ciências sociais, sobretudo no campo da geografia económica (Aalbers, 2008 e 2016; Haila, 2016; Aalbers e Haila, 2018; Halbert e Attuyer, 2016; Christophers, 2012 e 2015). No entanto, a atenção da generalidade destes autores é dirigida aos efeitos do envolvimento do sector financeiro nas dinâmicas dos mercados imobiliários e de habitação, vincando o papel central do Estado nos processos de privatização, liberalização financeira e regulação sobre o espaço urbano que permitiram a hegemonia financeira neste campo (Rolnik, 2013). Neste quadro, autores centrais, como os geógrafos Manuel Aalbers ou Brett Christophers, concentram os seus esforços de teorização na transformação da habitação em ativo financeiro, através da titularização das hipotecas imobiliárias e do mercado secundário de títulos financeiros a que estas dão origem.

Estes contributos inserem-se no trabalho de um outro geógrafo relevante, David Harvey (1978), que já havia notado o papel da habitação no processo de reconversão de capital (*capital switching*) em momentos de crise. Nestes momentos, o capital procura, senão evitar, pelo menos atrasar o confronto com as suas contradições na dinâmica de acumulação. O processo de financeirização faz, então, parte de uma estratégia de acumulação de capital que visa ultrapassar as barreiras à acumulação dos circuitos primário (da produção), secundário (da produção de infraestruturas necessárias à produção e ao consumo), e terciário (da produção de infraestruturas "sociais" como tecnologia, ciência, saúde e educação), dirigindo-se ao que Aalbers (2016) intitula de circuito quaternário. É neste último que os mercados financeiros adquirem vida própria, autónoma em relação à esfera da produção, mas mais suscetível de crises à sobreacumulação. A expansão dos mercados de títulos hipotecários seria, assim, um exemplo da reconversão de capital neste quarto circuito.

Contudo, dá-se uma alteração qualitativa significativa. O imobiliário não só está dependente da finança, como sempre aconteceu, como "o desenvolvimento dos mercados financeiros passa a estar também dependente do desenvolvimento dos mercados imobiliários e de habitação" (Aalbers, 2016: 1226–45). Tal entendimento encontra, por sua vez, respaldo teórico na análise de David Harvey (1982) quando, ainda antes de o processo de financeirização se ter desenrolado, assinalava a forma como a propriedade fundiária estava destinada a ser transformada em capital fictício com a expansão do capitalismo. A terra, rural e urbana, assumiria assim a categoria de capital, não sendo propriedade de uma classe particular. Isto é, a terra reduzir-se-ia à forma de capital fictício, converter-se-ia em títulos financeiros, cujo preço presente refletiria rendimentos futuros descontados e, portanto, particularmente suscetíveis de serem alvo de permanente especulação (Christophers, 2012). A habitação é, pois, mais uma nova esfera da produção afetada pela expansão da finança através do circuito quaternário, concomitante com a financeirização de outros sectores.

É certo que, ao sublinhar a vida própria especulativa dos mercados financeiros, estes autores conseguem explicar como o preço da habitação é guiado não só pelo jogo da procura e da oferta de habitação, mas sobretudo pela procura e oferta de "finança quer aos consumidores de habitação (sobretudo na forma de empréstimos hipotecários), quer aos produtores de habitação (através de variados instrumentos financeiros disponíveis aos promotores imobiliários, construtoras e diferentes tipos de senhorios)" (Aalbers e Haila, 2018: 1826). Entende-se também, ainda que de forma implícita, que a oferta de crédito é o mero resultado de uma lógica própria dos mercados de títulos financeiros.

O fascínio com a titularização de dívida e subsequente produção de novos produtos financeiros muito sofisticados — dos quais os Collaterized Debt Obligations constituem provavelmente o mais famoso exemplo, dado o papel que desempenharam durante a crise financeira nos EUA (Gowan, 2009) — é compreensível. Porém, é insuficiente para explicar a relevância da relação entre a finança e a habitação noutras geografias. Países com mercados de títulos financeiros ainda pouco desenvolvidos têm uma banca longe do modelo *originate and distribute*, segundo o qual os bancos concedem hipotecas imobiliárias, que depois titularizam e vendem no mercado secundário. No entanto, países com modelos bancários mais tradicionais atravessaram (e atravessam) uma dinâmica no mercado imobiliário similar à encontrada nos EUA, muitas vezes ultrapassando a sua dinâmica especulativa, como foi o caso em muitos países do Sul da Europa, nomeadamente Portugal (Santos *et al.*, 2014). Nestes países, a maioria das hipotecas permanece nos balanços da banca. A explicação exclusiva dedicada aos mercados de títulos na financeirização da habitação parece, pois, sofrer de uma miopia geográfica, demasiado focada nos países do centro capitalista, ou de uma sobrevalorização de processos ainda incipientes de titularização de hipotecas nos países mais periféricos. Aalbers e Fernandez (2016) tentam responder à diversidade geográfica encontrada na relação entre finança e habitação, vincando o papel dos fluxos internacionais de capital na financeirização da habitação (que correlacionam com a emergência da titularização) e eventuais barreiras de instituições nacionais a este processo, como acontece no caso alemão. Contudo, ao comparar de forma estática o peso destes fluxos face ao PIB nacional, os autores desvalorizam a trajetória de crescimento destes fluxos, a sua composição (sobretudo empréstimos interbancários) e o seu papel na financeirização de países semiperiféricos, como Portugal, considerando-os como não financeirizados (Espanha seria a exceção).[3]

Ainda assim, os estudos sobre financeirização da habitação possuem a vantagem de relevar a importância conferida aos ativos imobiliários como garantia de alta qualidade na esfera financeira, contribuindo para explicar a importância do imobiliário mesmo em sistemas financeiros dominados pela banca comercial (Aalbers e Fernandez, 2016; Aalbers e Haila, 2018). A existência de *collateral* de alta qualidade — algo que o sector imobiliário partilha com os títulos de dívida pública — é vital, quer para a criação e sofisticação de produtos financeiros, quer para a necessária confiança dos bancos nas suas operações de crédito. Uma questão fica, no entanto, por responder. Se, segundo os autores, o preço da habitação é determinado pela volatilidade da esfera financeira, como pode a habitação ser um ativo que serve de garantia às operações financeiras? A volatilidade dos preços imobiliários não deveria pôr em causa o seu papel de *collateral* nos empréstimos bancários?

A questão da qualidade dos ativos imobiliários como garantia do crédito concedido convoca outro fator explicativo para a preferência financeira por este sector: o papel do Estado através da regulação financeira. Nos anos oitenta, com a estandardização de práticas financeiras da banca

[3] Para uma análise da evolução, composição e papel na financeirização dos fluxos financeiros internacionais no caso português ver Rodrigues *et al.* (2016a, 2016b).

no plano internacional, foram assinados os acordos de Basileia, no quadro do Banco Internacional de Pagamentos, destinados a promover os fluxos financeiros internacionais (Panitch e Gindin, 2013). Estes acordos definiram critérios para a aferição de diferentes níveis de risco do crédito bancário, determinando a forma como o ativo do banco (ponderado pelo risco) é medido na sua relação com o capital próprio. O crédito bancário passou a ser ponderado em função do nível de risco que lhe estava associado, variando entre um peso igual a zero (destinado à dívida soberana dos países mais ricos), o que significa que qualquer novo crédito a estas entidades não necessita de qualquer contrapartida de capital próprio, e um peso igual a um (no caso de empréstimos a empresas). As hipotecas imobiliárias passaram a ter um peso intermédio, de 0,5, o que significa que qualquer crédito imobiliário equivale apenas a metade para efeitos de cálculo de necessidades de capital. Em suma, segundo a norma regulatória, o empréstimo bancário a uma família para comprar casa é mais seguro que o empréstimo a uma empresa para investimento. Isto significa que a regulação pública criou deliberadamente um forte incentivo ao crédito imobiliário, tornado mais rentável, em qualquer sistema financeiro nacional independentemente do modelo que fosse aí preponderante (Bayoumi, 2017).

Uma explicação complementar é a de Costas Lapavitsas (2009), que avança com outra explicação para a importância do imobiliário no sector financeiro: o crescente papel de mediador desempenhado pelas famílias nos mercados financeiros. Na generalidade das economias, as famílias tornaram-se os agentes com maior peso nas operações de crédito da banca, com os empréstimos à compra de habitação a ocupar o papel central neste endividamento. Para Lapavitsas, as mudanças tecnológicas operadas no sector bancário, que uniformizou a avaliação de crédito de milhares de pequenos clientes, tornando-a comparável através de um sistema de "notas de crédito" (*credit scoring*), e o carácter pessoal deste crédito, ressarcido não através de incertos rendimentos futuros de investimento, mas através dos ganhos salariais, são razões chave para entender a recente confiança dos bancos na expansão deste mercado de crédito. O processo de financeirização das famílias, cada vez mais enredadas em pagamentos periódicos ao sistema financeiro, traduzir-se-ia no que o autor intitula de "expropriação financeira". Um processo só possível por décadas de privatização e abandono da provisão pública de habitação e pela estagnação salarial, que empurrou os trabalhadores para os braços do sistema financeiro (Lapavitsas, 2013).

A importância das famílias como devedoras é incontornável na explicação da financeirização da habitação, contudo ela é também insuficiente. Por um lado, não explica o paralelo e exponencial crescimento do crédito bancário a promotores imobiliários e construtores, quando comparados com outros sectores de atividade. Não é credível que a procura gerada pelas famílias seja suficiente para explicar a confiança do sector financeiro em emprestar, de forma crescente, a estes outros agentes. Por outro lado, fica por explicar o crescente apetite de agentes financeiros, bancários e não bancários, como os fundos de investimento, na compra e especulação de ativos imobiliários cujo uso é comercial e não habitacional, tal como acontece nos sectores do turismo ou do retalho (centros comerciais).

Finalmente deve sublinhar-se que, para Lapavitsas, na raiz da financeirização está a noção marxiana de capital sob a forma de crédito (os fundos entesourados captados a partir dos circuitos de produção e poupança individual) e não o capital fictício, prevalecente na literatura sobre a financeirização da habitação. Esta expansão conceptual permite, pois, um entendimento do processo de financeirização não limitado à existência de mercados de títulos, integrando outras formas de expansão financeira, como a do crédito bancário dirigido às famílias, prevalecente em Portugal, que se revela um importante instrumento conceptual para a nossa análise.

2. A IMPORTÂNCIA ESQUECIDA DA TERRA E DA RENDA

É verdade que a literatura da geografia económica sobre financeirização e habitação reconhece a importância da terra enquanto ativo subjacente a esta relação, que não se degrada e que, por isso, é suscetível de ser alvo de especulação. Todavia, este reconhecimento das especificidades da terra não é suficiente para a distinguir dos outros fatores de produção, o trabalho e o capital. Na senda da economia política clássica de Adam Smith e David Ricardo, o recente livro de Ryan-Collins *et al.* (2017) procura colmatar esta negligência, tendo como principal alvo a teoria económica convencional, de raiz neoclássica, e a forma como esta entende a terra.

Segundo Ryan-Collins *et al.*, ao contrário do que pretende a teoria neoclássica, a terra não é um fator de produção que se possa amalgamar na categoria de capital. A terra tem características únicas que a diferenciam dos outros fatores de produção. Primeiro, a terra é imóvel (em português ambas as palavras são, aliás, frequentemente usadas como sinónimos). Ao ser imóvel, a sua oferta é inelástica: os aumentos de preço não se traduzem em maior quantidade terra produzida. Cada pedaço de terra tem uma localização única e, portanto, não é reproduzível. Qualquer aumento da procura de terra traduzir-se-á necessariamente num aumento de preços. Segundo, como já foi assinalado, a terra é "eterna", no sentido em que não se degrada (conquanto a subida do nível dos oceanos ponha esta afirmação em causa). Estas duas qualidades face a outros ativos tornam a terra um objeto preferido de poupança. A sua imobilidade e não degradação explicariam, então, os motivos pelos quais a terra é um ativo que providencia melhores garantias face a outros ativos. Ademais, num mundo em que se verifica uma desigualdade crescente, a sua procura enquanto reserva de valor para os mais ricos será cada vez maior, proporcionando valorização futura e, por consequência, eventuais ganhos futuros.

Estes são argumentos importantes para explicar a relação próxima entre a habitação e o processo de financeirização em curso, que é mediada pela terra, enquanto recurso natural não reproduzível. Contudo, esta parece ser uma relação nascida da conjuntura das últimas décadas de livre circulação internacional de capital e de aumento das desigualdades. Dados os argumentos avançados, a explicação de que a finança, com as suas especificidades, e não o capital em geral, é o principal fator que explica a importância da terra no capitalismo contemporâneo é insuficiente. Ryan-Collins *et al.* vão mais além na sua explicação, recuperando o conceito de renda, oriundo da economia política clássica, para argumentar que a existência de rendas fundiárias torna a terra um ativo mais atraente para a esfera financeira. O argumento da economia política clássica de que a renda é um travão no processo de crescimento económico, e como tal da acumulação de capital, é também convocado. A renda da terra deve, por isso, ser limitada na sua capacidade de captação de rendimentos através da intervenção pública, nomeadamente da taxação.

No entanto, a forma como é definida a renda é bastante ambígua. Enquanto Smith e Ricardo definem renda como o rendimento obtido pela propriedade de um fator de produção em particular — a terra —, Ryan-Collins *et al.* adotam uma definição de renda mais ampla, refletindo o uso (e abuso) do conceito no debate económico contemporâneo. Para os autores, a renda é o "benefício derivado pela posse exclusiva de um fator de produção escasso ou exclusivo. [...] Renda económica não deve ser assim confundida com lucros normais ou excedente do produtor, os quais envolvem ação humana produtiva" (2017: 968). Esta definição extravasa o conceito de renda enquanto rendimento exclusivo da terra, para abarcar outros domínios que não o dos recursos naturais, como é o caso das patentes, que oferecem um monopólio sobre a produção de certos bens e serviços, ou mesmo o caso do sector financeiro, quando o crédito não contribui para o crescimento económico (por exemplo, quando um empréstimo a uma empresa não se converte num novo ativo, mais sim na compra de um ativo financeiro já existente).

A definição de renda passa então de critério objetivo, o rendimento ganho por via da propriedade de terra ou de outros recursos naturais, a critério duplo e subjetivo. Por um lado, aparece como o rendimento proporcionado pelo monopólio de um determinado recurso (natural ou não), não implicando a inexistência de ação humana produtiva, como é o caso das patentes. Por outro lado, o eventual contributo para o crescimento económico de qualquer transação de mercado, produtiva ou não, será sempre objeto de debate, dados os múltiplos efeitos diretos e indiretos na dinâmica da acumulação de capital. Os autores tentam distanciar-se da amálgama entre capital e terra, comum na economia neoclássica, mas retornam involuntariamente a esse mesmo quadro teórico na medida que entendem a renda como rendimento excessivo, resultado da viciação de mercados competitivos, nos quais a remuneração do capital não excederia o seu custo de oportunidade.

De facto, a tradição neoclássica trata a renda da terra como um mero custo de produção. Para Alfred Marshall (e posteriormente Paul Samuelson) a renda, ou as "quase rendas", são o resultado da apropriação de qualquer recurso "inelástico" na sua oferta de curto prazo, sendo por isso um problema da interação entre procura e oferta de mercado (Haila, 2016). Esta perspetiva foi mais tarde alargada por Anne Kruger (1974), no contexto da teoria de escolha pública, ao conceito de comportamento de procura de rendas (*rent seeking behaviour*), enquanto obtenção de privilégios no acesso a recursos através da captura do processo político, resultando em ganhos superiores aos de outros agentes de mercado. Estas são, pois, conceções da renda muito próximas das atrás enunciadas por Ryan-Collins *et al.*, que a consideram um resultado ilegítimo de atividades económicas não produtivas. Finalmente, deve notar-se que esta posição de Ryan-Collins *et al.* encontra também respaldo na teoria económica heterodoxa, como acontece com autores de raiz keynesiana ou pós-keynesiana, que pretende dar conta de uma classe de rentistas, como fração da classe capitalista, enquanto proprietários parasitários de ativos financeiros que vive de "rendas" financeiras em contraponto aos capitalistas que detêm ativos "produtivos", nomeadamente fábricas (Epstein e Jayadev, 2005). Em qualquer dos casos, o conceito de renda é utilizado de forma fluida, associado a quaisquer ganhos ou super-ganhos conseguidos de forma não produtiva.

3. RENDA FUNDIÁRIA EM MARX E SUAS IMPLICAÇÕES

A conceção de renda construída por Karl Marx no terceiro volume de *O capital: para uma crítica da economia política*, é estranhamente ignorada no trabalho de Ryan-Collins *et al.* Para Marx (1999 [1894]), a renda fundiária tem que ser entendida como resultado das condições económicas, políticas e legais particulares que permitem a apropriação monopolista de um recurso natural, como a terra, e que, no quadro da competição capitalista, produzem um rendimento para os proprietários desse mesmo recurso.

A renda da terra, conquanto se apoie no controlo monopolista de um recurso natural e constitua a remuneração da propriedade, toma diferentes formas consoante o modo de produção subjacente. Marx define, então, renda fundiária enquanto remuneração da terra no âmbito das relações de produção capitalista. A renda depende do trabalho social global, desenvolvendo-se como rendimento monetário no quadro da produção de mercadorias, ou seja, no capitalismo. Ela é sempre, assim, uma parte da mais-valia, produzida por trabalho excedentário. No entanto, a renda não pode ser explicada simplesmente pelas condições gerais para a existência de mais-valia e do lucro ou pela especificidade do sector agrícola e dos seus bens A singularidade da renda advém do poder dos proprietários da terra (ou de um qualquer outro recurso natural não produzido que não incorpora nenhum trabalho materializado) para capturar uma parte dos valores que advêm da produção quando os próprios recursos naturais são utilizados como fator da produção.

A propriedade privada dos recursos naturais não intervém na produção de mercadorias. A renda é inicialmente conceptualizada e calculada como sendo diferencial, ou seja, derivando da esfera da produção capitalista que utiliza a terra ou outro recurso natural. A renda fundiária é, pois, o produto histórico de um determinado contexto económico, social e legal que confere poder aos seus proprietários face aos detentores de outros fatores de produção. A renda não deve ser, assim, confundida com outras fontes de sobrelucros que podem ser conseguidos por redução de custos de produção em relação a outros produtores graças a técnicas de produção mais eficientes; novas invenções; máquinas melhores, entre outros. Nestes casos, os sobrelucros serão sempre temporários em relação aos concorrentes, como acontece no já mencionado caso das patentes (Fine, 1979).

Marx distingue três tipos de renda: a renda diferencial de tipo I, a renda diferencial de tipo II e, finalmente, a renda absoluta. A sua teorização é ilustrada por meio do exemplo da agricultura, já que este era o sector produtivo no qual a renda tinha maior peso no século XIX. No entanto, deve-se sublinhar que, para Marx, a existência de rendas não está limitada a este sector económico. A renda fundiária existe sempre que haja uso monopolista de recursos naturais. Ao longo dos capítulos dedicados à renda oferecem-se os exemplos da construção e do uso de recursos naturais na produção industrial, como o uso das quedas de água enquanto força motriz industrial mais barata do que a alternativa, o carvão. A localização da renda fundiária nas relações capitalistas de produção e não num sector específico, como o agrícola, permite que a sua elaboração teórica possa ser aplicada a outros sectores que utilizam a terra como fator de produção, nomeadamente a produção de habitação, que ocupa lugar central nos usos contemporâneos da terra.

No caso da renda diferencial de tipo I, Marx segue de forma muito próxima o argumento de David Ricardo, segundo o qual a renda é determinada pelas diferenças de fertilidade e, consequentemente, de produtividade de diferentes tipos de terra. Neste caso, a renda nasce da diferença entre a produção que advém do trabalho de terras mais férteis e da terra menos fértil utilizada, sendo que nesta última os custos de produção igualam o preço da mercadoria, não dando origem a qualquer renda. A quantidade de terra utilizada, chegando à menos fértil, é regulada pela competição capitalista. Assim sendo, a renda fundiária é apropriada pelos proprietários da terra de forma permanente devido à sua posição social, conquanto não tenham qualquer intervenção na produção. No entanto, Marx expande o argumento de Ricardo, mostrando que a expansão da produção agrícola não se faz apenas para as terras menos férteis (onde a lei ricardiana dos rendimentos decrescentes se verificaria); faz-se também das terras menos férteis para as mais férteis. Esta expansão para diferentes tipos de terra depende de outros fatores além da fertilidade e intensidade do capital usado como, por exemplo, a localização e distância da produção em relação aos mercados de consumo ou outras características naturais da terra (nomeadamente a facilidade de cultivo). A localização territorial aparece, pois, como fator crucial na determinação da renda fundiária de tipo I, mesmo quando exclusivamente considerada em ambiente agrícola.

A renda diferencial de tipo II não é determinada pela qualidade da terra utilizada, mas sim pela utilização e intensidade de capital na melhoria da qualidade dos diferentes tipos de terra. Se é certo que a produção industrial admite diferentes graus de intensidade do capital utilizado (isto é, da composição orgânica do capital), no caso da agricultura, o monopólio do recurso natural permite que os sobrelucros produzidos sejam susceptíveis de ser capturados pelo proprietário das terras e não pelo capitalista que fez o investimento. No caso da renda diferencial de tipo II estamos então perante sobrelucros temporários, resultantes do processo de competição de mercado, em que as técnicas de produção, mas também o acesso diferenciado ao mercado de crédito, jogam um papel importante na intensidade do capital utilizado. No entanto, se a existência de sobrelucros temporários é uma condição para a renda diferencial de tipo II, estes não definem a existência de renda, que resulta da capacidade de os proprietários de terra conseguirem apropriar-se destes mesmos sobrelucros. Mais uma vez, é a posição de poder destes proprietários que determina a distribuição do valor produzido. Importa também notar que não estamos aqui necessariamente perante rendimentos decrescentes, como no caso ricardiano (ou da teoria neoclássica). Maior quantidade de capital investido na mesma parcela de terra pode dar origem a maior valor produzido de forma proporcional.

Finalmente, Marx debruça-se sobre a existência de renda absoluta, que não é uma renda fundiária nascida de um qualquer processo a-histórico de posse da terra, resultando, como acontece nos casos da renda diferencial, de um processo de apropriação de mais-valia na esfera da produção agrícola, mesmo na ausência dos acima mencionados sobrelucros resultantes das diferenças de qualidade da terra e/ou da intensidade do capital utilizado. Neste caso, a renda absoluta diz respeito à capacidade dos proprietários de terra de proceder à cobrança de parte do valor produzido, mesmo no caso da terra menos fértil ou com menos intensidade de capital, obrigando assim a um preço de produção que é superior aos custos de produção. A análise de Marx assenta no pressuposto de que no sector agrícola é necessária uma mais-valia superior à do sector industrial, já que a agricultura dependeria mais de trabalho vivo do que a indústria. A renda absoluta impediria a equalização das taxas de lucro entre indústria e agricultura e constituiria uma barreira à acumulação de capital neste último sector. Marx, na sua análise da renda fundiária, num contexto de produção capitalista generalizada, está portanto interessado em entender a captura de mais-valia por parte dos proprietários na produção capitalista que utiliza fatores de produção naturais (não produzidos), como a terra, e como tal captura influencia os custos de produção, o preço de produção e, em última análise, os preços de mercado face a outros sectores, nomeadamente o industrial (Fine, 1979).

A discussão marxista contemporânea sobre a renda fundiária, o seu papel na acumulação de capital ou a sua aplicação em contexto urbano foi alvo de debate nos anos 70 e 80, através dos contributos de David Harvey, Michael Ball, Ben Fine (para uma revisão dos principais argumentos ver Haila, 1990). Esta é uma discussão longa, com relevância para a discussão contemporânea, mas cujos contributos são aqui convocados apenas de forma seletiva. Nesse sentido, o que releva da contribuição de Marx no seu estudo da renda fundiária são dois pontos essenciais:

1. a renda fundiária é um exclusivo da propriedade de recursos naturais, não produzíveis, que permite a apropriação de parte do excedente produzido, com a ajuda desses mesmos recursos naturais, não estando estes limitados ao uso agrícola;
2. a renda fundiária emerge de relações de produção eminentemente capitalistas, nada tendo de natural. A sua apropriação, por um lado, só é possível pela atribuição de direitos de propriedade, historicamente construídos e, por outro lado, faz parte da dinâmica de competição e acumulação do capitalismo.

Destes dois pontos podemos inferir um terceiro, que é essencial para identificar o que há de específico na relação da terra com a finança:

3. a renda fundiária, emergindo da produção capitalista, tem a qualidade de se poder abstrair das especificidades da produção de cada valor de uso.

A renda não depende de um único uso dado à terra, seja ele a cultura agrícola ou a construção de imóveis, mas sim do produto social do que é produzido numa economia capitalista totalizada através da competição de mercado (dentro e entre sectores). Em suma, estando subordinada às relações sociais de produção de uma determinada economia, a renda não depende da utilização (e do risco) de capital investido na produção de valores de uso específicos.

No actual contexto de ascendência do poder financeiro, a relação entre finança e terra remete para a noção de renda fundiária. Seja na forma de crédito ou na forma mais estreita de capital fictício, o capital consegue capturar a renda fundiária independentemente do uso que é dado à terra na esfera da produção. A renda fundiária torna-se, assim, uma fonte mais estável de fluxos financeiros, ainda que dependente das condições gerais da competição capitalista. Como Leyshon e Thrift assinalam:

> Na sua forma mais básica, a finança consiste na mobilização de capital para investimento. [...] Ele não precisa de propriedade do investidor; de facto, o capital é normalmente emprestado de alguma forma. Mas tem que existir algum tipo de garantia (*collateral*) que costuma ser dada por ativos com rendimento fixo que fornecem fluxos de rendimento previsíveis. (2007: 99)

A renda fundiária, dadas as características atrás enunciadas, cumpre este papel de forma mais clara do que qualquer outro investimento de capital aplicado na esfera produtiva. A aparente abstração do processo produtivo que as rendas permitem, aliada às características dos recursos naturais enquanto recursos não produzidos, permite gerar fluxos financeiros (mais) antecipáveis, através dos quais o sistema financeiro pode proceder ao *capital switching*, enunciado por Harvey e Aalbers, e construir os seus sofisticados produtos financeiros nestes alicerces aparentemente robustos.[4] Este argumento contribui para a explicação do capital fictício construído sobre a terra e sua renda, mas não obriga à amálgama feita por Harvey entre terra e capital fictício no capitalismo moderno.[5] Pelo contrário, vinca-se aqui a especificidade da terra enquanto fator de produção com rendimento próprio, elaborada por Marx. Desta forma conseguimos explicar a financeirização da habitação ou, de modo mais genérico, dos recursos naturais, sem a limitar à existência de mercados de títulos financeiros líquidos. Abre-se caminho pois para a integração de outras formas, passadas e presentes, de financeirização da habitação, seja aquela em que predomina o capital sob a forma de crédito, como aconteceu em países como Portugal até à crise financeira, seja o mais recente modelo de investimento imobiliário internacional, no qual fundos compram imobiliário que mantêm no seu balanço. Se é certo que muitos destes fundos são titularizados na sua subscrição embora sejam numerosos os exemplos onde isso não acontece (como os fundos universitários milionários (Piketty, 2013), a sua estratégia de investimento imobiliário não depende de qualquer liquidez criada por eventual titularização destes mercados.

É necessário fazer uma ressalva. Ao derivar a renda fundiária dos usos produtivos da terra, uma análise mais estreita do seu preço torna-o como que exclusivamente guiado pela esfera de produção. O preço da proprie-

[4] Para uma análise destes fluxos financeiros oriundos não do imobiliário, mas sim de outro recurso natural, a água, ver Bayliss (2014).

[5] De notar que o raciocínio de David Harvey permite dar conta da fusão que se verifica no capitalismo moderno entre proprietários da terra e capitalistas, entendidos como classes com interesses antagónicos em Marx. No entanto, se é certo que esta é uma fusão de classes cada vez mais comum, ela não pode ser entendida como um desaparecimento da diferente natureza dos fatores de produção em causa.

dade da terra será então o resultado da renda capitalizada ao longo do tempo, sendo por isso determinado pela produção que toma lugar na terra e das condições mais gerais que contextualizam a utilização de capital, nomeadamente a taxa de juro prevalecente (quanto menor a taxa de juro, maior seria o preço da terra, dada a influência que este tem na capitalização). Ora, o preço da terra é também determinado por outros fatores acima assinalados e enunciados pelo próprio Marx, como a especulação imobiliária, flutuações na competição de mercado ou a pequena propriedade agrícola onde o produtor trabalha a sua própria terra. Ou seja, se a terra tem uma particularidade única na economia capitalista, a renda fundiária, o seu preço não depende só desta, mas das condições gerais da competição capitalista. Num regime financeirizado, se a preferência pela terra por parte da finança pode ser explicada pelas suas especificidades na esfera de produção, o seu preço será (sobretudo) influenciado pela esfera de circulação de capital, ou seja, pelos fluxos financeiros e a posição que cada país ocupa na heterogénea e hierarquizada esfera financeira internacional. Todavia, qualquer esforço teórico sobre o processo de financeirização da habitação ganhará poder explicativo com uma análise da evolução dos usos da terra em contextos temporais e espaciais específicos. Ainda no volume III de O *capital*, Marx expande o seu raciocínio da produção agrícola ao caso da construção urbana, mas fá-lo de forma resumida, assinalando, mais uma vez, a importância da localização na determinação da renda diferencial, a absoluta passividade dos proprietários cuja única atividade é a "exploração do desenvolvimento do progresso social" e a prevalência de preços monopolistas na reprodução social (por exemplo, as rendas de habitação). Mas, para Marx, a habitação é um mero véu sobre a natureza da renda: fundiária e ancorada na posse da terra.

CONCLUSÃO

Este capítulo procura ser um contributo para a literatura sobre a financeirização da habitação, através do escrutínio das razões da preferência da esfera financeira pelo imobiliário. Defende que esta preferência é essencial para explicar a trajetória internacional dos preços da habitação. Através de uma revisão da literatura de economia política e, particularmente, da geografia económica, elencam-se aqui os principais argumentos explicativos para a relação próxima entre habitação e finança. Não desvalorizando esses contributos, apontam-se algumas insuficiências quanto à forma como é entendida a financeirização da economia, que se traduzem num entendimento da financeirização da habitação em que a última é só mais um campo produtivo vulnerável ao novo poder financeiro. Mais recentemente, o trabalho desenvolvido por Ryan-Collins *et al.* tem o mérito de estudar esta relação dando maior atenção à questão da terra ou, de forma mais lata, dos recursos naturais, que até aqui tinham ocupado um papel secundário. Através da conceção marxista de renda fundiária, ignorada por Ryan-Collins e colegas, foram apresentadas novas explicações para a financeirização da habitação, fundadas na capacidade da renda fundiária em produzir fluxos de rendimento relativamente estáveis, indo assim de encontro às características do capital na esfera financeira. Esta capacidade advém de uma aparente abstração dos usos específicos do capital na produção, comum quer aos fluxos fundiários, quer aos fluxos financeiros, libertadora do capital na sua dinâmica de acumulação.

O entendimento da financeirização e a sua relação com a terra desenvolvida neste capítulo, enquanto captura de rendas, tem implicações importantes para o debate teórico mais vasto acerca da renda fundiária e para a investigação sobre finança, habitação e bolhas especulativas. A perspetiva que se apresenta acerca da financeirização da habitação é diferente da visão que se centra quase exclusivamente na titularização de dívida e sua transação em mercados secundários, que desemboca num entendimento do sistema financeiro como mero esquema "Ponzi", desligado da esfera produtiva. Ao considerar-se o interesse mais vasto da finança na renda fundiária é possível integrar outras formas de capital para lá da tradicional categoria de capital fictício, como, por exemplo, a categoria mais ampla de crédito, permitindo que o argumento da financeirização da habitação se expanda a outras geografias onde o processo de titularização financeira e subsequente desenvolvimento de produtos financeiros continua marginal, como aconteceu e continua a acontecer em Portugal, onde os imóveis detidos por fundos de investimento internacionais não estão submetidos a qualquer processo de titularização financeira hipotecária.

Por sua vez, ao ancorar o surgimento da renda fundiária na captura de uma mais-valia desenvolvida na esfera da produção, o entendimento apresentado neste capítulo permite analisar alguns dos limites da dinâmica especulativa financeira que toma conta dos preços da habitação, já que esta se baseia na falsa autonomia em relação à esfera da produção fornecida, na aparência, pela renda fundiária. Abre-se, pois, uma agenda de investigação do sistema de provisão de habitação (Bayliss *et al.*, 2013) que procura ir mais a montante na determinação dos preços da habitação, sublinhando as condições de produção de habitação e os diversos agentes envolvidos (construtores, promotores imobiliários, sindicatos, Estado, etc.) na formação de rendas fundiárias.

O enfoque na questão da renda fundiária tem também implicações políticas para a (des)financeirização da habitação. De facto, à luz da importância da terra neste processo, políticas dirigidas à produção de mais habitação ou esquemas públicos que subsidiem segmentos do mercado de arrendamento terão efeitos limitados. Por um lado, a produção de mais habitação através da expansão urbana não tem em conta as especificidades de localização e a quase impossibilidade de reproduzir o espaço nos centros urbanos, cuja lógica de mercado é necessariamente diferente do contexto mais geral de uma cidade ou um país. Por outro lado, qualquer esforço de subsidiação pública de rendas ou crédito imobiliário para compra, como aconteceu durante anos em Portugal, torna a sua captura de rendas ainda mais atraente à esfera financeira ao fortalecer a renda fundiária associada, contribuindo para a especulação.

Qualquer intervenção pública que procure reverter o processo em curso de especulação imobiliária com origem no sector financeiro deve apontar para a desarticulação das rendas fundiárias. A regulação pública, ao limitar quais os usos que se podem dar à terra, elimina a sua capacidade de abstração dos processos produtivos específicos, diminuindo o poder de atração para o sector financeiro. Já a fiscalidade do sector imobiliário deve ser dirigida para a captura pública das rendas fundiárias, ou seja, a taxação deve ter como alvo principal o monopólio da terra, enquanto raiz dos sobrelucros criados por este sector. A taxação progressiva da habitação segundo a sua tipologia (por exemplo, no segmento de luxo) ou a taxação das transações imobiliárias pode servir objetivos de redistribuição do rendimento e de redução de alguns dos aspectos mais especulativos do mercado imobiliário, mas dificilmente impedirão que este mercado continue a ser um recipiente preferido do investimento financeiro, que continuará a encontrar aqui uma fonte de fluxos de rendimento. Pelo contrário, tais medidas podem resultar numa mera deslocação da dinâmica especulativa dos preços da habitação.

Finalmente, como já sublinhado, a capacidade de captura de rendas depende sempre do poder de classe presente nas relações de produção. A desfinanceirização da habitação e da terra só será possível se o poder que os agentes e mercados financeiros hoje têm for substancialmente limitado. Ou seja, qualquer esforço político no âmbito da habitação deve dirigir-se ao sistema financeiro como um todo, colocando-o ao serviço de todos.

REFERÊNCIAS BIBLIOGRÁFICAS

Aalbers, Manuel (2016), *The Financialization of Housing: A political economy approach*. London: Routledge.

Aalbers, Manuel (2008), "The Financialization of Home and Mortgage Market Crisis", *Competition & Change*, 12(2), 148–66.

Aalbers, Manuel; Fernandez, Rodrigo (2016), "Financialization and Housing: Between globalization and varieties of capitalism", *Competition & Change*, 20(2), 71–88.

Aalbers, Manuel; Haila, Anne (2018), "A Conversation about Land Rent, Financialisation and Housing", *Urban Studies*. Consultado a 02/02/2019 em https://journals.sagepub.com/doi/abs/10.1177/0042098018759251?journalCode=usja.

Banco de Portugal (2018), *Relatório de Estabilidade Financeira, Junho de 2018*. Consultado a 02.02.2019, em https://www.bportugal.pt/sites/default/files/anexos/pdf-boletim/ref_06_2018_pt.pdf.

Bayliss, Kate (2014), "The Financialization of Water", *Review of Radical Political Economics*, 46 (3), 292–307.

Bayliss, Kate; Fine, Ben; Robertson, Mary (2013), "From Financialisation to Consumption: The system of provision approach applied to housing and water", FESSUD *Working Paper Series*, 2, 1–44.

Bayoumi, Tami (2017), *Unfinished Business: The unexplored causes of the financial crisis and the lessons yet to be learned*. New Haven, London: Yale University Press.

Christophers, Brett (2012), "Anaemic Geographies of financialisation", *New Political Economy*, 17(3), 271–91.

Christophers, Brett (2015), "The Limits to Financialization", *Dialogues in Human Geography*, 5(2), 183–200.

Coq-Huelva, Daniel (2013), "Urbanisation and Financialisation in the Context of a Rescaling State: The case of Spain", *Antipode*, 45(5), 1213–31.

Epstein, Gerald; Jayadev, Arjun (2005), "The Rise of Rentier Incomes in OECD Countries: Financialization, Central Bank policy and labor solidarity", *in* Gerald Epstein (org.), *Financialization and the World Economy*. New York: Edward Elgar Publishing.

Farthing, Linda (2017), "The Land Grabbers", *Jacobin*. Consultado a 02.02.2019, em https://jacobinmag.com/2017/02/tiaa-pensions-investment-deforestation-theft-indigenous-palm-soy-agribusiness.

Fine, Ben (1979), "On Marx's Theory of Agricultural Rent", *Economy and Society*, 8, 241–78.

French, Shaun; Leyton, Andrew; Wainwright, Thomas (2009), "Financializing Space, Spacing Financialization", *Progress in Human Geography*, 35(6), 798–819.

Gowan, Peter (2009), "Crisis in the Heartland", *New Left Review*, 55, 5–29.

Panitch, Leo; Gindin, Sam, (2013), *The Making of Global Capitalism: The political economy of American empire*. London: Verso.

Haila, Anne (2016), *Urban Land Rent: Singapore as property state*. Chichester: Wiley.

Haila, Anne (1990), "The Theory of Land Rent at a Crossroad", *Environment and Planning*, 8(3), 275–298.

Halbert, Ludocvic; Attuyer, Katia (2016), "Introduction: The Financialisation of Urban Production: Conditions, mediations and transformations", *Urban Studies*, 53(7), 1347–61.

Harvey, David (1982), *The Limits to Capital*. Oxford: Blackwell.

Harvey, David (1978), "The Urban Process under Capitalism: A framework for analysis", *International Journal of Urban and Regional Research*, 2, 101–31.

King, Mervyn (2016), *The End of Alchemy: Money, banking and the future of the global economy*. New York: W. W. Norton & Company.

Klink, Joseph; Denaldi, Rosana (2014), "On Financialization and State Spatial Fixes in Brazil. A geographical and historical interpretation of the housing program My House My Life", *Habitat International*, 44, 220–6.

Lapavitsas, Costas (2013), *Profiting without Producing: How finance exploits us all*. London: Verso Books.

Lapavitsas, Costas (2009), "Financialised Capitalism: Crisis and financial expropriation", *Historical Materialism*, 17, 114–48.

Leyshon, Andrew; Thrift, Nicholas (2007), "The Capitalization of Almost Everything: The future of finance and capitalism", *Theory, Culture & Society*, 24, 97–115.

Marx, Karl (1999), *Capital: A critique of political economy (Book Three: The Process of Capitalist Production as a Whole)* [ed. original: 1894]. *Ebook* disponível em Marxists.org.

Piketty, Thomas (2013), *Capital in the Twenty-First Century*. Harvard: Harvard University Press.

Rodrigues, João; Santos, Ana Cordeiro; Teles, Nuno (2016a), *A financeirização do capitalismo em Portugal*. Lisboa: Actual.

Rodrigues, João; Santos, Ana Cordeiro; Teles, Nuno (2016b), "Semi-peripheral Financialisation: The case of Portugal", *Review of International Political Economy*, 23(3), 480–510.

Rolnik, Raquel (2013), "Late Neoliberalism: The financialization of homeownership and Housing Rights", *International Journal of Urban and Regional Research*, 37(3), 1058–66.

Ryan-Collins, Josh; Lloyd, Toby; Macfarlane, Laurie (2017), *Rethinking the Economics of Land and Housing*. London: Zed Books.

Santos, Ana Cordeiro; Teles, Nuno; Serra, Nuno (2014), "Finança e habitação", *Cadernos do Observatório*, 2. Lisboa: Observatório sobre Crises e Alternativas/ Centro de Estudos Sociais da Universidade de Coimbra, 1–61.

The Economist (2018), "Our Cities House-price Index Suggests the Property Market is Slowing". Consultado a 02.02.2019, em https://www.economist.com/finance-and-economics/2018/08/11/our-cities-house-price-index-suggests-the-property-market-is-slowing.

Tooze, Adam (2018), *Crashed: How a decade of financial crises changed the world*. New York: Viking.

Van der Zwan, Natascha (2014), "Making Sense of Financialization", *Socio-Economic Review*, 12, 99–129.

Wolf, Martin (2015), *The Shifts and the Shocks: What we learned and still have to learn from the financial crisis*. New York: Penguin Books.

GENTRIFICAÇÃO TRANSNACIONAL, NOVAS PROCURAS GLOBAIS E FINANCEIRIZAÇÃO DO MERCADO DE HABITAÇÃO EM LISBOA*

LUÍS MENDES** / ANDRÉ CARMO*** / JORGE MALHEIROS**

INTRODUÇÃO

Lisboa está a atravessar um pico de projeção internacional enquanto destino turístico, ao mesmo tempo que o seu mercado de habitação adquire formatos de ativo financeiro e atrai dinâmicas globais de procura e de investimento estrangeiro. Este processo tem sido alavancado por programas governamentais e pela viragem neoliberal na política urbana, que fomentaram a atração de uma elite transnacional e favoreceram a financeirização do imobiliário e a reestruturação urbana na capital portuguesa.

A viragem neoliberal nas políticas urbanas inicia-se em 2004 (destacando-se, inicialmente, a criação das sociedades de reabilitação urbana) — ainda antes da atual crise de habitação e do próprio desencadear da crise capitalista de 2008–2009 — com a aprovação de uma série de pacotes legislativos que foram surgindo sucessivamente, promovendo uma visão pró-mercado no que respeita à habitação, o que favorecia a iniciativa

* Este trabalho é financiado pelo FEDER – Fundo Europeu de Desenvolvimento Regional através do COMPETE 2020 — Programa Operacional Competitividade e Internacionalização (POCI) e por fundos nacionais através da FCT — Fundação para a Ciência e Tecnologia, no âmbito do projeto PTDC/ATP-GEO/2362/2014 — POCI-01-0145-FEDER-016869.

** Centro de Estudos Geográficos — Instituto de Geografia e Ordenamento do Território da Universidade de Lisboa.

*** Centro de Estudos Geográficos — Instituto de Geografia e Ordenamento do Território da Universidade de Lisboa e Departamento de Geociências da Escola de Ciências e Tecnologia da Universidade de Évora.

privada, as parcerias público-privadas e a competitividade no sector. Este processo culmina com a aprovação do Novo Regime do Arrendamento Urbano, em 2012, em conjunto com a simplificação da Lei do Alojamento Local, em 2014, e com os pacotes para atração de investimento estrangeiro, tais como o regime fiscal muito favorável para os residentes não habituais (estabelecido em 2009 e que tem como premissa de partida os acordos bilaterais destinados a evitar a dupla tributação fiscal), o programa dos denominados Vistos *Gold*,[1] os Real Estate Investment Trust (REIT), as Sociedades de Investimento e Gestão Imobiliária (SIGI) e as isenções fiscais para os fundos de investimento imobiliário. Importa ainda referir o regime excecional e temporário de reabilitação urbana no sentido da agilização e dinamização que flexibiliza e simplifica os procedimentos de criação de áreas de intervenção e de controlo prévio das operações urbanísticas de 2014,[2] bem como a liberalização operada ao nível do Plano Diretor Municipal de Lisboa nos últimos anos.

Estas alterações reorientaram o interesse especulativo de uma elite transnacional, juntamente com o forte crescimento da procura turística na cidade de Lisboa e a disponibilidade de um parque habitacional, parcialmente desocupado e em avançado estado de degradação, que cria oportunidades de gerar mais-valias para a especulação imobiliária mediante rentabilização da *rent gap*. Assim se gerou uma "tempestade perfeita" que introduziu distorções significativas no mercado de habitação, ao nível do segmento de habitação acessível para residência permanente ou para arrendamento de longa duração.

Ensaiando uma aproximação à realidade de Lisboa, e tendo como pano de fundo este conjunto de transformações, o presente capítulo desenvolve

[1] Ou Autorização de Residência para Atividade de Investimento (consagrada nas alterações introduzidas pela Lei n.º 29/2012, de 9 de agosto à Lei n.º 23/2007 relativa à entrada, permanência, saída e afastamento de estrangeiros do território nacional, posteriormente modificada pela Lei n.º 63/2015, de 30 de junho), que confere a investidores nacionais de países extracomunitários a possibilidade de requererem uma autorização de residência em Portugal em condições muito favoráveis (tempo de permanência no país muito reduzido — apenas uma ou duas semanas anuais; possibilidade imediata de reagrupamento familiar) para efeitos do exercício de uma atividade de investimento, mediante o preenchimento de determinados requisitos, nomeadamente a criação de um mínimo de dez postos de trabalho, a realização de transferência de capitais de mais de um milhão de euros ou a compra de imóveis por valores superiores meio milhão de euros, reduzida em 2015 para 350 000 euros, se o capital se destinar a reabilitação urbana.

[2] Decreto-Lei n.º 53/2014, de 8 de abril.

a sua reflexão em torno da ideia de que na expansão das fronteiras da gentrificação se encontra contida uma combinação dialética entre capital e território, entre o económico e o espacial. De motor de crescimento, a cidade tornou-se um espaço organizado para o (re)investimento de capital, em função de ciclos de valorização e desvalorização constantes que, no "urbanismo austeritário" (de Jamie Peck), são comandados a partir de normas transnacionais ao serviço dos fluxos internacionais de capital (Peck e Whiteside, 2016). As contradições inscritas no espaço construído são reproduzidas, em parte, devido aos passos dados para converter o capital financeiro no elo mediador entre o processo de urbanização e as necessidades ditadas pela dinâmica subjacente do capitalismo financeirizado. O fio condutor da presente reflexão assenta no pressuposto de que a gentrificação, mediada pela dialética entre os movimentos cíclicos de capital financeiro à escala transnacional e a produção de ambiente construído imobiliário à escala local (alavancada por processos ditos de "regeneração urbana"), se assume como estratégia do urbanismo crescentemente austeritário do período pós-crise capitalista 2008–2009. Fá-lo, paralelamente à (re)configuração dos significados culturais e simbólicos da habitação enquanto mercadoria e ativo financeiro, afigurando-se como meio e condição essencial para uma geografia (de reprodução) do capitalismo financeirizado transnacional. O caso de Portugal e, mais concretamente de Lisboa, configura um exemplo didático, na medida em que conjuga a transformação do quadro regulatório sucintamente descrito com modificações extremamente rápidas na intervenção urbanística de reabilitação que associam dimensões públicas e privadas, com consequências intensas ao nível dos valores do imobiliário e da modificação das funções económicas e da estrutura social dos residentes e utilizadores da cidade (gentrificação residencial e turística).

1. GENTRIFICAÇÃO E SUPERGENTRIFICAÇÃO: AS NOVAS FRONTEIRAS DE UM CONCEITO JÁ VELHO

Por definição, gentrificação designa o movimento de chegada de grupos de estatuto socioeconómico mais elevado, geralmente jovens e de classe média e média-alta, a áreas centrais desvalorizadas e abandonadas da cidade. O efeito é que essas áreas se tornam social, económica e ambientalmente valorizadas, sofrendo um processo de *filtering up*. Trata-se de um fenómeno de mudança socioespacial, em que a reabilitação de imóveis residenciais situados em bairros da classe trabalhadora ou de génese popular/tradicional atrai a fixação de novos moradores relativamente endinheirados, levando ao desalojamento daqueles que são incapazes de fazer face ao aumento dos custos de habitação ou arrendamento que acompanham este processo. Assim, os bairros pobres e de classe trabalhadora da cidade centro são requalificados, através da entrada de fluxos de capital privado e de proprietários e inquilinos das classes média e média-alta.

A gentrificação consiste sempre num fenómeno de substituição social classista e de reapropriação pela burguesia — e ordem simbólica subjacente — dos espaços populares das áreas antigas centrais, cujas valências locativas configuram oportunidades para a concretização de lucrativos negócios imobiliários assentes em lógicas especulativas. Tal processo implica quase sempre a expulsão dos antigos residentes, culminando com um aprofundamento da divisão social do espaço urbano e sua fragmentação socioespacial (Smith, 1996; Hall, 1998; Slater, 2013).

A gentrificação é uma questão ideológica, política e é o processo de mudança urbana que melhor parece materializar a luta de classes na cidade contemporânea. As relações socioespaciais configuradas pela gentrificação são reguladas pelas estruturas do capitalismo neoliberal, de forma a reforçar e reproduzir a riqueza e o poder da classe dominante, por via da acumulação por despossessão, desalojamento e expulsão da classe dominada (Sassen, 2014).

Atualmente, para muitos autores, este processo tem-se revelado crucial para o desenvolvimento económico urbano, demonstrando o discurso "regenerativo" da gentrificação, no âmbito de políticas urbanas de valorização da imagem da cidade, uma grande plasticidade. O facto é que ele tem sido capaz de agregar elementos tais como: a fixação da população já existente; a estabilização e posterior inversão do cenário de declínio urbano de muitas áreas urbanas sobretudo centrais; a defesa de um modelo de cidade mais consolidada e compacta em torno do centro, ao invés de um modelo de crescimento e expansão urbana (*suburban sprawl*); um incremento do *mix* social, favorecendo os mais pobres e as minorias através de um "efeito de bairro" promovido por políticas de habitação de *mix* residencial; o *empowerment* das associações e outras organizações locais; a modernização do tecido económico, com a redinamização do comércio local e tradicional de bairro e o aumento do emprego e do crescimento económico locais, bem como a melhoria da qualidade de vida urbana em geral (Atkinson e Bridge, 2005; Lees, Slater e Wyly, 2008).

Em contrapartida, existem alguns autores que contestam as ideologias neoliberais associadas à urbe contemporânea, enfatizando os efeitos da segregação, polarização e exclusão social e assumindo que a gentrificação remete para a aplicação de uma agenda de consensos (fabricados) e de pensamento único que reproduzem uma cidade bastante dual. Para além de Neil Smith, também David Harvey (2011, 2012, 2014 e 2018), Tom Slater (2006 e 2013) e Loretta Lees *et. al.* (2008, 2015 e 2016) se têm destacado na crítica da gentrificação, defendendo que o processo, apesar de se revestir de alguns aspetos aparentemente positivos, não passa de um mecanismo de legitimação do poder instituído e de mobilização de grande investimento público que, em última análise, é desviado do auxílio aos mais carenciados e às áreas urbanas mais frágeis e canalizado para o financiamento de atividades predatórias e especulativas. Estas são implementadas por agentes do tecido financeiro-imobiliário-construtivo de produção do espaço urbano, com destaque para a banca e outras instituições financeiras, os grandes grupos económicos ligados à construção civil e os promotores imobiliários, entre outros.

Ainda que o conceito tenha sido cunhado nos anos 60, o processo de gentrificação não é um fenómeno novo. No entanto, as suas atuais formas distinguem-se das primeiras manifestações, episódicas e pontuais, que se restringiam ao centro histórico, pelo menos no caso do contexto europeu. Hoje parece emergir uma "supergentrificação" que toma a forma de uma estratégia global ao serviço do urbanismo neoliberal e revanchista e dos interesses da reprodução capitalista e social de elites transnacionais. Desde os anos 90 do século passado, a paulatina consolidação dos efeitos da globalização — assente na intensificação dos fluxos globais de capital e em particular na financeirização de todos os quadrantes da economia e da vida social — tem conferido um novo carácter às vagas de gentrificação, que incluem a escala e a extensão do processo, os protagonistas e as procuras e, também, as modalidades e estrutura de oferta.

O que antes era casual, marginal e local começa a ser sistemático, expandindo-se para todas as regiões do planeta, enquanto estratégia central no quadro do urbanismo austeritário contemporâneo. Muitas vezes, aliás, é favorecida ou mesmo incentivada por políticas governamentais de pendor neoliberal dirigidas à habitação (*State-led gentrification*). Os poderes públicos acabam por reconhecer na gentrificação uma oportunidade de revitalização socioeconómica de vastas áreas, favorecendo o *marketing* territorial e a gestão estratégica da imagem da cidade, com vista à sua valorização e projeção no contexto internacional, atraindo o investimento e subindo posições nos *rankings* da competitividade interurbana. Frequentemente, a mimetização a-contextual de estratégias urbanas padronizadas[3] acaba por promover uma certa "urbanalização" das cidades.

As abordagens construídas em torno dos conceitos "gentrificação transnacional" (Sigler e Wachsmuth, 2015) e "supergentrificação" (Lees, 2003) ajudam a explicar as tendências mais recentes de transformação urbana na cidade de Lisboa, designadamente o facto de esta ser largamente produzida por uma elite transnacional que atua à escala local, aproveitando oportunidades fiscais muito vantajosas, projetando um estilo de vida distintivo e beneficiando de amenidades físicas e humanas que garantem uma qualidade de vida elevada. Ademais, a extraordinária mobilidade internacional do capital e as oportunidades muito proveitosas de reinvestimento no imobiliário local sugerem que o padrão da gentrificação não segue apenas uma estrutura global económica e política uniforme que mobiliza, de igual modo, a mudança urbana no mundo atual, mas produz e reproduz conexões histórico-geográficas específicas e sensíveis à escala local, conectando, através de uma política multiescalar, o capital local e o ambiente construído intraurbano com as grandes procuras residenciais e turísticas à escala internacional e o mapa global dos fluxos transnacionais de capital e de investimento estrangeiro. Efetivamente, o mercado de habitação lisboeta parece estar a sofrer fortes distorções em

[3] Projetos de *flagship development*, apostando na recuperação das frentes ribeirinhas, na criação de polos tecnológicos, de serviços e parques temáticos, na turistificação e/ou musealização do centro histórico, na criação de complexos de congressos e exposições ou então em grandes operações urbanísticas, sustentadas ou não, por acontecimentos de projeção internacional (Expos, Jogos Olímpicos, campeonatos desportivos como o Mundial ou o Europeu de Futebol, etc.)

virtude deste descolar da escala regional e nacional rumo às dinâmicas e lógicas da procura transnacional. A especulação imobiliária e o sobre-aquecimento do mercado de habitação lisboeta, produzindo aumentos incessantes e galopantes dos preços da habitação (quer para venda e aquisição de casa própria, quer para arrendamento) e tornando inacessível à maioria da população residente o direito à habitação, num processo que já não afeta apenas comunidades vulneráveis (idosos, imigrantes, desempregados, jovens, etc.) mas também a classe média, parece ter a sua raiz nesse processo.

Sobretudo o centro histórico, área mais nobre da cidade de Lisboa experiencia hoje um novo estádio de gentrificação em tudo diferente do anterior, muito devido a um redesenvolvimento urbano assente na explosão de diversas formas de alojamento turístico e na promoção de produtos imobiliários de luxo. O estabelecimento, por parte do governo português, dos mecanismos dos Vistos *Gold* e dos Residentes Fiscais Não Habituais que visam a atração de residentes estrangeiros com níveis de rendimento e capital elevados e, sobretudo, do investimento que estes possam fazer, nomeadamente no sector imobiliário de luxo, demonstra claramente que este é um caso de "supergentrificação". Alimentada pelas fortunas nascidas no contexto das indústrias financeiras globais contemporâneas (Atkinson *et al.*, 2017), há uma nova geração de "financiadores" super-ricos, uma verdadeira classe de elite capitalista transnacional, que direciona os seus investimentos para determinados produtos imobiliários e certas áreas da cidade, transformadas em objeto de consumo ostentatório e tendencialmente exclusivo. Embora tenham origem em determinadas localidades, estas elites investem as suas riquezas transnacionalmente, aproveitando os espaços que oferecem melhores oportunidades e operando a várias escalas, no quadro das geografias neoliberais do investimento financeiro. Ao invés de empreendedores imobiliários, associações de habitação ou investidores institucionais, a que o grande capital imobiliário recorria tradicionalmente (Aalbers, 2012, 2015, 2016 e 2017), a sua atenção recai essencialmente sobre a intercessão entre oportunidades de investimento e condições produzidas pelas políticas fiscais de atração de investimentos estrangeiros. Sobre estes agentes globais na constituição do complexo imobiliário financeiro pelo reescalonamento urbano, Santoro e Rolnik referem:

> O complexo imobiliário-financeiro tem articulado essa interdependência entre o sector imobiliário, as finanças e o Estado, espalhando-se por diversas frentes de expansão imobiliária pelo mundo. Em algumas dessas regiões, já pesquisadas por Aalbers, essa articulação conta com a ação dos chamados global players — ou agentes globais: fundos de investimento e empresas imobiliárias transnacionais que adentram mercados financeiros como forma de diversificar ativos e mitigar riscos, mas também para penetrar em localizações geográficas onde não têm presença, capilarizando-se territorialmente e submetendo a produção das cidades a sua lógica financeirizada. (2017: 408)

Ao mesmo tempo que os *marginal gentrifiers* (pioneiros no processo) continuam a influenciar as áreas locais, a gentrificação é frequentemente acompanhada por agentes imobiliários de maior envergadura e por estes *global players* na constituição do complexo imobiliário financeiro. A reabilitação urbana começa a afigurar-se como estratégia política e económica prioritária para a revitalização do centro histórico e rentabilização dos seus edifícios abandonados e degradados. Como resultado do aumento do volume de intervenções imobiliárias, as melhorias físicas e arquitetónicas tornam-se cada vez mais visíveis nesta fase. Consequentemente, devido às distorções introduzidas no mercado de habitação permanente e de arrendamento a longo prazo, bem como pelo aumento de oferta de alojamento turístico, os preços das casas nos bairros históricos começam a subir de forma rápida e vertiginosa. Sem regulação ou controlo público sobre o valor das rendas, à medida que os valores imobiliários dos bairros aumentam e o Estado aprova legislação liberalizadora do estabelecimento e atualização das rendas, o processo de desalojamento, que inclui residentes menos afluentes e comércio tradicional, expande-se para formas mais agressivas. Concomitantemente, as melhores propriedades habitacionais e comerciais tornam-se parte do mercado da classe alta e média-alta de procura global, à medida que os proprietários procuram tirar proveito da notoriedade e valorização económica reforçada da área, acabando necessariamente por intensificar o desalojamento.

Atualmente, e a partir do início do século XXI, o processo de gentrificação em Lisboa, que incide particularmente no seu centro histórico, tem expandido as suas fronteiras. A escala e extensão, as modalidades de oferta, os agentes/protagonistas do processo, em tudo mudaram.

A gentrificação amadureceu e adquiriu contornos mais agressivos, implicando o desalojamento dos mais pobres e uma perspetiva da habitação que, esvaziada de quaisquer conotações sociais, ganha o estatuto de ativo financeiro para atração de investimento estrangeiro. Lisboa tornou-se, assim, um destino de procura internacional do imobiliário, ocorrendo uma subida dos preços que acompanha os rendimentos médios dessa procura que são muito elevados comparativamente aos nacionais, e assim excluindo, cada vez mais, o português médio da possibilidade de aquisição de habitação na cidade. A questão já não é apenas a do desalojamento direto, que implica expulsão das pessoas das suas casas e bairros, negando-lhes o direito à habitação e ao lugar. É também uma questão de desalojamento indireto, porque se está a impedir ou a negar o acesso dos grupos mais vulneráveis, e mesmo das classes médias, a determinados lugares da cidade, ao mesmo tempo que se abre caminho para que apenas os grupos mais favorecidos o possam fazer (Mendes, 2016, 2017 e 2018a).

2. FINANCEIRIZAÇÃO DA HABITAÇÃO: APROXIMAÇÕES À REALIDADE URBANA

Embora o processo de financeirização esteja intimamente ligado às políticas neoliberais de privatização de património, recursos e atividades de domínio público e à abolição de controlos de capitais é, sobretudo, a desregulamentação e descompartimentação dos mercados financeiros à escala global, facilitada pela interconexão em tempo real devido ao desenvolvimento extraordinário das telecomunicações e dos transportes, o que tem permitido um aumento sem precedentes da mobilidade geográfica do capital.

As medidas de liberalização e de desregulamentação dos fins de 1970 e inícios de 1980 deram origem ao sistema financeiro mundializado tal como o conhecemos hoje. Puseram fim ao controlo dos movimentos de capitais, dessa forma abrindo os sistemas financeiros nacionais ao exterior e conduzindo à formação de um espaço financeiro mundial, um sistema de múltiplas interdependências que, não tendo suprimido os sistemas financeiros nacionais, os integrou num conjunto mais vasto comprometendo, assim, em larga medida, a sua autonomia plena. Desde então, a economia mundial evolui num sistema monetário e financeiro de crescente liberdade no tocante à circulação de capitais e à determinação das relações cambiais, permitindo também a internacionalização de mercados e financiamentos ao nível da habitação e do imobiliário (Santos, 2012 e 2019a).

Uma das primeiras consequências, evidente desde meados dos anos 1980, foi a rápida expansão dos mercados de obrigações públicas interconectados internacionalmente, bem como a difusão, também internacional, do financiamento dos défices através da emissão de títulos negociáveis, num espaço marcado pela extrema carência de instâncias de supervisão e de controlo ao nível da configuração geopolítica dos mercados e da forma como a sua interconexão internacional é assegurada pelos operadores financeiros. Por outro lado, à medida que a remoção das regulamentações e dos controlos nacionais anteriores abriu caminho para as "inovações financeiras" (Chesnais, 2015), o movimento de desregulamentação foi também acompanhado pela criação de numerosas novas formas de aplicação de liquidez financeira, com destaque para aquelas que incorporam possibilidades de ganhos rápidos, frequentemente associados a processos especulativos (nomeadamente a atividade bolsista nas suas diferentes formas, o mercado internacional de passes de jogadores e outros produtos ligados ao futebol profissional, o negócio imobiliário, entre outros).

Efetivamente, a finança atual e o seu pesado cortejo de consequências estão indissociavelmente ligados à sobrevalorização patrimonial do imobiliário e à instituição da liquidez que lhe proporciona umas das suas bases mais fortes. O solo não é uma mercadoria no sentido corrente do termo, mas sim uma forma fictícia de capital que deriva das expectativas futuras, estimulando assim o negócio do crédito hipotecário de alto risco que, por sua vez, é alimentado pelo mito da aquisição de casa própria para todos e pela criação de hipotecas "tóxicas" adquiridas por investigadores crédulos. Não existem hoje dúvidas de que os altos e baixos do mercado imobiliário estão imbricadamente ligados aos fluxos financeiros especulativos e, por isso, Harvey (2012) fala das raízes urbanas da crise capitalista. Quanto maior a proporção dos mercados imobiliários no PIB, mais a conexão entre financiamento e investimento inscrita no ambiente construído se tornará uma fonte potencial de crise financeira. A urbanização e a produção do espaço — Harvey di-lo há mais de 40 anos — tem sido um meio fundamental para a absorção de excedentes de capital e de trabalho ao longo de toda a história do capitalismo. Mas a urbanização é também um importante campo de produção de valor e mais-valia, que beneficia da articulação entre capital financeiro e um Estado facilitador.

A produção do espaço e o (re)desenvolvimento urbano são atividades claramente especulativas no longo prazo, pois correm sempre o risco de replicar, muito mais tarde e em maior escala, as mesmas condições de sobreacumulação que, de início, tentaram atenuar. Para entender esta dinâmica, é preciso compreender como a circulação do capital produtivo e fictício se combinam, no âmbito do sistema de crédito nos mercados imobiliários.

As instituições financeiras disponibilizam capital aos empreiteiros, aos proprietários e às construtoras, mas a viabilidade do sector baseia-se no pressuposto de que o capital emprestado pode ser não apenas produzido, como também concretizado no mercado através da venda e circulação. E é neste momento que entra o capital fictício: o dinheiro é emprestado a compradores e construtores que, supostamente, têm condições para o ressarcir com base nos rendimentos próprios, capitalizados como um fluxo de juros sobre o capital emprestado. Um fluxo de capital fictício é necessário para completar o processo de produção e realização de valores imobiliários. Assim, ao invés de apostar na construção de novas habitações ou mesmo na reabilitação do edificado enquanto componentes da economia produtiva, afigura-se mais lucrativo financiar crédito hipotecário e beneficiar de um sem fim de transações financeiras, a partir de investimentos de grande valorização, em que o fluxo de juros dos proprietários de imóveis confere receita e renda longas, certas e seguras. Tudo isto depende de uma contínua expansão dos fluxos de capital fictício, mantendo intacta a crença fetichista de que o capital se pode valorizar por si próprio, sem prestar atenção à solvência ou não dos proprietários que contraem os empréstimos, por exemplo. O problema que o sistema de crédito associado aos mercados imobiliários coloca é o facto de ser, por um lado, vital para a produção, circulação e realização dos fluxos de capital, materializando-os no ambiente construído e na paisagem urbana e, por outro lado, ser o ponto culminante de todo o tipo de práticas financeiras especulativas e predatórias.

A financeirização designa, assim, a crescente influência destes mercados financeiros (dos seus atores, processos e produtos) na atividade geral do tecido social e económico, a todas as escalas, desde o indivíduo e da sua família, passando pelas empresas e pelas economias nacionais, até às geografias neoliberais dos investimentos glocais e transnacionais

Na história recente da imbricação entre finança, sector da construção e mercado de habitação, Rodrigues *et al.* (2016) defendem que a construção do Mercado Único e da União Económica e Monetária no seio da União Europeia permitiu à Banca nacional ter acesso aos mercados de capitais internacionais, abrindo caminhos para a convergência entre as práticas do sector bancário português e a banca internacional. O sector financeiro beneficiou também do florescimento do mercado privado de provisão de habitação e da expansão da concessão de crédito para compra de casa própria, algo que reforçou o crescimento do endividamento das famílias portuguesas, ao ponto de o peso da dívida contraída pelas famílias em crédito hipotecário ganhar relevância relativamente ao crédito às empresas, desde finais de 1990. Estes mesmos autores argumentam, ainda, que o impacto desse processo no sector imobiliário não é exclusivamente derivado da liberalização e desregulamentação dos mercados financeiros. Trata-se, de facto, de um processo de financiamento de toda a economia e sociedade portuguesas, como produto social e histórico, sublinhando-se o papel central do Estado na sua condução e integração internacional. A condição semiperiférica de Portugal, combinando características dos países desenvolvidos e menos desenvolvidos, torna o país particularmente vulnerável a pressões externas (incluindo as decorrentes do processo de integração europeia) e condiciona a sua trajetória de evolução na financeirização do capitalismo. De facto, as fraquezas históricas da economia e da sociedade portuguesas, bem como o contexto de um Estado Social frágil e/ou rudimentar, favoreceram a opção de criação de um mercado privado de habitação, dominado pelo sector financeiro, em que o Estado nunca deixou de desempenhar um papel decisivo.

3. OS CONTEXTOS DE PORTUGAL E LISBOA EM ANÁLISE

3.1. Instrumentos, políticas e estratégias

Para este processo de gentrificação tem contribuído decisivamente a intervenção do Estado, através do desenho e uso de instrumentos legais e financeiros destinados ao apoio do investimento privado no mercado imobiliário, de que são exemplo a "Nova Lei do Arrendamento Urbano", a "Lei dos Residentes Fiscais Não Habituais" e a Autorização de Residência para fins de Investimento (ARI, conhecida como Vistos *Gold*.

O Novo Regime de Arrendamento, promulgado em 2012, imposto pela Troika e subordinado aos interesses da propriedade, veio liberalizar ainda mais o arrendamento, aumentar o poder dos senhorios, permitir atualizações frequentes e significativas das rendas e facilitar os despejos, levando à expulsão de muitos habitantes e ao encerramento de atividades económicas, sociais e culturais (nomeadamente comércio tradicional, associações e coletividades).

O Regime Fiscal para Residentes não Habituais, criado no âmbito do Código Fiscal para Investimento de 2009, e os Vistos *Gold* de 2012, contribuíram significativamente para a intensificação da especulação imobiliária, canalizando capital estrangeiro para o sector e provocando aumentos no número de transações. O primeiro destes instrumentos privilegia os residentes em países europeus comunitários com capacidade económica elevada e o segundo destina-se a cidadãos de fora da União Europeia, autorizando-lhes residência mediante o exercício de investimento, nomeadamente a transferência de capitais, a criação de atividades económicas geradoras de pelo menos dez postos de trabalho, a compra de imóveis num valor superior a meio milhão de euros ou a reabilitação urbana envolvendo montantes acima dos 350 000 euros (alteração legislativa introduzida em 2015). Em ambos os casos, os cidadãos estrangeiros obtêm períodos de significativa redução e até mesmo isenção de impostos, introduzindo uma profunda desigualdade entre aqueles que beneficiam destas promoções e saldos fiscais e os residentes permanentes, portugueses ou estrangeiros, que não têm quaisquer privilégios deste tipo.

Gráfico 1 — Pessoas com estatuto de residente fiscal não habitual (valores acumulados)

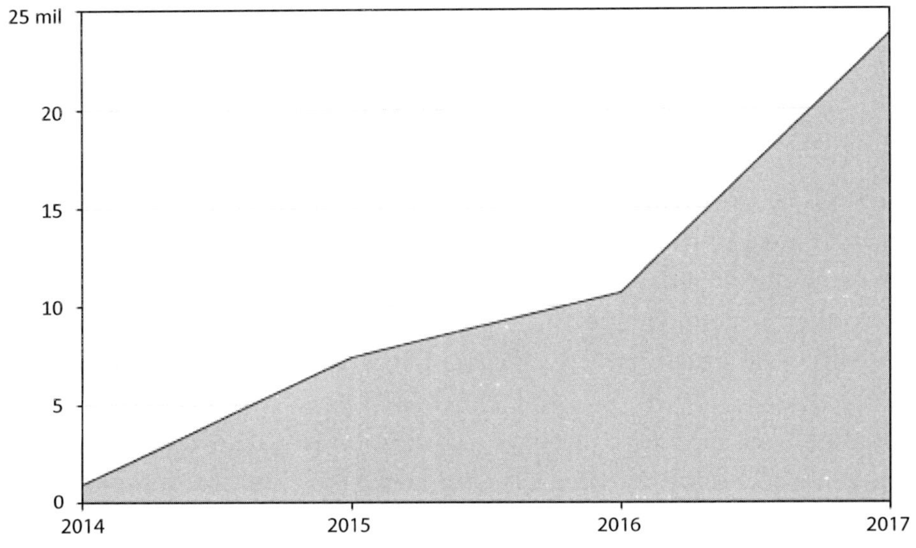

Fonte: Ministério das Finanças.

Entre 2014 e 2017, o número de residentes não habituais em Portugal passou de cerca de 1000 para 23 767 (Gráfico 1), atraídos pelos benefícios fiscais oferecidos pelo governo, embora aspetos como a existência de amenidades, o clima, a segurança, o património, as tradições ou até mesmo a gastronomia também tenham contribuído para a atração que o nosso país parece exercer sobre cidadãos oriundos de outros países europeus (RIFA, 2017). No curto período entre finais de 2016 e finais de 2017, este valor mais do que duplicou (Gráfico 1), sendo que do *stock* de 23 767 residentes não habituais, acumulado a partir do momento em que o Programa teve início em 2009, a maioria são franceses (5448), seguidos de britânicos (2718), italianos (2513) e suecos (2071) que, no seu conjunto, perfaziam mais de 50 % do total. Embora este regime, concebido para atrair estrangeiros endinheirados (trabalhadores qualificados e aposentados), possa ser usado por portugueses, desde que não tenham residido no país durante os cinco anos anteriores, apenas 1502 residentes não habituais (cerca de 6 % do total) são cidadãos portugueses. Em termos globais, o esquema permite que os trabalhadores de profissões consideradas de alto valor acrescentado tenham uma isenção fiscal de 20 % sobre o rendimento do trabalho, duplicando a isenção no caso dos pensionistas. De modo a beneficiar destas condições, concedidas por um período de dez anos, não renovável, é necessário ter residência fiscal fora de Portugal nos cinco anos anteriores ao pedido de adesão e residir em Portugal, pelo menos, 183 dias por ano.

No que toca aos Vistos *Gold*, desde que entraram em vigor com a regulamentação da legislação em setembro de 2012,[4] o investimento acumulado totalizou mais de quatro mil milhões de euros, representando a aquisição de bens imóveis cerca de 95 % deste valor. Entre o momento de criação deste instrumento que visa a captação de investimento, em finais de 2012, e dezembro de 2018, foram atribuídos 6962 títulos de autorização de residência para fins de investimento. Destes, 6575 foram atribuídos por via da compra de imóveis, dos quais 249 visavam a reabilitação urbana[5] (Gráfico 2). Os vistos concedidos por requisito da transferência de capital totalizam 374, o que é bastante revelador das lógicas de financeirização da economia, com destaque para o imobiliário, até porque apenas 13 vistos (menos de 0,2 % do total) foram obtidos por via da criação de, pelo menos, dez postos de trabalho. Por nacionalidades, a China lidera a atribuição de vistos (4073, o que equivale a cerca de 60 % do total), seguida do Brasil (653), Turquia (295), África do Sul (275) e Rússia (243).[6]

[4] Despacho n.º 11820 -A/2012, de 4 de setembro, alterado logo em janeiro de 2013 pelo Despacho n.º 1661-A/2013.

[5] Esta condição de aplicação (investimento para fins de reabilitação urbana) foi estabelecida na alteração legislativa de 2015 (Decreto Regulamentar n.º 15-A/2015 de 2 setembro).

[6] Consultado em janeiro de 2019, em https://www.tsf.pt/economia/interior/vistos-gold-investimento-atinge-838-me-em-2018-quase-ao-mesmo-nivel-de-2017-10397749.html.

Gráfico 2 — Distribuição dos Vistos *Gold* concedidos entre finais de 2012 e dezembro de 2018, segundo o critério de concessão

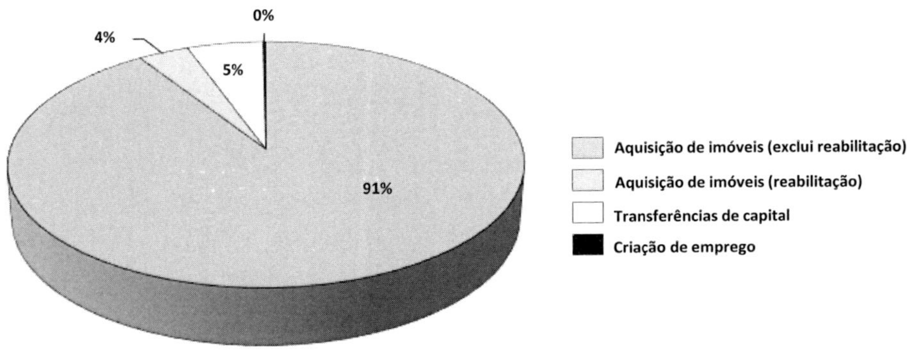

Fonte: SEF.

De acordo com o INE (2018a), em 2017, um total de 7,7 % dos imóveis transacionados em Portugal foram vendidos a não residentes, correspondendo a 11,5 % do valor total transacionado. As vendas de imóveis a não residentes, que vêm a apresentar uma tendência de crescimento desde 2012, aumentaram 19,2 % em número e 22,6 % em valor, entre 2016 e 2017 (Gráfico 3). Neste último ano, à semelhança do anterior, foram os residentes em França que mais imóveis adquiriram em Portugal (19,6 % do valor total), seguidos pelos residentes no Reino Unido (16,2 %). O valor médio dos imóveis vendidos a não residentes em 2017 (160 407 €) foi quase 50 % superior ao valor médio das transações globais (107 381 €). No mesmo ano, 6,8 % dos imóveis vendidos a não residentes tinham um valor unitário igual ou superior a 500 mil euros, correspondendo-lhes 36,3 % do valor total.

Gráfico 3 — Evolução do número de imóveis transacionados — total e adquiridos por não residentes (2012–2017)

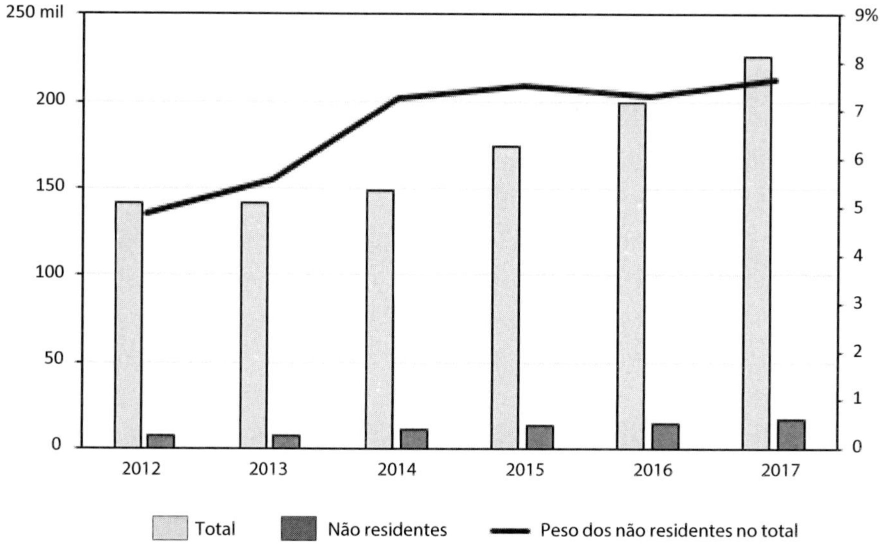

Fonte: INE, 2018a.

Áreas urbanas e bairros como o Chiado, o Bairro Alto, o Cais do Sodré, Santos, o Príncipe Real ou a Avenida da Liberdade têm vindo a atrair o investimento estrangeiro em Lisboa. Com efeito, Misericórdia, Santa Maria Maior e Santo António, as três freguesias que correspondem ao centro histórico da cidade, são as que mais atraem os estrangeiros que querem comprar casa na capital. Todavia, Arroios e Estrela apresentam-se como as áreas onde a procura mais cresceu recentemente, o que significa que a financeirização da habitação não se limita ao casco antigo, abrangendo já áreas pericentrais. Estas cinco freguesias representaram, em 2018, mais de metade (57 %) das 1100 transações de compradores particulares estrangeiros efetuadas na Área de Reabilitação Urbana (ARU).[7]

Estes programas fiscais, ao proporcionarem vantagens únicas e extraordinárias para a fixação de capital financeiro internacional no ambiente construído, impulsionaram o desenvolvimento de diversos formatos de alojamento turístico (vários apartamentos turísticos, casas de hóspedes

[7] Consultado a 17.01.2019, em https://www.idealista.pt/news/imobiliario/habitacao/2018/04/23/36081-lisboa-onde-e-que-os-estrangeiros-estao-a-comprar-casa.

e albergues), geralmente localizados no centro histórico de Lisboa, onde havia falta de oferta deste tipo de alojamento e um enorme *stock* de edifícios devolutos e em mau estado de conservação. Lisboa tinha, até há alguns anos, quase 5000 edifícios vagos, em mau estado ou devolutos: 2812 prédios "parcialmente devolutos" (degradados e com frações desabitadas) e 1877 "totalmente devolutos" (abandonados e sem licença de recuperação), segundo um levantamento da Câmara Municipal de Lisboa, datado de 2009. Estes 4689 edifícios decadentes equivaliam a 8 % do total de 60 mil prédios existentes na capital. Ou seja, praticamente um em cada dez imóveis era considerado devoluto. O inquérito realizado no âmbito das atividades de supervisão do Município de Lisboa mostra que a maioria destes edifícios (65 %) pertence a entidades privadas (particulares ou empresas). Chega a ser de quase 1/3 a percentagem de edifícios em ruínas sobre os quais ninguém tem informações acerca da identidade do proprietário (32,3 %), o que revela bem o grau de desconhecimento existente sobre esta realidade. Os edifícios muito degradados localizam-se principalmente nas freguesias do centro da cidade, variando entre 33 % e 18 %. Lestegás afirma que "em 2011, quase 27 % das habitações familiares convencionais na freguesia da Misericórdia; mais de 32 % daqueles em Santa Maria Maior; 23 % daqueles em Santo António; e 20 % daqueles em São Vicente estavam vazios" (2016: 44).

Ao mesmo tempo, avolumou-se uma procura turística cada vez maior que tem preferência por estadias eminentemente locais, acolhedoras, típicas e mais "autênticas" em bairros históricos. Simultaneamente, investidores que procuram a obtenção de um Visto *Gold*, viram neste mercado uma oportunidade para obter rendimento nos seus ativos imobiliários. Com toda esta dinâmica, atualmente assiste-se a uma intensa atividade de reabilitação de edifícios no centro histórico da cidade, contribuindo para o aumento contínuo da oferta deste tipo de alojamento. Verdadeiramente subsidiada pela crescente financeirização do mercado imobiliário, esta oferta, ao mesmo tempo, contribui para o desalojar a população mais pobre já residente no centro histórico.

Outro instrumento revelador das lógicas de financeirização é o Fundo Nacional de Reabilitação do Edificado[8] (FNRE), que visa a reabilitação

[8] A criação deste fundo foi decidida pela Resolução do Conselho de Ministros n.º 48/2016, publicada a 1 de setembro. Trata-se de um fundo especial de investimento

de imóveis, em particular património público devoluto ou disponível, para posterior arrendamento e, em especial, para arrendamento habitacional a custos acessíveis, promovendo o aumento da oferta pública de habitação neste segmento e a mobilização dos recursos imobiliários públicos. Inicialmente, prevê-se a participação de entidades públicas da administração central e local e ainda entidades do terceiro sector; numa fase posterior, contempla-se a abertura à participação de outras entidades, públicas e privadas, incluindo pessoas singulares.

O FNRE permite que os participantes promovam a reabilitação dos seus imóveis, sem recurso a endividamento, e invistam num fundo de baixo risco com expetativas de rentabilidade apelativas, contribuindo assim, em simultâneo, para objetivos de política pública ao nível da habitação e reabilitação urbana (NGPH, 2017).[9] Mantém-se, portanto, a retórica de que, sob pena de o Estado não conseguir alavancar sozinho o capital necessário para criar o verdadeiro arrendamento acessível, há que apelar, cativar e captar capital privado, deixando-se a política pública de habitação, uma vez mais, refém de lógicas rentistas e financeiras, com o fim último de injetar investimento em habitação para gerar lucro e reprodução de capital imobiliário e não assumindo como preocupação primordial a produção de casas a custos verdadeiramente acessíveis.

A criação do FNRE, com capitais e gestão pública, implica que parte do capital inicial pode ser incorporado através da entrega de edifícios públicos a necessitar de reabilitação, pelo que os privados podem aceder a este instrumento, mediante a entrega do seu edifício/ da sua fração. Este fundo terá a cargo a reabilitação e gestão do seu parque edificado, colocando-o no mercado após a respetiva reabilitação, sendo direcionado em especial para o arrendamento de "habitação acessível", recuperando por esta via o seu investimento inicial a médio prazo. A liquidez deste fundo esteve, desde o início, garantida pelo Fundo de Estabilização Financeira da Segurança Social, que irá alocar cerca de 10 % do seu valor em carteira (1400 milhões de euros). O FNRE será supervisionado pela Comissão

imobiliário fechado, de subscrição particular e de duração indeterminada, regulado pela Lei n.º 16/2015, de 24 de fevereiro.

[9] Consultado a 03.02.2019, em http://www.fundiestamo.com/index.php/fundos/area-fnre.

de Mercados de Valores Mobiliários (CMVM) e adianta-se que terá uma rentabilidade estimada na ordem dos 3 a 4 %.[10]

A dinamização do mercado imobiliário e do mercado de capitais nacionais segue a par do aprofundamento da lógica de financeirização da política pública de habitação, estando em linha com a tendência internacional. A recente aprovação do regime das SIGI[11] procede à introdução dos chamados REIT no ordenamento jurídico português. Estas sociedades, conhecidas pelo seu impacto nos EUA e em Espanha, cujos regimes jurídicos pretendem dinamizar o mercado de arrendamento, configuram um novo veículo de promoção do investimento imobiliário, convertendo-o em investimento financeiro. A sua atividade passa pela aquisição de direitos reais sobre imóveis para arrendamento ou outras formas de exploração económica. As SIGI beneficiam do regime fiscal favorável, atualmente aplicável aos fundos/sociedades de investimento imobiliário, apesar de não se encontrarem sujeitas ao regime jurídico aplicável aos organismos de investimento coletivo nem à supervisão da CMVM.[12]

Estes veículos caracterizam-se por constituírem entidades — geralmente sob a forma de sociedades de responsabilidade limitada — de investimento imobiliário cotadas com um regime fiscal próprio e um objeto social geralmente limitado ao investimento em ativos imobiliários (direta ou indiretamente, através da detenção de participações sociais noutras sociedades). São ainda caracterizadas por requisitos de investimento relativos ao volume de rendimentos que têm de ser distribuídos e por períodos mínimos de manutenção dos ativos. Com estes veículos pretende-se, essencialmente, facilitar o acesso do público em geral (e em particular do pequeno e médio investidor) às ações da sociedade livremente transacionáveis em mercado e, indiretamente, à propriedade imobiliária, profissionalizando ao mesmo tempo a sua gestão (financeirização da vida social).[13]

---

[10] Consultado a 03.01.2019, em https://observador.pt/opiniao/o-estranho-caso-do-fundo-de-reabilitacao-urbana-anunciado-pelo-governo/.

[11] Através da promulgação do Decreto-Lei n.º 19/2019, de 28 de janeiro (que entrou em vigor no dia 1 de fevereiro de 2019), disponível em https://dre.pt/home/-/dre/118562581/details/maximized (consultado a 02.02.2019).

[12] Consultado a 30.01.2019, em https://www.garrigues.com/pt/pt-PT/news/sigi-um-novo-veiculo-para-o-investimento-em-ativos-imobiliarios.

[13] Cf. https://www.dinheirovivo.pt/opiniao/vem-ai-os-reit-para-animar-a-bolsa-portuguesa/.

A pertença a uma Zona Euro, que impõe ao Governo português um quadro macroeconómico de austeridade permanente, no contexto de livre circulação de capitais que lhe está associado, obriga a que a política pública assente cada vez mais em estímulos fiscais e engenhosas soluções financeiras para incentivar promotores privados (e públicos) a fazer o que o Estado não consegue fazer. Os governantes são, assim, instigados a criar o quadro regulatório necessário para a criação de novos produtos e mercados financeiros e a oferecer vantajosas condições fiscais para garantir que os privados executem, ao menos parcialmente, as políticas públicas. (Santos, 2019b: 312)

3.2. Consequências sociais do processo

Em Portugal, tal como em outros países da Europa do Sul, os efeitos da crise urbana fizeram sentir-se de forma mais intensa em virtude do colapso de um mercado imobiliário já de si frágil, por um lado, assente no estímulo à compra de casa própria e suportado pelo acesso fácil a crédito barato e, por outro, no desenvolvimento de um modelo de expansão urbana, vigente na década de 80 do século XX e o início do século XXI, assente na produção massificada de nova construção, sobretudo nas periferias das áreas metropolitanas. Ambos os processos conduziram a um gradual endividamento dos particulares em matéria de acesso a crédito para aquisição de habitação própria. Naturalmente, com o eclodir da fortíssima recessão económica de 2008/2009, cujos antecedentes remontam a quatro ou cinco anos antes e os resquícios ainda hoje se sentem, que teve como consequências um aumento do desemprego e uma redução dos salários e deu origem a uma resposta austeritária que acentuou significativamente os impostos sobre os trabalhadores por conta de outrem e gerou fortes cortes nos apoios sociais aos grupos mais fragilizados, verificou-se um crescimento pronunciado do incumprimento do pagamento das prestações dos empréstimos por parte das famílias portuguesas às respetivas instituições bancárias credoras. Atualmente existem cerca de 140 000 famílias sem capacidade para pagar a prestação da casa (Mendes e Carmo, 2016).

Ademais, o quadro de transformação do sector imobiliário português que descrevemos na secção anterior, alavancado num afluxo significativo de capital estrangeiro e em instrumentos legais facilitadores da liberalização, tem como consequência a geração de um cenário de preços de transação imobiliária e de rendas cada vez mais altas, designadamente nas Áreas Metropolitana de Lisboa e Porto e, em particular, no centro destas. Esta situação, aliada ao facto de os salários serem baixos para a generalidade dos portugueses, deu origem a um aumento significativo no número de despejos. De acordo com os últimos dados do Balcão Nacional de Arrendamento (BNA), os despejos duplicaram desde 2013 e, em média, são despejadas por dia cerca de 5,5 famílias, em todo o país. Segundo os dados do Ministério da Justiça, o número de pessoas despejadas em 2016 foi 91,7 % superior ao número contabilizado três anos antes (Mendes, 2018b).

Note-se que, entre 2013 e 2015, os preços da habitação para arrendamento aumentaram entre 13 % e 36 %, e para aquisição subiram até 46 %, consoante as áreas da cidade de Lisboa. Daqui resulta uma taxa de esforço com a habitação situada entre 40 % e 60 % do rendimento familiar, quando os padrões comuns aconselham um valor até 30 %. Os preços dos imóveis dispararam (cf. Gráfico 4) e tornaram cada vez mais difícil encontrar habitação acessível em Lisboa. Segundo a Associação dos Profissionais e Empresas de Mediação Imobiliária de Portugal (APEMIP), o número de casas para aluguer de longa duração caiu 30 % nos últimos cinco anos, afetando sobretudo duas cidades: Porto e Lisboa, que viram a sua oferta de arrendamento de residências habitacionais reduzida em 85 e 75 %, respetivamente. Apenas em 2015, os preços da habitação no centro de Lisboa aumentaram 23 % e, em toda a cidade, cerca de 12 %, tendência que se manteve em 2016.

Gráfico 4 — Evolução dos índices de preços de renda e de venda de habitação, em Lisboa (2010 a 2018)

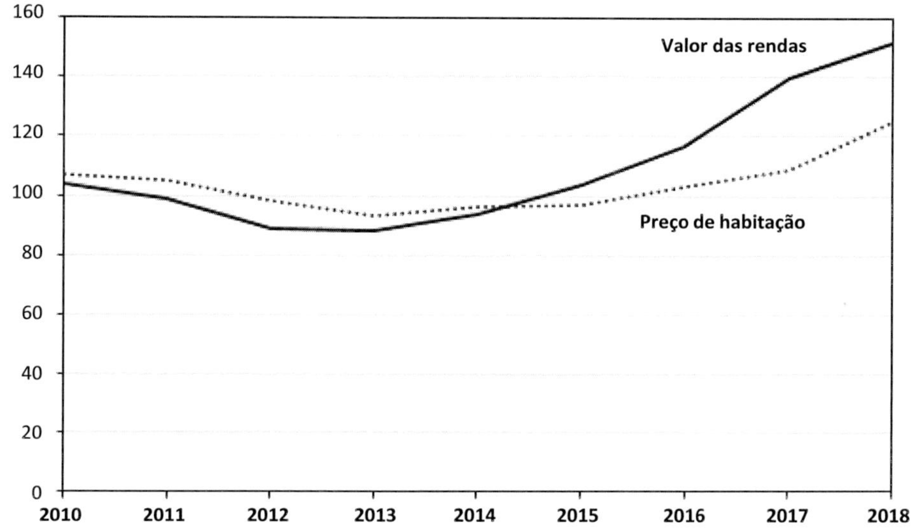

Fonte: Confidencial Imobiliário.

Efetivamente, no primeiro trimestre de 2018 a cidade de Lisboa continuava a destacar-se, tal como em trimestres anteriores, por apresentar os preços da habitação mais elevados entre as sete cidades portuguesas com mais de 100 mil habitantes, e todas as classes independentemente da tipologia do alojamento considerada (INE, 2018b).

Uma análise da situação interna de Lisboa no mesmo período (Mapa 1) mostra que, entre as 24 freguesias que atualmente compõem a cidade, são as três autarquias do centro histórico que registam preços medianos de venda de alojamentos superiores a 3500 €/m^2: Santo António — que inclui a Avenida da Liberdade e áreas adjacentes —, Misericórdia (3667 €/m^2) — que inclui a área do Bairro Alto e do Cais do Sodré — e Santa Maria Maior (3528 €/m^2) — que inclui a área do Castelo e Baixa/Chiado (Mapa 1).

Mapa 1 — Valor mediano das vendas por m² nas freguesias de Lisboa, 1.º trimestre de 2018

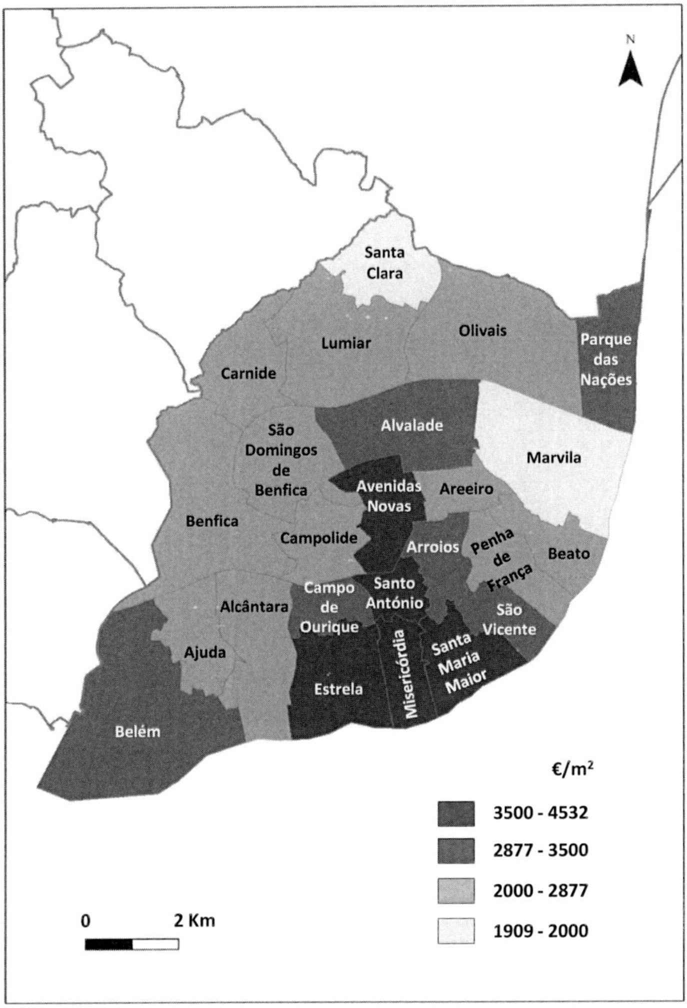

Fonte: INE, 2018b.

Todo este processo conduz, inevitavelmente, a gentrificação que aparece associada a expulsões dos residentes menos afluentes e a uma manutenção (se não aceleração) das tendências de perda demográfica da parte central da cidade.

O despovoamento não é, porém, um fenómeno recente no centro histórico de Lisboa, indicando os registos estatísticos do INE que esta sangria demográfica se iniciou nos anos 40 do século XX. Onde residiam 160 mil habitantes, residem agora 40 mil. Ao longo da segunda metade do século passado, este processo relacionou-se sobretudo com a suburbanização e consequente formação da Área Metropolitana de Lisboa. Com efeito, o movimento de saída de capital para a periferia durante o período de formação da metrópole de Lisboa provocou uma alteração inversamente proporcional dos níveis de renda do solo dos próprios subúrbios e dos bairros centrais. Enquanto o valor do solo nos subúrbios aumentou significativamente com o crescimento de novas construções e infraestruturas, e com a consequente introdução nesses espaços periféricos de novas centralidades e de uma multiplicidade de atividades, o valor fundiário dos bairros centrais, ao invés, sofreu uma progressiva diminuição, sendo cada vez menor a quantidade de capital canalizado e investido na manutenção, reparação e recuperação deste parque habitacional. O congelamento das rendas, estabelecido na cidade de Lisboa logo na década de 40 da centúria passada, acabou por não facultar aos proprietários e senhorios os recursos financeiros necessários para a reabilitação do edificado, contribuindo para a sua degradação e desvalorização.

Deste fenómeno resultou o que Neil Smith (1979 e 1987) denominou de emergência do *rent gap* nos bairros históricos do centro da cidade — acentuando-se a diferença entre a atual renda capitalizada face ao presente uso do seu solo, e a renda que potencialmente poderá a vir a ser capitalizada tendo em conta a sua localização central. É precisamente o movimento de saída de capital para os subúrbios e o consequente surgimento do fenómeno *rent gap* no espaço urbano central que, segundo este autor, cria maiores oportunidades económicas para a reestruturação urbana dos bairros centrais e para o investimento público e privado, na reabilitação e recuperação do seu parque habitacional. Corresponde a um fenómeno de ocorrência quase universal em todas as cidades das sociedades de capitalismo avançado, e Lisboa não é exceção.

Apesar de os censos de 2011 não captarem a provável perda populacional ocorrida na presente década, nem o impacto do alojamento local (turístico) no mercado de habitação do centro histórico, fazendo com que o número de desalojamentos recentes seja desconhecido, várias associações de moradores e de defesa do direito à habitação têm chamado a atenção para a existência de um número significativo de casos nos últimos anos, sobretudo nas freguesias centrais de Santa Maria Maior, Misericórdia e São Vicente. Como se trata, sobretudo, de populações socialmente vulneráveis (nomeadamente idosos com pensões baixas), a dimensão qualitativa deste processo é particularmente relevante, e está em linha com as tendências de expulsão e desalojamento de populações pobres que marcam a presente fase de desenvolvimento capitalista no mundo urbano (e não só), como bem demostram Saskia Sassen (2014) e Matthew Desmond (2017).

4. CONSIDERAÇÕES FINAIS

Ajustada às narrativas de *marketing* urbano e racionalidade neoliberal, a orientação do governo da cidade tem como objetivo tornar Lisboa uma cidade mais competitiva, atraindo investimentos estrangeiros, visitantes, turistas, amarrando os fluxos de capital imobiliário ao seu ambiente construído, num quadro da globalização da concorrência entre cidades e lugares. Esta viragem de pendor neoliberal (*neoliberal turn*) nas políticas urbanas teve início há mais de uma década, podendo assumir-se a criação das sociedades de reabilitação urbana),[14] em 2004, como um primeiro marco significativo. Posteriormente, sobretudo no contexto de resposta austeritária à crise de 2008/2009, sucedeu-se a aprovação de uma série de pacotes legislativos com visão pró-mercado no que respeita ao imobiliário e à habitação, favorecendo a iniciativa privada, as parcerias público-privadas, a captação de capital estrangeiro e a liberalização no sector. Incluem-se aqui a Lei do Arrendamento Urbano de 2012, a simplificação da Lei do Alojamento Local em 2014, os fundos de investimento imobiliário, os mecanismos legais (Regime Fiscal para residentes não Habituais e Autorização de Residência para Fins de Investimento – ARI) orientados para a atração de residentes estrangeiros que desejem investir quantias avultadas em Portugal e, mais recentemente, a criação do Fundo Nacional para a Reabilitação do Edificado e as Sociedades de Investimento e Gestão Imobiliária. De acrescentar ainda, a nível local,

[14] Decreto-Lei n.º 104, de 7 de maio de 2004, que criou o Regime Jurídico Excecional de Reabilitação Urbana de Zonas Históricas e de Áreas Críticas de Recuperação e Reconversão Urbanística.

a liberalização do uso do solo urbano, após a reformulação do Plano Diretor Municipal de Lisboa (2012), bem como as oportunidades geradas pelo *rent gap* existente na cidade centro, em virtude de um elevado número de edifícios devolutos e muito degradados, muitos dos quais desocupados, o que fornece ao capital imobiliário oportunidades únicas de rentabilizar os seus movimentos cíclicos e reproduzir-se com a geração de enormes mais-valias. Ao mesmo tempo que o Estado parece continuar a demitir-se da promoção de uma verdadeira política de habitação pública, financeiramente forte, integrada e inclusiva para todos, ganham terreno as estratégias orientadas para a promoção e a competição internacional das maiores cidades portuguesas, com destaque para Lisboa, assentes em parcerias público-privadas e na atração do capital privado, de forma a injetar dinamismo e competitividade na economia, emergindo o sector imobiliário como um elemento central.

Como este texto procurou demonstrar, o processo existente teve como consequência o reforço significativo do interesse e do investimento dos promotores imobiliários, muitos deles internacionais, levando a uma reabilitação de edifícios em várias áreas de Lisboa, com destaque para os bairros históricos, com vista ao desenvolvimento do alojamento turístico, mas também de novos produtos imobiliários de luxo dirigidos à classe alta e média alta.

A reabilitação de edifícios e a revitalização do espaço público no centro histórico da cidade, resultante da iniciativa autárquica e potenciadora da geração das mais-valias do investimento privado no edificado têm assim assumido, nos últimos anos, um dinamismo significativo. Como os alojamentos reabilitados se destinam aos patamares altos e médio-altos do mercado ou, em alternativa, a alojamento turístico que procura responder a uma procura crescente, os preços da habitação, tanto para venda como para arrendamento, conheceram aumentos significativos nos últimos cinco anos, destacando-se o posicionamento do centro histórico de Lisboa neste processo. Neste quadro, para além de ter lugar o desalojamento direto da população das classes baixa, média-baixa e mesmo média (imigrantes, idosos e alguns jovens que ocuparam o centro histórico numa primeira fase de gentrificação marginal) que ainda residiam no centro histórico e sua envolvente, verifica-se também um processo de desalojamento indireto, uma vez que a cidade-centro, em termos residenciais, deixa de ser acessível aos grupos menos afluentes. A consequência será um incremento provável da segregação socioespacial na Área Metropolitana de Lisboa, emergindo o centro, cada vez mais, como uma "reserva dos ricos", acentuando-se assim a periferização das classes baixas e médias.

Em suma, Lisboa vive, neste momento, um novo estádio de gentrificação em tudo diferente do anterior, muito devido à explosão de novos produtos imobiliários destinados ao turismo ou ao segmento *prime*, promovida sobretudo pelo grande investimento estrangeiro injetado por proprietários de peso e grandes grupos económicos de promoção imobiliária. Como resultado do aumento do volume de intervenções imobiliárias, as transformações físicas e arquitetónicas tornam-se cada vez mais visíveis nesta fase, pelo que, consequentemente, os preços das casas nos bairros históricos têm subido significativamente. Sem regulação ou controlo moderado sobre a subida das rendas, o supramencionado processo de desalojamento direto e indireto tem-se expandido para formas mais agressivas.

A produção do espaço urbano, por via de uma supergentrificação enquanto estratégia de um urbanismo crescentemente neoliberal, afigura-se como meio e condição essencial para uma geografia (de reprodução) do capitalismo financeirizado transnacional. No quadro da globalização capitalista contemporânea, na qual a finança é uma das forças motrizes mais fortes, a autonomia (relativamente a figuras de regulação e ao próprio aparelho produtivo da economia) que parece caracterizar o movimento insaciável de acumulação de capital e a predominância que a economia financeira parece ter sobre as dinâmicas do imobiliário e todas as restantes esferas da vida social acentua-se de forma significativa.

Como diz David Harvey (2010 e 2014), o capital esforça-se para produzir a paisagem geográfica favorável à sua própria reprodução e evolução posterior. A forma como a paisagem, designadamente urbana, evolui e se organiza afeta a acumulação de capital, mas também as contradições do capital e do capitalismo que se manifestam nos lugares e no tempo que configuram a paisagem. Sem um desenvolvimento geográfico desigual e as suas contradições, o capital teria ossificado há muito e caído em desordem. Deve, portanto, ser capaz de resistir ao choque da destruição do velho e estar pronto para construir uma nova paisagem geográfica sobre as suas cinzas, tirando partido dos excedentes criados. A absorção desses excedentes por meio da expansão geográfica e da reorganização espacial, nomeadamente através da regeneração urbana, ajuda a resolver o problema da sobreacumulação, criando oportunidades lucrativas de reprodução. A urbanização (e o desenvolvimento regional) torna(m)-se, assim, esferas autónomas da atividade capitalista, exigindo grandes investimentos (normalmente financiados pela dívida) que levam muitos anos a amadurecer.

REFERÊNCIAS BIBLIOGRÁFICAS

Aalbers, Manuel (2017), "The Variegated Financialization of Housing", *International Journal of Urban and Regional Research*, 41(4), 542–54.

Aalbers, Manuel (2016), *The Financialization of Housing: a Political Economy Approach*. London: Routledge.

Aalbers, Manuel (2015), "Cities and the Financial Crisis", *in* J. Wright (org.), *The Encyclopedia of Social and Behavioral Sciences*. Oxford: Elsevier, 579–84.

Aalbers, Manuel (org.) (2012), *Subprime Cities: The Political Economy of Mortgage Markets*. Oxford: Wiley Blackwell.

Atkinson, Rowland; Bridge, Gary (2005), *Gentrification in a Global Context: The New Urban Colonialism*. London: Routledge.

Atkinson, Rowland; Burrows, Roger; Glucksberg, Luna; Kei Ho, Hang; Knowles, Caroline; Rhodes, David (2017), "Minimum City? The Deeper Impacts of the 'Super-Rich' on Urban Life, *in* R. Forrest, B. Wissink, e S. Y. Koh (orgs.), *Cities and the SuperRich: Real Estate, Elite Practices and Urban Political Economies*. London: Palgrave, 253–72.

Chesnais, François (2015), *A finança mundializada*. São Paulo: Boitempo.

Desmond, Matthew (2017), *Evicted — Poverty and Profit in the American City*. New York: Broadway Books.

Hall, Tim (1998), *Urban Geography*. London: Routledge.

Harvey, David (2018), *Marx, Capital and the Madness of Economic Reason*. Oxford: Oxford University Press.

Harvey, David (2016), *The Ways of the World*. Oxford, Oxford University Press.

Harvey, David (2014), *Seventeen Contradictions and the End of Capitalism*. Oxford, Oxford University Press.

Harvey, David (2012), *Rebel Cities: From the Right to the City to the Urban Revolution*. London: Verso.

Harvey, David (2011), *Le capitalisme contre le droit à la ville: néolibéralisme, urbanisation, résistances*. Paris: Éditions Amsterdam.

Harvey, David (2010), *The Enigma of Capital and the Crisis of Capitalism*. Oxford: Oxford University Press.

INE – Instituto Nacional de Estatística (2018a), *Aquisição de imóveis por não residentes*. Lisboa: Instituto Nacional de Estatística.

INE – Instituto Nacional de Estatística (2018b), *Estatísticas dos preços da habitação a nível local. 1.º Trimestre*. Lisboa: Instituto Nacional de Estatística.

Lees, Loretta (2003), "Super-gentrification: The Case of Brooklyn Heights, New York City", *Urban Studies*, 40(12), 2487–509.

Lees, Loretta; Bang Shin, Hyun; López-Morales, Ernesto (orgs.) (2016), *Planetary Gentrification*. Bristol: Policy Press.

Lees, Loretta; Bang Shin, Hyun; López-Morales, Ernesto (orgs.) (2015), *Global Gentrifications: Uneven Development and Displacement*. Bristol: Policy Press.

Lees, Loretta; Imrie, Rob; Raco, Mike (2009), *Regenerating London. Governance, Sustainability and Community in a Global City*. London: Routledge.

Lees, Loretta; Slater, Tom; Wyly, Elvin (2008), *Gentrification*. London: Routledge.

Lestegás, Iago (2016), "Foreign Investment and the Commodification of Lisbon's Historic Center under Austerity", *in* M. Glaudemans e I. Marko (orgs.), *City Making & Tourism Gentrification*. Tilburg: Stadslab, 42–47.

Mendes, Luís (2018a), "Tourism Gentrification in Lisbon: The panacea of touristification as a scenario of a post-capitalist crisis", *in* I. David, (org.), *Crisis, Austerity and Transformation: How disciplinary neoliberalism is changing Portugal*. London: Lexington, 25–48.

Mendes, Luís (2018b), "Gentrificação turística em Lisboa: impactos do alojamento local na resiliência e sustentabilidade social do centro histórico", *Poder Local, Revista de Administração Democrática*, 155, 58–73.

Mendes, Luís (2017), "Gentrificação, financeirização e produção capitalista do espaço urbano", *Cadernos Poder Local*, 8, 56–86.

Mendes, Luís (2016), "Tourism Gentrification: Touristification as Lisbon's New Urban Frontier of Gentrification", Masterclass Tourism Gentrification and City Making, Stadslab e Academia Cidadã, Lisboa, 16 de abril.

Mendes, Luís; Carmo, André (2016), "State-Led Gentrification in an Era of Neoliberal Urbanism: Examining the new urban lease regime in Portugal", International Conference Contested Cities "From Contested Cities to Global Urban Justice — Critical dialogues". Madrid, 4-7 julho.

NGPH (2017), *Por uma nova geração de políticas de habitação: sentido estratégico, objetivos e instrumentos de atuação*. Lisboa: Secretaria de Estado da Habitação.

Peck, Jamie; Whiteside, Heather (2016), Financializing the Entrepreneurial City, *in* Barbara Schöning; Sebastian Schipper (orgs.), *Urban Austerity: Impacts of the Global Financial Crisis on Cities in Europe*. Berlim: Theater der Zeit, 21–39.

Rodrigues, João; Santos, Ana Cordeiro; Teles, Nuno (2016), *A financeirização do capitalismo em Portugal*. Lisboa: Actual.

Santoro, Paula F.; Rolnik, Raquel (2017), "Novas frentes de expansão do complexo imobiliário-financeiro em São Paulo", *Cadernos Metrópole*, 19(39), 407–31.

Santos, Ana Cordeiro (2019a), "Habitação em tempos financeiros em Portugal", *in* Ana Cordeiro Santos (org.), *A nova questão da habitação em Portugal: uma abordagem de economia política*. Lisboa: Actual.

Santos, Ana Cordeiro (2019b), "A nova questão da habitação e a nova geração de políticas em Portugal", *in* Ana Cordeiro Santos (org.), *A nova questão da habitação em Portugal: uma abordagem de economia política*. Lisboa: Actual.

Santos, Ana Cordeiro (2012), "Financeirização", *in* Boaventura de Sousa Santos (orgs.), *Dicionário das Crises e das Alternativas*. Coimbra: Almedina, 103–4.

Sassen, Saskia (2014), *Expulsions: Brutality and complexity in the global economy*. Cambridge (MA): Harvard Univeristy Press.

Sigler, Thomas; Wachsmuth, David (2015), "*Transnational Gentrification*: Globalisation and neighbourhood change in Panama's Casco Antiguo", *Urban Studies*, 53(4), 705–22.

Slater, Tom (2013), "Gentrification of the city", in G. Bridge e S. Watson (orgs.), *The New Blackwell Companion to the City*. Oxford: Wiley Blackwell, 571–85.

Slater, Tom (2006), "The Eviction of Critical Perspectives from Gentrification Research", *International Journal of Urban and Regional Research*, 30(4), 737–57.

Smith, Neil (1996), *The New Urban Frontier. Gentrification and the Revanchist City*. London: Routledge.

Smith, Neil (1987), Gentrification and the Rent Gap, *Annals of the Association of American Geographers*, 77(3), 462–65.

Smith, Neil (1979), "Toward a Theory of Gentrification: A back to the city movement by capital not people", *Journal of the American Planning Association*, 45, 538–48.

O ALOJAMENTO LOCAL E A GENTRIFICAÇÃO TURÍSTICA EM ALFAMA, LISBOA

ANA GAGO* / AGUSTIN COCOLA-GANT**

INTRODUÇÃO

A recente proliferação de apartamentos turísticos em várias cidades do mundo tem vindo a tornar-se um dos assuntos mais discutidos na esfera das ciências sociais, na política e nos meios de comunicação social. Embora este não seja um fenómeno novo em certas áreas específicas, como em regiões costeiras mais turísticas, o aparecimento e sucesso de plataformas como o Airbnb ou o Booking vieram transformar, por um lado, o sector do alojamento turístico e a forma como as pessoas viajam, e, por outro, as dinâmicas do sector da habitação, bem como bairros e comunidades de vizinhança à escala global. Em Portugal, os apartamentos turísticos têm sido apelidados de alojamento local e, por isso, neste capítulo usar-se-á essa terminologia.

O alojamento local aparece como uma nova, e mais lucrativa, forma de extração de rendas[1] para senhorios e investidores e há cada vez mais

* Doutoranda em Geografia Humana no Instituto de Geografia e Ordenamento do Território da Universidade de Lisboa. Contacto: ana.gago@campus.ul.pt. Edifício IGOT, Rua Branca Edmée Marques, Cidade Universitária, 1600-276 Lisboa.

** Investigador no Centro de Estudos Geográficos, Universidade de Lisboa. Contacto: agustincocolagant@campus.ul.pt. Edifício IGOT, Rua Branca Edmée Marques, Cidade Universitária, 1600-276 Lisboa.

[1] Neste capítulo, por "extração de rendas" entenda-se o rendimento auferido pelos proprietários, que inclui o pagamento recebido pelo arrendamento dos seus imóveis, assim como as mais-valias realizadas com a sua venda.

provas de que não se trata de uma mera atividade de partilha de casas por residentes (Arias-Sans e Quaglieri-Domínguez, 2016; Cocola-Gant, 2016; Gurran e Phibbs, 2017; Wachsmuth e Weisler, 2018). No entanto, há ainda muito poucos estudos que investiguem o impacto que estes alojamentos turísticos causam no tecido socioespacial dos lugares. Assim, e com o intuito de colmatar esta falha, a investigação que deu origem a este capítulo centrou-se numa microescala geográfica com uma grande concentração de apartamentos turísticos, no bairro histórico de Alfama, em Lisboa. Desta forma, foi possível identificar atores que promovem este tipo de alojamentos turísticos, impactos na habitação, e a forma como a população residente é afetada por este processo de mudança espacial.

O alojamento local é, por vezes, considerado uma forma de economia de partilha. O conceito de economia de partilha surgiu com o aparecimento de plataformas digitais através das quais qualquer pessoa pode oferecer serviços ou objetos pouco usados, e, de igual modo, qualquer pessoa pode pedir emprestado ou comprar o que procura. Neste caso, economia de partilha refere-se a situações em que residentes "partilham" ocasionalmente a sua casa com visitantes. No entanto, no decorrer desta investigação não foram encontradas provas de uma economia de partilha, mas antes de um intenso processo de investimento no tecido habitacional em que diversos agentes lucram através da extração de rendas e em que a comunidade residente é desalojada. Sendo que a gentrificação pode ser definida como um processo de mudança socioespacial em que o investimento de capital no espaço construído provoca o desalojamento dos habitantes com menos recursos económicos, em geral população idosa, que são substituídos por adultos jovens com estudos universitários (Davidson e Lees, 2010; Lees *et al.*, 2008), este artigo interliga o investimento imobiliário e o turismo urbano com a gentrificação. Para o efeito, desenvolvem-se três argumentos. O primeiro parte de uma perspetiva do Sul da Europa que desafia o modelo teórico de gentrificação dominante, anglo-saxónico. Em Lisboa, a maioria das áreas históricas centrais ainda é habitada por populações idosas com poucos recursos económicos e o processo de degradação e abandono ainda é patente. Noutras palavras, estas áreas não tinham passado por processos de gentrificação no sentido clássico do termo, ou seja, não se tinha verificado a substituição de pessoas idosas e pobres por pessoas mais novas e com mais recursos económicos. Isto significa que as etapas de gentrificação podem ser diferentes fora das cidades ocidentais industrializadas (Lees, 2012). Assim, neste capítulo desenvolve-se uma explicação de gentrificação que olha para o turismo e para as desigualdades estruturais a nível global como elementos centrais para perceber os processos de gentrificação em economias periféricas nas quais o turismo constitui um dos principais motores de crescimento económico.

O segundo argumento enquadra o alojamento local como um exemplo de gentrificação que acontece através do arrendamento e não através de novos residentes que compram casas, como na explicação de gentrificação clássica. A gentrificação pelo arrendamento significa que há investidores a comprar e reabilitar casas para obter lucros com o mercado de arrendamento de curta duração. Para o efeito, estabelece-se a relação entre a proliferação de apartamentos turísticos e a entrada de capital financeiro no mercado de arrendamento que envolve tanto investidores nacionais como globais (August e Walks, 2018; Beswick *et al.*, 2016; Fields e Uffer, 2016; Paccoud, 2017; Wijburg *et al.*, 2018). Assim, argumenta-se que o desenvolvimento e sucesso de plataformas digitais como o Airbnb, bem como várias decisões políticas que facilitaram a expansão do turismo, vieram promover a acumulação de capital através do investimento no mercado de arrendamento de curta duração. Por último, mostra-se como o uso do tecido habitacional para turismo está a transformar uma área residencial quase num enclave turístico. A sociedade de bairro preexistente (Firmino da Costa, 2008) está a ser substituída por habitantes temporários de áreas mais ricas a nível global que visitam o bairro para efeitos de lazer. Sobre este ponto, mostramos como a proliferação de unidades de alojamento local provoca o desalojamento da população residente.

Este capítulo está estruturado em cinco partes. A primeira estabelece a relação entre turismo e a recente literatura sobre a geografia da gentrificação, que analisa a forma como processos de gentrificação ocorrem em diversos contextos e partes do mundo. A segunda parte relaciona a proliferação de apartamentos turísticos com o investimento imobiliário no mercado de arrendamento e o desalojamento em contexto de gentrificação. Depois apresenta-se o contexto de Lisboa, o caso de estudo e os métodos usados na recolha dos dados.

Esta investigação centrou-se numa parcela de Alfama, com o objetivo de adotar métodos intensivos durante dois anos. A metodologia provou ser útil na identificação de unidades de alojamento local e os efeitos que causam no tecido socioespacial dos lugares. A quarta parte refere-se à apresentação dos resultados e está dividida em dois pontos. O primeiro aborda transformações espaciais relacionadas com a proliferação de alojamentos turísticos, e o segundo mostra como a população residente é afetada pelo processo. Por último, discutem-se os resultados e sugerem-se ideias para investigação futura.

1. O TURISMO E A GEOGRAFIA DA GENTRIFICAÇÃO

O aumento e a manifestação de processos de gentrificação a nível global têm levado a que alguns investigadores se questionem sobre a conceptualização do processo, que se baseia em transformações socioespaciais observadas em contextos anglo-saxónicos, como Londres ou Nova Iorque. Embora estes contextos sejam úteis para se entender a gentrificação no sentido clássico do termo, eles não contemplam outos cenários que também podem ser apelidados de gentrificação. Neste sentido, Lees (2012) veio propor que se revisitassem as "geografias da gentrificação" através de estudos urbanos comparativos e uma abordagem pós-colonial. Nos anos mais recentes, surgiram diversos estudos de gentrificação "planetária" (Lees *et al.*, 2016; Slater, 2017) que incluem investigação sobre o assunto na América Latina (Janoschka e Haas, 2014; López-Morales *et al.*, 2016) e no Oriente (Shin *et al.*, 2016) e mostram como a temporalidade e as manifestações de processos de gentrificação dependem do lugar e do contexto. No entanto, estes autores, até certo ponto, ainda se baseiam no modelo de gentrificação e desenvolvimento anglo-saxónicos. Isto porque explicam a expansão global de processos de gentrificação como o resultado de: a) a globalização dos mercados imobiliários e o papel central que têm na reprodução do capitalismo (Lees *et al.*, 2016; Slater, 2017); b) o crescimento de classes-médias em sítios como a América Latina e a Ásia (López-Morales *et al.*, 2016; Shin *et al.*, 2016); e c) a normalização e o avanço de políticas neoliberais que passam do Norte global para o Sul global (Lees, 2012). Estas explicações têm por base um entendimento de gentrificação que atribui ao capital e ao Estado o papel de produtores de espaço para residentes de classe média. Assim, parece que, embora os contextos sejam diferentes, as visões e explicações de gentrificação continuam a ser encaradas a partir de uma perspetiva anglo-saxónica.

Não obstante, neste capítulo sugere-se que se tem negligenciado um argumento central para explicar o avanço de processos de gentrificação a nível global: a desigual divisão do trabalho e o turismo como meio de atração de consumidores de regiões globais mais ricas. Estudos recentes sobre turismo e migrantes por estilo de vida mostram como a mobilidade da classe média, do Ocidente industrializado para as "periferias de prazer" está a provocar processos de gentrificação transnacionais alavancados pelo turismo (Cocola-Gant, 2018; Hayes, 2018; Janoschka e Haas, 2014; Janoschka *et al.*, 2014; Sigler e Wachsmuth, 2016). Visitantes, novos residentes e proprietários de residências de férias de economias mais ricas são as novas fontes de estímulo dos mercados imobiliários. A recente literatura sobre o assunto mostra, em primeiro lugar, que o desenvolvimento turístico de economias periféricas e semiperiféricas, como as Caraíbas ou o Mediterrânio, promove a chegada de consumidores de classe média transnacionais que vêm abrir novas oportunidades de investimento no tecido construído. Assim, em locais onde o mercado de trabalho não oferece oportunidades profissionais bem remuneradas, visitantes e migrantes transnacionais proporcionam uma base de consumidores de que o capital imobiliário precisa para a extração de mais-valias. Em segundo lugar, a chegada de consumidores de classe média provenientes de regiões mais ricas provoca um desfasamento entre os preços da habitação e os rendimentos do trabalho local. Isto resulta no desalojamento das comunidades locais. Embora seja claro que a produção de cidades do Sul aparece como uma nova oportunidade de investimento para o capital global (Lees *et al.*, 2016; Slater, 2017), o ponto que aqui se pretende enfatizar é que, para se analisar e compreender a geografia da gentrificação, é necessário ter em conta o modo como o turismo e as populações transnacionais móveis, de regiões mais ricas, proporcionam, e vêm fechar *rent gaps* locais.[2]

[2] A teoria do *rent gap*, originalmente desenvolvida por Neil Smith (1987), explica o fenómeno de gentrificação como sendo o resultado do investimento de capital no espaço construído que visa eliminar o hiato (*gap*) entre a renda efetiva paga pelos habitantes pobres e a renda potencial que pode ser auferida, se os primeiros forem substituídos por residentes com mais poder económico.

Neste contexto, é importante notar que os modelos temporais de gentrificação são também muito centrados nos modelos anglo-saxónicos (Lees, 2012). Em muitas regiões de economias periféricas a gentrificação não aconteceu e o tecido urbano encontra-se expectante, aguardando uma nova onda de investimento. Isto acontece porque a procura local e a informalidade dos mercados de trabalho não abrem possibilidades para processos de gentrificação clássicos (Betancur, 2014). Os investidores imobiliários precisam de uma procura efetiva para poderem extrair lucro (Aalbers e Christophers, 2014) e por essa razão estão também particularmente interessados em promover o turismo, já que este proporciona novas possibilidades de extração de rendas (Gotham, 2005). Através do uso de um contexto urbano periférico, do Sul da Europa, como caso de estudo, sugere-se uma interpretação pós-colonial de gentrificação acelerada pelo Airbnb e pelo turismo em geral. Em Lisboa, as áreas centrais em que o processo de abandono e desinvestimento ainda é patente estão a ser rapidamente reabilitadas para consumidores globais temporários. Isto põe em causa as etapas dos processos de gentrificação e mostra, assim, o poder do turismo em criar e fechar *rent gaps* locais.

2. ALOJAMENTO LOCAL, GENTRIFICAÇÃO TURÍSTICA E DESALOJAMENTO

No cenário pós-crise, o mercado do arrendamento privado tem-se tornado um novo negócio para o capital financeiro. Vários autores referem, a respeito da financeirização da habitação, a passagem de uma fase de compra-para-venda para uma nova fase de compra-para-arrendamento (August e Walks, 2018; Beswick *et al.*, 2016; Fields e Uffer, 2016; Paccoud, 2017; Wijburg *et al.*, 2018). Estes autores mostram como a crise financeira veio criar dificuldades no contínuo pagamento das hipotecas, fator que proporcionou novas oportunidades a investidores imobiliários, que compraram casas penhoradas com o intuito de as arrendar. Ao mesmo tempo, verificou-se uma onda de desregulação dos mercados de arrendamento privados e do imobiliário em geral que veio desproteger os inquilinos, tornando o sector do arrendamento mais atrativo para o capital global. Os mesmos investigadores notam também várias consequências desta fase de financeirização da habitação. Uma das mais relevantes é a mudança de senhorios locais para senhorios globais, bem como o seu poder para substituir inquilinos com menos recursos económicos por inquilinos com mais recursos económicos. No entanto, a literatura sobre este fenómeno ainda não abordou a ligação ao alojamento de curta duração. Assim, neste capítulo sugere-se a necessidade de estabelecer a relação entre estes dois processos: a financeirização da habitação e o Airbnb. Argumenta-se que o desenvolvimento e o sucesso de plataformas como o Airbnb, bem como a promoção turística levada a cabo por instituições públicas, criaram incentivos adicionais ao processo de financeirização do arrendamento privado, com especial enfoque no alojamento de curta duração. O Airbnb veio estimular o investimento de capital financeiro no imobiliário de certos bairros específicos e, desta forma, provocar a aceleração do processo de financeirização em que o investimento de capital local é, cada vez mais, complementado por investimento de capital global. Isto acontece porque o Airbnb anuncia habitações locais a uma escala global, evidenciando o papel da internet enquanto espaço de mediação que acelera processos de globalização de mercados imobiliários (Rogers, 2017).

As plataformas *online* vieram oferecer aos senhorios globais novas possibilidades de extração de rendas, não só porque permitem lucros mais altos, mas também porque contribuem para um mercado de arrendamento hiperflexível. Quando os contratos de arrendamento acabam, os senhorios têm a oportunidade de aumentar os preços das rendas com a chegada de novos inquilinos, ao passo que através do alojamento de curta duração esta especulação nos valores das rendas pode ocorrer numa mesma semana. Para além disso, o Airbnb permite que a propriedade possa ser recuperada pelo senhorio a qualquer momento, fenómeno que não acontece quando há regulação do mercado de arrendamento tradicional. Este fator é preponderante, na medida em que já existem provas de que investidores estrangeiros e compradores de segundas habitações são atores principais na oferta de apartamentos turísticos (Cocola-Gant, 2016; Montezuma e McGarrigle, 2018). O investimento internacional no mercado imobiliário é uma prática que não se restringe aos super-ricos e às instituições financeiras. Há, também, uma classe média transnacional que investe em segundas habitações, obtém lucros através do Airbnb e usa a casa somente quando está de visita ao local. Ao mesmo tempo, governos e instituições têm adotado programas de atribuição de vistos e benefícios fiscais a este tipo de investidores (Ley, 2017; Rogers, 2017).

Este fenómeno de compra-para-arrendamento é uma forma de gentrificação turística. Seguindo o argumento de que a chegada de capital induzida pelo Airbnb é a causa central dos processos de mudança social de alguns bairros (Cocola-Gant, 2016; Füller e Michel, 2014; Novy e Colomb, 2016), sugere-se a necessidade de relacionar a proliferação de unidades de alojamento local com o desalojamento da população residente. Neste contexto, o impacto mais óbvio é a substituição de residentes por visitantes. As rendas que se obtêm através do alojamento local são consideravelmente superiores às extraídas com arrendamento para habitação e, por isso, em contextos de flexibilização do arrendamento, os senhorios facilmente se opõem à renovação dos contratos de arrendamento para posteriormente alugarem as suas propriedades através de plataformas como o Airbnb. Estamos perante uma forma de "desalojamento direto" (Marcuse, 1985) em que os residentes se veem obrigados a sair das suas habitações.

No entanto, sugere-se ainda que o desalojamento relacionado com o Airbnb é bastante mais complexo do que o até aqui referido. Em áreas com uma grande procura turística, a transformação do tecido social está relacionada com a mudança dos usos — de um uso quotidiano, residencial, para um uso turístico, de lazer. Em primeiro lugar, as pessoas que vivem em casa própria vendem os seus apartamentos (Cocola-Gant, 2016). A pressão de investidores que procuram casas para alugar através de plataformas digitais, juntamente com o incómodo causado pelo turismo de massas nestas áreas, faz com que a venda e saída desses lugares seja uma opção válida para os residentes em casa própria. Em segundo lugar, o uso turístico do tecido habitacional provoca uma distorção na oferta de apartamentos para arrendamento de longa duração, de tal forma que se torna quase impossível encontrar uma casa para arrendar no mercado de arrendamento privado. Por exemplo, Schäfer e Braun (2016) verificaram que em algumas ruas do centro de Berlim praticamente todos os apartamentos estavam em regime de arrendamento de curta duração. No caso de Ibiza, profissionais como professores ou médicos têm-se recusado a trabalhar por não conseguirem encontrar uma casa para viver (Colmenero, 2016). Isto são relatos de desalojamento por exclusão (Marcuse,

1985; Slater, 2009), causado pela falta de oferta habitacional, que resulta, por um lado, na saída de residentes e, por outro, na impossibilidade de novos residentes virem a habitar o espaço. Por outras palavras, a desenfreada proliferação de alojamentos de curta duração tem como resultado a conversão de áreas residenciais em enclaves turísticos que pouca gente pode ou quer habitar. Este é, assim, um processo de transformação social que se traduz na substituição de residentes permanentes por habitantes temporários.

3. LISBOA, CAPITAL IMOBILIÁRIO GLOBAL E TURISMO INTERNACIONAL

Situada nas margens do rio Tejo e com uma área de cerca de 100 km², Lisboa tinha, em 2011, uma população de 547 733 habitantes. Durante grande parte do século XX, a área ribeirinha junto ao Tejo foi usada para a indústria e parte dos bairros históricos adjacentes serviam de residência aos trabalhadores dessa zona. Durante muito tempo, a cidade foi desenvolvida "para dentro", com a construção de empreendimentos destinados à classe média, enquanto os bairros históricos foram sofrendo processos de desinvestimento, abandono e degradação do edificado. Com a entrada de Portugal na União Europeia, em 1986, o processo de desindustrialização das áreas ribeirinhas acentuou-se devido ao acordo no sentido de desmantelar indústrias com baixos níveis de produtividade. Esta situação acentuou a divisão espacial do trabalho entre um Norte industrializado e um Sul centrado no lazer, e deu lugar a uma posterior transição para uma economia pós-industrial baseada no entretenimento e no turismo. No centro histórico, este processo de desindustrialização veio reforçar o processo de degradação do edificado, de desemprego e de perda de população. Entre 1981 e 2011, o centro da cidade perdeu mais de metade da população, passando de 118 767 para 58 453 residentes. Além do crescente abandono, os censos de 2011 mostram que os bairros históricos revelam a maior proporção de residentes idosos e com baixos níveis de escolaridade em relação ao resto da cidade (Malheiros *et al.*, 2012). Excetuando raras exceções documentadas (Mendes, 2008), isto significa que, em geral, a área do centro histórico não tinha passado por processos clássicos de gentrificação.

A partir dos anos 90, foram sendo adotadas estratégias de revitalização urbana com o objetivo de incluir Lisboa no mapa do investimento imobiliário internacional e do turismo (Barata-Salgueiro, 2017; Malet-Calvo, 2017). No entanto, foi só a partir de 2008 e depois da crise financeira que essas estratégias se aprofundaram, e o turismo e o investimento estrangeiro passaram a ser vistos como elementos fundamentais para solucionar a crise. Lisboa foi sendo promovida como um destino ideal não só para turistas, mas também para estudantes internacionais e migrantes por estilo de vida, que procuram um sítio bom e barato para viver no Sul da Europa. Desta forma, o crescimento do turismo interliga-se com o investimento imobiliário, particularmente através da compra de segundas habitações (Montezuma e McGarrigle, 2018). A este propósito, foi introduzido em 2009 o programa para atribuição do estatuto de residente não habitual, que oferece benefícios fiscais a reformados e quadros científicos na UE que estabeleçam residência em Portugal. Do mesmo modo, em 2012 foi aprovado o programa ARI (Autorização de Residência para atividade de Investimento), mais conhecido por Vistos *Gold*, que oferece a cidadania portuguesa a investidores não europeus que, por exemplo, comprem imobiliário de valor superior a 500 000 euros ou invistam em propriedades para reabilitar no valor de 350 000 euros.

Para além disto, foram implementadas outras medidas com o objetivo de tornar o mercado imobiliário local mais atrativo para investimento estrangeiro, como por exemplo a oferta de benefícios fiscais a fundos de investimento imobiliário (Mendes, 2018). Os bancos portugueses foram resgatados pela União Europeia em 2011, fator que implicou não só a adoção de várias medidas de austeridade, mas também a flexibilização do mercado imobiliário. Neste aspeto, uma das medidas mais impactantes consistiu na desregulação do mercado de arrendamento privado com o Novo Regime de Arrendamento Urbano de 2012. Esta lei veio permitir que proprietários e senhorios pudessem facilmente opor-se à renovação dos contratos de arrendamento; deixou também de haver um tempo mínimo para a duração dos contratos, que era de cinco anos. Por um lado, esta desregulação dos contratos de arrendamento tornou o sector do arrendamento privado mais atrativo para o capital privado; por outro, veio estimular e legitimar a proliferação do alojamento local, uma vez que os arrendamentos por um dia passaram a ser legais.

Como resultado de todas estas medidas, tanto o turismo como a reabilitação do edificado das áreas centrais da cidade aumentaram significativamente. De 2009 a 2016, o número de chegadas ao aeroporto de Lisboa duplicou e em 2017 este número chegou aos este número chegou aos 13,4 milhões, o que equivale a mais de 24 vezes a população residente na cidade. A ligação entre turismo e investimento imobiliário é cada vez mais evidente, não só devido à compra de segundas habitações, mas também devido à procura internacional, que oferece novas possibilidades de extração de rendas (Montezuma e McGarrigle, 2018). Num contexto de altas taxas de desemprego e salários baixos (o salário mínimo nacional é de 580 euros), o turismo surge como um estímulo ao investimento imobiliário, destinando-se este à prestação de serviços a consumidores transnacionais e não a residentes locais. Por estes motivos, em Lisboa a indústria da construção civil tem-se dedicado à construção de hotéis (cujo número mais do que duplicou nos últimos dez anos), residências para estudantes internacionais (Malet-Calvo, 2017), apartamentos de luxo (Barata-Salgueiro, 2017) e, como demonstramos mais à frente, unidades de alojamento local. Neste contexto, os preços da habitação têm subido drasticamente. Alguns investigadores mostram como a globalização da oferta e da procura do mercado da habitação provoca desfasamentos entre os preços praticados e o valor do trabalho local (DeVerteuil e Manley, 2017; Ley, 2017). Em Lisboa, os preços das rendas aumentaram 110 % no período 2013–2017 (Relvas, 2018). O último censo revela que em 2011 o preço médio de uma renda de um T1 era de 269 euros, ao passo que hoje é difícil encontrar um apartamento com a mesma configuração por um valor inferior a 800 euros por mês.

4. CASO DE ESTUDO E METODOLOGIA

O número de alojamentos turísticos anunciados na plataforma Airbnb, em Lisboa, aumentou drasticamente a partir de 2014. Segundo o *site* airdna.co, em 2018 existem cerca de 15 700 anúncios ativos durante todo o ano em Lisboa, 76 % dos quais são relativos a casas completas. Em 2014 encontravam-se apenas 2000 destes anúncios. A oferta de alojamentos de curta duração está muito concentrada no centro histórico da cidade, sendo esta a razão pela qual Alfama foi escolhida como caso de estudo (Mapa 1).

Alfama é um dos bairros mais antigos da cidade; nele, a degradação e o abandono são ainda patentes. Na primeira década do milénio, a população de Alfama baixou de 3824 residentes para 3042. Os censos de 2011 mostram, também, que 28 % da população do bairro tinha 65 ou mais anos de idade e que, em termos de escolaridade, 35 % da população adulta tinha apenas completado o ensino primário (ou nem isso). O desemprego situava-se nos 14,2 % e 28 % dos trabalhadores encontravam-se empregados no sector do comércio a retalho e da restauração, auferindo salários mínimos. Ao mesmo tempo, em Alfama, 77 % dos alojamentos clássicos ocupados estavam em regime de arrendamento ou subarrendamento, enquanto em Lisboa mais de metade destes são de residência própria. Os censos de 2011 indicam, também, que mais de metade dos edifícios habitacionais precisava de obras e que 10 % se encontravam muito degradados. Em suma, em 2011, Alfama era um bairro que não tinha passado por processos de gentrificação, dado que era essencialmente habitada por uma população de classe baixa, envelhecida e com baixos níveis de escolaridade, e o tecido habitacional estava bastante degradado.

Mapa 1 — Centro histórico de Lisboa. Alfama e área de estudo intensivo

Fonte: elaboração própria.

De modo a ser possível explorar o papel do alojamento local na transformação de Alfama, conduzimos uma investigação de campo prolongada e intensiva numa microescala geográfica. Durante dois anos, entre 2015 e 2017, estudámos a área em torno da Rua dos Remédios (Mapa 1), uma das principais artérias do bairro. Nesta área de 3,6 hectares existem 945 alojamentos clássicos e, devido à degradação do edificado, em 2011 a população não chegava aos 900 habitantes. No entanto, nos últimos anos esta área tem passado por um notável processo de reabilitação. Residindo na Rua dos Remédios durante este período foi possível examinar a relação entre o alojamento local e o investimento imobiliário, os atores envolvidos no processo e a forma como os residentes percecionam esta proliferação de apartamentos turísticos. A imersão prolongada na área de estudo permitiu-nos monitorizar o tecido habitacional e mapear transformações. Em dezembro de 2015 mapeámos e qualificámos todas as unidades de alojamento local existentes nesta área e, um ano depois, repetimos o processo para perceber a evolução do fenómeno. Desta forma foi-nos possível estabelecer e perceber a relação entre a proliferação de alojamentos turísticos e o investimento na reabilitação do edificado habitacional do bairro. Do mesmo modo, pudemos mapear casos de desalojamento direto de inquilinos, bem como outras formas de transformação social e espacial. A imersão prolongada no caso de estudo permitiu-nos, também, conduzir um grande número de entrevistas informais e observar e participar em reuniões e assembleias de moradores. Por último, fizemos 20 entrevistas em profundidade: 15 a residentes de longa duração no bairro e cinco a interlocutores relevantes, como agentes imobiliários e proprietários de unidades de alojamento local. Aos residentes perguntámos de que forma o alojamento local estava a transformar o bairro e o que pensavam sobre o assunto. As entrevistas aos interlocutores relevantes centraram-se nas dinâmicas do mercado imobiliário, da habitação e do turismo.

Esta abordagem intensiva e qualitativa foi desenhada para compensar as limitações inerentes aos dados quantitativos no que diz respeito ao estudo da relação entre o arrendamento de curta duração e o desalojamento da população residente. As plataformas digitais como o Airbnb não partilham os seus dados com os poderes locais e governamentais (Ferreri e Sanyal, 2018) e por este motivo os estudos sobre este assunto têm-se baseado em fontes secundárias. Embora as informações recolhidas desta forma sejam úteis para se obter um entendimento geral do problema, a ausência de dados qualitativos limita o entendimento sobre o modo como os alojamentos de curta duração se relacionam com outros processos de transformação socioespaciais no território. Para além disso, sabe-se que estes alojamentos turísticos estão concentrados nos centros urbanos e, por isso, estudar esta matéria à escala da cidade poderia impossibilitar a compreensão dos impactos causados nos lugares em questão. Por estas razões, a abordagem qualitativa e prolongada numa microescala geográfica com uma grande concentração de unidades de alojamento local permitiu, por um lado, identificar a oferta de alojamentos turísticos ao longo do tempo e, por outro, identificar os atores envolvidos e os impactos na habitação. Em relação ao desalojamento, vários autores têm denotado as dificuldades em quantificar o número de casos e concordam que os métodos para detetar este fenómeno têm de ser mais intensivos, de proximidade e qualitativos para que se identifiquem os efeitos da gentrificação no tecido social (DeVerteuil, 2011; Newman e Wyly, 2006; Slater, 2009). Deste modo, esta investigação intensiva e prolongada oferece uma análise de lugar que permite aprofundar o entendimento sobre a forma como a proliferação de unidades de alojamento local afeta a população residente.

5. ALOJAMENTO LOCAL E HABITAÇÃO

Segundo os residentes, o primeiro apartamento a ser convertido em alojamento local em torno da Rua dos Remédios apareceu em 2011. Já em 2016, verificou-se que 235 das 945 habitações existentes serviam para alojamento turístico, o que equivale a 25 % do tecido habitacional nesta área. Um ano antes esta proporção situava-se nos 16 %. Para além do rápido crescimento verificado, importa salientar que apenas dois destes apartamentos eram casas partilhadas por residentes. Ou seja, 99 % da oferta de alojamento de curta duração consistia em apartamentos inteiros que serviam exclusivamente para alojamento turístico, 365 dias por ano, e que pertenciam a não residentes na zona. Para além disto, nesta pequena área existiam 14 prédios totalmente destinados a alojamento turístico — na prática hotéis sem licença de hotelaria. Estes dados revelam que não se trata de economia de partilha. Pelo contrário, verifica-se uma intensa atividade de compra-para-arrendamento, da qual resultam mudanças abruptas nos usos do edificado — de habitação para alojamento turístico.

Esta mudança nos usos do edificado relaciona-se com uma tendência para o investimento imobiliário e a reabilitação (Mapa 2). Verificou-se que a proliferação de unidades de alojamento local promove a gentrificação turística, sendo que os investidores compram casas com o objetivo de as colocar no mercado de arrendamento de curta duração. Entre 2015 e 2017, na área de estudo intensivo, foram comprados 150 apartamentos, mas apenas um para efeitos de habitação própria. A maior parte foi convertida em alojamento turístico e os restantes permaneceram vazios, tendo sido objeto de sucessivas vendas. A reabilitação do edificado segue o mesmo padrão: os apartamentos reabilitados ora são convertidos em alojamento local, ora permanecem vazios. No mesmo período, 21 prédios habitacionais foram reabilitados, num total de cerca de 130 apartamentos. Destes 21 prédios houve 12 que deram lugar a alojamento exclusivamente turístico, o que significa que, na prática, se converteram em hotéis.

Mapa 2 — Área de estudo intensivo. Indicação da oferta de alojamento local, reabilitação, apartamentos vendidos e casos de desalojamento direto

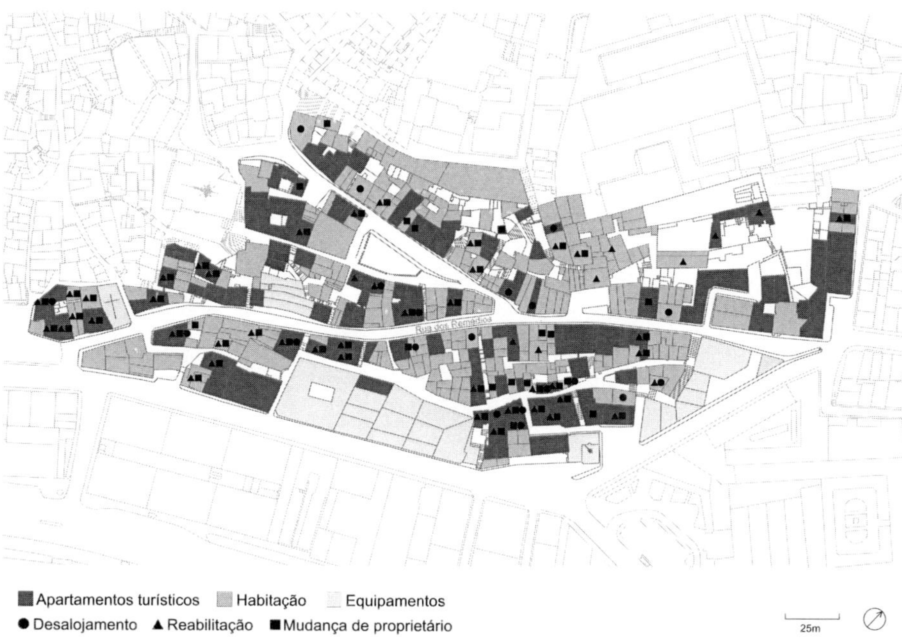

Fonte: elaboração própria.

O intensivo trabalho de campo desenvolvido permitiu também identificar os proprietários e promotores de alojamento local nesta área (Tabela 1). Como já referido, apenas dois apartamentos eram "partilhados" por residentes. Para além destes, identificámos casos de residentes com casa própria que optaram por mudar para outras áreas da cidade com o objetivo de alugar os seus apartamentos a turistas. Estes casos não são, no entanto, numerosos e é importante notar que, nesta área, a atividade de investimento para alugar representa 78 % da oferta de alojamento de curta duração. Os casos em que antigos senhorios deixam de arrendar a residentes para alugar a turistas estão a diminuir, representando 17 % da oferta nesta área. Os dados mostram-nos que esta não é apenas uma atividade de mudança no tipo de inquilinos, de residente para visitante, mas também uma nova oportunidade de extração de rendas, atraindo investidores imobiliários que atualmente dominam o sector. Estes investidores podem ser separados em dois tipos: pequenos investidores, que compram um ou dois apartamentos para alojamento local; e grandes investidores, normalmente empresas, que compram vários apartamentos e/ou prédios inteiros, com o mesmo propósito.

Tabela 1 — Proprietários de alojamento local na área de estudo intensivo

Tipo de proprietário	2015	2016
Partilha de habitação	1	2
Residentes que se mudaram para outras áreas	7	9
Antigos senhorios	48	40
Pequenos investidores	51	81
Grandes investidores	42	103
Total de apartamentos para alojamento local	**149**	**235**

Fonte: elaboração própria.

Em relação aos pequenos investidores, estes dados confirmam os resultados obtidos por Montezuma e McGarrigle (2018), que mostram que os estrangeiros que compram segundas habitações ou casas de férias desempenham um papel importante na conversão de habitação em alojamento turístico. Durante o intensivo estudo de campo, foram identificados casos em que agentes imobiliários aconselharam investidores estrangeiros a comprar casas nesta área. Estes agentes listam, depois, as propriedades no Airbnb e gerem-nas em nome dos compradores. Ou seja, os proprietários de segundas habitações obtêm lucros através do Airbnb, podendo simultaneamente retirá-las do mercado de alojamento de curta duração a qualquer momento e utilizá-las durante a sua estadia em Lisboa. Segundo os gestores de propriedades, esta flexibilidade tem um peso importante tanto na compra de segundas habitações, como na opção de alugar a turistas ao invés de a residentes. Em suma, o Airbnb tem criado um mecanismo que enfatiza a relação entre migrantes por estilo de vida em destinos turísticos e o investimento no mercado imobiliário. Um residente em Alfama refere-se a este fenómeno:

> Há muita gente que compra as casas para alugar a turistas. Mas o problema agora, ainda mais grave, é que são os próprios estrangeiros que alugaram as casas que depois realizaram negócio com o próprio senhorio e acabaram por as comprar.

No entanto, os principais atores neste processo têm vindo a ser grandes investidores, tanto empresas nacionais como internacionais, que compram prédios inteiros e depois os reabilitam e convertem em alojamento turístico. A Tabela 1 mostra que existe uma tendência gradual no sentido de esta ser uma atividade cada vez menos promovida por antigos senhorios e pequenos investidores e cada vez mais uma oportunidade de negócio dominada por investidores com mais recursos. O que se torna evidente é que a proliferação de apartamentos turísticos em Alfama espelha o processo de financeirização do arrendamento, ou seja, verifica-se a transferência de casas do circuito local para o circuito global, com os investidores a aproveitarem o cenário pós-crise para lucrar com o mercado de arrendamento local (August e Walks, 2018; Beswick *et al.*, 2016; Fields e Uffer, 2016; Wijburg *et al.*, 2018). Isto mostra como o Airbnb e o crescimento do turismo em Lisboa estão a abrir novas, e mais lucrativas, formas de atração de investimento imobiliário.

Em suma, este estudo de campo vem confirmar que o alojamento local é uma nova oportunidade de os senhorios e investidores que alugam apartamentos inteiros auferirem rendas, ao invés da existência de uma atividade de partilha de casas de residentes (Arias-Sans e Quaglieri-Domínguez, 2016; Cocola-Gant, 2016; Gurran e Phibbs, 2017; Schäfer e Braun, 2016; Wachsmuth e Weisler, 2018). Mas, mais do que isso, os dados recolhidos mostram também que as plataformas como o Airbnb estimulam atualmente o investimento imobiliário com base no arrendamento de curta duração e que essa atividade não se restringe a senhorios locais que decidem deixar de arrendar com o objetivo de alugar a turistas. O Airbnb está a exacerbar a globalização dos mercados imobiliários, uma vez que a classe média transnacional e os senhorios globais são atores principais na oferta de alojamento de curta duração. Por último, este é um processo de gentrificação que tem por base o turismo e o arrendamento, dado que é ativado por investimento imobiliário com o objetivo de extração de rendas que está a provocar uma mudança dos usos do edificado — de habitação para alojamento turístico. Tal processo de transformação provoca o desalojamento da população residente.

6. ALOJAMENTO LOCAL E DESALOJAMENTO

No ponto anterior mostrou-se que a proliferação de apartamentos turísticos é essencialmente promovida por investidores que compram com o objetivo de alugar e que o processo está relacionado com a reabilitação do edificado. De um ponto de vista crítico, é importante notar que esta multiplicação do arrendamento de curta duração em Alfama é uma forma de gentrificação, visto que é o principal motivo do desalojamento da população residente e que está a provocar drásticas transformações sociais do território. Os poderes locais têm sugerido que o alojamento local existe principalmente em prédios que estavam devolutos e que, por esse motivo, não se relaciona com o desalojamento de residentes de longa duração. Neste ponto, mostra-se que esta é uma visão simplista do processo, e que a proliferação de apartamentos turísticos põe em evidência, e exacerba, desigualdades sociais preexistentes. Em primeiro lugar, a transformação dos usos do edificado mencionada no ponto anterior é a principal causa de saída da população, ao ponto de se verificar uma substituição da vida residencial pelo turismo. Em segundo lugar, os residentes que resistem e ficam a viver no local passam por um processo de perda de lugar. Na presente secção mostram-se e discutem-se tais processos de transformação socioespaciais.

Um tópico recorrente e transversal a todas as entrevistas é o facto de haver pessoas forçadas a sair das suas habitações para dar lugar a alojamentos turísticos. Estes são relatos de desalojamento direto, que é o mesmo que dizer saída involuntária do lugar de residência (Marcuse, 1985). Vários investigadores têm notado as dificuldades metodológicas na quantificação de casos de desalojamento direto em contexto de gentrificação: se por um lado é necessário conhecer os motivos pelos quais alguém decide sair da sua habitação, o que implica uma pesquisa qualitativa (Slater, 2009), por outro, quando os investigadores dão conta e decidem estudar o fenómeno, normalmente as pessoas afetadas pelo processo já lá não estão (Newman e Wyly, 2006). No entanto, esta investigação de campo intensiva e prolongada permitiu identificar e mapear vários casos de desalojamento direto (Mapa 2). Entre 2015 e 2017, pelo menos 27 famílias, num total de 36 pessoas, foram forçadas a abandonar as suas casas na área de estudo. Das 27 casas identificadas, 18 deram lugar a alojamento local e as outras 9 permanecem vazias. Para além disto, foram registados vários casos de desalojamento direto iminente, pelo que tudo indica que estes números irão aumentar num futuro próximo. Por exemplo, dos 15 residentes entrevistados, seis referiram estar em risco de desalojamento direto. As estratégias usadas pelos senhorios para expulsar os residentes são em tudo semelhantes às registadas em processos de gentrificação clássica, em que a saída de inquilinos é uma condição necessária para se fecharem *rent gaps* (Marcuse, 1985; Slater, 2017; Smith, 1996). A maioria dos casos decorreu da não renovação do contrato de arrendamento, ou de aumentos incomportáveis de renda; mas também houve casos de inquilinos que foram impelidos a aceitar indemnizações muito baixas, de intimidação psicológica e de degradação deliberada. É importante notar que este processo afeta não só inquilinos com poucos recursos económicos, mas também residentes de classe média que já pagavam rendas altas e estariam dispostos a pagar mais. As rendas que podem ser auferidas com um alojamento local encorajam antigos senhorios e investidores a converter a habitação em alojamento turístico e, neste sentido, o arrendamento de longa duração deixa de ser apelativo.

No entanto, estas não são as únicas explicações para a transformação social e dos usos observada neste contexto. A conversão de habitação em alojamento turístico também encoraja residentes mais jovens a mudar-se por razões que, embora sejam vistas como "voluntárias", na prática fazem parte de um processo generalizado de mudança social. Neste aspeto, podem ser referidas três situações diferentes. A primeira ocorre quando os inquilinos deixam um apartamento por razões pessoais e o senhorio decide não voltar a alugar a residentes e alugar a turistas. A segunda situação já foi mencionada anteriormente e refere-se a casos em que residentes em casa própria decidem mudar-se para alugar as suas casas no Airbnb. A última, e mais comum, tem que ver com situações em que os residentes proprietários vendem os seus apartamentos a novos investidores que, por sua vez, os alugam a turistas. Agentes imobiliários e gestores de propriedades a calcorrear as ruas e perguntando aos residentes se querem vender os seus imóveis tornou-se uma prática corrente, que muita gente vê como uma oportunidade. Tendo em conta todas estas dimensões, dos 235 alojamentos locais na área de estudo intensivo 74 estavam vazios e 161 estavam habitados por residentes. O alojamento local provoca a mudança dos usos do edificado e, nesse sentido, provoca, também, a substituição de residentes por visitantes. Cerca de 200 pessoas deixaram de residir nesta área entre 2015 e 2017, o que representa 20 % da população.

A mudança nos usos do edificado deve, também, ser relacionada com o conceito de desalojamento por exclusão (Marcuse, 1985; Slater, 2009). A população residente está a sair, mas os novos potenciais residentes não conseguem encontrar uma casa nesta área que consigam arrendar porque a oferta é praticamente inexistente. Durante um período de seis meses em 2017 monitorizámos o *site* Idealista, uma plataforma *online* que agrega anúncios de imóveis de várias plataformas, e verificámos que a oferta de arrendamento é praticamente inexistente. Em certos momentos havia um ou dois apartamentos para arrendar, noutros três. Este fator confirma a transformação dos usos, uma vez que o mercado de arrendamento está cada vez mais orientado para visitantes ao invés de residentes. Para além disto, o apartamento mais barato disponível para arrendar nesta área tinha 20 m² e custava 600 euros por mês, o que equivale a um valor acima do ordenado mínimo nacional. Esta falta de alternativa é uma das principais preocupações da população relativamente à habitação. As pessoas em risco de desalojamento direto são forçadas a aceitar condições de habitabilidade muito precárias porque não têm alternativa habitacional digna na mesma área. A falta de oferta habitacional está a provocar situações de sobrelotação. Das 36 pessoas que tiveram de abandonar as suas casas na área de estudo intensivo, nenhuma conseguiu permanecer em Alfama e apenas duas arranjaram outra casa para arrendar nas imediações do bairro. Para além disso, como a população local não tem possibilidade de pagar as rendas pedidas pelas poucas casas disponíveis para arrendar, as pessoas que normalmente as ocupam são estudantes internacionais ou migrantes transnacionais. Em relação a este fenómeno, é importante explorar a perceção dos residentes que ficam, e resistem, num bairro que sofreu transformações tão abruptas.

A investigação sobre desalojamento em contexto de gentrificação tem-se focado essencialmente no aspeto do desalojamento direto. No entanto, alguns autores têm explorado a forma como a população que permanece vê o processo de gentrificação desenrolar-se e mostram que o processo é percecionado como uma "perda de lugar", devido à drástica mudança dos locais que lhes são familiares (Davidson, 2009; Shaw e Hagemans, 2015; Valli, 2015). Este sentido de perda de lugar pode ser encarado como um tipo de desalojamento e é essencial para se perceber os impactos causados pela proliferação de arrendamentos de curta duração. Os dados recolhidos nesta investigação sugerem que esta sensação de perda está relacionada com a apropriação e produção do espaço para consumidores temporários de economias mais ricas. É importante notar que o bairro de Alfama se tem tornado num espaço dual, no qual a maioria dos apartamentos reabilitados são usados por turistas e os degradados estão ocupados por inquilinos de longa duração. Esta onda de reabilitação não melhora as condições de habitabilidade da população residente. Pelo contrário, há várias situações de casas ocupadas por inquilinos que têm sofrido danos durante a reabilitação de outras frações e, por isso, as suas condições de habitabilidade degradaram-se. Há casos de prédios que foram reabilitados para dar lugar a alojamento local, mas em que os apartamentos ocupados por inquilinos não tiveram obras de melhoramento. Isto significa que a reabilitação não traz benefícios diretos à população e, pior, que obriga os inquilinos a suportar o incómodo de viver num prédio em obras que não lhes são destinadas. Estas situações recorrentes são percecionadas pelos residentes como um processo de assédio e provoca uma sensação de impotência e frustração. Como já foi notado noutros casos (DeVerteuil, 2011; Marcuse, 1985; Newman e Wyly, 2006; Slater, 2009), se os residentes não sofrem desalojamento direto, isso não se deve à falta de pressão, mas antes a uma capacidade de resistência e de estratégias de adaptação a piores condições de habitabilidade. Por exemplo, um residente entrevistado fala deste fenómeno:

> Fizeram obras nas outras casas, mas inundaram a nossa! Tiraram as vigas e aquilo ficou por arranjar... Depois venderam o prédio e pronto, são as tais palhaçadas! Ficámos à espera a acreditar que faziam as obras...

Outro fator que mostra esta sensação de impotência e perda de lugar são os vários relatos de residentes que dizem sentir-se esquecidos e ignorados pelos poderes públicos, acrescentando que o espaço está a ser pensado, em primeiro lugar, para agradar aos visitantes e não aos residentes que vivem no bairro há já muitos anos: "Não querem saber de nós. Nós somos tipo os parasitas que ainda continuamos em Alfama." Esta situação põe em evidência desigualdades sociais e mostra, também, a forma como a desigual divisão do trabalho a nível global é percecionada pelos residentes. Ou seja, a sensação de impotência e frustração não deriva só do facto de os residentes estarem a perder as suas habitações, mas também da impossibilidade de confrontar desigualdades estruturais a nível global. Quando questionados acerca das transformações no tecido construído do bairro, dois residentes de longa duração respondem da seguinte forma:

> Qualquer dia vamos ser todos corridos daqui para fora. Os turistas vão ser os únicos aqui. Está tudo virado para o turismo! E nós vamos ter de sair... Que é que ficamos a fazer aqui?
>
> Sinto que as transformações não estão a ser feitas do ponto de vista de quem cá mora. E nesse sentido, às vezes sinto que me estão a mandar embora daqui, ou seja, não seria suposto eu viver aqui. É do tipo: "Então, se não tens muito dinheiro: vai-te embora!" Não é?

Um segundo ponto que enfatiza a sensação de perda de lugar tem que ver com o desmantelamento de relações de proximidade e vizinhança devido à saída de muitos residentes e à sua substituição por habitantes temporários. Estes habitantes temporários não falam português, não se misturam com os residentes locais e levam uma vida turística, ou seja, de entretenimento e diversão. A recente coexistência entre estes dois modos de estar — modo residencial, quotidiano, e modo turístico, de lazer — provoca incómodos no dia a dia dos residentes, como por exemplo o barulho provocado por festas nos apartamentos turísticos. A consequência é que os residentes que ficam se sentem cada vez mais frustrados, isolados e vulneráveis:

> Eu acho que agora já nem se fala português aqui... Agora aquela foi para um lado, a outra foi para outro, os turistas ocuparam isto. [...] Dantes tínhamos a ajuda das vizinhas, gritávamos da janela e o pessoal aparecia! Agora... os turistas não te ligam nenhuma.

7. DISCUSSÃO DOS RESULTADOS E CONCLUSÕES

Os impactos socioespaciais provocados pela proliferação e concentração de apartamentos turísticos em Alfama espelham, em grande medida, as consequências observadas em contextos de gentrificação clássica. Isto é, a reabilitação de uma área central e o desalojamento da população residente com menos recursos económicos (Lees *et al.*, 2008). Alfama está a mudar muito rapidamente de um cenário de abandono e degradação para um cenário de melhoramento do espaço construído, de escalada dos preços da habitação e transformação social. No entanto, verificou-se que este processo em Alfama tem, também, diferenças acentuadas de manifestações clássicas de gentrificação. A transformação urbana neste caso tem por base o turismo e a extração de rendas através do Airbnb que se apresentam como novas oportunidades de investimento imobiliário. Isto sugere a necessidade de conceptualizar a gentrificação de formas diferentes das que se têm a vindo desenvolver em relação a cidades globais do Ocidente industrializado (Lees, 2012).

Em primeiro lugar, é importante referir que a desigual divisão do trabalho é uma explicação central para se perceber porque é o turismo necessário para gerar e fechar *rent gaps* locais. Em Lisboa, o mercado de trabalho não oferece uma procura suficiente para estimular os mercados imobiliários locais e, por isso, o poder de compra de visitantes de regiões globais permite uma extração de rendas mais lucrativa. O poder central tem alavancado estes fenómenos ao desregular o sector imobiliário, abrindo, assim, o mercado local ao capital global. Este investimento global reverte em serviços para consumidores temporários e com mais recursos económicos, ao invés de melhorar as condições de vida dos habitantes residentes.

Em segundo lugar, esta investigação mostra como as diferentes etapas temporais dos processos de gentrificação são aceleradas pelo turismo e, em particular, pelo Airbnb. Na periferia da Europa, Alfama não tinha passado pelas etapas de gentrificação descritas na literatura (Lees *et al.*, 2008). No entanto, num muito curto espaço de tempo este bairro passou de uma fase de pré-gentrificação para uma fase de gentrificação dominada por consumidores globais temporários. Tudo indica que esta área saltou as fases expectáveis de gentrificação e que o turismo teve um papel compressor do fenómeno. O Airbnb acelera a gentrificação uma vez que faz com que a habitação, que antes servia um circuito local, passe a servir um circuito turístico global, numa mais lucrativa forma de extração de rendas.

Mostrou-se que tanto a procura turística como o Airbnb constituem a base para o investimento imobiliário do tipo comprar-para-arrendar. Neste caso, a oferta de alojamento de curta duração é cada vez mais uma atividade promovida por novos investidores que procuram auferir rendas e cada vez menos uma troca de ocupação por antigos senhorios. O facto de os grandes investidores serem os principais proprietários deste serviço levanta questões para investigação futura acerca da relação entre o Airbnb e a financeirização da habitação. Um ponto central será explorar as estratégias de investimento destes grandes investidores. No cenário pós-crise, em que se verifica uma passagem da compra-para-venda para a compra-para-arrendamento, o mercado de arrendamento habitacional apresenta-se como uma nova oportunidade de obter rendas imobiliárias (August e Walks, 2018; Beswick *et al.*, 2016; Fields e Uffer, 2016; Wijburg *et al.*, 2018). No entanto, será importante notar que o Airbnb veio estimular esta nova fase do capital através de uma mudança no investimento residencial para o investimento no mercado turístico, transformando o arrendamento tradicional.

Neste caso de estudo não se verificou uma única situação de investimento para arrendamento de longa duração. Com base nesta investigação verificou-se, também, que há vários investidores que compram prédios, não para lucrar com as respetivas rendas, mas para os deixar vazios.

Tudo indica que o uso de habitação como "depósito de capital" também está a acontecer em Lisboa, à semelhança do que acontece noutras cidades globais, e que é estimulado pela subida dos preços da propriedade (Barata-Salgueiro, 2017; Montezuma e McGarrigle, 2018). O que parece ficar patente é que o Airbnb nada tem de economia de partilha, sendo, pelo contrário, um mecanismo que torna o investimento imobiliário ainda mais lucrativo.

Por último, verificou-se que a proliferação de arrendamento de curta duração provoca uma mudança dos usos do solo e do edificado, transformando a área em algo semelhante a um enclave turístico. Isto confirma os resultados já demonstrados noutras áreas turísticas, como por exemplo Barcelona (Cocola-Gant, 2016). Enquanto alguns residentes abandonam o bairro porque sofrem de desalojamento direto (Marcuse, 1985; Slater, 2009), outros residentes saem voluntariamente, vendendo os seus apartamentos ou alugando-os a turistas. Para além disso, o alojamento local provoca o desalojamento por exclusão que, neste caso, se traduz pela falta de oferta de casas e não só pela dificuldade em pagar os preços das mesmas (Marcuse, 1985; Slater, 2009). Tudo isto resulta na substituição da comunidade local por visitantes temporários de economias mais ricas. Este fenómeno vem colocar questões importantes sobre o desenvolvimento turístico e o direito à cidade. Em relação a isto, é necessário aprofundar a investigação com estudos qualitativos e comparativos acerca dos impactos causados pelo Airbnb e de que forma transformam a vida urbana. Ficou também demonstrado que as pessoas que permanecem no bairro passam por situações que levam a uma sensação de perda e de frustração, resistindo a problemas de convivência diários que pioram a sua qualidade de vida. Tal como DeVerteuil (2011) observa, seria importante aprofundar o conhecimento sobre as desvantagens de permanecer num lugar em processo de gentrificação, principalmente porque a literatura trata este fenómeno como algo inerentemente positivo. Neste sentido, será necessário estudar a forma como a natureza temporária dos visitantes, a dificuldade destes em conviver com a população local devido a barreiras linguísticas e os seus diferentes padrões de consumo acentuam a sensação de que o espaço foi apropriado por "outros". O desalojamento é económico, mas, neste caso, é também cultural, e essa é uma dimensão que requer investigação futura.

REFERÊNCIAS BIBLIOGRÁFICAS

Aalbers, Manuel B.; Christophers, Brett (2014), "Centring Housing in Political Economy", *Housing, Theory and Society*, 31(4), 373–94.

Arias-Sans, Albert; Quaglieri-Domínguez, Alan (2016), "Unravelling Airbnb. Urban Perspectives from Barcelona", *in* Antonio Paolo Russo e Greg Richards (orgs.), *Reinventing the Local in Tourism. Travel Communities and Peer-Produced Place Experiences*. London: Channel View, 209–28.

August, Martine; Walks, Alan (2018), "Gentrification, Suburban Decline and the Financialization of Multi-Family Rental housing: The Case of Toronto", *Geoforum*, 89, 124–36.

Barata-Salgueiro, Teresa (2017), "Alojamentos Turísticos em Lisboa", *Scripta Nova. Revista Electrónica de Geografía y Ciencias Sociales*, 21(578).

Beswick, Joe; Alexandri, Georgia; Byrne, Michael; Vives-Miró, Sònia; Fields, Desiree; Hodkinson, Stuart; Janoschka, Michael (2016), "Speculating on London's Housing Future: The Rise of Global Corporate Landlords in 'Post-Crisis' Urban Landscapes", *City*, 20(2), 321–41.

Betancur, John J. (2014), "Gentrification in Latin America: Overview and Critical Analysis", *Urban Studies Research*, 4, 1–14.

Cocola-Gant, Agustin (2018), "Tourism Gentrification", *in* Loretta Lees e Martin Phillips (orgs.), *Handbook of Gentrification Studies*. Cheltenham, Northampton: Edward Elgar Publishing, 281–93.

Cocola-Gant, Agustin (2016), "Holiday Rentals: The New Gentrification Battlefront", *Sociological Research Online*, 21(3).

Colmenero, Ricardo (2016), "Profesores sin casa en Ibiza duermen en gimnasios", *El Mundo*, de 10 de outubro. Consultado a 25.10.2016, em http://www.elmundo.es/baleares/2016/10/12/57fdfc7522601dac088b466d.html.

Davidson, Mark (2009), "Displacement, Space and Dwelling: Placing Gentrification Debate", *Ethics, Place and Environment*, 12(2), 219–34.

Davidson, Mark; Lees, Loretta (2010), "New-Build Gentrification: Its Histories, Trajectories, and Critical Geographies", *Population, Space and Place*, 16(5), 395–11.

DeVerteuil, Geoffrey (2011), "Evidence of Gentrification-Induced Displacement among Social Services in London and Los Angeles", *Urban Studies*, 48(8), 1563–80.

DeVerteuil, Geoffrey; Manley, David (2017), "Overseas Investment into London: Imprint, Impact and Pied-à-terre Urbanism", *Environment and Planning A*, 49(6), 1308–23.

Ferreri, Mara; Sanyal, Romola (2018), "Platform Economies and Urban Planning: Airbnb and Regulated Deregulation in London", *Urban Studies*. Consultado a 25.10.2016, em http://eprints.lse.ac.uk/87473/1/Sanyal_Platform%20Economies.pdf.

Fields, Desiree; Uffer, Sabina (2016), "The Financialisation of Rental Housing: A Comparative Analysis of New York City and Berlin", *Urban Studies*, 53(7), 1486–1502.

Firmino da Costa, António (2008), *Sociedade de bairro. Dinâmicas sociais da identidade cultural*. Lisboa: Celta Editora [2.ª ed.; 1999].

Füller, Henning; Michel, Boris (2014), "'Stop Being A Tourist!' New Dynamics of Urban Tourism in Berlin-Kreuzberg", *International Journal for Urban and Regional Research*, 38(4), 1304–18.

Gotham, Kevin Fox (2005), "Tourism Gentrification: The Case of New Orleans' Vieux Carre (French Quarter)", *Urban Studies*, 42(7), 1099–1121.

Gurran, Nicole; Phibbs, Peter (2017), "When Tourists Move In: How Should Urban Planners Respond to Airbnb?", *Jornal of the American Planning Association*, 83(1), 80–92.

Hayes, Matthew (2018), *Gringolandia: Lifestyle Migration under Late Capitalism*. Minneapolis: University of Minnesota Press.

Janoschka, Michael; Haas, Heiko (2014), "Contested Spatialities of Lifestyle Migration. Approaches and Research questions", *in* Michael Janoschka e Heiko Haas (orgs.), *Contested Spatialities, Lifestyle Migration and Residential Tourism*. New York: Routledge, 1–12.

Janoschka, Michael; Sequera, Jorge; Salinas, Luis (2014), "Gentrification in Spain and Latin America – A Critical Dialogue", *International Journal for Urban and Regional Research*, 38(4), 1234–65.

Lees, Loretta (2012), "The Geography of Gentrification: Thinking through Comparative Urbanism", *Progress in Human Geography*, 36(2), 155–71.

Lees, Loretta; Shin, Hyun Bang; López-Morales, Ernesto (2016), *Planetary Gentrification*. Cambridge: Polity Press.

Lees, Loretta; Slater, Tom; Wyly, Elvin (2008), *Gentrification*. London, New York: Routledge.

Ley, David (2017), "Global China and the Making of Vancouver's Residential Property Market", *International Journal of Housing Policy*, 17(1), 15–34.

López-Morales, Ernesto; Shin, Hyun Bang; Lees, Loretta (2016), "Latin American Gentrifications", *Urban Geography*, 37(8), 1091–1108.

Malet-Calvo, Daniel (2017), "Understanding International Students beyond Studentification: A new class of transnational urban consumers. The example of Erasmus students in Lisbon (Portugal)", *Urban Studies*, *online*.

Malheiros, Jorge; Carvalho, Rui; Mendes, Luís (2012), "Etnicização residencial e nobilitação urbana marginal: processo de ajustamento ou prática emancipatória num bairro do centro histórico de Lisboa? ", *Sociologia. Revista da Faculdade de Letras da Universidade do Porto*, (número especial sobre "Imigração, Diversidade e Convivência Cultural"), 97–128.

Marcuse, Peter (1985), "Gentrification, Abandonment and Displacement: Connections, Causes and Policy Responses in New York City", *Journal of Urban and Contemporary Law*, 28, 195–240.

Mendes, Luís (2018), "Tourism Gentrification in Lisbon: The Panacea of Touristification as a Scenario of Post-Capitalist Crisis", *in* Isabel David (org.), *Crisis, Austerity and Transformation: How Disciplining Neoliberalism is Changing Portugal*. London: Lexington, 25-48.

Mendes, Luís (2008), *Nobilitação urbana no Bairro Alto: análise de um processo de recomposição socio-espacial*, Dissertação de mestrado apresentada à Faculdade de Letras da Universidade de Lisboa.

Montezuma, Joaquim; McGarrigle, Jennifer (2018), "What Motivates International Homebuyers? Investor to Lifestyle 'Migrants' in a Tourist City", *Tourism Geographies.*

Newman, Kathe; Wyly, Elvin (2006), "The Right to Stay Put, Revisited: Gentrification and Resistance to Displacement in New York City", *Urban Studies*, 43(1), 23–57.

Novy, Johannes; Colomb, Claire (2016), "Urban Tourism and its Discontents: An Introduction", *in* Johannes Novy e Claire Colomb (orgs.), *Protest and Resistance in the Tourist City*. London, New York: Routledge, 9–29.

Paccoud, Antoine (2017), "Buy-to-Let Gentrification: Extending Social Change through Tenure Shifts", *Environment and Planning A: Economy and Space*, 49(4), 839–56.

Relvas, Rafaela (2018), "Preço das casas no centro histórico de Lisboa duplicou desde a crise", *Economia Online*, 19 de março. Consultado a 20.03.2018, em https://www.sapo.pt/noticias/economia/preco-das-casas-no-centro-historico-de-lisboa.

Rogers, Dallas (2017), *Geopolitics of Real Estate: Reconfiguring Property, Capital, and Rights*. London, New York: Rowman & Littlefield.

Schäfer, Philipp; Braun, Nicole (2016), "Misuse through Short-Term Rentals on the Berlin Housing Market", *International Journal of Housing Markets and Analysis*, 9(2), 287–311.

Shaw, Kate S; Hagemans, Iris W (2015), "'Gentrification Without Displacement' and the Consequent Loss of Place: The Effects of Class Transition on Low-income Residents of Secure Housing in Gentrifying Areas", *International Journal of Urban and Regional Research*, 39(2), 323–341.

Shin, Hyun Bang; Lees, Loretta; López-Morales, Ernesto (2016), "Introduction: Locating Gentrification in the Global East", *Urban Studies*, 53(3), 455–70.

Sigler, Thomas; Wachsmuth, David (2016), "Transnational Gentrification: Globalisation and Neighbourhood Change in Panama's Casco Antiguo", *Urban Studies*, 53(4), 705–22.

Slater, Tom (2017), "Planetary Rent Gaps", *Antipode*, 49, 114–37.

Slater, Tom (2009), "Missing Marcuse: On Gentrification and Displacement", *City*, 13(2–3), 292–311.

Smith, Neil (1996), *The New Urban Frontier: Gentrification and the Revanchist City*. London, New York: Routledge.

Smith, Neil (1987), "Gentrification and the Rent-Gap", *Annals of the Association of American Geographers*, 77(3), 462-65.

Valli, Chiara (2015), "A Sense of Displacement: Long-time Residents' Feelings of Displacement in Gentrifying Bushwick, New York", *International Journal of Urban and Regional Research*, 39(6), 1191–208.

Wachsmuth, David; Weisler, Alexander (2018), "Airbnb and the Rent Gap: Gentrification through the Sharing Economy", *Environment and Planning A*, 50(6).

Wijburg, Gertjan; Aalbers, Manuel B; Heeg, Susanne (2018), "The Financialisation of Rental Housing 2.0: Releasing Housing into the Privatised Mainstream of Capital Accumulation", *Antipode*, 50(4), 1098–119.

O PREÇO DA HABITAÇÃO: AS DETERMINANTES DO VALOR NA ÁREA METROPOLITANA DE LISBOA*

JOÃO PEDRO FERREIRA** / NUNO BAETAS DA SILVA*** / JOÃO FONTES DA COSTA***

INTRODUÇÃO

O tema do provisionamento e a disponibilidade de "habitação" afirmou-se, ao longo do último século, como um tema central das sociedades atuais e um direito humano fundamental. A evolução conceptual sobre a importância da habitação permitiu que este problema seja hoje tratado, pelo menos em algumas dimensões do campo legal, como a questão "do direito à habitação". Esta convicção está, por exemplo, plasmada desde 1945 na Carta dos Direitos Humanos da ONU onde se afirma que "toda a gente tem o direito a um nível de vida adequado que proporcione saúde e bem-estar para si e para as suas famílias, incluindo comida, roupa, habitação, cuidados médicos, e necessários apoios sociais [...]". Este princípio tem também o seu reflexo no Artigo 65.º da Constituição da República Portuguesa (2002), onde se considera que "Todos têm direito, para si e para a sua família, a uma habitação de dimensão adequada, em condições de higiene e conforto e que preserve a intimidade pessoal e a privacidade familiar."

* Este trabalho é financiado pelo FEDER – Fundo Europeu de Desenvolvimento Regional através do COMPETE 2020 – Programa Operacional Competitividade e Internacionalização (POCI) e por fundos nacionais através da FCT – Fundação para a Ciência e Tecnologia, no âmbito do projeto PTDC/ATP-GEO/2362/2014 – POCI-01-0145-FEDER-016869.

** Rutgers, The State University of New Jersey, USA e GOVCOPP, Universidade de Aveiro.

*** CeBER, Faculdade de Economia da Universidade de Coimbra.

Como todas as questões sociais, a perceção do modo como se exerce, se pratica ou se provisiona um direito está sempre relacionada com um determinado momento histórico. Tal como o que acontece relativamente a outros bens, mesmo tratando-se de um direito fundamental a habitação não escapou ao crescente predomínio de uma mentalidade segundo a qual o mercado, no seu eterno equilíbrio de procura, oferta, preços e quantidades, é capaz de encontrar a solução mais eficiente para todos (Beer *et al.*, 2007). Assim, o preço é fator determinante e decisivo, tanto no segmento do arrendamento como na compra de habitação, cabendo às políticas públicas a intervenção no provisionamento da habitação em pequenas quantidades e situações excecionais. Em Portugal, de acordo com os últimos Censos de 2011, das casas ocupadas como residência habitual 0,15 % pertenciam a empresas públicas, 0,82 % pertenciam ao Estado ou a instituições públicas autónomas, 2,11 % pertenciam a autarquias locais e 0,14 % pertenciam a cooperativas de habitação (INE, 2012). Assim, é fácil entender que a intervenção direta do Estado no provisionamento de habitação é praticamente residual (cerca de 3 %), estando portanto a obtenção de habitação pelas famílias maioritariamente sujeita às condições do mercado imobiliário.

Vários autores, de uma forma mais ou menos crítica, têm procurado evidenciar a excecionalidade do bem "habitação" na normativa e hipóteses em que assenta a construção teórica de mercado concorrencial puro e perfeito (Green, 2008). Parte destes estudos enquadram-se no impulso ocorrido após a crise do *sub-prime* e aprofundam o carácter negativo das ligações entre mercado imobiliário e financeiro (Coleman IV *et al.*, 2008). Esta é, no entanto, uma visão redutora, restritiva e tardia da complexidade do bem "habitação". Muito antes da crise do *sub-prime*, trabalhos que complementavam uma visão económica com perspetivas provenientes da geografia ou da economia regional e urbana tinham já determinado que no mercado da "habitação", a "imperfeição" é um carácter mais generalizado do que muitos dos economistas *mainstream* estavam dispostos a aceitar. Mas, tal como se referiu no início deste capítulo, o bem "habitação" tem sido influenciado pelas opções políticas mais gerais, que vão desde a crescente financeirização da economia (Santos *et al.*, 2014; Rodrigues *et al.*, 2016) à sua inserção nos mercados financeiros internacionais, bem como a sua vulnerabilidade em relação a eles. De facto, a política de habitação desenvolvida nas últimas décadas encontra-se fortemente alavancada no sector financeiro e assenta numa estratégia de aquisição de casa própria com recurso ao crédito. Mais recentemente, a crescente atração de atores internacionais pelos investimentos imobiliário em Portugal, bem como o crescente hiato entre os rendimentos e os preços e rendas das casas nos centros urbanos demonstra a necessidade de explorar o que se passa a nível de preços e a realidade das Áreas Metropolitanas em Portugal.

Numa realidade impregnada de imperfeições e de atores múltiplos com objetivos distintos, a venda, a compra ou o arrendamento de um imóvel são processos impregnados de heterogeneidade e assimetrias de informação que importa desconstruir criticamente. Com este objetivo, uma parte significativa destes estudos procuraram perceber o que se escondia por trás da preferência dos "consumidores de habitação" (Malpezzi, 2002; Huang e Du, 2015), outros "qual o melhor segmento do mercado da habitação para investir" (Sirmans e Worzala, 2003), ou ainda como reagem os preços da habitação a flutuações macroeconómicas (Leung, 2004). Na nossa opinião, é incontornável que o estudo das determinantes do preço da habitação se reveste de relevância adicional enquanto o mercado constituir a principal via de acesso de quase toda a população a este bem, que lhe permite usufruir dele enquanto direito "universal" e "constitucional" (Thiele, 2002; McGranahan, 2015). Ou seja, do ponto de vista da política de habitação e da própria política urbana, disparidades e divergências nos preços provocam fenómenos de *gentrificação* (Smith, 1987), de *crowding-out* de residentes (Ferreira *et al.*, 2017), de segregação (King e Mieszkowski, 1973), de pobreza (Hiroshi, 2006) e até de criminalidade (Gibbons, 2004).

O preço surge assim como o elemento central no acesso à habitação, seja por via do arrendamento ou por via da compra,[1] numa época de crescente desregulamentação do mercado da habitação.[2] Mas esta aparente simplicidade, defendida por aqueles que acreditam na automática e

[1] No caso da compra, o mercado financeiro e o acesso ao crédito assumem igualmente um papel fundamental que está de fora do âmbito deste capítulo.

[2] Uma exceção recente talvez são talvez as medidas regulatórias sobre os bancos e o processo de atribuição de crédito que atingiram, ainda que de forma indireta, o mercado da habitação.

eficiente solução de mercado, esquece inúmeras contradições. Em primeiro lugar, existem diferentes segmentos: compra e arrendamento. Como o bem disponibilizado é o mesmo, estes mercados estão relacionados mas podem responder a estímulos bastante diferentes (Charles, 2016). A isto pode acrescentar-se a dualidade inerente ao facto de o bem habitação ser simultaneamente um direito básico e um produto de reserva de valor (Paris, 2009). Isto significa que uma parte específica dos agentes vai atuar no mercado da habitação, não para usufruir desse bem, mas sim na perspetiva de o vender no futuro e com isto obter ganhos de natureza financeira. Outro aspeto revelante é que o bem habitação tem uma natureza heterogénea. Ou seja, quem procura uma casa com quatro quartos pode não querer, por muito baixo que seja o preço, uma casa só com um quarto (Deaton e Paxson, 1998); duas casas podem diferenciar-se através dos materiais utilizados de construção (Green, Malpezzi e Mayo, 2005) ou da sua idade (Goodman e Thibodeau, 1995). Por fim, a localização da habitação é um elemento crítico de valorização ou desvalorização de um imóvel. Uma casa é inseparável da sua localização, está inserida num contexto de uma cidade, de um bairro, de uma rua e/ou de um prédio. Uma qualquer habitação tem fisicamente determinada a sua distância relativamente a locais mais centrais ou mais periféricos, a escolas e universidades, a hospitais e centros de saúde, a parques e rios mas também a fábricas poluentes, zonas mais degradadas ou vias de trânsito mais congestionadas. E tudo isto influencia as características do bem "habitação".

Em suma, a nossa motivação baseia-se no facto do preço ser um elemento incontornável da possibilidade de ocupar uma determinada casa (seja por via de compra ou arrendamento) para 96 % dos agregados familiares em Portugal. Adicionalmente, o preço depende de um conjunto de fatores que em muitos casos não são diretamente observáveis. Assim, o objetivo deste trabalho exploratório consiste na elaboração de um modelo capaz de explicar como variam os preços das rendas na Área Metropolitana de Lisboa (doravante designada por AML). Para isso, serão analisados fatores geográficos, económicos e sociais. Para determinar estatisticamente quais os fatores mais relevantes, utilizam-se técnicas econométricas e testa-se a existência de autocorrelação espacial. No final, o presente trabalho demonstra como o preço médio do arrendamento por freguesia resulta de uma composição de dimensões de diferente natureza.

Desta forma, procura-se criar as bases para discutir a (in)acessibilidade ou a disparidade existente no acesso à habitação em determinadas zonas da cidade ou da AML e as respetivas consequências para aqueles que vivem nesses espaços.

1. O PREÇO DA HABITAÇÃO: A LOCALIZAÇÃO E OUTRAS DETERMINANTES

Acompanhando a crescente disponibilidade de dados estatísticos sobre o assunto, nos últimos anos tem aumentado significativamente o número de trabalhos que procuram explicar as determinantes do preço da habitação: desde a localização geográfica à aproximação de diferentes amenidades ou às características económicas e sociais de cada casa, rua, bairro ou cidade. Nesta secção, enumeramos os principais contributos como forma de exemplificar a complexidade que uma análise do "bem" habitação pode assumir.

Qualquer associação entre localização e a respetiva dimensão económica impõe a referência a von Thünen (1826). Este trabalho foi uma primeira demonstração, ainda que de forma rudimentar, do porquê do surgimento de um centro e de regiões diferenciadas no contexto de cidades e vilas. Nesta abordagem, von Thünen (1826) estava mais preocupado com que atividades económicas ocupavam os diferentes espaços urbanos ou rurais e o porquê dessa opção. Só posteriormente estendeu essa análise a um possível impacto teórico nos preços do solo das diferentes zonas urbanas ou periurbanas.

Apesar dos pequenos contributos e adendas que o modelo de von Thünen foi sofrendo, o autor originalmente descrevia uma sociedade rural e agrícola e, como tal, deixou de explicar a realidade das cidades industriais e pós-industriais. A segunda grande referência teórica surge na década de 1960 com cidades industriais consolidadas e o uso massivo do automóvel nas cidades ocidentais. Alonso (1964) propõe uma formulação teórica sobre a relação entre preços do solo, preços da habitação e custos de transporte que ficou conhecida como a "hipótese da cidade monocêntrica". De acordo com Alonso, numa cidade com um centro e caracterizada por aspetos como: 1. uma distribuição homogénea da população; 2. um sistema radial de transportes; 3. inexistência de congestionamento; 4. existência apenas de deslocações casa-trabalho; 5. ausência de bens públicos e externalidades; o preço da habitação assume uma função inversa do custo suportado nas deslocações casa-trabalho, sejam estes custos monetários ou de tempo. De acordo com esta teoria, umas famílias suportarão o custo monetário da renda, ao passo que outras suportarão o custo monetário da deslocação em conjunto com o custo associado ao tempo.

Este modelo teve o mérito de ser o primeiro a relacionar os custos de transporte e de habitação no contexto específico de uma área metropolitana. No entanto, como em muitos modelos económicos, é fácil perceber o modo como as hipóteses em que assenta constituem uma limitação a qualquer aplicação na vida real. Se pensarmos na região de Lisboa, encontramos serviços públicos ou amenidades que, pela sua dimensão, distorcem a preferência por diferentes zonas. Estas amenidades podem ser construções humanas (hospitais, universidades, jardins, aeroporto, centros comerciais) ou naturais (a costa, o rio, o parque de Monsanto ou a Serra da Arrábida). Por outro lado, não estamos de todo perante uma região com um sistema de transportes equitativo e de acesso homogéneo em todo o espaço geográfico. De forma semelhante, mesmo nos espaços com acesso a transportes públicos ou estradas os níveis de frequência do serviço e congestionamento são também distintos. De facto, nenhuma cidade do mundo obedece às regras do modelo de Alonso. Há zonas cujo acesso a serviços é melhor do que outras (por exemplo, o serviço de metropolitano só chega a três municípios da região) e as diferentes vias rodoviárias têm distintos níveis de congestionamento. No entanto, este modelo abriu a possibilidade a novos estudos na área da economia urbana e, desde então, com o aumento dos dados estatísticos disponíveis, muitos trabalhos revelaram que a distância ao centro das cidades estava incluída entre as variáveis com maior capacidade explicativa dos preços de habitação. Por exemplo, Kulish *et al.* (2012) concluíram que, no caso dos municípios australianos, a habitação localizada a menos de quatro quilómetros do centro urbano custava 16 vezes mais do que a localizada a mais de 50 quilómetros. Bhattacharjee *et al.* (2012) concluíram, para o caso de Aveiro, que os preços aumentam com o aumento da proximidade ao centro da cidade. Koster e Rouwendal (2013) sublinharam a mesma conclusão numa região holandesa. Por fim, De Bruyne e Hove (2013), num trabalho em que procuram relacionar preço da habitação, distância e densidade urbana, concluem que no caso específico da Bélgica, a distância ao centro de Bruxelas e a densidade da área de residência são as principais determinantes na explicação do preço da habitação. Um aspeto interessante neste trabalho é que só a distância por automóvel é relevante quando estão em causa viagens para a periferia de Bruxelas mas, por outro lado, quando a distância em causa é mais curta, a variável significativa é a distância medida em minutos despendidos nos transportes públicos.

Os trabalhos aqui referidos partiram do pressuposto da existência de um único centro urbano. Angel e Blei (2016) adicionaram a existência da possibilidade de mais do que um centro para explicar as interações urbanas e o preço da habitação. Desta forma, o seu trabalho conclui que também os centros de segunda ordem são capazes de atrair deslocações pendulares de residentes localizados em espaços periféricos, o que faz com que os preços de habitação sejam tendencialmente mais elevados do que os dos locais que são puramente periféricos ou dormitórios.

Por fim, com o aumento do número de trabalhos sobre este tema e do conhecimento nesta área, outros estudos acabaram por demonstrar que a localização era um fator relevante a par de outros, que podem por vezes até assumir maior relevância estatística. Dito de outra forma, estas análises evidenciaram a exagerada simplicidade do modelo teórico de Alonso. Nestes trabalhos foram evidenciados fatores como:

1. a proximidade a amenidades: por exemplo, parques (Cho *et al.*, 2006; Morancho, 2003), escolas ou universidades (Kane *et al.*, 2006; Chin e Foong, 2006);
2. o congestionamento e o tempo de deslocação entre casa e trabalho (Arnott e MacKinnon, 1978; Malpezzi *et al.*, 1998);
3. a taxa diferenciada de impostos locais (Weida, 2009; Eom *et al.*, 2014);
4. a segregação racial (Bajari e Khan, 2005; Bayer *et al.*, 2014).

Em suma, é possível verificar que o preço da habitação pode ser afetado de forma distinta por diversos fatores. A relevância de cada um desses fatores dependerá naturalmente da realidade de cada cidade ou região. É esse o trabalho a que nos propomos e que se encontra descrito nas secções seguintes para o contexto da Área Metropolitana de Lisboa.

2. PREÇOS DA HABITAÇÃO NA ÁREA METROPOLITANA DE LISBOA

Esta secção procura descrever a distribuição geográfica do preço da habitação e a forma como este tem evoluído ao longo da última década, no contexto da Área Metropolitana de Lisboa. Como se mostrará de seguida, na última década o mercado da habitação ficou marcado por uma forte valorização, algo que tem atingido de forma crítica a cidade de Lisboa. Naturalmente, muitas destas dinâmicas não podem ainda ser corroboradas de forma consistente pelas técnicas mais tradicionais da análise estatística devido à indisponibilidade de informação adequada. Achámos, porém, importante alertar para esse facto.

O presente trabalho tem a ambição de, juntamente com outros, compreender o perfil dos preços na AML para no futuro servir como base a outras análises sobre a evolução dos preços ao longo da década. Procura, portanto, ajudar a estabelecer consensos em torno de factos que podem já ser descritos e analisados mas que estão ainda longe de ser compreendidos. Um deles, que o mapa seguinte comprova, é que dentro da zona metropolitana de Lisboa o concelho de Lisboa tem sido o mais pressionado pela subida dos preços na habitação. A cor de fundo de cada concelho representa o custo médio por metro quadrado da habitação, de acordo com dados do INE (2018), e o número que surge em cada concelho traduz a evolução dos preços entre 2011 e 2018.

Mapa 1 – Valor mediano das vendas por m² de alojamentos familiares no terceiro trimestre de 2018 (€) e taxa de crescimento do preço do imobiliário entre 2011 e 2018

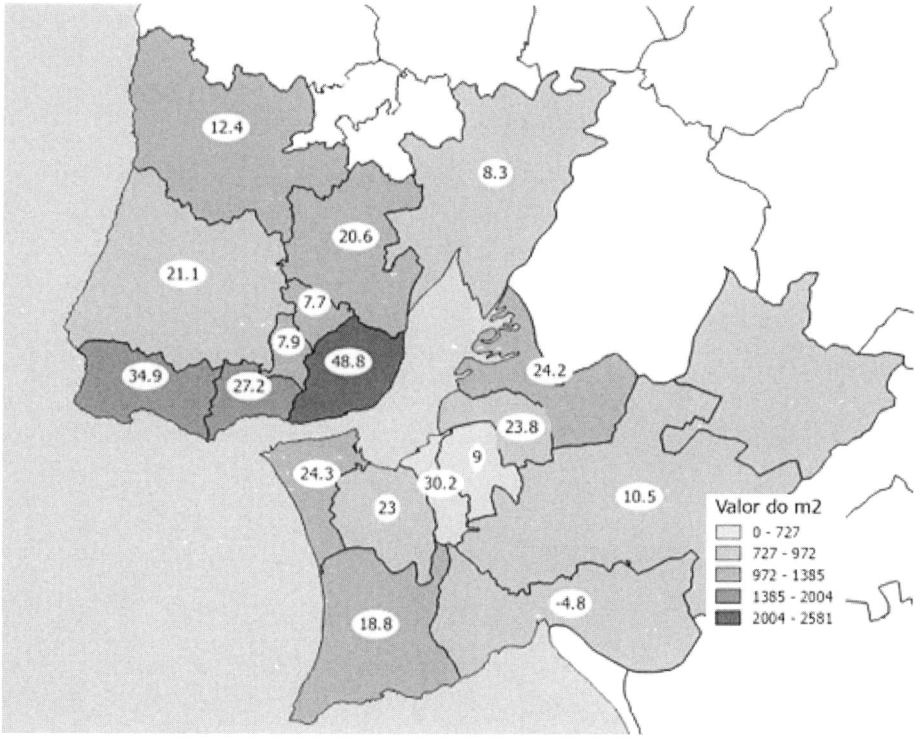

Fonte: Confidencial Imobiliário e INE.

Apesar de Lisboa ser o concelho mais caro da Área Metropolitana de Lisboa e ter sido aquele que assistiu a um aumento mais elevado dos preços, existem outros concelhos onde a evolução dos preços foi igualmente relevante. No Mapa 1 é possível verificar que esses concelhos têm uma localização geográfica mais central naquilo que é o contexto da região. Assim, os aumentos mais significativos dão-se nos municípios localizados junto ao estuário do Tejo, comummente chamados municípios da "linha" (nomeadamente Oeiras e Cascais na margem Norte) e nos municípios de Almada, Seixal, Barreiro, Montijo e Alcochete na margem Sul. A diferença entre estes municípios é que os primeiros apresentam um valor mais elevado do metro quadrado da habitação (acima dos 1700 € por metro quadrado), enquanto entre os segundos o valor mais elevado encontra-se no município de Almada com cerca de 1300 € por metro quadrado). O Gráfico 1 destaca alguns exemplos para se compreender, de forma mais detalhada, como se deu evolução do aumento de preços no período pós-crise.

Gráfico 1 — Evolução dos preços em alguns municípios da AML entre 2011 e 2018 (2011 = 100)

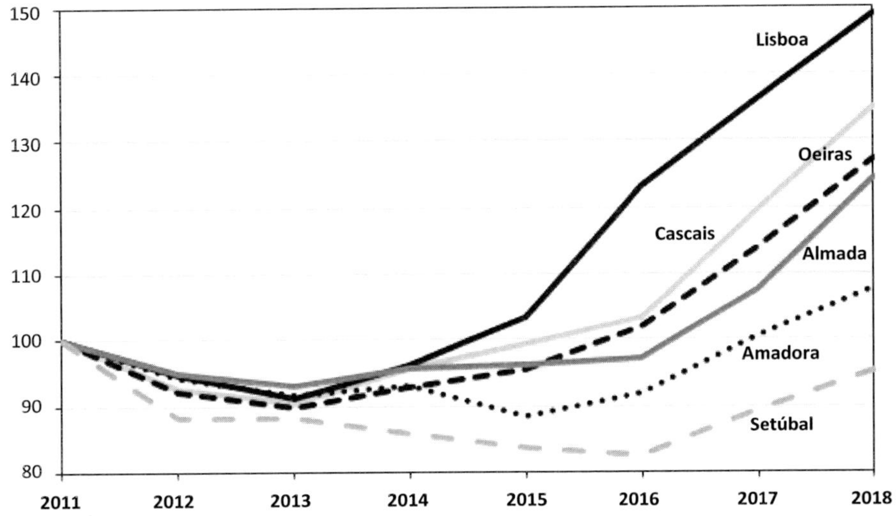

Fonte: Confidencial Imobiliário e INE.

De acordo com os dados analisados, este aumento, particularmente relevante em Lisboa, aconteceu a partir de 2013. A partir de 2016 pode verificar-se que este efeito passou a abranger os restantes municípios da AML. Torna-se aqui mais evidente que diferentes municípios apresentam distintas velocidades no aumento dos preços. Em relação ao período pré-crise, a recuperação no município da Amadora é ainda lenta, tal como nos municípios de Odivelas, Vila Franca de Xira ou Moita (na margem Sul do Tejo).

O que se torna evidente, é que esta situação reforçou ainda mais a posição de Lisboa como zona mais cara em termos habitacionais da região. De facto, Lisboa é o concelho com o metro quadrado mais caro do país e Cascais e Oeiras são, respetivamente, o segundo e o quarto mais caros. Adicionalmente, dos 17 municípios da AML, dez pertencem ao conjunto dos 10 % dos municípios mais caros do país. É também curioso verificar que o único município da Área Metropolitana de Lisboa que ainda não atingiu o valor nominal do preço por metro quadrado praticado em 2011 é o município de Setúbal.

Esta realidade tem uma correspondência praticamente exata na dimensão do arrendamento. Também neste caso Lisboa assume esta posição de prevalência, revelando o valor mediano dos contratos de arrendamento assinados em 2017 mais elevado do país (9,62 €/ m^2). Também nos concelhos próximos este valor é relativamente elevado, com Cascais sendo o segundo (8,06 €/ m^2) e Oeiras o terceiro mais caro (7,84 €/ m^2) a nível nacional. De facto, exceto Palmela e Moita, todos os concelhos da AML apresentam um valor mediano de arrendamento por metro quadrado mais elevado do que o valor verificado para o país.

Depois de um retrato mais geral daquilo que acontece à escala dos diferentes municípios, importa recuperar a ideia de que o preço da habitação está associado a diversos aspetos de natureza local. Isso significa que o estudo do preço da habitação ou dos custos de arrendamento à escala municipal pode esconder realidades muito heterogéneas. Por exemplo, dentro do município de Lisboa os preços evoluíram de forma também distinta e o aumento do valor da habitação atingiu de forma diferente distintos bairros ou freguesias. O mapa seguinte mostra a evolução entre 2016 e o segundo trimestre de 2018, dos preços nas freguesias da cidade de Lisboa.

Mapa 2 — Variação e valor da habitação no município de Lisboa (2016–2018)

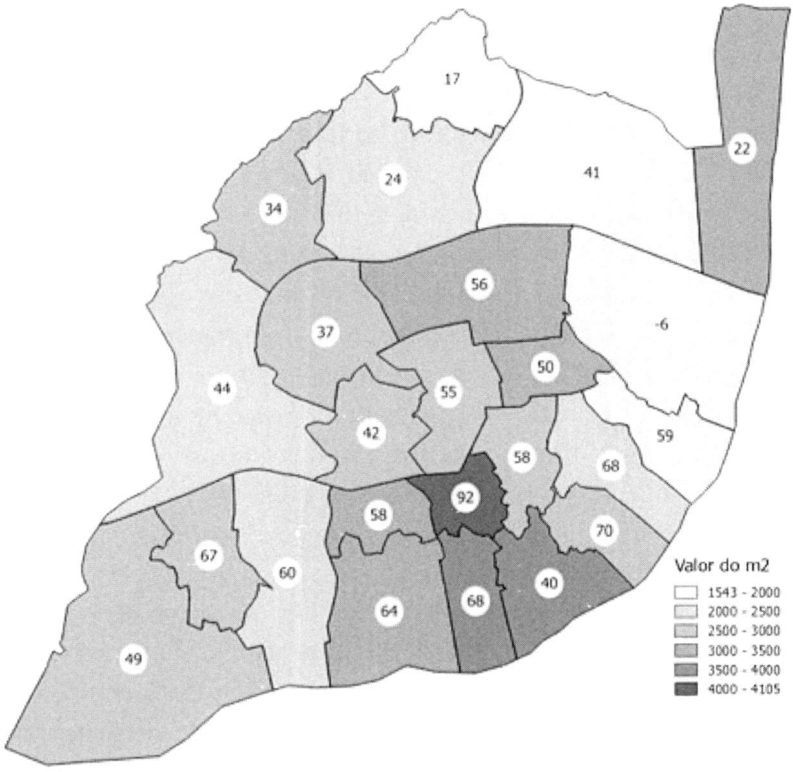

Fonte: INE (2018).

Como é possível perceber, as freguesias do Centro, nomeadamente as consideradas freguesias históricas, foram as que assistiram a um maior aumento do valor do metro quadrado de habitação. Em alguns casos, este valor pode ser superior a 3500 € por metro quadrado e no caso da freguesia de Santo António este valor é inclusivamente superior a 4000 € por metro quadrado. É ainda relevante notar que estas freguesias são também as que estão a ser mais pressionadas pelo aumento dos preços, tornando ainda mais discrepantes os valores entre zonas centrais e periféricas (sendo aqui a exceção a freguesia "Parque das Nações").

Ao longo desta secção quisemos sublinhar a realidade dinâmica da habitação e da evolução dos preços na AML. No entanto, e apesar de ser relativamente evidente a alteração significativa no valor da habitação, nomeadamente a partir de 2013, a nossa opção consistiu em olhar para os dados disponíveis, de natureza geográfica, económica e social, procurando descortinar o que, à luz dos Censos de 2011, se configuravam como os fatores determinantes dos preços médios da habitação à escala da freguesia. Infelizmente, limitações de dados mais recentes e desagregados assim nos obrigam. Naturalmente, um novo exercício realizado com informação dos próximos Censos trará uma nova luz sobre quais os fatores determinantes no preço da habitação à escala regional. No entanto, como se descreve na secção seguinte, o ensinamento que os resultados obtidos a partir de dados de 2011 nos permitem obter parece inclusivamente contribuir para explicar o perfil geográfico da variação recente nos preços e as crescentes desigualdades que se vão sentindo à escala regional.

3. AS DETERMINANTES DOS PREÇOS DA HABITAÇÃO NA ÁREA METROPOLITANA DE LISBOA

No capítulo anterior discutimos a evolução dos preços da habitação e o preço do arrendamento na Área Metropolitana de Lisboa. Na recolha de dados relevantes para o nosso estudo, e considerando que se pretendia obter o nível mais elevado possível de desagregação geográfica, tanto a nível da variável explicada como das variáveis explicativas, recorreu-se aos dados disponibilizados pelos Censos de 2011.[3] Mesmo neste caso, apenas a variável preço do arrendamento de habitação reflete corretamente a variável que se pretende usar.[4] Por fim, além de se pretender explicar o

[3] Só recentemente o INE passou a divulgar dados mais detalhados sobre o preço da compra ou arrendamento da habitação à escala municipal. Adicionalmente, à escala da freguesia estes valores estão apenas disponíveis para as da cidade de Lisboa e obrigar-nos-iam a cingir a análise a este município.

[4] No questionário dos Censos é perguntado às famílias quanto pagam mensalmente de renda ou qual o esforço financeiro mensal que resulta da compra de habitação. Ora o valor suportado mensalmente por uma família que adquiriu casa não está apenas relacionado com o valor da habitação, mas sim com as condições em que contraiu o empréstimo. Assim, esta variável não pode ser considerada uma função do valor da habitação. Para o efeito foi utilizado o valor médio dos contratos de arrendamento assinados ao longo dos últimos cinco anos.

preço da habitação, o nosso objetivo era encontrar fenómenos de natureza económica e social que influenciassem o valor médio da habitação. Estas variáveis estão, na sua quase totalidade, apenas disponíveis à escala da freguesia em ano de inquérito censitário.

Com o objetivo de encontrar um modelo capaz de explicar as variações à escala regional da renda de habitação por metro quadrado (e que fosse além do simples modelo de Alonso), recolheram-se dados representativos para as 211 freguesias que compõem a AML. Estas variáveis representavam diferentes naturezas: a) localização, incluindo distância a um intitulado *Central Business District* (doravante, definido como CBD) e posição relativa à costa atlântica, b) tipologia de alojamento, nomeadamente o número de quartos, c) percentagem de casas arrendadas no total de habitações, d) indicadores de conforto, como a existência de ar condicionado e aquecimento, e finalmente e) variáveis para o estudo do potencial de gentrificação, nomeadamente a escolaridade dos indivíduos e tipologia de profissões.

Como já anteriormente explicado, a inspiração original destes modelos é baseada no pressuposto de que o valor da renda não é apenas influenciado pelas características construtivas do local, tal como inicialmente sugerido por Rosen (1974). Nessa modelação hedónica reduz-se a heterogeneidade da oferta de habitação a partir da especificação das características únicas de cada casa. Neste caso, como a informação recolhida representa o valor médio das 211 freguesias, este modelo apenas se pode considerar de inspiração hedónica, uma vez que dentro de cada freguesia existem diferenças que não são captadas pela agregação por freguesia. Ainda assim, o número de variáveis recolhidas para cada freguesia, a inclusão das distâncias médias por estrada e a inclusão de outras variáveis associadas à localização têm a capacidade de melhor nos informar sobre os determinantes do preço de habitação à escala metropolitana.

Em termos das características específicas do modelo, a nossa variável dependente é a "renda média por metro quadrado verificada na freguesia" para o ano de 2011 (Renda_m^2). Testaram-se cerca de 30 variáveis e utilizou-se a metodologia *stepwise*, que permite a inclusão na regressão de variáveis preditivas com capacidade explicativa. O estudo inicia-se com um modelo com a constante sendo que as variáveis vão sendo adicionadas em cada etapa, procurando sempre garantir que se satisfazem os critérios estatísticos de entrada, assim resultando o modelo com melhor capacidade explicativa. A variável explicativa que melhor prevê a variável dependente dá entrada no modelo, sendo a seguinte aquela que possui maior coeficiente de correlação semiparcial. Desta forma garante-se, do ponto de vista teórico, que as variáveis que possuem capacidade explicativa não são excluídas da análise. Num segundo momento, a equação inicia com todas as variáveis independentes e eliminam-se sucessivamente as variáveis que não contribuem significativamente para a regressão. A toda esta lógica está sempre subjacente a necessidade de verificar a adequação dos dados, a observação da normalidade dos resíduos e a necessidade de rejeitar a existência de multicolinearidade entre as variáveis.

Findo o processo, as variáveis que compõem o modelo são a distância ao CBD (corroborando a tese defendida por Alonso – CBD_d), proximidade à costa (variável *dummy* em que 1 significa delimitação costeira e 0 caso contrário - Costa), percentagem de pessoas com o Ensino Superior (Edu), o número médio de quartos por habitação (N_quartos) e o número de contratos de arrendamento assinados por quilómetro quadrado (como *proxy* da dinâmica do mercado de arrendamento - Contr_km^2). Testou-se também a possibilidade de inclusão da variável "distância ao CBD" na sua forma quadrática. Esta inclusão é justificada para testar a possibilidade de não linearidade do modelo. Tal conclusão já tinha sido observada nos trabalhos de Bracke (2015) e Swoboda *et al.* (2015).

A matriz de correlações das variáveis que compõem o modelo é apresentada na Tabela 1.

Tabela 1 — Correlações de Pearson entre as variáveis incluídas no modelo

	Renda_m^2	CBD_d	Costa	Edu	N_Quartos	Contr_km^2
Renda_m^2	1	-0,827**	0,117	0,513**	-0,421**	0,726**
CBD_d	-0,827**	1	0,071	-0,529**	0,256**	-0,547**
Costa	0,117	0,071	1	0,098	0,010	-0,066
Edu	0,513**	-0,529**	0,098	1	0,381**	0,216**
N_Quartos	-0,421**	0,256**	0,010	0,381**	1	-0,425**
Contr_km^2	0,726**	-0,547**	-0,066	0,216**	-0,425**	1

**. Correlação é significante ao nível de 0,01 (2-tailed).

A abordagem econométrica escolhida tem por base a metodologia OLS (método dos mínimos quadrados ordinários) e resultou na estimação do seguinte modelo:

$$Renda\_m2 = \beta_0 + \beta_1 CBD\_d + \beta_2 CBD\_d^2 + \beta_3 N\_quartos + \beta_4 Costa + \beta_5 Edu + \beta_6 Contr\_km2 + \varepsilon$$

A Tabela 2 apresenta, de forma sumária, as estatísticas globais do modelo e a sua capacidade explicativa da variável dependente.

Tabela 2 — Ajustamento global do modelo OLS

	R	R^2	R^2 Ajustado	Desvio-Padrão
OLS	0,950	0,902	0,899	0,371

Para a determinação da multicolinearidade recorreu-se à avaliação dos valores do Variance Inflaction Factor (VIF); todos se mostraram inferiores a cinco, negando-se a multicolinearidade mesmo numa perspetiva conservadora. O teste de Durbin-Watson foi utilizado para a autocorrelação dos resíduos (independência das variáveis aleatórias residuais), tendo-se obtido valores indicativos de uma baixa probabilidade de autocorrelação positiva (DW=1,573). O coeficiente de correlação múltiplo é de 0,950, representando uma tendência linear muito expressiva. Testou-se a normalidade dos resíduos, para garantir a confiabilidade do ajuste do modelo de regressão linear, tendo-se obtido resultados positivos, quer do ponto de vista gráfico, quer com o recurso ao teste de aderência à normalidade de Kolmogorov-Smirnov (0,044; p>0,05) e teste de Shapiro-Wilk (0,993; p>0,05). A soma dos quadrados totais (SST) é de 287,012 e a soma dos quadrados dos resíduos (SSE) de 28,062, sendo o coeficiente de determinação (r2) de 89,9 %. O modelo proposto explica, assim, uma parte muito significativa da variância do valor da renda por metro quadrado.

Analisando a variância com o valor do teste de F, percebemos que o valor do R^2 é estatisticamente diverso de 0 (313,741; p<0,001). Comprova-se assim a significância global do modelo.

Na tabela seguinte verificam-se os resultados do cálculo da equação, com a respetiva análise da significância individual. Todas as variáveis são estatisticamente significativas e apresentam-se de acordo com a teoria avançada (valores de t>1,96; sig<0,05).

Tabela 3 — Modelo OLS — Coeficiente e significância das variáveis

	Coeficientes		Coeficientes Ajustados	*t-statistics*	*Sig.*
	B	Desvio-Padrão	Beta		
(Constante)	9671	0,436		22200	0,000
CBD_d	-0,073	0,007	-0,998	-10245	0,000
CBD_d²	0,001	0,000	0,546	6432	0,000
Costa	0,325	0,070	0,107	4656	0,000
Edu	0,029	0,003	0,300	8560	0,000
N_quartos	-1055	0,101	-0,335	-10481	0,000
Contr_Km²	0,000456	0,000	0,204	6302	0,000

a. Variável Dependente: Renda (€/m²)

Como já referido, em resultado do processo iterativo utilizado todas as variáveis do modelo possuem valores de significância estatística relevantes, ou seja, são consideradas estatisticamente válidas para a explicação das alterações da variável dependente. Aqui se confirma o modelo teórico de Alonso, uma vez que a distância ao CBD tem um efeito negativo sobre a renda. No entanto, o sinal negativo do coeficiente da variável distância, combinado com o sinal positivo do coeficiente da mesma variável na sua forma quadrática, significa que a curva tem a concavidade voltada para cima. Ou seja, o efeito negativo da distância vai sendo cada vez menor à medida que nos vamos afastando do Centro, verificando-se a existência de um momento específico onde esse valor passa a ser zero. Esse valor pode ser obtido igualando a zero a derivada da regressão em ordem à distância, do qual resulta o valor de 52,8 quilómetros.

Significa isto que, no quadro da Área Metropolitana de Lisboa, as freguesias que ficam mais afastadas e que já não têm as suas rendas positivamente influenciadas pela distância ao CBD são: do concelho de Mafra, as freguesias da Cavoeira, Encarnação, Ericeira, Santo Isidoro e Sobral da Abilheira; do município do Montijo, as freguesias de Canha, Pegões e Santo Isidro de Pegões; do município de Palmela, as freguesias da Marateca e do Poceirão; e a freguesia do Sado localizada no município de Setúbal. Aqui faz sentido adiantar a explicação de Richardson (1969). Para este autor, quando o CBD perde capacidade explicativa sobre o valor da renda, pode assumir-se que outros pontos focais de impacto passam a ter relevo, ou que estamos perante uma zona agrícola onde as aglomerações não têm qualquer relevância no preço do solo ou da habitação. Em termos de variáveis geográficas, a proximidade à costa é igualmente uma variável relevante. Neste caso, o modelo permite concluir que viver numa freguesia costeira, e assumindo as restantes variáveis constantes, implica um aumento da renda esperada em 0,325 €/ m^2. Este resultado é justificado e encontra paralelo na bibliografia uma vez que existe um maior número de pessoas que procura casa nestes locais, seja para viver, seja por motivos ligados a uma possível rentabilidade turística (Tse, 1998; Sah *et al.*, 2016).

Adicionalmente, o nosso modelo sugere que a percentagem de pessoas com ensino superior que residem na freguesia também influencia a definição do preço. Neste caso, em particular na AML, um acréscimo de um ponto percentual da frequência relativa de população com ensino superior no perfil demográfico da freguesia implica, *ceteris paribus*, um aumento médio da renda de quase 0,03 €/ m^2. Neste ponto, tais conclusões são também sustentadas pela literatura e podem ajudar a explicar uma maior concentração de pessoas com mais qualificações em locais específicos e pertencentes a determinadas freguesias da região, já que a qualificação mais elevada também se associa a um maior rendimento e, consequentemente, ao acesso a habitações com rendas mais altas. Seria possível incluir aqui outras variáveis, mas a limitação associada à falta de dados estatísticos não torna possível a sua modelação.

Por fim, características específicas da casa e do mercado de arrendamento são também relevantes no estabelecimento do preço médio da habitação por freguesia à escala da Área Metropolitana de Lisboa. Neste caso, o número de divisões tem um efeito negativo no preço médio da renda. Este resultado tem alguma correspondência com a realidade do mercado imobiliário português, mas as conclusões são distintas em trabalhos que se dedicam a diferentes áreas geográficas. De forma mais simplificada, o que o sinal negativo desta variável confirma, é que no caso de um T4 o preço por metro quadrado será tendencialmente mais baixo do que um T3, um T2 ou um T1. Em termos do mercado de arrendamento, o valor dos "coeficientes ajustados" da variável que descreve o número de arrendamentos por quilómetro quadrado ("Contratos") configura uma *proxy* da atividade do mercado de arrendamento. Este aspeto indica que nas zonas em que o mercado de arrendamento se encontra mais ativo, as rendas tendem a ser mais elevadas do que nas zonas onde as pessoas procuram menos arrendamento por área da freguesia.

A equação resultante, preditiva do valor das rendas na AML, é a seguinte:

$$Renda\_m^2 = 9{,}671 - 0{,}073\ CBD\_D + 0{,}001 CBD\_D^2 + 0{,}325\ Costa + 0{,}029\ Edu - 1{,}055\ N\_quartos + 0{,}000456\ contr\_km2 + \varepsilon$$

Em suma, a análise das diferentes variáveis demonstra o seu impacto na formação do valor da renda por metro quadrado. Prova-se assim, empiricamente, que a localização é estatisticamente significativa tanto em termos da distância ao CBD como a proximidade a uma zona costeira. No futuro, outras variáveis poderão ser incluídas no modelo, melhorando a sua capacidade explicativa que, em si, é já bastante elevada.

4. AUTOCORRELAÇÃO ESPACIAL

A análise de dados com associação espacial, como aquela que foi desenvolvida nas duas secções anteriores, sugere a possibilidade de existência de estrutura espacial. Ou seja, a proximidade geográfica pode justificar a existência do fenómeno em unidades territoriais distintas. Por forma a complementar a análise precedente, propomo-nos, nesta secção, analisar o valor das rendas por metro quadrado na AML, numa lógica de análise espacial. Desta forma, é nosso objetivo perceber se valor médio das rendas de determinada freguesia é influenciado pela proximidade a outra(s) freguesia(s).

Um dos conceitos fundamentais da análise espacial é a autocorrelação espacial. Do ponto de vista econométrico, a autocorrelação espacial é conceptualmente similar à autocorrelação temporal. Contudo, enquanto a primeira estuda a correlação das diferentes observações de uma série temporal condicionada à dimensão do tempo, a segunda estuda a correlação de uma variável (com associação geográfica) condicionada ao espaço. Desta forma, a autocorrelação espacial é necessariamente multidimensional, com vários vetores de localização possíveis tais como latitude, longitude ou qualquer outro tipo de variáveis de georreferenciação.

Um dos testes mais utilizados para obter a autocorrelação espacial é o índice de Moran (1948). Através deste exercício econométrico procura-se obter o grau da interdependência espacial de um atributo de uma determinada região em relação a todas as outras, baseada numa matriz de pesos, cujos elementos traduzem a proximidade espacial entre duas regiões *i* e *j*. No caso em análise, a estatística de Moran é dada por

$$I = \frac{n}{\sum_{i=1}^{n}(y_i - \bar{y})^2} \frac{\sum_{i=1}^{n}\sum_{j=1}^{n} w_{ij}(y_i - \bar{y})(y_j - \bar{y})}{\sum_{i=1}^{n}\sum_{j=1}^{n} w_{ij}}$$

em que n representa o número de freguesias, y_i o valor da variável na freguesia i, $\bar{y}$ a média dessa variável e w_{ij} o inverso do elemento da matriz de distâncias, $\widehat{W}$, das freguesias *i* e *j*, ou seja, o peso da relação espacial entre as duas freguesias. A cada $\widehat{w}_{ij}$ corresponde a distância física por estrada entre as freguesias *i* e *j*, com $\widehat{w}_{ii} = 0$, e $W = 1/\widehat{W}$, em que os elementos diagonais foram ajustados para zero. A análise que se segue é robusta a diferentes contruções da matriz *W*, nomeadamente considerando uma matriz de pesos normalizada, ou seja, $\sum_{i=1}^{n} w_i = 1$, ou de relação binária, em que se atribui o valor um a freguesias contíguas e zero no caso contrário. Para uma matriz de pesos normalizada, tem-se que, $-1 < I < 1$, onde $I = 0$ indica ausência de dependência espacial e

$$E(I) = \frac{-1}{n-1}, \text{com} \quad \lim_{n\to\infty} E(I) = 0.$$

A significância estatística do índice de Moran é obtida a partir da uma hipótese nula de distribuição espacial aleatória. Desta forma, obtém-se um pseudo- *p-value* (Cliff e Keith, 1973) que assume a normalidade de *I*, sob a hipótese nula de ausência de autocorrelção espacial.

No caso particular do nosso exercício, foi calculado o índice de autocorrelação espacial para as rendas por metro quadrado, tendo-se verificado um valor positivo (0.331), estatisticamente significativo. Ou seja, regiões com rendas elevadas influenciam (positivamente) as rendas das regiões que lhes são próximas. Isso significa que se a distância ao CBD é uma variável importante, numa lógica de causalidade, essa relação entre preços e distância pode também dever-se ao facto de uma freguesia se encontrar situada nas imediações de outras freguesias onde as rendas são elevadas. Por outro lado, é nosso entender que uma parte desse efeito é capturada pela distância ao CBD e pela *dummy* Costa, uma vez que estas são também medidas de referenciação geográfica. Esta conclusão, que pode ajudar a uma melhor compreensão do peso de cada um dos fatores, não elimina as conclusões anteriores, permitindo apenas perceber se o que está em causa é o peso do Centro ou o peso das regiões limítrofes e configurando, naturalmente, um desafio para a realização de trabalhos futuros nesta área.

CONCLUSÕES

A habitação é um direito fundamental e, entre outros direitos básicos, faz parte de um conjunto de garantias que estão consagradas para que todos possam ver assegurado um nível mínimo de condições de vida para subsistir. Mas, incompreensivelmente, o espaço para o seu aprovisionamento está (ainda praticamente) limitado ao que é conferido por um "mercado imperfeito e díspar". De acordo com diversas convenções internacionais e com a Carta dos Direitos Humanos, todos têm direito a uma casa que proporcione condições mínimas de vida e segurança para a sua família. As políticas de habitação (ou a sua ausência) transformaram este direito fundamental também num importante bem de reserva de valor. Desta forma, a habitação ficou mais suscetível a movimentos especulativos e flutuações de preços capazes de proporcionar fenómenos de gentrificação e de *crowding-out* à escala metropolitana. Os ganhos financeiros de uns são muitas vezes o êxodo forçado de outros. À escala da AML, determinados segmentos da população têm sentido o impacto da volatilidade do mercado e o seu efeito sobre os preços praticados, excluindo-os do acesso a habitação condigna e/ou localizada em determinadas localidades, o que os relega para casas sobrelotadas, em condições duvidosas e mais afastadas do seu local trabalho. Perceber o que potencia e amplia a variação de preços é o nosso contributo neste trabalho.

Não se debruçando este exercício sobre a existência ou não de outros centros de ordem inferior, é claro que Lisboa continua a assumir-se como uma região de natureza monocêntrica. De facto, a distância ao centro do município de Lisboa é um fator decisivo para explicar o preço das casas até um raio de cerca de 50 quilómetros de distância. A partir do centro, do local de maior concentração de empregos, o custo do arrendamento vai baixando, tornando a habitação do Centro possível apenas para aqueles que a podem pagar. A existência ou não de costa nas imediações da casa também assume um carácter relevante na determinação do preço, já que a proximidade a zonas costeiras ou ribeirinhas confere maior atratividade à habitação ou ao turismo. Adicionalmente, a composição social dos habitantes da freguesia, as características físicas da casa (nomeadamente o número de quartos) e a dinâmica do mercado de arrendamento também assumem uma influência relevante.

Este trabalho é um primeiro exercício aplicado à Área Metropolitana de Lisboa mas que corrobora as conclusões de outros trabalhos realizados. Tendo em conta as profundas alterações sentidas em Lisboa e aqui explicadas, o modelo pode e deve ser atualizado no futuro com dados mais recentes e, se possível, com outras variáveis de natureza socioeconómica que possam contribuir para aumentar a já elevada capacidade explicativa do preço da habitação (mais de 90 %). Assim, comprova-se que uma mediação baseada no preço restringe o acesso de pessoas de menor rendimento à habitação em locais da área metropolitana, remetendo os mais pobres para áreas periféricas. A cidade enquanto espaço plural, multicultural, não discriminatório e de diversidade fica desta forma cada vez mais comprometida. Esta conclusão salienta a urgência de um novo debate sobre os espaços urbanos. O planeamento urbano e a política de habitação devem portanto promover a equidade e democraticidade dos espaços urbanos, combatendo a elitização de espaços e a *guetização* de sectores da sociedade.

REFERÊNCIAS BIBLIOGRÁFICAS

Alonso, William (1964), *Location and Land Use. Toward a General Theory of Land Rent*. Boston, USA: Harvard University Press.

Angel, Shlomo; Blei, Alejandro M. (2016), "The Spatial Structure of American Cities: The great majority of workplaces are no longer in CBDs, employment sub-centers, or live-work communities", *Cities*, 51, 21–35.

Arnott, Richard J.; MacKinnon, James G. (1978), "Market and Shadow Land Rents with Congestion", *The American Economic Review*, 68(4), 588–600.

Bajari, Patrick; Kahn, Matthew E. (2005), "Estimating Housing Demand with an Application to Explaining Racial Segregation in Cities", *Journal of Business and Economic Statistics*", 23(1), 20–33.

Bayer, Patrick; Fang, Hanming; McMillan, Robert (2014), "Separate when Equal? Racial Inequality and Residential Segregation", *Journal of Urban Economics*, 82, 32–48.

Beer, Andrew; Kearins, Bridget; Pieters, Hans (2007), "Housing Affordability and Planning in Australia: The challenge of policy under neo-liberalism", *Housing Studies*, 22(1), 11–24.

Bhattacharjee, Arnab; Castro, Eduardo; Marques, João (2012), "Spatial Interactions in Hedonic Pricing Models: The urban housing market of Aveiro, Portugal", *Spatial Economic Analysis*, 7(1), 133–67.

Bracke, Philippe (2015), "House Prices and Rents: Microevidence from a matched data set in Central London", *Real Estate Economics*, 43(2), 403–31.

Charles, Susan T. (2016), *Housing economics*. London, UK: Macmillan International Higher Education.

Chin, Hoong C., Foong, Kok W. (2006), "Influence of School Accessibility on Housing Values", *Journal of Urban Planning and Development*, 132(3), 120–9.

Cho, Seong-Hoon; Bowker, Michael; Park, William M. (2006), "Measuring the Contribution of Water and Green Space Amenities to Housing Values: An application and comparison of spatially weighted hedonic models", *Journal of Agricultural and Resource Economics*, 31(3), 485–507.

Cliff, Andrew D.; Keith Ord., J. (1973), *Spatial Autocorrelation*. London: Pion Limited.

Coleman IV, Major; LaCour-Little, Michael; Vandell, Kerry D. (2008), "Subprime Lending and the Housing Bubble: Tail wags dog?", *Journal of Housing Economics*, 17(4), 272–90.

Constituição da República Portuguesa (2002). Coimbra: Almedina.

De Bruyne, Karolien; Van Hove, Jan (2013), "Explaining the Spatial Variation in Housing Prices: An economic geography approach", *Applied Economics*, 45(13), 1673–89.

Deaton, Angus; Paxson, Christina (1998), "Economies of Scale, Household Size, and the Demand for Food", *Journal of Political Economy*, 106 (5), 897-930.

Eom, Tae Ho; Duncombe, William; Nguyen-Hoang, Phuong; Yinger, John (2014), "The Unintended Consequences of Property Tax Relief: New York's STAR Program", *Education Finance and Policy*, 9(4), 446–80.

Ferreira, João P.; Ramos, Pedro; Cruz, Luís; Barata, Eduardo (2017), "Modeling Commuting Patterns in a Multi-regional Input–output Framework: Impacts of an 'urban re-centralization'scenario", *Journal of Geographical Systems*, 19(4), 301–17.

Gibbons, Steve (2004), "The Costs of Urban Property Crime", *The Economic Journal*, 114(499), 441-63.

Goodman, Allen C.; Thibodeau, Thomas G. (1995), "Age-related Heteroskedasticity in Hedonic House Price Equations", *Journal of Housing Research*, 6(1), 25–42.

Green, Richard K.; Malpezzi, Stephen; Mayo, Stephen K. (2005), "Metropolitan-specific Estimates of the Price Elasticity of Supply of Housing, and their Sources", *American Economic Review*, 95(2), 334–9.

Green, Richard K. (2008), "Imperfect Information and the Housing Finance Crisis: A descriptive overview", *Journal of Housing Economics*, 17(4), 262–1.

Huang, Zhonghua; Du, Xuejun (2015), "Assessment and Determinants of Residential Satisfaction with Public Housing in Hangzhou, China", *Habitat International*, 47, 218–30.

INE – Instituto Nacional de Estatística (2012), Recenseamento Geral da População e da Habitação. Lisboa, Portugal: INE.

INE – Instituto Nacional de Estatística (2018), Dados sobre o mercado da habitação. Lisboa, Portugal: INE.

Kane, Thomas J.; Riegg Stephanie, Staiger; Douglas O. (2006), "School Quality, Neighbourhoods, and Housing Prices", *American Law and Economics Review*, 8(2), 183–212.

King, A. Thomas; Mieszkowski, Peter (1973), "Racial Discrimination, Segregation, and the Price of Housing", *Journal of Political Economy*, 81(3), 590–606.

Koster, Hans; Rouwendal, Jan (2013), "Agglomeration, Commuting Costs, and the Internal Structure of Cities", *Regional Science and Urban Economics*, 43(2), 352–66.

Kulish, Mariano; Richards, Anthony; Gillitzer, Christian (2012), "Urban Structure and Housing Prices: Some evidence from Australian cities", *Economic Record*, 88(282), 303–22.

Leung, Charles (2004), "Macroeconomics and Housing: A review of the literature", *Journal of Housing Economics*, 13(4), 249–67.

Malpezzi, Stephen (2002), "Hedonic Pricing Models: A selective and applied review", *Housing Economics and Public Policy*, 67–89.

Malpezzi, Stephen (1996), "Housing Prices, Externalities, and Regulation in US Metropolitan Areas", *Journal of Housing Research*, 7, 209–241.

Malpezzi, Stephen; Chun, Gregory; Green, Richard (1998), "New place to place housing price indexes for US Metropolitan Areas, and their determinants". *Real Estate Economics*, 26(2), 235–74.

McGranahan, Gordon (2015), "Realizing the Right to Sanitation in Deprived Urban Communities: Meeting the challenges of collective action, coproduction, affordability, and housing tenure", *World Development*, 68, 242–53.

Moran, Patrick A. P. (1948), "The Interpretation of Statistical Maps", *Biometrika*, 35, 255–60.

Morancho, Aurelia B. (2003), "A hedonic valuation of urban green areas", Landscape and urban planning, 66 (1), 35–41.

Paris, Chris (2009), "Re-positioning second homes within housing studies: Household investment, gentrification, multiple residence, mobility and hyper-consumption", Housing, Theory and Society, 26 (4), 292–310.

Richardson, Harry W. (1969), *Regional Economics; Location Theory, Urban Structure and Regional Change*. London: Weidenfeld and Nicolson.

Rodrigues, João; Santos, Ana Cordeiro; Teles, Nuno (2016), "Semi-peripheral Financialisation: The case of Portugal", *Review of International Political Economy*, 23(3), 480–510.

Rosen, Sherwin (1974), "Hedonic Prices and Implicit Markets: Product differentiation in pure competition", *The Journal of Political Economy*, 82(1), 34–55.

Santos, Ana Cordeiro; Teles, Nuno; Serra, Nuno (2014), "Finança e habitação em Portugal", *Cadernos do Observatório sobre Crises e Alternativas*, 2, 1–59.

Sah, Vivek; Conroy, Stephen J.; Narwold, Andrew (2016), "Estimating School Proximity Effects on Housing Prices: The importance of robust spatial controls in hedonic estimations", *The Journal of Real Estate Finance and Economics*, 53(1), 50–76.

Sato, Hiroshi (2006), "Housing Inequality and Housing Poverty in Urban China in the Late 1990s", *China Economic Review*, 17(1), 37–50.

Sirmans, C. F.; Worzala, Elaine (2003), "International Direct Real Estate Investment: A review of the literature", *Urban Studies*, 40(5–6), 1081–114.

Smith, Neil (1987), "Gentrification and the Rent Gap", Annals of the Association of American Geographers, 77(3), 462–5.

Swoboda, Aaron; Nega, Tsegaye; Timm, Maxwell (2015), "Hedonic Analysis over Time and Space: The case of house prices and traffic noise", *Journal of Regional Science*, 55(4), 644–70.

Thiele, Bret (2002), "The Human Right to Adequate Housing: A tool for promoting and protecting individual and community health", *American Journal of Public Health*, 92(5), 712–15.

Tse, Raimond Y. C. (1998), "Housing Price, Land Supply and Revenue from Land Sales", *Urban Studies*, 35(8), 1377–92.

Von Thunen, J. H. (1826), *Der isolierte Staat in Beziehung auf Landtschaft und Nationalökonomie*, (English translation by C. M. Wartenberg. Von Thunen's Isolated State. Oxford: Pergamon Press, 1966).

Weida, Kuang (2009), "Housing Characteristics, Property Tax and House Prices", *Economic Research Journal*, 4(15).

A *CASA* — ENTRE O SONHO E A REALIDADE*

RAQUEL RIBEIRO**

INTRODUÇÃO

A habitação tornou-se um importante objeto de investigação em diversas áreas disciplinares, sobretudo a partir do final do século XX. Os variados significados que lhe são atribuídos e as inúmeras dimensões a ela associadas levaram muitos autores a reconhecer a necessidade de uma abordagem multidisciplinar (Després, 1991; Guerra, 1997; Kemeny, 1992; King, 2009; Mallett, 2004; Ronald, 2008; Saunders e Williams, 1988; Somerville, 1997). Assumindo a multidimensionalidade do objeto de estudo, este capítulo analisa e articula as dimensões subjetivas e objetivas da habitação e dos seus diferentes regimes de ocupação (propriedade, arrendamento, habitação social), numa abordagem que integra dimensões socioeconómicas, geográficas e psicossociológicas.

O capítulo começa por enunciar os significados comummente associados ao termo *casa* e por caracterizar brevemente a provisão de

* Este trabalho é financiado pelo FEDER – Fundo Europeu de Desenvolvimento Regional através do COMPETE 2020 – Programa Operacional Competitividade e Internacionalização (POCI) e por fundos nacionais através da FCT – Fundação para a Ciência e Tecnologia, no âmbito do projeto PTDC/ATP-GEO/2362/2014 – POCI-01-0145-FEDER-016869. Agradece-se também a todas as pessoas que participaram no inquérito e às instituições que colaboraram na sua aplicação e divulgação. Agradece-se ainda a Ana Cordeiro Santos e Cláudia Abreu Lopes pelos comentários e sugestões a uma versão prévia do capítulo; erros e omissões que permaneçam são da inteira responsabilidade da autora.

** Centro de Estudos Sociais da Universidade de Coimbra.

habitação em Portugal, bem como as suas características socioterritoriais. De seguida, descreve os resultados do inquérito por questionário FINHABIT, que recolheu informação sobre as perceções e as características das condições habitacionais da população portuguesa. Por último, apresenta as principais conclusões que remetem para a necessidade de combinar, nos estudos sobre habitação em Portugal, tanto as condições materiais como as condições subjetivas de habitabilidade; estas reforçam-se mutuamente, aprofundando assim a desigualdade associada aos diferentes modos de habitar.

1. OS MÚLTIPLOS SIGNIFICADOS DE *CASA*

No dicionário Infopédia da Língua Portuguesa (2018), a palavra *casa* apresenta diferentes aceções: "edifício destinado a habitação"; "local onde se vive; domicílio, morada"; "família, lar". Apesar de não haver uma categorização consensual dos significados associados ao termo, nomeadamente pelas distintas etimologias da palavra nas diferentes línguas (Mallett, 2004), a literatura identifica algumas dimensões que remetem para funções diferenciadas na hierarquia das necessidades humanas (Després, 1991).

Uma primeira dimensão considera a casa enquanto algo material, que constitui um espaço físico delimitado e territorialmente localizado, determinante para a satisfação das necessidades humanas elementares — providenciar um teto, um abrigo e uma proteção face às intempéries, um local seguro e com as condições adequadas ao cumprimento das necessidades fisiológicas de sono, descanso, alimentação e higiene (Després, 1991). Neste sentido, Leilani Farha (2016) — relatora especial das Nações Unidas sobre o direito à habitação — considera a casa indissociável do direito à vida, referindo que o direito à habitação não pode ser tratado como mera aspiração política e socioeconómica, devendo ser encarado como um direito fundamental: "habitação adequada, dignidade, segurança e vida estão tão intimamente interligadas que são essencialmente inseparáveis" (*ibidem*: 11).

Além de permitir satisfazer as necessidades básicas, a casa desempenha também um papel fundamental no bem-estar psicológico do ser humano, possibilitando um lugar de conforto, tranquilidade e paz (Després, 1991). A casa confere ainda um espaço de privacidade e controlo, uma fronteira entre o interior e o exterior que dá lugar à intimidade e à interioridade, um refúgio onde não só o corpo mas também o "eu" se protege, se defende e se isola (Restivo, 2006). Bachelard, na sua obra *A poética do espaço* (1974), refere-se à casa como "um grande berço" (*ibidem*: 201), "o primeiro universo" do ser humano, o seu "canto do mundo", o seu "espaço vital" (*ibidem*: 200). Neste sentido, a casa fornece o espaço para o desenvolvimento psicológico e social do ser humano, dando resposta às suas necessidades afetivas e de integração social e constituindo-se como um local privilegiado de relacionamento e convívio com figuras significativas, normalmente familiares e amigos, e de estabelecimento de relações afetivas fortes, de aceitação e partilha (Després, 1991; Ronald, 2008). Assim, para alguns autores, os conceitos de casa, lar e família estão intrinsecamente ligados, sendo permutáveis (Mallett, 2004).

A casa é também identificada como uma fonte inalienável de identidade (Mallett, 2004), a mais poderosa extensão do "eu" a seguir ao corpo (Després, 1991). Autores como Proshansky, Fabian e Kaminoff (1983) salientam que o desenvolvimento da identidade não se baseia apenas nos processos individuais, interpessoais e sociais, mas também se estende ao ambiente físico, fazendo da casa e do espaço onde se vive uma componente fundamental da identidade pessoal.

Na medida em que as escolhas habitacionais dependem da capacidade financeira das pessoas e famílias, sobretudo na ausência de promoção pública significativa, a casa constitui também um importante indicador do estatuto social dos seus habitantes, desempenhando uma função de reconhecimento social e diferenciação (Pereira, 2012). Quer isto dizer que as localizações mais centrais e propícias a maior qualidade de vida são apenas acessíveis aos mais ricos e, pelo contrário, as classes sociais baixas residem em localidades mais periféricas e/ou em habitações de pior qualidade, o que associa a condição habitacional a experiências de injustiça, desigualdade e exclusão social (Adams, 1984; Mallett, 2004). Desta forma, o espaço físico onde se habita não é apenas o local onde a interação social ocorre, é também um espaço com um significado social específico associado às categoriais sociais que o ocupam (Bernardo e Palma-Oliveira, 2012).

Finalmente, a casa é também evocada como um elemento de realização pessoal, como uma aspiração a atingir, pressupondo uma ação humana voluntária desenvolvida para este efeito (Ribeiro e Poeschl, 2007; Augusto, 2000).

Os discursos ideológicos de que as políticas públicas estão imbuídas são determinantes para a construção social dos ideais habitacionais (cf. Pereira, 2004; Ronald, 2008). A dissociação entre trabalho doméstico e industrial decorrente da Revolução Industrial transformou profundamente o significado e as vivências associadas à casa e redefiniu os papéis sociais dos homens e das mulheres. O discurso ideológico orientado para manter a nova ordem social promoveu o modo de vida burguês, desvalorizando o trabalho feminino e remetendo as mulheres para o espaço interior da casa, agora tornado privado, familiar e comunal, idealizado (Poeschl *et al.*, 2003). Novas relações de força e de poder emergiram, acentuando e aprofundando desigualdades sociais e de género, que se mantiveram mesmo após a (re)entrada massiva das mulheres no mercado de trabalho remunerado a partir de meados do século XX, coexistindo com a persistente desvalorização do trabalho reprodutivo[1] realizado essencialmente pelas mulheres no espaço doméstico (Coelho, 2010).

Do mesmo modo, a partir de meados do século XX a propriedade habitacional é enaltecida e fomentada nos Estados Unidos e no Reino Unido, estendendo-se a outros contextos incluindo o português, através de um discurso ideológico anticomunista que visava, por meio da promoção do acesso da classe trabalhadora à propriedade habitacional, diminuir a tensão entre as classes sociais e garantir a harmonia social (cf. Castela, 2017).

Mais tarde, a partir dos finais da década de 1980, a promoção da propriedade habitacional conhece um novo estímulo, associando-se então às ideias de segurança financeira, estatuto social e meritocracia, sustentadas numa ideologia neoliberal tendente à privatização e individualização do Estado Social (cf. Bauman, 2008). O discurso ideológico cada vez mais dominante, induzindo alterações profundas nas políticas de habitação

[1] A designação de trabalho reprodutivo surge por oposição ao trabalho produtivo de bens e serviços e compreende todas as tarefas associadas ao apoio e manutenção da atual e futura força de trabalho (European Institute for Gender Equality, 2019). Envolve não só a gestação, mas a criação e educação das crianças e a realização de tarefas domésticas e de cuidar (dos doentes e idosos, das relações sociais).

assim como na expansão do crédito, legitimou a diminuição do investimento público neste domínio das políticas públicas, contribuindo para acelerar a expansão do capitalismo neoliberal globalizado, cujos mercados financeiros começaram a depender cada vez mais do crédito hipotecário para funcionar (Aalbers, 2016 e 2017; Rolnik, 2013).

Esta breve revisão da literatura ilustra como, segundo Saunders e Williams (1988), a casa constitui um campo político no qual se debatem perspetivas diferentes sobre a sociedade e a necessidade de ter em consideração não só dimensões individuais bem como o contexto histórico, cultural, geográfico, social e político na compreensão dos significados e vivências habitacionais (Somerville, 1997).

2. PROVISÃO DA HABITAÇÃO EM PORTUGAL E DESIGUALDADES SOCIOTERRITORIAIS

A responsabilidade pelo provimento das necessidades de habitação em Portugal tem estado essencialmente a cargo da sociedade civil, à exceção de dois períodos de maior investimento público: a seguir à revolução do 25 de Abril de 1974, com a promoção direta de alojamento público; e entre meados da década de 1990 e o início do século XXI, através de diversos incentivos à compra de casa própria com recurso ao crédito à habitação (ver Guerra, 2011; Serra, 2002; Santos *et al.*, 2014). As transformações políticas e económicas que propiciaram o segundo momento, e que caracterizam o processo de financeirização da sociedade portuguesa (ver, por exemplo, Rodrigues *et al.*, 2016), largamente impulsionado pela crescente importância dos atores e instituições financeiras na provisão da habitação (Santos *et al.*, 2018), vieram transformar de forma considerável a distribuição dos regimes de ocupação em Portugal.

Assim, a percentagem de alojamentos familiares clássicos ocupados por proprietários evoluiu de 56,6 % em 1981 para 75,7 % em 2001, situando-se nos 73,2 % em 2011 (INE, 2013). Esta transformação é mais acentuada nos grandes centros urbanos, nas áreas metropolitanas de Lisboa e Porto, onde o arrendamento então predominante perde importância face ao crescimento da propriedade com recurso ao crédito hipotecário. Trata-se de uma tendência que se continuou a intensificar e a expandir ao resto do território nacional mesmo após o término dos incentivos à compra de casa própria em 2002, em grande parte devido à evolução favorável das taxas de juro após a adesão à moeda única (Santos *et al.*, 2014).

A explosão da construção na década de 90, impulsionada pelo crédito, conduziu a uma situação de excedente habitacional a par da acentuação da bipolarização nas Áreas Metropolitanas de Lisboa (AML) e Porto (AMP). Entre 2001 e 2011 verificou-se uma diminuição acentuada (concretamente de 76 %) do número de alojamentos não clássicos (barracas, casas rudimentares de madeira, alojamentos móveis, etc.) na generalidade do território, a par de uma diminuição (em 40 %) do número de edifícios clássicos com necessidade de grandes reparações ou muito degradados, sugerindo uma melhoria das condições habitacionais a nível geral. Contudo, verifica-se uma desigualdade na qualificação dos alojamentos arrendados e dos alojamentos ocupados por proprietários em prejuízo dos primeiros. As diferenças manifestam-se também nos custos com a habitação: apesar de o valor médio das rendas se encontrar abaixo do valor médio dos encargos mensais com habitação própria, pelo facto de os contratos de arrendamento mais antigos serem baixos, as rendas aumentaram 91 % entre 2001 e 2011, face a um aumento de 36 % dos encargos mensais com habitação própria (INE, 2013), o que indica um agravamento das dificuldades no acesso à habitação por parte dos inquilinos.

Os resultados do Inquérito às Condições de Vida e Rendimento relativo a 2017 (INE, 2018) revelam uma diminuição face a 2014 no que se refere à taxa de privação severa das condições de habitação,[2] de 5,5 % para 4,0 %, sugerindo a continuação da evolução favorável das condições habitacionais da população. No entanto, os resultados revelam também a permanência de desigualdades socioterritoriais: a taxa de privação severa das condições de habitação é maior nas áreas densamente povoadas (5,3 %), em comparação com as áreas medianamente e pouco povoadas (2,8 % e 3,1 % respetivamente); os agregados mais pobres,

---

[2] A taxa de privação severa das condições da habitação corresponde à proporção de pessoas que vivem num alojamento sobrelotado e que referem pelo menos um dos seguintes problemas: a) inexistência de instalação de banho ou duche no interior do alojamento; b) inexistência de sanita com autoclismo, no interior do alojamento; c) teto que deixa passar água, humidade nas paredes ou apodrecimento das janelas ou soalho; d) luz natural insuficiente num dia de sol.

do 1.º e 2.º quintil de rendimento equivalente, são os que apresentam maior privação habitacional severa (8,9 % e 5,1 %, respetivamente) e maior sobrecarga com despesas com a habitação[3] (24,3 % e 5,6 %, respetivamente).

No inquérito recente realizado pelo Instituto da Habitação e Reabilitação Urbana (IHRU, 2018) os órgãos municipais identificaram 25 762 famílias (0,64 % do total de famílias segundo os Censos 2011) em situações de grave carência habitacional, a residir em alojamentos sem as condições mínimas de habitabilidade.[4] As situações de carência verificam-se sobretudo em famílias em situação de arrendamento privado (38,16 % das famílias), ocupação clandestina (26,38 %), habitação social (15,05 %), e em menor proporção nos proprietários (14,98 %) e situações de cedência (5,41 %). A maioria das famílias com necessidade de realojamento está concentrada nas Áreas Metropolitanas (74 % das famílias), com especial incidência na AML (38,31 % no distrito de Lisboa e 16,15 % no distrito de Setúbal).

Estudos recentes mostram que a expansão do crédito à habitação tem acentuado as desigualdades sociais por via da desigualdade no acesso ao crédito e do efeito que esta expansão tem tido sobre os preços da habitação, nomeadamente sobre as rendas de casa (Santos e Robertson, 2016). Independentemente da escala territorial de análise (internacional, nacional, regional ou urbana), são os grupos sociais mais privilegiados — os mais ricos, com mais qualificações académicas, mais jovens e com situações profissionais mais estáveis — aqueles que têm uma relação mais intensa e proveitosa com a finança, nomeadamente através da aquisição de bens imobiliários. Tais efeitos revelam-se mais acentuados nos grandes centros urbanos, em especial na AML, onde se registou um maior volume de construção, de expansão urbana e endividamento privado; este estende-se também às classes médias e contrasta com uma maior concen-

[3] Situação em que o rácio entre as despesas anuais com a habitação e o rendimento disponível após transferências sociais de apoio à habitação é superior a 40 %.

[4] O inquérito utilizou os seguintes critérios cumulativos: "Construções que têm que ser demolidas (ou removidas caso se tratem de veículos como por exemplo autocaravanas ou ainda mantidas mas desocupadas quando se tratem de construções sem possibilidade de uso habitacional); Onde existem situações de precariedade habitacional; Que constituem residência permanente dos agregados familiares nelas residentes" (IHRU, 2018: 10).

tração nas categorias profissionais mais qualificadas na AMP (Ribeiro e Santos, 2018).

O presente capítulo procura complementar as análises anteriores, examinando as condições de habitabilidade associadas a diferentes regimes de ocupação e acrescentando às medidas objetivas da habitação os significados, aspirações e avaliações das pessoas.

3. MÉTODO

Para responder aos objetivos do estudo foi aplicado um questionário a nível nacional. Participaram no inquérito 1566 pessoas residentes em Portugal.[5] Para o propósito do presente estudo retiveram-se apenas as respostas dos participantes que completaram pelo menos 80 % do total de questões colocadas e indicaram a sua ocupação profissional, escolaridade, tipo de agregado familiar, região de residência e regime de ocupação residencial. Preencheram os critérios de inclusão 1222 participantes, na maioria do sexo feminino (69,1 %), com idades compreendidas entre os 17 e os 95 anos (M = 44,84; SD = 12,04).

A recolha de dados decorreu entre 3 de abril e 3 de setembro de 2018 através de uma amostragem não probabilística por quotas. O inquérito foi administrado através da ferramenta *online* Limesurvey (80,5 % das respostas), autopreenchimento em papel (5,8 %) e entrevista presencial (13,7 %); as duas últimas com o objetivo de inquirir a população mais vulnerável, com menor literacia digital e menos recursos socioeconómicos.

Com este inquérito foi possível cobrir todas as regiões geográficas do país (ver Anexo I). Contudo, a amostra apresenta uma sobrerrepresentação não negligenciável da Área Metropolitana do Porto, tendo por base as estimativas do INE para a população residente em 2017.

A maioria dos respondentes vive em casa própria (58,3 %): 47,4 % com recurso ao crédito bancário, 10,9 % através de outros meios (poupança,

[5] A taxa de resposta à versão *online*, calculada pelo rácio entre o número de entradas no inquérito e o número de inquéritos iniciados, é de 63 %. O inquérito foi divulgado junto dos órgãos dos 308 municípios nacionais com uma taxa de resposta de 59 %. Considerando as três formas de recolha de dados, o rácio entre o número de questionários válidos e o número de questionários iniciados é de 0,78.

herança, empréstimo familiar). Cerca de um quarto (25,6 %) vive em casa arrendada a um senhorio privado. Em igual proporção (7,4 %) encontram-se os respondentes a viver em casa arrendada com renda apoiada (92,2 % habitação social) e habitação cedida gratuitamente. Uma minoria (1,4 %) vive ainda noutras situações (ocupação de habitação social, barraca, casa penhorada, sem casa certa, quarto cedido não gratuitamente sem prazo definido).[6] A tabela do Anexo II apresenta um resumo das características sociodemográficas dos respondentes em função do seu regime de ocupação e os dados omissos para essas variáveis.

Questionário e procedimentos

O questionário desenvolvido pela equipa de investigação do projeto FINHABIT incluiu 41 grupos compostos por questões elaboradas para o efeito ou adaptadas a partir de inquéritos nacionais e internacionais (European Social Survey; European Quality of Life Survey; Inquérito às Condições de Vida e Rendimento; Política de Habitação — Dar voz aos cidadãos), repartidos por cinco partes.

Depois de uma breve apresentação do inquérito, de se garantir o anonimato e a confidencialidade, e de se obter o consentimento informado, a primeira parte do questionário inquiria acerca do significado atribuído a *casa* e a *casa de sonho* (através de associação livre de palavras) e solicitava a opinião sobre diferentes regimes de ocupação (através da manifestação do grau de concordância com 25 afirmações). A segunda parte incluía um conjunto de questões sociodemográficas (sexo, idade, nacionalidade, escolaridade, dimensão e tipologia do agregado familiar) e sobre a situação profissional (ocupação, perspetiva para os próximos cinco anos, distância de casa ao local de trabalho ou estudo). A terceira parte avaliava aspetos relacionados com a situação e trajetória habitacional do respondente. Incluía questões de caracterização do alojamento familiar (localização geográfica, tipologia da habitação, ano de constru-

[6] De acordo com os censos 2011, a nível nacional, a proporção por regime de ocupação era: proprietários sem encargos por compra (41,84 %), proprietários com encargos por compra (31,40 %), arrendatários ou subarrendatários (19,91 %), outras situações (6,85 %).

ção e regime de ocupação); questões relativas a condições de habitabilidade (existência de problemas de habitabilidade, peso e proporção dos custos com a habitação no orçamento familiar), motivações e satisfação (importância de diversos aspetos na decisão habitacional, satisfação com a casa e a zona onde vive, emoções que a casa desperta); apoio económico para suportar os custos com a habitação; e finalmente sobre a trajetória habitacional (número de casas em que viveu, opção por permanecer na mesma ou mudar para outra casa; possível mudança de habitação nos cinco anos seguintes). A quarta parte inquiria acerca da situação habitacional no país e solicitava a opinião sobre medidas destinadas a promover o acesso a uma habitação condigna. Por último, a quinta parte incluía questões de caráter mais genérico sobre bem-estar, confiança nas instituições e situação económica do agregado familiar. No final do inquérito as pessoas eram convidadas a deixar algum comentário ou sugestão.

4. RESULTADOS E DISCUSSÃO

A casa versus *a casa de sonho*

A análise da associação livre de palavras revela que foram evocadas 4747 palavras ao indutor *casa*, das quais 405 são diferentes, com frequência de evocação entre um (188 palavras únicas) e 578 ("família").[7] Ao indutor *casa de sonho* foram evocadas 530 palavras diferentes num total de 4539 palavras, com frequências entre um (246 palavras únicas) e 325 ("conforto"). É evocado um maior número de palavras quando se pensa em *casa*, mas verifica-se uma maior diversidade de termos associados a *casa de sonho*, o que indica um maior consenso em torno dos significados atribuídos à *casa* e uma maior riqueza e diversidade das representações da *casa de sonho*.

A análise das palavras mais frequentes, palavras evocadas por pelo menos 5 % dos respondentes (ver Tabela 1), revela que *casa* remete

[7] Para examinar a extensão e a natureza da informação associada às ideias de *casa* e *casa de sonho* foram aplicadas as regras de redução habitualmente utilizadas nas tarefas de associação livre de palavras (cf. Rosenberg e Jones, 1972) e algumas reduções por sinonímia.

sobretudo para a "família" e o "lar", lugar de "habitação", associado a "conforto", "descanso", "segurança", "abrigo" e "refúgio", "aconchego", "paz" e "privacidade". As palavras evocadas manifestam a importância da casa na satisfação das necessidades de afeto e segurança e no restabelecimento físico e psicológico, necessidades fundamentais ao bem-estar do ser humano, evidenciando o papel fundamental, essencial e não alienável da casa.

Por seu lado, a *casa de sonho* é associada fundamentalmente ao "conforto", no qual o "espaço" adquire especial importância, em linha com os resultados do European Quality of Life Survey, que identificam a falta de espaço como o preditor mais importante da satisfação com a habitação (Eurofound, 2013). Entre as palavras mais frequentes encontram-se também as palavras "jardim", "piscina", "luz", "moradia", "grande" e "mar", que remetem para denominadores comuns às casas consideradas mais luxuosas e mais caras (Idealista, 2018; Dinheiro Vivo, 2017). As palavras mais frequentes sugerem assim que para os respondentes inquiridos a casa de sonho, para além de propiciar conforto, é um indicador de estatuto social elevado, potenciador do uso individualizado do espaço, de lazer e de contacto com a natureza, sugerindo a importância de uma ideologia de privatização e individualização nos ideais e aspirações habitacionais (Bauman, 2008). Contudo, não se encontra entre as palavras mais frequentes qualquer referência ao regime de propriedade, o que pode sugerir que, para a generalidade dos respondentes, a "posse" da habitação não constitui um elemento central na representação de *casa* ou *casa de sonho*, contrariando a ideia de que as pessoas têm uma preferência natural pela propriedade habitacional comparativamente com o arrendamento (Saunders, 1990). Também pode dar-se o caso de, no domínio do sonho, e perante tal impossibilidade, a posse não ser sequer equacionada, remetendo o ideal de casa de sonho apenas para o usufruto privado de algo inatingível. Não obstante, procurou-se saber o que pensam os respondentes acerca dos diferentes regimes de ocupação.

Tabela 1 — Palavras associadas por mais de cinco por cento dos inquiridos a cada indutor, frequências de evocação

Palavras	Casa	Casa de sonho	Total
Família	**578**	120	698
Lar	**507**	34	541
Conforto	**485**	325	810
Habitação	**207**	3	210
Segurança	**205**	61	266
Descanso	**182**	31	213
Abrigo	**134**	5	139
Refúgio	**97**	12	109
Aconchego	**95**	22	117
Paz	**83**	42	125
Privacidade	**61**	27	88
Espaço	36	**263**	299
Jardim	9	**249**	258
Piscina	0	**204**	204
Luz	12	**144**	156
Moradia/vivenda	65	**120**	185
Grande	1	**92**	93
Mar	0	**68**	68

Nota: Todas as diferenças significativas segundo o teste Z, $p < 0{,}001$.

Os regimes de ocupação

De modo a analisar as opiniões acerca dos diferentes regimes de ocupação efetuou-se uma análise fatorial em componentes principais (KMO = 0,79[8]) com o método de rotação varimax para as 25 afirmações sobre

[8] O valor de 0,79 no teste de Kaiser-Meyer-Olkin indica que os dados são adequados para a realização da análise em componentes principais.

habitação própria, crédito à habitação, arrendamento e habitação social.[9] A análise extraiu sete componentes com valor próprio superior a um, que explicam 61,40 % da variância total (ver Anexo III) e remetem para dimensões favoráveis e desfavoráveis aos diferentes regimes de ocupação.

As duas primeiras componentes remetem para a opinião sobre a casa própria. A primeira componente destaca o peso do encargo financeiro, em que o recurso ao crédito para a sua aquisição é considerado arriscado, complicado, um compromisso pesado, e desadequado. Pelo contrário, a segunda componente reúne características positivas que se associam à propriedade, como a ideia de segurança na velhice, de investimento seguro, acumulação de património para deixar à geração seguinte e encara o recurso ao crédito como algo vantajoso, um meio de aceder à casa que se deseja. As terceira e quinta componentes referem-se ao arrendamento, agrupando as suas características negativas, que incluem piores condições de habitabilidade, insegurança do contrato de arrendamento e custo elevado das rendas, e as vantagens em termos de maior mobilidade e menores encargos fiscais e financeiros com impostos e empréstimos, respetivamente. A opinião negativa sobre a habitação social, no que respeita às condições de habitabilidade, como má construção, degradação, isolamento, predominância de droga e criminalidade e fonte de discriminação, é reunida na quarta componente, enquanto a perspetiva da habitação social como forma de aceder a uma habitação condigna e que deveria estar acessível a uma maior quantidade de pessoas está patente na sexta componente. Por último, a sétima componente expressa a ideia de que ter casa própria é um sonho irrealizável e que o arrendamento é o único meio de aceder a uma habitação. O Gráfico 1 apresenta a avaliação das dimensões em função do regime de ocupação dos respondentes.[10]

---

[9] Na análise, os dados omissos nas 25 variáveis foram substituídos pelo valor médio dos cinco valores atribuídos através do programa de imputação múltipla Amelia II (*v.g.* Honaker e King, 2010). A análise apresentada foi realizada com 24 itens, após exclusão do item "7. Ter um crédito à habitação é uma decisão racional (pagar uma prestação ao banco fica mais barato que pagar uma renda a um senhorio)", por apresentar saturação mista em três fatores.

[10] As dimensões resultam da média dos itens reunidos na análise fatorial, todos os alfas > 0,60. Na dimensão *Casa própria sonho irrealizável* foi retirado o item "Ter um crédito à habitação é a minha única opção para ter casa própria", por diminuir a consistência interna da escala. Dada a heterogeneidade das situações habitacionais

Constata-se que os proprietários concordam menos com a ideia de que ter um crédito para compra de casa é um encargo financeiro arriscado, H (4) = 104,27, p < 0,001,[11] e que os residentes de habitação social são quem mais considera a casa própria uma segurança e um investimento seguro, H (4) = 19,34, p < 0,001. As vantagens do arrendamento são as mais partilhadas pelos respondentes, H (4) = 1,30, p > 0,05, mas quem vê mais vantagens na casa própria é também quem encontra mais desvantagens no arrendamento privado, H (4) = 29,94, p < 0,001. Os que residem em habitação social são os respondentes que a avaliam mais favoravelmente e mais concordam que deveria existir em maior quantidade, de forma a possibilitar às pessoas com menos recursos o acesso a uma habitação condigna, H (4) = 58,83, p < 0,001. Contudo, também são eles quem mais considera a habitação social de má qualidade e fonte de discriminação, H (4) = 15,86, p = 0,003. Por último, são também os residentes em habitação social quem mais considera a casa própria um sonho irrealizável, H (4) = 333,07, p < 0,001. A conjugação de uma avaliação menos negativa por parte dos proprietários relativamente ao crédito à habitação com a impossibilidade de aceder a casa própria por parte dos arrendatários sugere que o regime de ocupação é um elemento relevante na segmentação do mercado de habitação, sendo determinado pelas condições socioeconómicas da população.

---

reunidas na categoria "outra situação" e o reduzido efetivo (17), optou-se por proceder à análise comparativa apenas com os restantes cinco regimes de ocupação.

[11] Para a comparação entre grupos recorreu-se ao teste de Kruskal-Wallis, dado que a avaliação dos pressupostos de aplicação do teste paramétrico One-Way ANOVA revelou violação do princípio de normalidade e homogeneidade das variâncias.

Gráfico 1 — Opinião sobre os regimes de ocupação

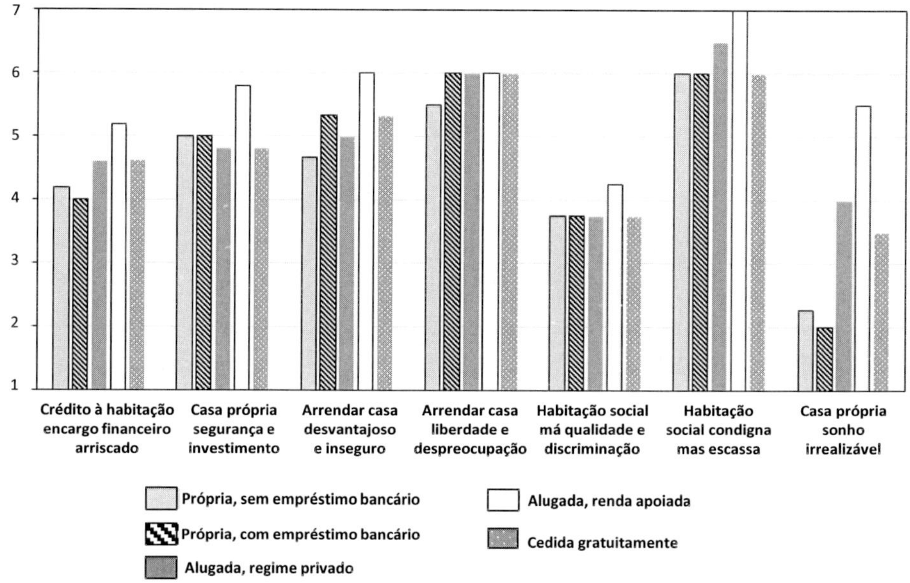

Nota: Medianas em função do regime de ocupação (1= discordo totalmente; 7 = concordo totalmente).

Os resultados indicam que, entre as vantagens e desvantagens comummente atribuídas aos diferentes regimes de ocupação, a maior mobilidade e os menores encargos financeiros do arrendamento comparativamente à propriedade privada são as mais reconhecidas pelos respondentes.[12] Contudo, as suas desvantagens (dependência do senhorio) também parecem pesar mais do que as do crédito à habitação (encargo financeiro elevado). Por sua vez, a habitação social parece reunir uma apreciação relativamente mais positiva e menos negativa por parte de todos os respondentes, o que sugere um grau social de aceitação elevado, provavelmente denotando o reconhecimento da sua insuficiência perante as necessidades habitacionais da população.

[12] Os resultados do teste de Friedman para as sete dimensões, χ^2 (6) = 2872,96, $p < 0,001$, e as comparações múltiplas ($p < 0,001$), revelam que as diferenças no grau de acordo são estatisticamente significativas.

Determinantes das condições habitacionais

Perto de um terço (31,3 %) dos respondentes referiu não ter qualquer problema com a sua habitação, cerca de metade (49,3 %) referiu entre um a três problemas e os restantes 18,7 % referiam quatro ou mais problemas; sete pessoas não responderam a um ou mais itens. Os problemas mais indicados, por frequência decrescente, foram os seguintes: mau isolamento sonoro (40,3 %); falta de instalações adequadas de aquecimento (37,9 %); humidade ou infiltrações nas paredes ou nos tetos (34,3 %); falta de lugar para estar no exterior (24,6 %); falta de espaço (19,7 %); má ventilação (13,4 %); pouca luz natural (8,6 %); janelas, portas ou chão podres (7,5 %); ausência de sanita com autoclismo dentro de casa (0,8 %); e ausência de banheira ou chuveiro (0,7 %).

Com o objetivo de analisar em que medida as condições de habitabilidade dependem de variáveis socioeconómicas e territoriais foi realizada uma regressão linear múltipla por blocos, tendo como variável dependente um indicador de problemas habitacionais resultante do somatório do número de problemas identificados na casa pelos respondentes.[13] No primeiro bloco introduziram-se as variáveis sociodemográficas (sexo, rendimento, tipo de agregado familiar, faixa etária, nível de educação e situação profissional) e no segundo bloco incluíram-se as variáveis regime de ocupação, peso dos custos com habitação e dimensão geográfica.

Os resultados apresentados na Tabela 2[14] revelam que as variáveis sociodemográficas consideradas no primeiro bloco explicam 19 % da variabilidade dos problemas habitacionais expressos pelos respondentes.[15] Assim, constata-se, sem surpresas, que são os grupos socioeconómicos mais vulneráveis que residem em habitações com piores condições de habitabilidade. Os três quintis de rendimento mais baixos apresentam

---

[13] Para substituição dos dados omissos na variável criada e na variável rendimento recorreu-se ao mesmo procedimento indicado anteriormente (ver nota 9).

[14] Não foram identificados problemas relativamente aos pressupostos de aplicação da regressão: VIF < 2.95; Tolerance > 0,34; Cook's distance < 0,018; Durbin-Watson ≈ 2; valores absolutos estandardizados de DfBeta(s) e DfFit inferiores a 0,47 e 0,73, respetivamente.

[15] Os coeficientes apresentados indicam o aumento/diminuição estimados comparativamente com o grupo de referência apresentado.

um agravamento das condições de habitabilidade (de 1,32, 1,05 e 0,53 problemas adicionais) face aos agregados do quinto quintil, depois de controladas as restantes variáveis socioeconómicas. Do mesmo modo, são as pessoas em situação profissional mais precária, desempregadas ou com contratos de trabalho temporários, as que residem em habitações com maior número de problemas.

Tabela 2 — Coeficientes de regressão não estandardizados (B) e erros padrão (ep) dos problemas habitacionais (N=1162)

	Bloco 1	**Bloco 2**
R^2 ajustado	0,19	0,27
	B (ep)	**B (ep)**
referência = masculino		
Feminino	0,09 (0,11)	0,06 (0,11)
referência = 5.º quintil		
1.º quintil	1,32 (0,20)***	0,98 (0,20)***
2.º quintil	1,05 (0,18)***	0,83 (0,18)***
3.º quintil	0,53 (0,16)***	0,42 (0,16)**
4.º quintil	0,18 (0,14)	0,20 (0,14)
referência = casal com crianças/jovens		
Unipessoal	0,22 (0,17)	0,08 (0,17)
Monoparental	-0,07 (0,20)	-0,23 (0,19)
Casal sem crianças/jovens	0,22 (0,15)	0,12 (0,14)
Alargada	0,48 (0,26)	0,40 (0,25)
Outra	0,28 (0,17)	0,06 (0,16)
referência = 40-54 anos		
17-39 anos	0,19 (0,12)	0,03 (0,12)
55-64 anos	-0,19 (0,16)	-0,11 (0,15)
>64 anos	-0,17 (0,32)	-0,02 (0,31)
referência = educação superior		
Primária ou sem	0,66 (0,20)***	0,30 (0,22)
Secundária	-0,08 (0,14)	-0,09 (0,13)
referência = trabalhador com contrato permanente		
Trabalhador com contrato temporário	0,59 (0,15)***	0,38 (0,14)**
Trabalhador por conta própria	0,03 (0,20)	-0,14 (0,19)
Desempregado/a	0,93 (0,22)***	0,53 (0,22)*
Reformado/a	0,15 (0,31)	-0,10 (0,30)
Outros/as sem atividade profissional	0,54 (0,29)	0,31 (0,28)
referência = própria, sem empréstimo bancário		
Própria, com empréstimo bancário		0,04 (0,16)
Arrendada, regime privado		0,94 (0,18)***
Arrendada, renda apoiada		1,30 (0,26)***
Cedida		0,73 (0,23)***
referência = não pesado		
Pesado		0,25 (0,12)*
Muito pesado		0,86 (0,15)***
referência = AML		
AMP		-0,57 (0,13)***
CI		-0,63 (0,12)***

Nota: * p <0,05, ** p <0,01, *** p <0,001.

O poder preditivo do modelo melhora significativamente após a adição das variáveis financeiras e territoriais no segundo bloco, explicando agora 27 % da variabilidade. Os agregados residentes em casa arrendada ou cedida tendem a reportar mais problemas de habitabilidade, comparativamente com os agregados residentes em casa própria. As condições de habitabilidade estão também associadas ao peso dos custos com a habitação no orçamento familiar, sendo que as famílias para as quais a habitação constitui um fardo pesado ou muito pesado apresentam um agravamento das condições de habitabilidade (um acréscimo de 0,25 e 0,86 problemas habitacionais), face aos agregados para os quais os custos com a habitação não são pesados. Estes dados sugerem que os arrendatários não só vivem em casas com piores condições de habitabilidade, como os encargos com estes alojamentos são excessivos face aos seus rendimentos, reforçando a associação entre vulnerabilidade habitacional e socioeconómica.

Os dados apontam ainda para uma dimensão geográfica, constatando-se uma maior vulnerabilidade habitacional na AML relativamente à AMP e outras regiões do país, que apresentam um desagravamento dos problemas habitacionais (de 0,57 e 0,63 respetivamente), depois de controladas as restantes variáveis socioeconómicas.

Estes resultados estão em linha com os resultados do Inquérito às Condições de Vida e Rendimento (INE, 2018) e do Instituto da Habitação e Reabilitação Urbana (IHRU, 2018), evidenciando piores condições de habitabilidade entre os arrendatários comparativamente com os proprietários e nas zonas de maior densidade populacional. Contudo, os resultados não evidenciam diferenças entre os proprietários com e sem encargos hipotecários, sugerindo que o recurso ao crédito permitiu a aquisição de alojamentos em boas condições de habitabilidade, reforçando a diferenciação entre proprietários e inquilinos (ver Anexo II).

Satisfação com a habitação

Se o número de problemas identificado na habitação constitui um indicador relativamente objetivo das condições de habitabilidade, ele não permite analisar em que medida os residentes se encontram satisfeitos com a sua habitação ou a sua casa corresponde às suas necessidades e aspirações.

Com o intuito de identificar os preditores da satisfação com a habitação foi realizada uma regressão linear múltipla por blocos (ver Tabela 3), tendo como variável dependente o nível de satisfação e como variáveis preditoras[16]: Bloco 1 — variáveis sociodemográficas[17]; Bloco 2 — regime de ocupação e peso do custo com a habitação; Bloco 3 — características da habitação (tipo de casa, número de quartos, ano de construção); Bloco 4 — problemas habitacionais; Bloco 5 — dimensão geográfica e satisfação com a zona (acessibilidades, serviços e equipamentos; limpeza, poluição e conservação; segurança e vizinhança[18]); Bloco 6 — privação relativa; Bloco 7 — emoções e sentimentos que a casa desperta.

Os resultados expressos na Tabela 3 revelam que as variáveis sociodemográficas (Bloco 1) explicam apenas 8 % da variabilidade da satisfação com a casa, dependendo esta satisfação, tal como as condições de habitabilidade, do nível de rendimento e da situação profissional. Quando adicionado o regime de ocupação e o peso do custo com a habitação (Bloco 2), o poder preditivo do modelo melhora significativamente em cinco pontos percentuais. Os respondentes residentes em casa arrendada em regime privado ou cedida estão menos satisfeitos comparativamente com os residentes em habitação própria sem recurso ao crédito, depois de controladas as restantes variáveis. A satisfação com a habitação também depende do peso do seu custo; as famílias em que a habitação constitui um fardo muito pesado apresentam uma diminuição da satisfação de 0,51 pontos, comparativamente com os agregados cujos custos com a habitação não são pesados.

---

[16] A solução após retirada de *outliers*. Não foram identificados problemas relativamente aos pressupostos de aplicação da regressão: VIF < 3,24; Tolerance > 0,31; Cook's distance < 0,025; Durbin-Watson ≈ 2; valores absolutos estandardizados de DfBeta(s) e DfFit inferiores a 0,56 e 1,00, respetivamente.

[17] Dada a complexidade do modelo consideraram-se unicamente as variáveis sociodemográficas preditoras dos problemas habitacionais.

[18] Na análise fatorial em componentes principais com o método de rotação varimax retiveram-se três dimensões de satisfação com a zona que explicam 70,22 % da variância total (ver Anexo IV).

Tabela 3 — Coeficientes de regressão não estandardizados (B) e erros padrão (ep) da satisfação com a habitação (N=1147)

	Bloco 1	Bloco 2	Bloco 3	Bloco 4	Bloco 5	Bloco 6	Bloco 7
R^2 ajustado	0,08	0,13	0,20	0,39	0,46	0,53	0,69
	B (ep)	**B (ep)**	**B (ep)**	**B (ep)**	**B (ep)**	**B (ep)**	**B (ep)**
referência = 5.º quintil							
1.º quintil	-0,64 (0,15)***	-0,35 (0,15)*	-0,07 (0,15)	0,09 (0,13)	0,15 (0,12)	0,32 (0,12)**	0,23 (0,10)*
2.º quintil	-0,73 (0,13)***	-0,44(0,14)***	-0,27 (0,13)*	-0,13 (0,12)	-0,05 (0,11)	0,03 (0,10)	0,01 (0,08)
3.º quintil	-0,37 (0,13)**	-0,18 (0,12)	-0,04 (0,12)	-0,04 (0,11)	0,03 (0,10)	0,12 (0,10)	0,08 (0,08)
4.º quintil	-0,28 (0,11)*	-0,21 (0,11)	-0,14 (0,11)	-0,13 (0,09)	-0,01 (0,09)	0,09 (0,08)	0,03 (0,07)
referência = educação superior							
Primária ou sem	-0,33 (0,16)*	-0,36 (0,17)*	-0,08 (0,17)	-0,10 (0,15)	-0,15 (0,14)	-0,04 (0,13)	-0,03 (0,11)
Secundária	-0,04 (0,10)	-0,08 (0,10)	-0,05 (0,10)	-0,06 (0,09)	-0,05 (0,08)	0,03 (0,08)	0,00 (0,06)
referência = trabalhador com contrato permanente							
Trabalhador por conta própria	0,13 (0,16)	0,17 (0,15)	0,23 (0,15)	0,12 (0,13)	0,07 (0,12)	-0,00 (0,12)	0,00 (0,10)
Trabalhador com contrato temporário	-0,38 (0,11)***	-0,22 (0,11)*	-0,12 (0,11)	-0,01 (0,09)	-0,03 (0,09)	-0,02 (0,08)	-0,08 (0,07)
Desempregado/a	-0,40 (0,18)*	-0,21 (0,18)	0,00 (0,17)	0,15 (0,15)	0,10 (0,14)	0,05 (0,13)	0,21 (0,11)*
Reformado/a	0,40 (0,17)*	0,36 (0,17)*	0,40 (0,16)*	0,28 (0,14)	0,29 (0,13)*	0,22 (0,13)	0,41 (0,10)***
Outros/as sem atividade profissional	-0,55 (0,23)*	-0,44 (0,22)*	-0,32 (0,21)	-0,18 (0,19)	-0,22 (0,18)	-0,35 (0,17)*	-0,16 (0,14)
referência = própria, sem empréstimo bancário							
Própria, com empréstimo bancário		0,08 (0,13)	0,05 (0,13)	0,08 (0,11)	0,06 (0,10)	0,05 (0,10)	0,06 (0,08)
Arrendada, regime privado		-0,58 (0,14)***	-0,34 (0,14)*	-0,18 (0,12)	-0,22 (0,12)	-0,20 (0,11)	0,01 (0,09)
Arrendada, renda apoiada		-0,02 (0,21)	-0,20 (0,21)	0,36 (0,19)	0,56 (0,18)***	0,60 (0,17)***	0,42 (0,14)**
Cedida gratuitamente		-0,56 (0,18)**	-0,50 (0,18)**	-0,20 (0,16)	-0,17 (0,15)	-0,16 (0,14)	0,09 (0,11)
referência = fardo não pesado							
Pesado		-0,17 (0,10)	-0,22 (0,10)*	-0,08 (0,08)	-0,07 (0,08)	-0,05 (0,07)	0,04 (0,06)
Muito pesado		-0,51 (0,12)***	-0,59 (0,12)***	-0,20 (0,11)	-0,08 (0,10)	-0,07 (0,09)	0,09 (0,08)
referência = apartamento							
Moradia			0,08 (0,09)	-0,12 (0,08)	0,01 (0,08)	-0,03 (0,07)	0,00 (0,06)
Outra situação (quartos, etc.)			-1,88(0,27)***	-1,49 (0,24)***	-1,35 (0,22)***	-1,09 (0,21)***	-0,68(0,17)***
referência = 2 quartos							
1 quarto ou menos			-0,12 (0,15)	0,10 (0,13)	0,02 (0,12)	0,10 (0,11)	-0,09 (0,09)
3 ou mais quartos			0,45 (0,09)***	0,19 (0,08)*	0,12 (0,08)	0,04 (0,07)	0,04 (0,06)
referência = 2001 e posterior							
Anterior a 1961			-0,25 (0,12)*	0,17 (0,11)	0,03 (0,10)	0,10 (0,10)	0,10 (0,08)
1961 a 1980			-0,26 (0,11)*	0,07 (0,10)	-0,09 (0,10)	0,03 (0,09)	-0,01 (0,07)
1981 a 2000			-0,21 (0,10)*	-0,11 (0,08)	-0,15 (0,08)	-0,09 (0,08)	-0,04 (0,06)
Problemas habitacionais				-0,41 (0,02)***	-0,35 (0,02)***	-0,28 (0,02)***	-0,17(0,02)***
referência = AML							
AMP					-0,13 (0,09)	-0,05 (0,08)	-0,12 (0,07)
CI					-0,27(0,09)***	-0,15 (0,08)	-0,10 (0,07)
Acessibilidades, serviços e equipamentos					0,11 (0,02)***	0,09 (0,02)***	0,06 (0,02)***
Limpeza, poluição e conservação					0,06 (0,03)	0,05 (0,03)	-0,01 (0,02)
Segurança e vizinhança					0,23 (0,03)***	0,19 (0,03)***	0,06 (0,03)*
Privação relativa						0,36 (0,03)***	0,18 (0,02)***
Preocupação/inquietação							-0,02 (0,02)
Contentamento/alegria							0,29 (0,03)***
Impotência/desespero							-0,01 (0,02)
Esperança/otimismo							-0,03 (0,02)
Vergonha/culpabilidade							0,03 (0,02)
Confiança/serenidade							0,13 (0,03)***
Revolta/raiva							-0,12(0,02)***
Orgulho/satisfação							0,09 (0,03)***

Nota: * $p < 0,05$, ** $p < 0,01$, *** $p < 0,001$.

As características da casa (Bloco 3) permitem explicar mais cerca de 7 % da variabilidade. Residir noutro tipo de situações (quartos, anexos, etc.) diminui a satisfação em 1,88 pontos face à residência em apartamentos, não diferindo a satisfação entre residentes em apartamentos e moradias, contrariamente ao que seria de esperar tendo em consideração as palavras evocadas ao indutor *casa de sonho.*

A satisfação é maior entre os residentes em habitações com maior número de quartos, em linha com a valorização do espaço referida anteriormente, e habitações mais recentes, quando não são controladas as condições habitacionais das mesmas. Com efeito, a inclusão dos problemas habitacionais (Bloco 4) permite aumentar para 39 % o poder explicativo do modelo, aumentando a satisfação na proporção inversa da identificação de problemas na casa. É de salientar que, quando controladas as condições de habitabilidade, o regime de ocupação deixa de constituir um preditor significativo da satisfação, sugerindo que as diferenças encontradas, nomeadamente entre proprietários e arrendatários, se devem essencialmente a diferentes condições de habitabilidade. O facto de o peso do custo com a habitação deixar de ser significativo quando controladas as condições de habitabilidade sugere que a sobrecarga financeira perde relevância quando permite um maior conforto físico.

Quando controladas as dimensões de satisfação com a zona e de localização geográfica, os residentes em habitação social expressam maior satisfação que os proprietários sem recurso ao crédito. As variáveis territoriais (Bloco 5) aumentam o poder preditivo do modelo em sete pontos percentuais, aumentando a satisfação com a casa na medida em que aumenta a satisfação com a vizinhança e segurança da zona e as acessibilidades e proximidade de serviços e equipamentos. Os respondentes residentes nas Comunidades Intermunicipais (CI) apresentam uma diminuição da satisfação de 0,27 pontos face aos residentes na AML.

A inclusão do indicador de privação relativa (Bloco 6), que considera a perceção da posição relativa do respondente face à maioria das famílias portuguesas, permite aumentar o poder explicativo do modelo para 53 %. A satisfação com a casa aumenta na medida em que a comparação social é positiva, a situação própria é percecionada como melhor que a da maioria, sugerindo a importância da casa no reconhecimento social e na determinação do estatuto social dos seus residentes. Contudo, o maior ganho em termos de poder explicativo (16 pontos percentuais) é obtido quando são incluídas no modelo as emoções e os sentimentos que a casa desperta (Bloco 7), a satisfação depende sobretudo da existência de sentimentos de contentamento, alegria, satisfação, orgulho, confiança e serenidade e ausência de revolta ou raiva. Este resultado indica que a situação habitacional das famílias produz um impacto importante no bem-estar emocional dos indivíduos.

Os resultados sugerem, à semelhança de outros estudos (cf. Elsinga e Hoekstra, 2005), que a maior satisfação manifestada pelos proprietários se deve, por um lado, a uma maior qualidade da habitação e, por outro, a sentimentos de satisfação, orgulho e alegria por se ser proprietário de uma residência que oferece tais condições. Estes sentimentos e emoções associados à casa podem advir da perceção da aquisição de casa própria como realização pessoal, como justo merecimento do esforço e do trabalho individual e/ou do reconhecimento social que daí pode resultar.

No que se refere aos residentes em habitação social, o maior grau de satisfação manifestado, quando controladas as condições de habitabilidade e as variáveis territoriais, pode explicar-se pelas trajetórias dos indivíduos, provenientes de habitações com piores condições e para os quais a atual casa constitui uma importante conquista pessoal e social e uma melhoria face às condições anteriores (Augusto, 2000). Mesmo nos casos em que a habitação social está associada a um "desgosto pelo bairro" (ou seja, insatisfação ou descontentamento) fundamentado sobretudo em razões de "má vizinhança" e "insegurança", o "gosto pela casa" pode permanecer, operando uma dissociação entre a casa onde se habita e o local de residência (Pinto, 1994).

Impacto psicossocial

Efetuou-se ainda uma regressão linear múltipla com o objetivo de analisar a relação entre a habitação e o nível de felicidade dos respondentes.[19] Apesar de o modelo não incluir preditores importantes de felicidade

[19] A solução após retirada de *outliers*. Não foram identificados problemas relativamente aos pressupostos de aplicação da regressão: VIF < 3,16; Tolerance > 0,32; Cook's distance < 0,019; Durbin-Watson ≈ 2; valores absolutos estandardizados de DfBeta(s) e DfFit inferiores a 0,51 e 0,89, respetivamente.

(por exemplo estado de saúde), os resultados expressos na Tabela 4 revelam que as dimensões associadas à casa explicam uma percentagem não negligenciável da variabilidade da felicidade. Por exemplo, os respondentes que suportam custos com a habitação considerados um fardo muito pesado apresentam níveis de felicidade inferiores aos dos respondentes que não consideram ter custos elevados. Por outro lado, as condições habitacionais da casa e o nível de satisfação com a mesma também são importantes pelo impacto emocional que desencadeiam, já que o nível de felicidade aumenta quando a casa desperta emoções e sentimentos de contentamento, alegria, esperança, otimismo, orgulho e satisfação.

Tabela 4 — Coeficientes de regressão não estandardizados (B) e erros padrão (ep) do grau de felicidade (N=1148)

	Bloco 1	Bloco 2	Bloco 3	Bloco 4	Bloco 5	Bloco 6	Bloco 7
R^2 ajustado	0,07	0,12	0,16	0,19	0,24	0,27	0,33
	B (ep)	**B (ep)**	**B (ep)**	**B (ep)**	**B (ep)**	**B (ep)**	**B (ep)**
referência = 5.º quintil							
1.º quintil	-0,72 (0,12)***	-0,50 (0,12)***	-0,34 (0,13)**	-0,29 (0,12)*	-0,29 (0,12)*	-0,29 (0,12)*	-0,29 (0,12)*
2.º quintil	-0,79 (0,11)***	-0,59 (0,11)***	-0,49 (0,11)***	-0,44 (0,11)***	-0,47 (0,11)***	-0,44 (0,10)***	-0,47 (0,10)***
3.º quintil	-0,44 (0,10)***	-0,31 (0,10)**	-0,25 (0,10)*	-0,25 (0,10)*	-0,27 (0,10)**	-0,26 (0,10)**	-0,26 (0,09)**
4.º quintil	-0,30 (0,09)**	-0,26 (0,09)**	-0,22 (0,09)*	-0,22 (0,09)*	-0,18 (0,09)*	-0,17 (0,09)*	-0,19 (0,08)*
referência = educação superior							
Primária ou sem	0,43 (0,13)***	0,27 (0,14)	0,39 (0,14)**	0,39 (0,14)**	0,29 (0,14)*	0,29 (0,13)*	0,29 (0,13)*
Secundária	-0,06 (0,09)	-0,09 (0,08)	-0,09 (0,08)	-0,10 (0,08)	-0,09 (0,08)	-0,07 (0,08)	-0,12 (0,08)
referência = trabalhador com contrato permanente							
Trabalhador por conta própria	0,14 (0,13)	0,14 (0,13)	0,19 (0,13)	0,14 (0,12)	0,13 (0,12)	0,11 (0,12)	0,10 (0,11)
Trabalhador com contrato temporário	-0,06 (0,09)	0,01 (0,09)	0,06 (0,09)	0,10 (0,09)	0,10 (0,08)	0,11 (0,09)	0,09 (0,08)
Desempregado/a	-0,43 (0,15)**	-0,34 (0,15)*	-0,21 (0,15)	-0,17 (0,14)	-0,24 (0,14)	-0,24 (0,14)	-0,18 (0,13)
Reformado/a	-0,12 (0,14)	-0,18 (0,13)	-0,15 (0,13)	-0,19 (0,13)	-0,20 (0,13)	-0,25 (0,13)*	-0,16 (0,12)
Outros/as sem atividade profissional	-0,01 (0,19)	-0,00 (0,18)	0,07 (0,18)	0,12 (0,18)	0,15 (0,17)	0,19 (0,17)	0,21 (0,16)
referência = própria, sem empréstimo bancário							
Própria, com empréstimo bancário		0,13 (0,11)	0,12 (0,11)	0,14 (0,10)	0,10 (0,10)	0,08 (0,10)	0,10 (0,10)
Arrendada, regime privado		-0,10 (0,12)	0,06 (0,12)	0,12 (0,12)	0,06 (0,11)	0,09 (0,11)	0,20 (0,11)
Arrendada, renda apoiada		0,40 (0,18)*	0,31 (0,18)	0,49 (0,18)**	0,64 (0,17)***	0,55 (0,17)***	0,53 (0,16)***
Cedida gratuitamente		-0,45 (0,15)**	-0,43 (0,15)**	-0,32 (0,15)*	-0,32 (0,14)*	-0,27 (0,14)*	-0,11 (0,13)
referência = fardo não pesado							
Pesado		-0,18 (0,08)*	-0,21 (0,08)**	-0,16 (0,08)*	-0,16 (0,08)*	-0,15 (0,08)	-0,09 (0,07)
Muito pesado		-0,64(0,10)***	-0,68 (0,10)***	-0,56 (0,10)***	-0,48 (0,10)***	-0,46 (0,09)***	-0,35 (0,09)***
referência = apartamento							
Moradia			0,08 (0,07)	0,01 (0,07)	0,00 (0,08)	-0,00 (0,07)	-0,02 (0,07)
Outra situação (quartos, etc.)			-1,10(0,22)***	-0,97 (0,22)***	-0,92 (0,21)***	-0,69 (0,21)***	-0,68 (0,20)***
referência = 2 quartos							
1 quarto ou menos			-0,24 (0,12)*	-0,17 (0,12)	-0,18 (0,12)	-0,19 (0,12)	-0,26 (0,11)*
3 ou mais quartos			0,14 (0,08)	0,05 (0,08)	0,01 (0,07)	0,01 (0,07)	0,02 (0,07)
referência = 2001 e posterior							
Anterior a 1961			-0,21 (0,10)*	-0,08 (0,10)	-0,08 (0,10)	-0,08 (0,10)	-0,05 (0,09)
1961 a 1980			-0,14 (0,10)	-0,04 (0,10)	-0,10 (0,09)	-0,06 (0,09)	-0,07 (0,09)
1981 a 2000			-0,07 (0,08)	-0,04 (0,08)	-0,05 (0,08)	-0,02 (0,08)	0,00 (0,07)
Problemas habitacionais				-0,13 (0,02)***	-0,09 (0,02)***	-0,02 (0,02)	-0,00 (0,02)
referência = AML							
AMP					0,25 (0,08)**	0,28 (0,08)***	0,22 (0,08)**
CI					0,05 (0,08)	0,10 (0,08)	0,10 (0,08)
Acessibilidades, serviços e equipamentos					0,04 (0,02)	0,02 (0,02)	0,03 (0,02)
Limpeza, poluição e conservação					0,04 (0,03)	0,04 (0,03)	0,01 (0,03)
Segurança e vizinhança					0,18 (0,03)***	0,14 (0,03)***	0,09 (0,03)**
Satisfação habitação						0,18 (0,03)***	0,02 (0,03)
Privação relativa						0,02 (0,03)	-0,01 (0,03)
Preocupação/inquietação							-0,04 (0,02)*
Contentamento/alegria							0,07 (0,03)*
Impotência/desespero							-0,02 (0,03)
Esperança/otimismo							0,10 (0,03)***
Vergonha/culpabilidade							-0,01 (0,03)
Confiança/serenidade							-0,00 (0,03)
Revolta/raiva							-0,02 (0,03)
Orgulho/satisfação							0,09 (0,03)**

Nota: * $p < 0,05$, ** $p < 0,01$, *** $p < 0,001$.

Mudança e estabilidade habitacional

Analisando as respostas às questões "se pudesse escolher, ficaria na sua casa atual ou preferia mudar para outra casa?" e "mesmo que não queira mudar, pensa que irá mudar de casa nos próximos cinco anos?", os resultados revelam que a combinação desejo *versus* mudança não é independente do regime de ocupação, χ^2 (12) = 285,01, p < 0,001 (ver Gráfico 2).

Gráfico 2 — Desejo *vs.* perspetiva de mudança por regime de ocupação (em percentagem)

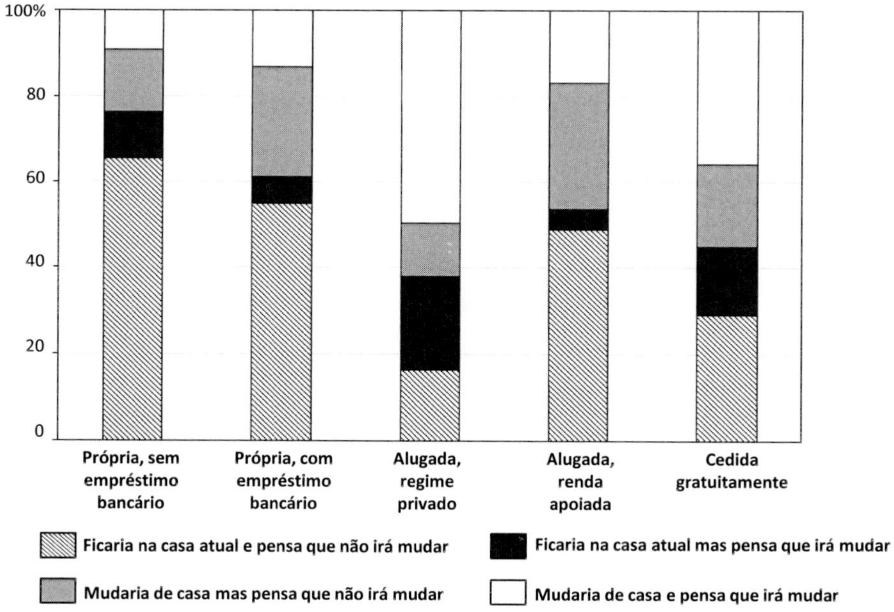

Em linha com os resultados da regressão para a satisfação com a habitação, os residentes em casa própria ou renda apoiada estão mais representados no grupo de respondentes que ficaria na casa atual e pensa que não irá mudar nos próximos cinco anos. Por seu lado, os arrendatários em regime privado estão mais representados no grupo dos respondentes que gostaria de mudar de casa e pensa que irá mudar de casa nos próximos cinco anos, o que associa o regime de ocupação do arrendamento a uma maior mobilidade. Contudo, são também estes os respondentes que se encontram mais representados no grupo dos que, preferindo ficar na casa atual, pensam que irão mudar de casa num futuro próximo, suportando a associação entre insegurança e regime privado de arrendamento. É de salientar também que são os proprietários com encargos e os arrendatários de habitação social que se encontram mais representados no grupo de respondentes que desejando mudar, pensam que não o irão fazer, sugerindo uma permanência "forçada". Por parte dos proprietários, a residência forçada poder-se-á possivelmente explicar pela dificuldade em vender ou arrendar a atual casa em condições que permitam mudar para uma casa com melhores condições. Por parte dos residentes em habitação social, a perspetiva de permanência na atual residência pode ser explicada pela falta de alternativas.

Aspetos como melhores condições de uma casa, mais espaço e melhor localização são indicados como os principais motivos para o desejo de mudar (22,4%, 26,8 %, 16,9 %) e pensar mudar (29,9 %, 23,7 %, 16,8 %). Os motivos profissionais e a perspetiva de não renovação do contrato[20] são dois motivos importantes para perspetivar uma mudança que não é desejada na maioria dos casos (19,2 % e 11,8 %, respetivamente). O desejo de casa própria é evocado por apenas 6,7 % dos respondentes que desejam mudar e 5,4 % dos que pensam mudar (ver Gráfico 3).

[20] 56 % na AML, 30 % na AMP e 14 % nas CI.

Gráfico 3 — Motivos para desejar mudar *vs.* perspetivar mudar por regime de ocupação (em percentagem)

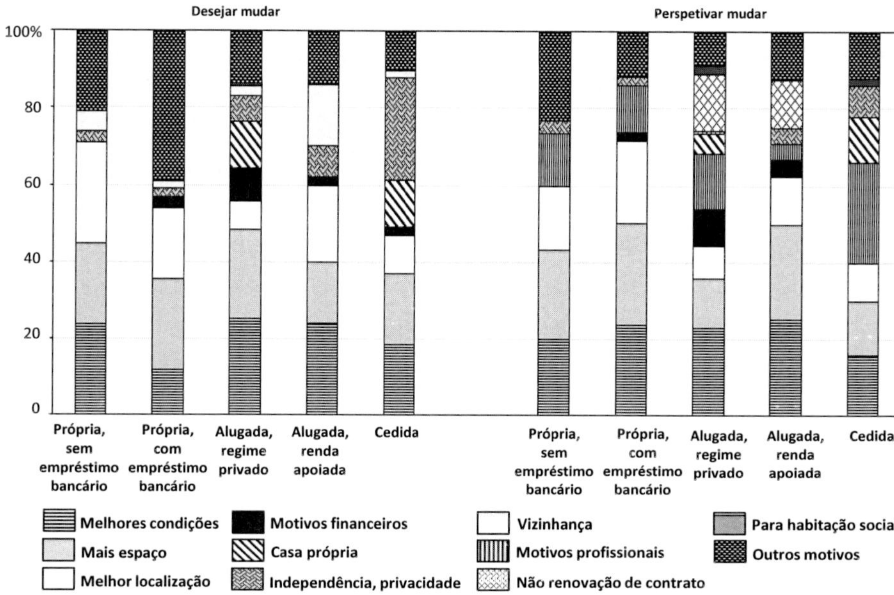

5. NOTAS CONCLUSIVAS

O presente estudo compara as condições de habitabilidade de diferentes regimes de ocupação, incluindo na análise medidas objetivas e subjetivas. Apesar de as limitações da base de dados aconselharem reserva na interpretação e generalização dos resultados, estes não deixam de apontar para a necessidade de integrar nos estudos de habitação tanto as condições materiais objetivas, como as dimensões mais subjetivas, que se reforçam mutuamente acentuando as diferenças encontradas entre os diversos regimes de ocupação.

Constatámos que o campo de representação associado à ideia de *casa* remete para o papel fundamental, essencial e não alienável da habitação na satisfação, individual e familiar, das necessidades de bem-estar físico e psicológico do ser humano, reforçando assim a indissociabilidade entre habitação, dignidade, segurança e vida (Farha, 2016). Já o campo de representação associado à ideia de *casa de sonho* evidencia um nível de aspiração superior, remetendo para as imagens de "moradia", "grande", "mar", "piscina" e "jardim", geralmente confinadas a um padrão e estilo de vida típico das classes sociais superiores, e a um uso privado do espaço de lazer e de contacto com a natureza, característicos de sociedades individualistas e desiguais.

Do ponto de vista das condições físicas de habitabilidade, a análise mostra claramente que a habitação é um mecanismo de reprodução de desigualdades sociais. São os grupos socioeconómicos mais vulneráveis, com menores rendimentos e em situações profissionais mais precárias que residem em alojamentos com um maior número de problemas. Esta situação é geradora de insatisfação com a residência familiar, sobrepondo mal-estar psicossocial às más condições de habitabilidade. Em particular, o estudo mostra que as desigualdades habitacionais variam em função do regime de ocupação, observando-se uma maior presença de problemas habitacionais entre os moradores de habitação social e os arrendatários. Pelo contrário, os proprietários com ou sem crédito residem em habitações com melhores condições e estão mais satisfeitos com a sua situação habitacional. Contudo, não se observa uma correspondência direta entre o regime ocupacional dos inquiridos e as suas perceções acerca dos diferentes regimes de ocupação. Com efeito, a propriedade habitacional, e as características que se lhe associam (nomeadamente segurança na velhice, investimento seguro, legado para a geração seguinte) não são tão valorizadas como se suporia. As características que se atribuem ao arrendamento (liberdade para mudar de local, não ter preocupação e despesas com impostos, empréstimos, etc.) parecem ser relativamente mais apreciadas. Este é talvez um dos resultados mais surpreendentes do questionário, dado o predomínio do regime de ocupação no país, e na amostra, que poderia fazer supor uma aceitação mais marcada da casa própria. Tal resultado ganha relevância se se considerar o atual momento do mercado de arrendamento, caracterizado pelo encurtamento da duração dos respetivos contratos e o aumento acentuado do valor das rendas, revelado no inquérito pela associação relativamente mais forte entre insegurança e arrendamento, do que entre risco e sobrecarga do recurso ao crédito e a compra de casa própria.

Outro resultado surpreendente diz respeito à habitação social, e talvez de modo ainda mais vincado. Independentemente do modo de ocupação, os respondentes valorizam a existência de habitação social, e tendem a desvalorizar o estigma que lhe está associado. No entanto, e sem surpresas, a habitação é sobretudo valorizada pelos que dela beneficiam, apesar de se reconhecer a existência de problemas como privação habitacional, insegurança, criminalidade e discriminação.

Por fim, a presente análise mostra que o regime de ocupação é um marcador de desigualdades sociais no que respeita às condições de habitabilidade objetivas e às experiências vividas (ver Silva, neste volume). Mesmo quando controladas variáveis socioeconómicas importantes como o rendimento, os resultados revelam piores condições de habitabilidade no caso dos arrendatários comparativamente aos proprietários, tanto na sua dimensão material como na subjetiva. A fraca distinção entre proprietários com e sem encargos de crédito, por sua vez, revela que o acesso ao crédito permitiu melhorar as condições de vida das populações que a ele acederam, e ao fazê-lo acentuou as disparidades entre quem é e não proprietário. Tal se deve ao enviesamento das políticas públicas neste domínio, que favoreceu um modelo de política assente no crédito para compra de casa própria, em detrimento de um modelo habitacional mais equilibrado, com uma maior contribuição do arrendamento, privado e público (ver Santos, neste volume). Daqui ressalta a necessidade de a política de habitação passar a incidir mais sobre o mercado de arrendamento, privado e público, nomeadamente no que respeita à melhoria das condições de habitabilidade em ambos.

Os dados nacionais disponíveis indicam que a percentagem de famílias em Portugal que não tem uma habitação com condições mínimas para assegurar as funções elementares para sobrevivência física é inferior a 1 % (IHRU, 2018), aumentando para 4 % a percentagem de famílias em condições severas de privação habitacional (INE, 2018). Os resultados aqui apresentados sugerem a existência de um segmento importante das famílias que, não sofrendo condições severas de privação, não consegue aceder a uma casa com condições adequadas de conforto ou não beneficia de segurança habitacional, pondo em causa o seu bem-estar físico e psicológico, essenciais a uma vida digna. Também sugerem que a resolução das carências habitacionais, ao contrário do que a ideologia dominante defende, não se encontra em medidas financeirizadas que transferem a responsabilidade da garantia de um direito humano fundamental para os indivíduos e as famílias.

REFERÊNCIAS BIBLIOGRÁFICAS

Aalbers, Manuel B. (2017), "The Variegated Financialisation of Housing", *International Journal of Urban and Regional Research*, 542–54.

Aalbers, Manuel B. (2016), *The Financialization of Housing: A political economy approach*. London: Routledge.

Adams, John S. (1984), "The Meaning of Housing in America", *Annals of the Association of American Geographers*, 74(4), 515–26.

Augusto, Nuno Miguel (2000), "Habitação social — Da intenção de inserção à ampliação da exclusão", *Atas do IV Congresso Português de Sociologia*. Consultado a 14.09.2018, em https://aps.pt/wp-content/uploads/2017/08/DPR462df3cd04e3f_1.pdf

Bachelard, Gaston (1974), *A poética do espaço*. Tradução de António Costa Leal e Lídia do Valle Santos Leal. Rio de Janeiro: Livraria El Dorado Tijuca.

Bauman, Zygmunt (2008), "Happiness in a Society of Individuals", *Soundings*, 38, 19–28.

Bernardo, Fátima; Palma-Oliveira, José M. (2012), "Place Identity: A central concept in understanding intergroup relationships in the urban context", *in* Hernan Casakin e Fátima Bernardo (orgs.), *The Role of Place Identity in the Perception, Understanding, and Design of Built Environments*. Bentham: Bentham Science Publishers, 35–46.

Castela, Tiago (2017), "Tradição da propriedade? Deslegitimação e geografias quotidianas do arrendamento em Portugal, 1974-1982", *in* Teresa Sá Marques; José Alberto Rio Fernandes; José Teixeira; Patrícia Abrantes; Fátima Matos; Laura Soares (orgs.), *As dimensões e a responsabilidade social da Geografia*, Livro de Atas XI Congresso da Geografia Portuguesa. Porto: Faculdade de Letras da Universidade do Porto e Associação Portuguesa de Geógrafos, 113–16.

Coelho, Lina (2010), "Mulheres, família e desigualdade em Portugal", dissertação de doutoramento. Coimbra: Universidade de Coimbra, disponível no Estudo Geral.

Després, Carole (1991), "The Meaning of Home: Literature Review and Directions for Future Research and Theoretical Development", *Journal of Architecture and Planning Research*, 8(2), 96–115.

Dicionário Infopédia da Língua Portuguesa [em linha]. Porto: Porto Editora, 2003–2018. Consultado a 27.04.2018, em https://www.infopedia.pt/dicionarios/lingua-portuguesa/casa.

Dinheiro Vivo (2017), "Luxo. As 15 mansões mais caras à venda nos EUA". Consultado a 02.10.2018, em https://www.dinheirovivo.pt/lifestyle/galeria/luxo-as-15-mansoes-mais-caras-a-venda-nos-eua/.

Elsinga, Marja; Hoekstra, Joris (2005), "Homeownership and Housing Satisfaction", *Journal of Housing and the Built Environment*, 20, 401–24.

Eurofound (2013), *Third European Quality of Life Survey — Quality of Life in Europe: Subjective Well-being*. Luxembourg: Publications Office of the European Union.

European Institute for Gender Equality, "Reproductive work". Consultado a 18.01.2019, em https://eige.europa.eu/rdc/thesaurus/terms/1352.

Farha, Leilani (2016), "Adequate Housing as a Component of the Right to an Adequate Standard of Living". Consultado a 15.04.2018, em http://www.unhousingrapp.org/user/pages/04.resources/Thematic-Report-4-The-Right-to-Life-and-the-Right-to-Housing.pdf.

Guerra, Isabel (2011), "As políticas de habitação em Portugal: à procura de novos caminhos", *Cidades, Comunidades e Territórios,* 22, 41–68.

Guerra, Isabel (1997), "Um olhar sociológico sobre o alojamento", *Sociologia, Problemas e Práticas,* 24, 165–81.

Honaker, James; King, Gary (2010), "What to do about Missing Values in Time Series Cross-section Data", *American Journal of Political Science,* 54(2), 561–81.

Idealista (2018), "As casas mais caras de Portugal". Consultado a 02.10.2018, em https://www.idealista.pt/news/imobiliario/top-idealista/2015/04/17/26981-as-casas-mais-espetaculares-de-portugal-fotos.

IHRU – Instituto da Habitação e Reabilitação Urbana (2018), *Levantamento nacional das necessidades de realojamento habitacional.* Consultado a 01-10-2018, em https://www.portaldahabitacao.pt/opencms/export/sites/portal/pt/portal/habitacao/levantamento_necessidades_habitacionais/Relatorio_Final_Necessidades_Realojamento.pdf.

INE – Instituto Nacional de Estatística (2018), "Reduziu-se a população que vive com sobrecarga de despesas em habitação". Consultado a 01.10.2018, em https://www.ine.pt/xportal/xmain?xpid=INE&xpgid=ine_destaques&DESTAQUESdest_boui=315222979&DESTAQUEStema=55565&DESTAQUESmodo=2&xlang=pt.

INE – Instituto Nacional de Estatística (2013), *Retrato territorial de Portugal 2011.* Consultado a 01.10.2018, em https://www.ine.pt/xportal/xmain?xpid=INE&xpgid=ine_publicacoes&PUBLICACOESpub_boui=153414764&PUBLICACOES modo=2&xlang=pt.

Kemeny, Jim (1992), *Housing and Social Theory.* London: Routledge.

King, Peter (2009), "Using Theory or Making Theory: Can there be theories of housing?", *Housing, Theory and Society,* 26(1), 41–52.

Mallett, Shelley (2004), "Understanding Home: A critical review of the literature", *The Sociological Review,* 52, 62–89.

Pereira, Sandra M. (2012), *Casa e mudança social: uma leitura das transformações da sociedade portuguesa a partir da casa.* Lisboa: Caleidoscópio.

Pereira, Sandra M. (2004), "Pressupostos ideológicos da casa actual O espaço como veículo do ideário moderno", *Cidades, Comunidades e Territórios,* 8, 77–93.

Pinto, Teresa Costa (1994), "Apropriação dos espaços em bairros sociais: o gosto pela casa e o desgosto pelo bairro", *Sociedade e Território,* 20, 36–43.

Poeschl, Gabrielle; Múrias, Cláudia; Ribeiro, Raquel (2003), "As diferenças entre os sexos: mito ou realidade?", *Análise Psicológica,* 2(XXI), 213–28.

Proshansky, Harold M.; Fabian, Abbe K.; Kaminoff, Robert (1983), "Place Identity: Physical world socialization of the self", *Journal of Environmental Psychology,* 3, 57–83.

Restivo, Joana (2006), "Utopia – Abertura de outras possibilidades na arquitectura", *E-topia: Revista Electrónica de Estudos sobre a Utopia*, n.º 5. Consultado a 10.07.2018, em http://ler.letras.up.pt/uploads/ficheiros/1643.pdf.

Ribeiro, Raquel; Poeschl, Gabrielle (2007), "As representações sociais da realização pessoal", *in* Maria Benedita Monteiro; M. M. Calheiros, Rita Jerónimo; Carla Mouro; P. Duarte (orgs.), *Percursos da investigação em Psicologia Social e Organizacional*. Lisboa: Edições Colibri, 35–55.

Ribeiro, Raquel; Santos, Ana Cordeiro (2018), "Financeirização das famílias e a desigualdade socioeconómica e territorial em Portugal", *Revista Portuguesa de Estudos Regionais*, 47, 73–93.

Rodrigues, João; Santos, Ana Cordeiro; Teles, Nuno (2016), *A financeirização do capitalismo em Portugal*. Lisboa: Actual.

Ronald, Richard (2008), *The Ideology of Home Ownership: Homeowner societies and the role of housing*. Basingstoke: Palgrave Macmillan.

Rosenberg, Seymour; Jones, Russell (1972), "A Method for Investigating and Representing a Person's Implicit Personality Theory: Theodore Dreiser's view of people", *Journal of Personality and Social Psychology*, 22, 372–86.

Santos, Ana Cordeiro; Robertson, Mary (2016), "Definancialising Well-being: The case of housing", *FESSUD Working Paper Series*, 1778.

Santos, Ana Cordeiro; Rodrigues, João; Teles, Nuno (2018), "Semi-peripheral Financialisation and social reproduction: The case of Portugal", *New Political Economy*, 23(4), 475–94.

Santos, Ana Cordeiro; Teles, Nuno; Serra, Nuno (2014), "Finança e habitação em Portugal", *Cadernos do Observatório sobre Crises e Alternativas*, 2, 1–59.

Saunders, Peter (1990), *A Nation of Home Owners*. Unwin Hyman: London.

Saunders, Peter; Williams, Peter (1988), "The Constitution of the Home: Towards a research agenda", *Housing Studies*, 3(2), 81–93.

Serra, Nuno (2002), *Estado, território e estratégias de habitação*. Coimbra: Quarteto.

Somerville, Peter (1997), "The Social Construction of Home", *Journal of Architectural and Planning Research*, 14(3), 226–45.

Anexo I — Distribuição dos participantes por dimensão geográfica e região e estimativas do INE para a proporção da população residente em 2017

<table>
<tr><th colspan="4">Distribuição dos participantes inquérito FINHABT</th><th colspan="2" rowspan="2">Distribuição da população residente, estimativa INE para 2017</th></tr>
<tr><th colspan="2">Dimensão Geográfica</th><th colspan="2">Região (NUT II)</th></tr>
<tr><td>AM Lisboa</td><td>336 (27,5 %)</td><td>AM Lisboa</td><td>336 (27,5 %)</td><td colspan="2">27,5 %</td></tr>
<tr><td>AM Porto</td><td>387 (31,7 %)</td><td rowspan="2">Norte</td><td rowspan="2">439 (35,9 %)</td><td rowspan="2">34,7 %</td><td>16,7 %</td></tr>
<tr><td rowspan="6">Comunidades Intermunicipais</td><td rowspan="6">499 (40,8 %)</td><td rowspan="6">55,8 %</td></tr>
<tr><td>Centro</td><td>210 (17,2 %)</td><td>21,7 %</td></tr>
<tr><td>Alentejo</td><td>97 (7,9 %)</td><td>6,9 %</td></tr>
<tr><td>Algarve</td><td>62 (5,1 %)</td><td>4,3 %</td></tr>
<tr><td>Açores</td><td>16 (1,3 %)</td><td>2,4 %</td></tr>
<tr><td>Madeira</td><td>62 (5,1 %)</td><td>2,5 %</td></tr>
<tr><td colspan="2">Total</td><td colspan="2">1222 (100 %)</td><td colspan="2">100 %</td></tr>
</table>

Anexo II — Características sociodemográficas em função do regime de ocupação e dados omissos

	Regime de Ocupação						Dados Omissos
	Própria sem empréstimo (n=133)	Própria, com empréstimo (n=579)	Arrendada, privado (n=313)	Arrendada, apoiada (n=90)	Cedida gratuitamente (n=90)	Outra situação (n=17)	
Sexo							
Feminino	80 (9,5)	400 (47,7)	216 (25,8)	66 (7,9)	67 (8,0)	9 (1,1)	9 (0,7)
Masculino	51 (13,8)	172 (46,6)	94 (25,5)	23 (6,2)	22 (6,0)	7 (1,9)	
Outro	1 (16,7)	1 (16,7)	1 (16,7)	1 (16,7)	1 (16,7)	1 (16,7)	
Nacionalidade							
Portuguesa	129 (11,2)	571 (49,7)	262 (22,8)	86 (7,5)	87 (7,6)	13 (1,1)	11 (0,9)
Dupla	0 (0)	0 (0)	2 (50,0)	1 (25,0)	0 (0)	1 (25,0)	
Outra	2 (3,4)	2 (3,4)	48 (81,4)	2 (3,4)	2 (3,4)	3 (5,1)	
Grupo minoritário							
Não	125 (11,9)	508 (48,4)	250 (23,8)	75 (7,1)	81 (7,7)	10 (1,0)	13 (1,1)
Sim	3 (2,5)	47 (39,2)	48 (40,0)	10 (8,3)	7 (5,8)	5 (4,2)	
Recusa	2 (5,0)	20 (50,0)	12 (30,0)	4 (10,0)	1 (2,5)	1 (2,5)	
Agregado familiar							
Família unipessoal	18 (10,8)	54 (32,3)	71 (42,5)	12 (7,2)	10 (6,0)	2 (1,2)	0 (0)
Família monoparental	9 (8,7)	39 (37,9)	34 (33,0)	11 (10,7)	6 (5,8)	4 (3,9)	
Casal sem crianças/jovens	19 (8,7)	113 (51,8)	59 (27,1)	12 (5,5)	14 (6,4)	1 (0,5)	
Casal com crianças/jovens	56 (11,1)	329 (65,3)	73 (14,5)	23 (4,6)	18 (3,6)	5 (1,0)	
Família alargada	8 (14,3)	19 (33,9)	11 (19,6)	6 (10,7)	9 (16,1)	3 (5,4)	
Outra situação	23 (13,2)	25 (14,4)	65 (37,4)	26 (14,9)	33 (19,0)	2 (1,1)	
Faixa etária							
17-39 anos	36 (8,7)	129 (31,2)	167 (40,3)	25 (6,0)	46 (11,1)	11 (2,7)	0 (0)
40-54 anos	56 (10,2)	333 (60,5)	91 (16,5)	31 (5,6)	35 (6,4)	4 (0,7)	
55-64 anos	25 (14,0)	90 (50,3)	37 (20,7)	16 (8,9)	9 (5,0)	2 (1,1)	
≥65 anos	16 (20,3)	27 (34,2)	18 (22,8)	18 (22,8)	0 (0)	0 (0)	
Escolaridade							
Básica ou sem	7 (4,5)	11 (7,1)	50 (32,5)	68 (44,2)	8 (5,2)	10 (6,5)	0(0)
Secundária	28 (11,5)	123 (50,6)	53 (21,8)	18 (7,4)	17 (7,0)	4 (1,6)	
Superior	98 (11,9)	445 (53,9)	210 (25,5)	4 (0,5)	65 (7,9)	3 (0,4)	
Ocupação							
Conta própria	8 (9,5)	41 (48,8)	21 (25,0)	5 (6,0)	8 (9,5)	1 (1,2)	30 (2,5)[21]
Conta de outrem, efetivo	76 (11,0)	410 (59,6)	125 (18,2)	19 (2,8)	53 (7,7)	5 (0,7)	
Conta de outrem, a prazo	21 (10,2)	67 (32,7)	84 (41,0)	9 (4,4)	19 (9,3)	5 (2,4)	
Desempregado/a	5 (5,7)	5 (5,7)	39 (44,3)	27 (30,7)	6 (6,8)	6 (6,8)	
Reformado/a	16 (18,2)	27 (30,7)	20 (22,7)	24 (27,3)	1 (1,1)	0 (0)	
Outro sem trabalho	4 (10,3)	10 (25,6)	17 (43,6)	5 (12,8)	3 (7,7)	0 (0)	
Rendimento							
1.º quintil	16 (7,8)	40 (19,4)	73 (35,4)	54 (26,2)	12 (5,8)	11 (5,3)	56 (4,6)
2.º quintil	20 (10,4)	57 (29,5)	75 (38,9)	18 (9,3)	21 (10,9)	2 (1,0)	
3.º quintil	17 (8,3)	106 (51,7)	55 (26,8)	8 (3,9)	18 (8,8)	1 (0,5)	
4.º quintil	36 (12,2)	168 (57,1)	61 (20,7)	4 (1,4)	23 (7,8)	2 (0,7)	
5.º quintil	38 (14,2)	180 (67,2)	35 (13,1)	1 (0,4)	13 (4,9)	1 (0,4)	
Região							
Norte	42 (9,6)	173 (39,4)	127 (28,9)	67 (15,3)	27 (6,2)	3 (0,7)	0 (0)
Centro	33 (15,6)	116 (55,2)	44 (20,9)	0 (0)	16 (7,6)	1 (0,5)	
AML	37 (11,0)	150 (44,6)	96 (28,6)	17 (5,1)	24 (7,1)	12 (3,6)	
Alentejo	10 (10,3)	60 (61,9)	20 (20,6)	1 (1,0)	6 (6,2)	0 (0)	
Algarve	2 (3,2)	40 (64,5)	10 (16,1)	3 (4,8)	6 (9,7)	1 (1,6)	
Açores	2 (12,5)	10 (62,5)	0 (0)	1 (6,3)	3 (18,8)	0 (0)	
Madeira	7 (11,5)	30 (48,4)	16 (26,2)	1 (1,6)	8 (13,1)	0 (0)	

Nota: frequências absolutas e relativas entre parêntesis

[21] Os dados omissos referem-se ao tipo de contrato, duração ilimitada (permanente) ou limitada (temporário), não indicado por 30 participantes trabalhadores por conta de outrem.

Anexo III — Solução da análise em componentes principais após rotação

	Componente							Média
	1	2	3	4	5	6	7	
Crédito à habitação: encargo financeiro arriscado (12,35 % da variância explicada)								
11. Ter um crédito à habitação é uma prisão porque se deixa de ter dinheiro para fazer outras coisas.	**0,75**	-0,09	-0,05	0,13	0,14	0,05	0,01	3,98
8. Ter um crédito à habitação é um risco grande porque o rendimento e as despesas no futuro são imprevisíveis.	**0,70**	-0,07	0,07	0,00	0,17	0,08	0,03	4,87
10. Ter um crédito à habitação é muito complicado (burocracia, informação de difícil compreensão, seguros obrigatórios, etc.).	**0,69**	0,04	0,14	0,09	0,02	0,02	0,09	4,33
12. Ter um crédito à habitação é viver acima das possibilidades.	**0,69**	0,10	-0,10	0,16	-0,09	0,03	0,22	2,96
4. Ter casa própria é um encargo financeiro grande (com pagamento de impostos, obras de manutenção, etc.).	**0,54**	-0,09	0,10	-0,03	0,38	-0,02	0,01	5,40
Casa própria: segurança e investimento (10,15 % da variância explicada)								
3. Ter casa própria é uma segurança na velhice.	-0,06	**0,75**	0,13	0,04	-0,04	0,18	0,04	5,26
2. Ter casa própria é um investimento seguro, pois uma casa acaba sempre por se valorizar.	-0,15	**0,75**	0,04	-0,02	0,00	0,10	-0,12	4,68
6. Ter casa própria é ter uma casa para deixar para a geração seguinte.	0,08	**0,66**	0,09	0,04	0,04	0,04	0,14	4,79
9. Ter um crédito à habitação é vantajoso porque se está a pagar por uma casa que um dia será nossa.	-0,29	**0,56**	0,43	-0,01	0,14	0,01	0,04	5,37
5. Ter casa própria é a única forma de se ter a casa que se quer (estado de conservação, acabamentos, etc.).	0,14	**0,54**	0,24	0,08	-0,03	-0,05	0,01	4,45
Arrendar casa: desvantajoso e inseguro (9,75 % da variância explicada)								
16. Arrendar casa é ficar dependente do senhorio para a realização de obras necessárias.	0,07	0,16	**0,81**	0,10	0,04	0,08	-0,01	5,35
15. Arrendar casa é desvantajoso porque se está a pagar por uma casa que nunca será nossa.	-0,01	0,31	**0,79**	0,03	-0,02	0,00	0,00	5,14
14. Arrendar casa é uma insegurança constante, não saber se o contrato será renovado ou o preço da renda aumentado.	0,13	0,12	**0,73**	0,17	-0,16	0,17	0,04	4,90
Habitação social: má qualidade e discriminação (9,05 % da variância explicada)								
23. A habitação social faz com que as pessoas que lá vivem sejam alvo de discriminação pela sociedade.	0,05	-0,07	0,09	**0,78**	0,06	0,13	0,05	4,08
22. A habitação social é sinónimo de má construção, degradação e má localização.	0,01	-0,02	0,03	**0,77**	0,06	-0,07	0,15	3,57
24. A habitação social tem a desvantagem de as famílias ficarem dependentes do Estado para a realização de obras necessárias.	0,15	0,12	0,13	**0,66**	0,12	0,11	-0,23	4,37
25. A habitação social é local de droga, violência e criminalidade.	0,14	0,17	0,06	**0,63**	-0,01	-0,23	0,13	2,89
Arrendar casa: liberdade e despreocupação (7,33 % da variância explicada)								
17. Arrendar é ter liberdade para mudar de local quando se quiser ou a vida assim o determinar.	0,10	0,03	-0,06	0,10	**0,83**	0,08	-0,05	5,68
18. Arrendar casa é não ter preocupação e despesas com impostos, empréstimos, etc.	0,19	0,03	-0,04	0,11	**0,81**	0,05	0,00	5,39
A habitação social: condigna mas escassa (7,10 % da variância explicada)								
21. A habitação social é uma possibilidade que deveria existir para mais pessoas.	0,11	0,10	0,11	0,01	0,01	**0,86**	0,14	5,99
20. A habitação social é uma boa medida, pois dá possibilidade às famílias com baixos recursos de aceder a uma habitação condigna.	0,06	0,15	0,09	-0,04	0,11	**0,86**	-0,02	5,91
Casa própria: sonho irrealizável (5,67 % da variância explicada)								
19. Arrendar casa é a única opção para ter casa.	0,41	0,02	-0,09	0,10	-0,11	0,13	**0,70**	3,22
13. Ter um crédito à habitação é a minha única opção para ter casa própria.	-0,24	0,11	0,38	0,04	0,32	-0,04	**0,58**	5,01
1. Ter casa própria é um sonho que não acho que se vá concretizar.	0,43	0,02	-0,02	0,08	-0,12	0,08	**0,57**	2,80

Anexo IV — Solução da análise em componentes principais após rotação

	Componente		
	1 α = 0,83	2 α = 0,72	3 α = 0,70
Acessibilidades, Serviços e Equipamentos (30,16 % da variância explicada)			
Serviços públicos (hospital/centro de saúde, escolas, repartições públicas, etc.)	**0,88**	0,11	0,08
Estabelecimentos comerciais (supermercados, farmácias, Bancos, etc.)	**0,88**	0,09	0,10
Transportes públicos	**0,77**	-0,11	0,06
Equipamentos de lazer e desporto	**0,66**	0,39	0,09
Limpeza, Poluição e Conservação (20,89 % da variância explicada)			
Limpeza das ruas	0,16	**0,83**	0,15
Ruído e qualidade do ar	-0,14	**0,69**	0,38
Estado de conservação dos edifícios e espaços públicos	0,25	**0,62**	0,43
Segurança e Vizinhança (19,17 % da variância explicada)			
Segurança	0,11	0,21	**0,85**
Vizinhança	0,10	0,30	**0,78**

CRISE E DESIGUALDADE HABITACIONAL: COMO (NÃO) SE VIVE EM LISBOA*

RITA SILVA**

1. HABITAÇÃO, FINANÇA E DESIGUALDADES SOCIAIS

Existe abundante literatura que mostra que a habitação é um relevante mecanismo de diferenciação e reprodução de desigualdades sociais e territoriais, e que o crescente peso da finança na provisão da habitação — por via do crédito para a compra de casa própria e da presença de novos atores financeiros, como os fundos imobiliários — vem acentuando estas desigualdades (ver A. C. Santos, neste volume). Contudo, os conteúdos e significados desta diferenciação social vincada pelo acesso desigual à habitação ainda se encontram por explorar. Focando-se na Área Metropolitana de Lisboa (AML), e recorrendo a entrevistas semiestruturadas, o presente capítulo dá conta das condições habitacionais diferenciadas, em termos materiais, culturais e simbólicos, segundo o regime de propriedade, designadamente proprietários, proprietários com crédito à habitação, arrendatários no mercado privado, arrendatários de habitação social e outras situações mais atípicas.

Há muito que a literatura aborda a relação entre habitação e desigualdades sociais, principalmente nos campos da geografia e da sociologia

---

* Este trabalho é financiado pelo FEDER – Fundo Europeu de Desenvolvimento Regional através do COMPETE 2020 – Programa Operacional Competitividade e Internacionalização (POCI) e por fundos nacionais através da FCT – Fundação para a Ciência e Tecnologia, no âmbito do projeto PTDC/ATP-GEO/2362/2014 – POCI-01-0145-FEDER-016869.

** Centro de Estudos Sociais da Universidade de Coimbra.

urbana. Essa literatura dá conta do fenómeno de segregação que se verifica nas áreas residenciais, que dita uma separação espacial dos vários estratos sociais em termos de residência (cf. por exemplo Barata-Salgueiro, 1992 e 2001; Guerra, 1997 e 2011; Ferrão, 2002 e 2003; Malheiros e Vala, 2004). Segundo Barata-Salgueiro (1992 e 2001), tal deve-se ao facto de a habitação se ter transformado em mercadoria, isto é, num bem que é produzido para ser transacionado no mercado, bem como à segmentação do mercado de habitação em função do seu preço, que geralmente aumenta quanto mais próximo ao centro, mas não só. Quer isto dizer que apenas os mais ricos conseguem aceder às localizações mais centrais ou mais dotadas de outras dimensões, como proximidade ao local de trabalho, equipamentos, comodidades locais e características naturais, portanto a uma maior qualidade de vida, o que acarreta também diferenças no prestígio obtido, que acaba por ficar reservado aos grupos de rendimentos mais elevados. Em Portugal, este efeito tem sido historicamente reforçado pela inexistência de uma política de promoção direta da habitação.

Estudos recentes (Santos, 2014 e 2016; Carmo, Cachado e Ferreira, 2015) confirmam a persistência de segmentação, revelando a sobreposição de diferenças territoriais e sociais, a que se associam formas distintas de vivência e uso do espaço. Por exemplo os centros urbanos, em especial o município de Lisboa, são os espaços que oferecem melhores recursos territoriais às populações que neles habitam, nomeadamente no que toca a sistemas de transportes públicos, oportunidades de trabalho, serviços e equipamentos. Pelo contrário, os territórios suburbanos massificados nos concelhos limítrofes de Lisboa enfrentam os maiores desafios, encontrando-se a população residente significativamente mais condicionada pelos meios de transporte existentes, públicos ou privados, para aceder aos recursos disponíveis nos centros urbanos. Não obstante, a AML não deixa de incluir territórios heterogéneos e fragmentados, marcados por combinações mais complexas, com vizinhança polarizada ou enclaves de pequena escala, designadamente no centro histórico, onde se verificam condições de habitabilidade muito degradadas, por vezes contíguas a zonas residenciais de luxo. Por sua vez, a forte correlação entre as características do parque habitacional e as da população que aí reside ditam a importância da habitação como um relevante mecanismo de desigualdade social no nosso país.

Estas desigualdades devem-se, em grande medida, à recente financeirização (Epstein, 2005) da economia na sociedade portuguesa. O aumento extraordinário do crédito marcou a provisão de habitação em Portugal entre os anos 1990 e a crise financeira global de 2008, constituindo uma das formas mais relevantes através das quais importantes segmentos da população portuguesa acederam à habitação (Santos, Teles e Serra, 2014; Rodrigues, Santos e Teles, 2016b). O crescimento do mercado hipotecário, ao privilegiar a compra de casa própria em detrimento do mercado de arrendamento, acentuou ainda mais a mercadorização da habitação e o acesso diferenciado a esta em função do seu preço. Com efeito, são os grupos sociais mais privilegiados — os mais ricos, academicamente mais qualificados, mais jovens e com situações profissionais mais estáveis — aqueles que têm tido uma mais intensa e proveitosa relação com o crédito hipotecário, do qual fazem uma avaliação muito positiva (Ribeiro e Santos, 2018).

A evolução recente do crédito à habitação também aponta para um aumento das desigualdades socioterritoriais. Por exemplo, na Área Metropolitana de Lisboa observa-se uma relação direta entre a participação da classe média no mercado hipotecário, nova construção e dispersão da população pela área metropolitana, à qual se associa uma melhoria das condições de habitabilidade, do ponto de vista do conforto do alojamento (Ribeiro e Santos, 2018). Mas também implicou um afastamento do centro, a par de um maior gasto de tempo em deslocações entre os locais de residência e de trabalho, ou seja uma maior fragmentação do uso do espaço. Contudo, esta análise, assente em dados estatísticos, não permite dar conta dos impactos das referidas transformações nos modos de vida das populações. Nem permite incluir na análise a situação dos grupos mais vulneráveis, que não só não acederam ao crédito, como viram o mercado de arrendamento privado tornar-se cada vez mais inacessível.

A inexistência histórica de uma componente pública forte de habitação, fruto de um Estado Social deficiente, delegou a provisão de habitação nas famílias, algo que alguns autores designaram por sociedade providência (Santos, 1993; Serra, 2002). Até determinado momento as famílias de rendimentos mais baixos construíram as suas próprias casas. Por outro lado e a partir de certa altura o Estado promoveu a compra de casa própria das classes média e média-alta através do crédito. Em ambas as situações os recursos disponíveis das famílias desempenharam um papel fundamental.[1] Quer isto dizer que, num sistema de provisão fundamentalmente privado, a transferência de riqueza entre gerações é um elemento central no acesso à habitação, vincando uma profunda divisão entre quem dispõe e quem não dispõe de recursos familiares, sendo este um importante elemento de reprodução de desigualdades sociais (Poggio 2008; Ost, 2012; Baldini e Poggio, 2013; Hochstenbach e Boterman, 2017). Os descendentes das classes mais abastadas têm, por isso, um acesso mais facilitado à habitação, nomeadamente à sua aquisição, seja através de herança, dádivas ou empréstimos para a sua compra, ou de um acesso também mais facilitado ao crédito bancário, uma vez que podem dispor de uma entrada para o empréstimo e recorrer a fiadores com credibilidade financeira. A crise financeira de 2008 introduziu uma nova dimensão no sistema de provisão de habitação. Um conjunto de políticas entretanto adotadas fomentaram fortemente o investimento estrangeiro no sector do imobiliário, encarado como a principal resposta à crise por parte dos governantes portugueses (ver Gago e Cocola-Gant e A. C. Santos, neste volume). No quadro de uma economia europeia periférica, desindustrializada, com elevados níveis de desemprego e salários baixos, os sectores do turismo e imobiliário adquiriram uma nova relevância, associando-se a novas oportunidades para a acumulação de capital e para a extração de rendas fundiárias. O aumento da procura por edificado para novos usos, nomeadamente turísticos, ou por novos residentes e/ou investidores, entre os quais uma elite transnacional, inflacionou os preços da habitação para compra e arrendamento, alargando o desfasamento entre o nível de rendimento efetivo dos residentes e o que seria necessário para satisfazer as necessidades habitacionais, promovendo formas de exclusão habitacional, tanto diretas como indiretas.

Apesar da centralidade que a habitação sempre assumiu na vida das pessoas, e do facto de as necessidades habitacionais nunca terem sido resolvidas para segmentos relevantes da população portuguesa, parece que apenas agora o tema emerge como politicamente relevante (Tulumello *et al.*, 2018). No entanto, o governo identifica a classe média como alvo preferencial das suas políticas, voltando a preconizar soluções privadas e

[1] À semelhança, de resto, dos países do Sul da Europa (Baldini e Poggio, 2013).

mercadorizadas para colmatar as atuais necessidades habitacionais.[2] Este enfoque em soluções mercadorizadas tenderá a acentuar mecanismos de reprodução de desigualdade, negligenciando os grupos mais vulneráveis, que não acedem ao mercado, não encontram oferta pública, nem têm ao seu dispor uma rede familiar ou social capaz de colmatar as deficiências do Estado e do mercado. O presente capítulo procura oferecer uma melhor compreensão das desigualdades de acesso à habitação por parte de diversos grupos sociais, incluindo os grupos mais vulneráveis, e deste modo contribuir para uma análise crítica da atual situação habitacional, essencial para a definição de políticas futuras. Para o efeito, dar-se-á conta dos resultados de um estudo qualitativo realizado no âmbito do projeto FINHABIT, que através de um conjunto de entrevistas semiestruturadas examinou as condições habitacionais de diferentes regimes de ocupação.

2. APRESENTAÇÃO DO ESTUDO

O estudo teve como principal objetivo examinar as desigualdades de acesso à habitação por parte de diversos grupos sociais. Para o efeito, foram realizadas vinte e três entrevistas que visaram conhecer aprofundadamente, e de uma forma comparada, diferentes condições habitacionais. Procurou-se garantir uma diversidade de situações e de perfis habitacionais, em termos de regimes de ocupação e de características demográficas da população, incluindo género, idade, origem étnica e grupo socioeconómico. Das 23 entrevistas realizadas, 12 foram feitas a mulheres e 11 a homens. A seleção dos entrevistados foi aleatória, procurando apenas garantir o máximo de diversidade dentro das categorias de análise.

Quanto ao regime de ocupação dos alojamentos familiares; quatro entrevistas foram feitas a pessoas com casa própria e com prestação decorrente do crédito à habitação; uma entrevista a uma pessoa com casa própria e com empréstimo familiar; cinco entrevistas a pessoas com casa própria sem prestações bancárias; seis entrevistas a pessoas em situações diferenciadas no arrendamento privado; três entrevistas a residentes em

[2] Intervenção do primeiro-ministro na Assembleia da República, a 12 de julho de 2017.

habitação social e quatro entrevistas a pessoas em situações não legalizadas ou informais na habitação, como a autoconstrução ou a ocupação não autorizada. Os entrevistados vivem na Área Metropolitana de Lisboa e as suas idades estão compreendidas entre os 24 e os 71 anos; apresentam habilitações literárias muito distintas, tal como o que se refere às suas situações profissionais e níveis de rendimentos — são pessoas desempregadas, reformadas, estudantes, assalariados e profissionais liberais. Entre eles encontram-se sete pessoas em risco de desalojamento. O grupo inclui ainda três imigrantes, dois por motivos económicos, oriundos de Cabo Verde e da Guiné-Bissau e um, por opção, proveniente de França. Duas pessoas são afrodescendentes e uma pessoa é cigana.

As entrevistas foram transcritas na totalidade e criticamente analisadas. Apesar da diversidade, os testemunhos revelaram um grau considerável de consistência, o que permitiu identificar algumas tendências dentro de cada categoria e ainda entre algumas delas. Não obstante, as entrevistas evidenciaram diferenças consideráveis no que toca às condições de habitação dos entrevistados, que sugerem que a habitação é um mecanismo de reprodução de desigualdades preexistentes.

Em complemento às entrevistas, a autora também realizou trabalho de campo intensivo, na qual adotou uma abordagem de investigação-ação no âmbito da associação Habita[3], que atua pelo direito à habitação e que dá apoio a pessoas com dificuldades diversas na habitação, organizando atendimento, reuniões e assembleias, assim como a participação em ações reivindicativas junto das instituições do Estado.

3. FORMAS DE OCUPAÇÃO HABITACIONAL E DESIGUALDADES SOCIAIS

Apesar de a propriedade ser desde há muito o regime predominante, as formas de ocupação habitacional alteraram-se profundamente nas últimas décadas. A provisão de habitação passou a estar mais dependente do crédito para aquisição de alojamentos novos e até mesmo de uma segunda residência. A propriedade da casa própria tornou-se ainda mais predominante (73 % de acordo com os censos de 2011) e o mercado

[3] Cf. www.habita.org, consultado a 15.01.2019.

de arrendamento privado diminuiu consideravelmente (20 % em 2011).[4] De um regime que oferecia forte proteção aos inquilinos, o arrendamento urbano passou por revisões sucessivas a partir dos anos 1980. Em 1985 a Lei das Rendas, em 1990 o Regime de Arrendamento Urbano (RAU) e em 2006 o Novo Regime de Arrendamento Urbano (NRAU) vieram progressivamente a liberalizar o arrendamento (Antunes, 2018). Mas nenhum regime tornou a relação contratual tão desfavorável ao inquilino como as alterações efetuadas em 2012 ao NRAU: facilitaram a resolução dos contratos por iniciativa dos senhorios, o aumento das rendas sem quaisquer limites (apesar de um período de transição de cinco anos para alguns segmentos da população, entretanto parcialmente prolongado); desjudicializaram e desburocratizaram os despejos; impediram a transmissão de contratos às gerações seguintes; e ainda precarizaram os contratos, que passaram a não ter a definição de um espaço temporal mínimo. A crescente liberalização do mercado do arrendamento retirou-lhe alojamentos que passaram a ter novos usos, designadamente turísticos, sendo outros redirecionados para a venda.

Estas mudanças também foram potenciadas por políticas urbanas, de escala local, sobretudo no município de Lisboa, que passaram a privilegiar o investimento transnacional, através de programas de apoio ao empreendedorismo urbano, à realização de grandes eventos ou ao turismo de massa (Tulumello, 2016). Com efeito, a regeneração urbana tem estado no centro dos esforços e dos discursos das políticas de planeamento. A estratégia do plano diretor da cidade de Lisboa, lançada em 2008 e aprovada em 2012, deu um forte impulso à renovação imobiliária e à qualificação do espaço público. Contudo, a gestão municipal da habitação pública voltou-se, até muito recentemente, para a alienação de fogos municipais. A recente pressão turística acelerou estes processos, também na área metropolitana do Porto e no Algarve (cf. Gago e Cocola-Gant, neste volume).

As políticas governamentais de apoio ao investimento internacional, como o regime dos residentes não habituais, instituído em 2009, ou as autorizações de residência para investimento (ARI), a partir de 2012, as isenções fiscais aos fundos imobiliários desde a sua criação, ou o regime

[4] Ver www.ine.pt, consultado a 15.01.2019.

fiscal favorável ao alojamento de curta duração, têm vindo a intensificar a procura do capital internacional pelo investimento imobiliário nas principais áreas urbanas e turísticas do país. Novos usos do espaço construído e novos proprietários têm vindo não só a reduzir a oferta de alojamentos para arrendamento de longa duração, como os têm tornado cada vez mais inacessíveis. O resultado tem sido a deterioração da situação habitacional dos inquilinos no mercado de arrendamento privado, caracterizada por uma crescente insegurança quanto à duração do contrato e às rendas em crescendo, enquanto as condições de habitabilidade dos alojamentos existentes se degradam perante a inexistência de alternativas.

O mercado de arrendamento privado: insegurança e más condições

A insegurança contratual é sentida como uma mudança recente, sobretudo por quem sempre esteve no mercado de arrendamento: "contrato de dois anos [...] é extremamente stressante, súper stressante. Dois anos não é nada [...] é a precariedade na habitação, nunca tinha conhecido isto" (A., arrenda casa no mercado privado). Esta insegurança é por sua vez fonte de grande ansiedade: "para mim tem sido um fator de grande ansiedade [...] a realidade é que, desde o momento em que eu soube que iria sair de casa e que comecei à procura, [...] começou essa cena da ansiedade [...] que tem de ser controlada" (R., arrenda casa).

No contexto da Área Metropolitana de Lisboa, esta situação é agravada pela pressão do turismo, que absorve o parque habitacional que vai ficando disponível, ao mesmo tempo em que altera profundamente os modos de vida dos residentes que conseguem permanecer:

> [E]ra um sítio pacato, a vizinhança dava-se bem [...] tínhamos aí tudo, o comércio, as lojas tradicionais, mas neste momento está tudo a acabar por causa dos AL [alojamento local] [...] estão a despejar as pessoas, por exemplo, lá no beco tem mais de 15 AL [...] continuam as obras, continua a destruição do interior das casas, a maior parte estão a trabalhar com as portas fechadas que é o caso do meu prédio [...] a maioria das pessoas está a sair daqui [...] ali na Rua dos Remédios havia lá um prédio que foi comprado por uma chinesa, tinha três andares de pessoas que tiveram que se ir embora [...] a chinesa quis comprar o prédio só para ter Vistos Gold, de certeza, aquilo já

está abandonado há uns três anos, continua vazio. (A., inquilino no arrendamento privado)

Se a escassez de alojamentos no mercado de arrendamento alimenta a escalada das rendas, os baixos rendimentos dos segmentos mais vulneráveis da população significam que estes se veem na necessidade de aceitar condições de habitabilidade cada vez mais degradadas e degradantes:

> Juntei-me com o meu companheiro, tive de alugar casa, aluguei casas em que era um absurdo as rendas que pediam, casas onde chovia lá dentro, casas onde não cabia um frigorífico na cozinha e tinha de o colocar ao lado do sofá na sala, casas que não tinham condições, bolor nas paredes, rachas nas paredes. A Câmara fez vistorias e só mandou pintar e arranjar as fachadas porque aquilo era zona histórica, mas não mandou mexer dentro. Continuam pessoas ali, a pagar 250–300 euros, hoje em dia eu passo lá à porta e fico a olhar [...] hoje em dia há lá muita gente a viver assim e pessoas que não largam aquelas casas por nada, porque se largarem aquelas casas, não têm mais casas a esse preço dentro de Lisboa, essas pessoas têm mesmo de se sujeitar [...] sabem que não têm acesso ao mercado de arrendamento dentro de Lisboa, sem ser aquelas pequenas casas que o senhorio chama de galinheiros. (J., ocupa uma casa da autarquia sem autorização)

A generalidade dos inquilinos entrevistados refere que os senhorios não fazem obras de manutenção ou reparação dos alojamentos, optando por as fazer eles próprios ou então permanecendo em alojamentos com vários problemas, nomeadamente humidade ou infiltrações nas paredes e tetos, falta de isolamento sonoro e térmico, tetos e telhados em risco de cair e, muitas vezes, em condições de sobrelotação. Há pois uma relação indissociável entre baixos rendimentos e condições de habitabilidade degradadas, já que uma franja da população não consegue aceder a habitações condignas através do mercado de arrendamento e não encontra uma solução na provisão pública.

Habitação social insuficiente

A inexistência de uma verdadeira política de habitação, no sentido de uma política que responde aos objetivos enunciados na Constituição (art.º 65)[5], traduz-se numa incipiente oferta pública, que representa apenas cerca de 3 % do total do parque habitacional, algo que ajuda a explicar as degradantes condições de habitabilidade dos segmentos mais vulneráveis no mercado de arrendamento.

Em 2015, o Instituto de Habitação e Reabilitação Urbana (IHRU) publicou um relatório sobre os apoios públicos no domínio da habitação para o período entre 1987 e 2011 (IHRU, 2015). Este importante estudo comprova a opção política dos sucessivos governos pelo apoio à compra de casa própria através da bonificação dos juros do crédito à habitação, que totalizou 73,3 % do orçamento público para a habitação, em detrimento da promoção de habitação pública que totalizou 17,9 %. Por outro lado, os programas de promoção de habitação pública mais relevantes, como o Programa Especial de Realojamento (PER) e mais tarde o PROHABITA, foram interrompidos em 2010, devido a cortes orçamentais na altura justificados pela crise financeira (Tulumello *et al.*, 2018). A partir da implementação do programa de ajustamento estrutural de 2012, a habitação foi ficando cada vez mais à margem da agenda governamental, sendo remetida para a agenda local, e transferindo-se para as autarquias responsabilidades e obrigações, sem transferência correspondente

[5] Art.º 65 da CRP: Habitação e Urbanismo 1. "Todos têm direito, para si e para a sua família, a uma habitação de dimensão adequada, em condições de higiene e conforto e que preserve a intimidade pessoal e a privacidade familiar. 2. Para assegurar o direito à habitação, incumbe ao Estado: a) Programar e executar uma política de habitação inserida em planos de ordenamento geral do território e apoiada em planos de urbanização que garantam a existência de uma rede adequada de transportes e de equipamento social; b) Promover, em colaboração com as regiões autónomas e com as autarquias locais, a construção de habitações económicas e sociais; c) Estimular a construção privada, com subordinação ao interesse geral, e o acesso à habitação própria ou arrendada; d) Incentivar e apoiar as iniciativas das comunidades locais e das populações, tendentes a resolver os respetivos problemas habitacionais e a fomentar a criação de cooperativas de habitação e a autoconstrução. 3. O Estado adotará uma política tendente a estabelecer um sistema de renda compatível com o rendimento familiar e de acesso à habitação própria. 4. O Estado, as regiões autónomas e as autarquias locais definem as regras de ocupação, uso e transformação dos solos urbanos, designadamente através de instrumentos de planeamento, no quadro das leis respeitantes ao ordenamento do território e ao urbanismo, e procedem às expropriações dos solos que se revelem necessárias à satisfação de fins de utilidade pública urbanística. 5. É garantida a participação dos interessados na elaboração dos instrumentos de planeamento urbanístico e de quaisquer outros instrumentos de planeamento físico do território".

dos recursos e competências políticas necessárias. Esta situação manteve-se pelo menos até à criação da Secretaria de Estado de Habitação (julho, 2017). No entanto, não foi interrompida a transferência de competências para as autarquias nesta área, pelo contrário, esse processo reforçou-se com a Nova Geração de Políticas de Habitação.[6] Vários estudos apontam para valores diferentes no que se refere às necessidades habitacionais do país, dependendo da forma como estas são calculadas. Por exemplo, os censos de 2011 identificaram 132 656 alojamentos com carências habitacionais.[7] No entanto, recentemente, apenas 25 762 famílias são incluídas no universo de situações de grave carência habitacional em Portugal (IHRU, 2018).[8] Ainda que estes dados reflitam situações de distintos graus de gravidade, não deixam de revelar a existência de carências habitacionais graves e muito graves. Sendo ainda de assinalar a escassez de inúmeros indicadores de precariedade habitacional, como o número dos despejos, os pedidos de habitação pública sem resposta, etc.

A falta de resposta por parte das autoridades centrais e locais foi um tema recorrente nas entrevistas realizadas, levando a que as pessoas acabem por desistir e, perante a falta de alternativas, recorrer a soluções mais extremas como a ocupação de casas devolutas:

> [H]á oito anos que eu meto os papéis à câmara para concorrer aos concursos, mas chega uma altura em que eles mexem tanto com os sentimentos das pessoas, porque mandam-me cartas a pedir documentos, porque me dizem que me vai ser atribuída uma habitação e depois eu não tenho habitação nenhuma, que chega uma altura que me apetece desistir, porque se está a concorrer para uma coisa que parece que é mentira...
>
> [Recebi] uma ordem judicial de despejo [...] dois senhores do tribunal [...] disseram que se não saísse durante 30 dias, que ia me lá a polícia retirar,

---

[6] Cf. https://www.portaldahabitacao.pt/pt/portal/habitacao/npgh.html, consultado a 15.01.2019.

[7] Cf. https://www.ine.pt/xportal/xmain?xpid=INE&xpgid=ine_publicacoes&PUBLICACOESpub_boui=149380925&PUBLICACOESmodo=2&xlang=pt.

[8] Inquérito aos municípios com os seguintes critérios cumulativos: "Construções que têm que ser demolidas (ou removidas caso se tratem de veículos como por exemplo autocaravanas ou ainda mantidas mas desocupadas quando se tratem de construções sem possibilidade de uso habitacional); Onde existem situações de precariedade habitacional; Que constituem residência permanente dos agregados familiares nelas residentes" (IHRU, 2018: 10).

> porque eu era obrigada a sair, porque aquilo não era propriedade minha, então foi o que eu fiz [...] tive de ocupar uma casa da câmara porque não tinha para onde ir [...] eu, o meu marido e os meus quatro filhos, não cabemos em casa de ninguém [...] Há muitas casas vazias, que estão fechadas há anos, houve uma senhora que disse que tinha no seu patamar uma casa vazia há dez anos, uma casa dez anos fechada, esses dez anos já era para mudar a vida de muita gente, de muitas famílias... (J., ocupou casa municipal sem autorização)

Contudo, a habitação social não é isenta de problemas. Os entrevistados dão conta dos mesmos problemas de degradação por deficientes condições estruturais ou falta de manutenção observados no mercado de arrendamento, e referem-se à ocorrência de situações de sobrelotação,[9] a par do número de casas vazias, o que revela também o abandono do parque público por parte das autoridades competentes (por exemplo a Gebalis, empresa municipal de gestão de habitação social em Lisboa). As más condições de habitabilidade põem em causa a qualidade de vida, e a sobrelotação representa perda de privacidade potenciadora de conflitos entre as várias gerações que coabitam o mesmo espaço. Uma entrevistada, referindo-se à constituição de um novo núcleo familiar no seu agregado, que passou a incluir o namorado da filha de 22 anos, grávida, faz esta associação: " a casa de um momento para o outro ficou pequena para tanta gente [...] e sem querer começou a haver confusões, sem querer começou a haver confusões ao ponto de andarem todos virados de costas voltadas uns para os outros" (S., habitação social em situação de sobrelotação).

Alguns entrevistados referiram também dificuldades em pagar a renda na habitação social devido aos aumentos desta, mas também aos baixos salários, assim como à dificuldade acrescida para encontrar trabalho perante o desemprego.[10]

---

[9] A sobrelotação da habitação pública é um problema cada vez mais premente das famílias que se dirigem à associação Habita.

[10] O Decreto-Lei n.º 166/93, de 7 de maio, regula a gestão e uniformiza os regimes de arrendamento de fogos de habitação social. Baseia-se no cálculo dos valores de renda a partir do apuramento de uma taxa de esforço com base nos rendimentos mensais disponíveis dos agregados familiares. Movimentos de ativistas e de moradores têm alertado para o inflacionamento das rendas no caso de determinados sectores da

Propriedade: segurança e autonomia

As dificuldades sentidas no mercado de arrendamento e na habitação social fazem da propriedade um modo de ocupação superior, ainda que não seja uma opção à disposição de todos. Ter casa própria significa para os entrevistados mais segurança habitacional e financeira, pagar por algo que será seu e é passível de deixar aos descendentes. Significa, pois, mais estabilidade nos encargos com a habitação e maior autonomia face ao senhorio: "só agora que fui expulso de uma e pago mais do que devia em outra, só agora que isso tem um grande peso no meu orçamento é que percebo que se calhar era bom que tivesse tido uma casa [...] invejo muito a possibilidade de ter [essa] certeza" (F., vive em arrendamento privado).

A propriedade habitacional é também percecionada como uma forma de investimento e poupança. Todos os entrevistados que compraram casa têm a perceção de que a sua casa se valorizou, desde que a compraram. Ainda que não perspetivem vendê-la, uma vez que dificilmente encontrariam outra solução no atual contexto, a valorização deste bem familiar não deixa de ser relevante.

Contudo, também fica claro que o acesso à propriedade, com ou sem crédito, depende das condições de partida de cada um. Com efeito, os proprietários referiram sempre a importância do suporte familiar, quer seja a existência de pais ou familiares com uma situação financeira que lhes permita assumir a condição de fiadores, uma herança ou um rendimento suficiente para a entrada de um crédito bancário, ou ainda a possibilidade de recorrer a um empréstimo familiar ou receber uma doação.

> [E]u tinha algum dinheiro [proveniente dos pais], portanto achei que era uma boa oportunidade [...] se eu tivesse alugado teria pago talvez uns 500 euros imaginemos, de renda, ou 400 com sorte na margem Sul, portanto seria uns cinco mil por ano, em três anos, 15 mil euros... e [a casa própria] hoje talvez valorizou mais, calculo que valorizou uns 20 mil [euros]em três anos, é por isso que nesse aspeto tenha sido um bom negócio [...] quem vive em Lisboa e nos arredores, hoje em dia, nos últimos três ou nos últimos dois

---

população, tornando-a desfasada das reais possibilidades dos agregados. Este regime sofreu várias alterações em 2014 e 2016, mas as queixas mantêm-se.

anos sabe que uma casa atualmente é um investimento, e se calhar um dos melhores investimentos. (A., Casa própria, sem crédito)

A propriedade da casa é também percecionada como uma espécie de seguro, algo a que poderão recorrer no futuro caso necessitem e, porventura, perante um estado social fraco: "se precisasse, se tivesse um azar qualquer na vida, como podia ter ficado inválido e já não poder trabalhar ou outra coisa, esta [vender] era uma maneira, claro que poderia viver numa mais pequenina, se calhar fora de Lisboa, mas tínhamos aqui uma maneira de sobreviver" (T., comprou casa com recurso ao crédito, já pagou o crédito).

Os entrevistados também têm a perceção de que a última crise financeira criou uma oportunidade de negócio que beneficiou quem pode comprar a preço de saldo as casas de quem se viu impossibilitado de pagar os empréstimos bancários. As dificuldades de uns transformaram-se em oportunidades para outros num sistema mercadorizado:

> [C]omecei a perceber, foi na altura da crise, que havia imensas casas dos bancos, casas que tinham sido de pessoas que não tinham conseguido pagar, e por muito dramático que isto seja, elas estavam na internet, [...] estavam à venda e havia coisas baratíssimas, comecei a ver no concelho de Sintra porque havia apartamentos que custavam 30 mil euros [...] o meu objetivo era pagar 350 euros por mês ao banco [...] Financiamento a 100 %, tinha de ter os tais fiadores, dois fiadores, tinha de ser o meu pai e a minha mãe, e eu ofereci também esse tal dinheiro que tinha na conta e apresentei documentos de trabalhos que ia ter nesse ano [...] isto é naquele período em que nós estamos a pagar sobretaxas de IRS e o tipo nos manda ir para o estrangeiro, portanto foi uma altura ótima para comprar, tenho a certeza. (T., comprou casa recorrendo a crédito bancário)

O outro lado do crédito

Se os empréstimos bancários permitiram a alguns segmentos da população aceder à habitação e assim proteger-se da turbulência e degradação do mercado de arrendamento, para outros o endividamento representou um fator de *stress* considerável, sobretudo quando os seus rendimentos sofreram uma alteração substancial, resultante de desemprego ou de uma degradação laboral. No entanto, as dificuldades foram sempre relativizadas. Segundo os próprios, teriam mais ou menos as mesmas dificuldades no arrendamento. Para eles, o problema é a falta de rendimentos e o encargo financeiro muito considerável, quer seja no arrendamento, quer seja na compra. Os entrevistados não sabiam ainda assim o que aconteceria se realmente tivessem perdido a casa sem que o capital em dívida estivesse saldado, mas estavam conscientes de que poderiam manter uma dívida. Os entrevistados referiram também que a compra de casa, num determinado momento, pareceu perfeitamente viável e natural e que, inesperadamente, as condições mudaram de forma drástica. Também os juros, as questões fiscais e outros custos associados à compra se revelaram importantes nesta alteração.

> [N]a altura em que comprei, foi uma altura em que nós não tínhamos a questão do desemprego, não era tão marcante, a perceção do que era uma crise económica e financeira não era tão marcante [...] eu só comecei a ter a perceção do que é que era ficar desempregada poucos anos depois de comprar a casa [...] Para aí em 2008 [...] foi também uma altura de escalada de juros, eu comecei a sentir muitas dificuldades em pagar as prestações [...] nessa altura eu cheguei a pagar mais de 600 euros e tinha começado a prestação com 300 e tal euros [...] aquilo era anexado à Euribor [...] [D]epois voltei a trabalhar, fui abatendo a dívida, eu basicamente só acabei de regularizar essa dívida há dois anos [...] no ano passado voltei a ficar desempregada, mas desta vez por motivos de saúde [...] eu acho que havia uma orientação [...] mais restrita [...] e aí a opção era clara, ou eu pagava ou eles vendiam a minha dívida [...] [N]esta altura [...] eu arranjei esta opção: arranjei que alguém ficasse com a casa e pagasse as prestações. (L., comprou casa a crédito, arrendou-a mais tarde e voltou para casa dos pais)

A existência de uma prestação mensal e o risco de não ter onde ficar por incumprimento do crédito bancário, a possibilidade de perder a casa e manter, ainda assim, uma dívida, não só leva a que as pessoas procurem engenhosas soluções para manter a casa que estão a comprar a crédito, por exemplo arrendá-la e ir para a casa dos pais, como faz com que as pessoas aceitem empregos mal remunerados:

> [E]m 2010 fui dar uma aula ao Dona Maria II onde foram três horas e ganhei 100 euros à hora; três meses depois, estava a ganhar esses mesmos 300 euros por mês num *call center* [...] já estava num ponto da minha carreira já bom [...] e foi uma inversão completa [...] trabalhei num *call center* durante a semana e num *part-time* ao fim de semana, fiquei nesta vida praticamente dois anos [...] foi terrível, acho que foi a pior fase da minha vida, tinha uma prestação para pagar e fiz-me à vida, todo o dinheiro que eu tinha era para pagar a prestação. (G., comprou casa com recurso ao crédito bancário)

A crise financeira teve um impacto importante nas condições de vida de vários entrevistados, aumentando as suas dificuldades financeiras em geral, em muitos casos associadas ao cumprimento das prestações decorrentes do crédito à habitação. O acesso a crédito bancário tornou-se mais limitado, verificando-se um aumento da seletividade na contratação de crédito (Pinto, 2017). Embora a crise tenha afetado mais as periferias europeias, a contenção do crédito é uma tendência europeia que se associa à exclusão dos jovens da compra de casa própria. Com trabalho precarizado e mal pago, estes residem na casa dos pais até mais tarde e têm menos acesso ao crédito, vendo-se obrigados a recorrer ao arrendamento (Lennartz *et al.*, 2015). Assim, e apesar das variações nacionais, a crise financeira e a interdependência entre a finança e a habitação (Santos, neste volume) vêm introduzindo uma dimensão intergeracional na desigualdade no acesso à habitação, cada vez mais difícil para os jovens, e entre estes, os que provêm de famílias com menores recursos.

Habitação, parte de uma estratégia de sobrevivência

Dado que a habitação é um bem essencial, pessoas e famílias recorrem às mais variadas estratégias para a ela conseguirem acesso. As faixas etárias mais jovens põem mais facilmente em prática soluções que envolvem partilha de casas, como a coabitação, o subaluguer de parte da casa, ou mesmo a disponibilização de quartos através de plataformas de alojamento local, como o Airbnb. De facto, estas situações são percecionadas como temporárias e adequadas a uma idade mais jovem, na qual se aprecia viver de modo mais informal e convivial. No entanto, a economia partilhada deixa de ser uma opção viável quando os jovens procuram autonomizar-se e constituir família.

No contexto da crise, com o aumento do desemprego e a quebra de rendimentos, disponibilizar a residência onde se vive, arrendada ou própria, por meio de plataformas de alojamento local, passou a ser um meio relevante de obtenção de um rendimento mensal, que inclusivamente chega a servir como forma de se conseguir manter a própria habitação.

> Experimentei pôr a casa onde eu vivia no Airbnb, com autorização informal da senhoria e dormir na loja ou em casa de amigos durante uns meses para experimentar [...] estava à procura de um rendimento, tentei uma loja, tentei *call centers* para equilibrar as coisas e o Airbnb deu-me esse rendimento, depois ao fim de uns meses percebi que tinha de fechar a loja, porque estava a gastar dinheiro na loja que seria mais bem empregue numa outra casa para eu viver e portanto, passei a ser arrendatário de duas casas em que uma estava no Airbnb. [...] depois comecei a acumular isso com umas horas de trabalho no bar, também com uns biscates que ia fazendo [...] cheguei a fazer uns *check-ins* para outras pessoas e a gerir mais duas casas de outras pessoas e ganhava comissão com isso. Portanto, das minhas contas o que eu me lembro é que o Airbnb que eu tinha dava pagar as duas rendas e dos outros biscates eu tirava uns trocos para brincar. (F., vive em arrendamento privado)

Quando a partilha da casa não é uma opção, outras estratégias mais radicais acabam por surgir. O arrendamento da residência familiar, sobretudo quando existe um empréstimo bancário, e o regresso à casa dos pais tem sido outra forma de resolver, ainda que precariamente, a situação habitacional. Quando não há uma rede familiar que o permita, procuram-se soluções mais extremas, como a ocupação de casas devolutas, algo que parece começar a ser mais significativo.[11] No entanto, esta é uma forma habitacional bastante precária, criminalizada e, por isso, uma realidade escondida e de último recurso.

---

[11] Apesar de não existir um levantamento rigoroso destes casos, a situação de ocupação tem uma expressão cada vez mais significativa entre as pessoas que procuram a associação Habita.

Desigualdades habitacionais, um fenómeno multidimensional

Embora os problemas habitacionais afetem cada vez mais as classes médias, as situações mais dramáticas são vividas pelos grupos mais vulneráveis, no seio dos quais adquirem uma forte expressão os agregados de baixos rendimentos (em que se inclui o salário mínimo), mulheres, famílias monoparentais, sobretudo compostas por mulheres com crianças, migrantes e minorias étnicas, com particular incidência na população negra e cigana, idosos com pensões baixas e pessoas com deficiência. Estes grupos socioeconomicamente mais desfavorecidos, que por vezes acumulam formas de discriminação, não só se encontram numa situação de maior risco habitacional, como dispõem também de uma menor capacidade para a resolver, sentindo enorme sensação de impotência e desamparo. Nas palavras de um idoso, migrante, negro, com rendimentos muito baixos, em risco de despejo, "quem não tem voz não tem resistência" (A., em risco de despejo), ou de outro imigrante, cuja casa de génese ilegal, irá ser demolida:

> [N]ão temos direito a nada! [...] A Câmara sabe de quanto é que eu estou a viver? Não! Ah, não quer saber [...] onde é que eu vou ficar, se vou para a rua, se vou para o rio, se vou para o céu, não falaram! [...] o meu vencimento é de 305 euros e ainda ajudo lá a família na Guiné. Se eu não ajudo, quem vai ajudar?". (L., em risco de despejo e posteriormente despejado)

Uma parte cada vez mais significativa da população não tem acesso à habitação devido à discrepância entre os vencimentos e os valores das rendas. É o caso de parte da população trabalhadora que recebe o salário mínimo[12] e que não consegue aceder nem ao arrendamento privado, nem à habitação social:

> Não há casa e as casas são muito caras, o meu vencimento não dá [...] olha fui ali à agência da Amadora, [...] disseram que só tinham casa para venda, e fui também a uma agência ali ao pé das finanças na Reboleira e

[12] Dados recentes indicam que mais de 20 % dos trabalhadores aufere salário mínimo: https://www.pordata.pt/Portugal/Trabalhadores+por+conta+de+outrem+com+sal%C3%A1rio+m%C3%ADnimo+nacional+por+sector+de+actividade+econ%C3%B3mica+++Continente+(percentagem)-2897 (consultado a 15.01.2019).

encontrei um T0 por 350 euros e tinha de pagar quatro meses de renda e depois tinha de encontrar fiador, quem é fiador hoje em dia? Não há fiador e tinha de pagar todo esse dinheiro para poder entrar numa casa, um T0? Ah eu disse, eu não vou conseguir... depois pagar água e luz e eu tenho de comprar passe, tenho de comprar medicamento, porque tenho colesterol, tensão alta, toda a gente sabe que é coisa perigosa, é a gordura grossa no sangue, dá para morrer... (F., foi despejada, recebe o salário mínimo)

4. CRISE E DESIGUALDADE NA HABITAÇÃO, UM RESULTADO POLÍTICO

Este capítulo apresenta os principais resultados de um conjunto de 23 entrevistas realizadas à população residente na Área Metropolitana de Lisboa, com o objetivo de dar conta da diversidade habitacional de residentes em vários regimes de ocupação. Assim, foram realizadas entrevistas a pessoas com casa própria, com e sem crédito bancário, a pessoas que arrendam casa no mercado privado de arrendamento, a residentes de habitação social e a pessoas que se encontram em situação informal ou ilegal.

As entrevistas representam uma linha divisória clara entre proprietários e inquilinos. Os proprietários manifestam, de uma forma geral, um grau de satisfação mais elevado com a sua situação habitacional, ao passo que quem vive em alojamentos arrendados ou em situações informais de habitação se encontra em piores condições e padece de níveis elevados de ansiedade, devido ao risco de perder a casa face ao aumento das rendas e à ausência de alternativas, temendo o despejo. Quem vive em habitação social não revela níveis de ansiedade tão elevados, beneficiando de uma maior estabilidade habitacional, enfrentando no entanto problemas que derivam da fraca localização ou de deficientes condições da habitação ou do prédio.

Os proprietários não só beneficiam de melhores condições e de maior estabilidade habitacional, como têm a perceção de que estão mais protegidos face a uma situação imprevista, podendo, em último recurso, vender ou arrendar a sua casa entretanto valorizada. Pelo contrário, os inquilinos que não tiverem condições para comprar casa, não só enfrentam um encargo excessivo com a renda da casa relativamente aos seus rendimentos, piores condições de habitabilidade e instabilidade contratual, como veem o futuro de uma forma muito incerta.

O acesso à habitação está, como vimos, cada vez mais dependente do valor de compra ou das rendas, pelo que estamos perante um mecanismo de aprofundamento de desigualdades e de segmentação social. Se as condições socioeconómicas das famílias são determinantes no acesso à habitação, ditando o regime de propriedade e as condições habitacionais, também a situação habitacional é marcada pelas diferenças socioeconómicas, incluindo a possibilidade de se beneficiar da transferência intergeracional de recursos financeiros. Quem já dispunha de melhores condições à partida vê a sua posição relativa melhorar — com o aumento do património residencial, melhores condições habitacionais, maior estabilidade, menor custo relativo —; quem já se encontrava ou entretanto ficou numa situação de vulnerabilidade socioeconómica, enfrenta piores condições habitacionais, instabilidade e custos relativos mais elevados. Nestes casos, a transmissão intergeracional de vulnerabilidade e pobreza não deixa de se manifestar.

Os problemas habitacionais são diversos, manifestando-se de forma diferenciada e em vários domínios da vida das pessoas de acordo com a situação habitacional e seu perfil sociodemográfico. Por um lado, a transformação do meio envolvente que a pressão turística suscita, alterando a uso e vivência dos espaços, por outro, a alteração de todo um modo de vida que a mudança de residência forçada implica, do ponto de vista objetivo e subjetivo, ou ainda, o adiar da vida adulta por não se dispor de uma casa para uma vida autónoma e independente. Mas temos ainda a violência objetiva e simbólica do despejo, ou as más condições de habitabilidade, ou a sobrecarga financeira que a habitação pode significar. Do ponto de vista psicológico a sensação de impotência e o desamparo perante a falta de alternativas.

Mesmo dentro da categoria dos proprietários, há diferenças entre quem ainda se encontra a pagar a habitação a crédito, e quem já pagou a totalidade do seu valor. E dentro do primeiro grupo a situação pode também ser bastante heterogénea, implicando risco mais elevado para os escalões de menor rendimento, ou mais precarizados. Como vimos, muitos entrevistados referiram a dificuldade de pagamento das prestações bancárias devido a trabalho precário mal remunerado, que os sujeita a acumular vários empregos precários ao longo dos sete dias da semana com o objetivo de conseguir pagar o crédito. Pelo facto de as condições contratuais dos créditos serem piores (*spreads* mais elevados, prazo mais longo), o custo do crédito é significativamente superior, o que faz com que a experiência da casa própria seja sentida como um encargo muito pesado. Em suma, comprar casa revela-se uma experiência diferente para diferentes grupos, dependendo da existência ou não de crédito bancário, das condições socioeconómicas e da existência de redes familiares e sociais que apoiem em caso de necessidade.

No arrendamento privado, os problemas avolumam-se. Aumentou a instabilidade dos contratos, a que facilmente se põe termo com o objetivo de vender ou de realizar novos contratos com rendas mais elevadas, que quem vive no arrendamento já não tem capacidade para suportar. Os segmentos mais baixos do mercado de arrendamento, por sua vez, padecem de condições de habitabilidade muito degradadas por falta de manutenção por parte dos senhorios e por ausência de fiscalização das autarquias.

Quem vive em habitação social, beneficiando de rendas mais baixas, ainda assim excessivas para alguns agregados, também se queixa de más condições estruturais da habitação, falta de manutenção pelas entidades gestoras e ainda sobrelotação.

Quem não integra nenhuma das categorias anteriores encontra-se em situação de extrema vulnerabilidade habitacional, não tendo acesso ao mercado de arrendamento, nem resposta por parte das entidades públicas. Estas pessoas referem a necessidade premente de uma habitação social, sem no entanto terem esperança de a ela conseguir aceder.

Ainda que os diferentes grupos sociais refiram problemas de ordem de grandeza diversa, as condições de vida têm vindo a agravar-se para quase todos os entrevistados desde a crise financeira. Em parte este agravamento deve-se à deterioração das condições laborais no período pós-crise, com o aumento da precariedade, a diminuição do rendimento, os baixos salários e o desemprego. Contudo, a esta regressão social acrescem as profundas alterações no mercado da habitação e arrendamento, que vêm tornando a habitação um bem cada vez menos acessível. Para a classe média e os grupos socioprofissionais intermédios, com mais recursos financeiros e/ou culturais, o maior impacto da crise habitacional diz sobretudo respeito à possibilidade ou não de permanência no seu local de residência e à ameaça de modos de vida construídos ao longo de muitos anos, ou ainda ao acesso cada vez mais difícil ao centro e aos seus equipamentos sociais e culturais. Para as classes baixas, com menor escolaridade, baixo rendimento, e para as minorias, os problemas habitacionais ditam a inexistência de uma necessidade básica e fundamental: viver numa casa digna. Contudo, há um segmento da população, os proprietários, parte importante da classe média, sem crédito e/ou em situação profissional que lhes permite pagar a prestação bancária, que se encontram satisfeitos com a sua situação habitacional, para além de sentirem a segurança proporcionada pela valorização das suas casas.

Não obstante, o acesso à habitação é um problema social cada vez mais relevante, que nos permite falar de crise na habitação. É uma crise que tem antigos e novos rostos. O rosto de mulheres, imigrantes, da população cigana, de trabalhadores pobres, trabalhadores precários, idosos com pensões baixas, jovens precários, famílias monoparentais, pessoas com deficiência e, mais recentemente, da classe média precarizada e que não é proprietária. Ao privilegiar a habitação própria à custa da habitação pública, ao liberalizar de forma radical o arrendamento, ao promover o investimento transnacional e financeiro, a política de habitação em Portugal privilegiou a habitação como um bem de investimento em detrimento do direito social. Desta forma, deu origem a uma crise que se manifesta de forma acentuada numa faixa crescente da população, atualmente num beco sem saída: não se qualificando para um empréstimo bancário, enfrenta cada vez mais dificuldades no mercado de arrendamento privado, não encarando a habitação social como uma alternativa.

A análise das condições de habitabilidade das várias formas de ocupação mostra como o sistema de provisão da habitação se interliga com outras dimensões das políticas públicas, incluindo o planeamento urbano, a regulação do mercado trabalho, as políticas sociais de apoio à infância e as políticas de imigração. Esta interligação é no entanto um sintoma do fracasso da política de habitação em Portugal. A habitação, direito constitucionalmente garantido, não deveria depender da condição económica e social dos que vivem no território nacional. Deveria, pelo contrário, mitigar todas estas desigualdades. Infelizmente, a política de habitação não só não atenuou os efeitos da desigualdade social, como os acentuou. Fê-lo com as bonificações à aquisição de casa própria, que beneficiou as classes socioeconómicas mais favorecidas, com as sucessivas reformas liberalizadoras do arrendamento privado, com o total desinteresse pela constituição de um parque público relevante e de qualidade. E continua a fazê-lo com os regimes fiscais especiais que visam atrair investimento imobiliário estrangeiro dirigido ao segmento de luxo, assim escorraçando a população dos centros urbanos sem que se vislumbre qualquer tipo de solução.

REFERÊNCIAS BIBLIOGRÁFICAS

Antunes, Gonçalo (2018), *Políticas de habitação — 200 anos*. Chiado Editora: Lisboa.

Baldini, Massimo; Poggio, Teresio (2013), "The Italian Housing System and the Global Financial Crisis", *Journal of Housing and the Built Environment*, 29(2), 317–34.

Barata-Salgueiro, Teresa (2001), *Lisboa, periferia e centralidades*. Oeiras: Celta Editora.

Barata-Salgueiro, Teresa (1992), *A cidade em Portugal: uma geografia urbana*. Coleção Cidade em Questão, n.º 8. Porto: Edições Afrontamento, 2.ª edição.

Carmo, Renato Miguel; Cachado, Rita; Ferreira, Daniela (2015), "Desigualdades em tempos de crise: vulnerabilidades habitacionais e socioeconómicas na Área Metropolitana de Lisboa", *Revista Portuguesa de Estudos Regionais*, 40, 5–22.

Epstein, Gerald A. (2005), *Financialization and the World Economy*. Aldershot: Edward Elgar.

Ferrão, João (2003), "Dinâmicas Territoriais e Trajetórias de Desenvolvimento, Portugal 1991-2001", *Revista de Estudos Demográficos*, 34, 17–25.

Ferrão, João (2002), "Portugal, três geografias em recombinação: espacialidades, mapas cognitivos e identidades territoriais", *Lusotopie*, 2, 151–8.

Guerra, Isabel (2011), "As políticas de habitação em Portugal: à procura de novos Caminhos", *Cidades, Comunidades e Territórios*, 22, 41–68.

Guerra, Isabel (1997), "Um olhar sociológico sobre o alojamento", *Sociologia, Problemas e Práticas*, 24, 165–81.

Hochstenbach, Cody; Boterman, Willem (2017), "Intergenerational Support Shaping Residential Trajectories: Young people leaving home in a gentrifying city", *Urban Studies*, 54(2), 399–420.

INE – Instituto Nacional de Estatística (2012), "Evolução do parque habitacional em Portugal: 2001–2011". Consultado a 15.01.2019, em https://www.ine.pt/xportal/xmain?xpid=INE&xpgid=ine_publicacoes&PUBLICACOESpub_boui=149380925&PUBLICACOESmodo=2&xlang=pt.

IHRU – Instituto de Habitação e Reabilitação Urbana (2018) "Levantamento Nacional das Necessidades de Realojamento Habitacional". Consultado a 15.01.2019, em https://www.portaldahabitacao.pt/opencms/export/sites/portal/pt/portal/habitacao/levantamento_necessidades_habitacionais/Relatorio_Final_Necessidades_Realojamento.pdf.

IHRU – Instituto da Habitação e Reabilitação Urbana (2015), "1987–2011: 25 anos de esforço do Orçamento do Estado com a habitação". Consultado a 15.01.2019, em http://www.portaldahabitacao.pt/opencms/export/sites/portal/pt/portal/publicacoes/estudos/Esforco-do-Estado-em-Habitacao.pdf.

Lennartz, Christian; Arundel, Rowan; Ronald, Richard (2015), "Younger Adults and Homeownership in Europe through the Global Financial Crisis", *Population, Space and Place*, 22, 823–35. Disponível em https://onlinelibrary.wiley.com/doi/epdf/10.1002/psp. DOI: 10.1002/psp.1961.

Malheiros, Jorge; Vala, Francisco (2004), "A problemática da segregação residencial de base étnica — Questões conceptuais e limites à operacionalização: o caso da Área Metropolitana de Lisboa", *Revista de Estudos Demográficos*, 36, 89–109.

Ost, Cecilia, (2012) "Parental Wealth and First-time Homeownership: A cohort study of family background and young adults housing situation in Sweden", *Urban Studies*, 49(10), 2137–52.

Pinto, Teresa Costa (2017), "Moving to a New Housing Pattern? New trends in housing supply and demand in times of changing. The Portuguese case", *Critical Housing Analysis*, 4(1), 131–41.

Poggio, Teresio (2008), "The Intergenerational Transmission of Home Ownership and the Reproduction of the Familialistic Welfare Regime", *in* C. Saraceno (org.), *Families, Ageing and Social Policy*. Cheltenham: Edward Elgar, 59–87.

Ribeiro, Raquel; Santos, Ana Cordeiro (2018), "Financeirização das famílias e a desigualdade socioeconómica e territorial em Portugal", *Revista Portuguesa de Estudos Regionais*, 47, 73–93.

Rodrigues, João; Santos, Ana Cordeiro; Teles, Nuno (2016a), "Semi-peripheral Financialisation: The Case of Portugal", *Review of International Political Economy*, 23(3), 480–510.

Rodrigues, João; Santos, Ana Cordeiro; Teles, Nuno (2016b), *A financeirização do capitalismo em Portugal*. Lisboa: Actual.

Santos, Ana Cordeiro; Teles, Nuno; Serra, Nuno (2014), "Finança e habitação em Portugal", *Cadernos do Observatório sobre Crises e Alternativas*, 2, 1–59.

Santos, Boaventura de Sousa (1993), "O Estado, as relações salariais e o bem-estar social na semiperiferia: o caso português", *in* Boaventura de Sousa Santos (org.), *Portugal: um retrato singular*. Porto: Edições Afrontamento, 17–56.

Santos, Sofia (2016), "Who Are You Calling Sub/urban? Socio-Spatial Inequality and Mobility in the Lisbon Metropolitan Area", *Portuguese Journal of Social Science*, 15 (3), 387–407.

Santos, Sofia (2014), "Mobilidade geográfica e desigualdades sociais: lugares e caminhos de investigação sociológica sobre território", *CIES e-Working Paper*, 179. Consultado a 15.01.2019, em http://cies.iscte.pt/np4/?newsId=453&fileName=CIES_WP179_Santos.pdf.

Serra, Nuno (2002), *Estado, território e estratégias de habitação*. Coimbra: Quarteto.

Tulumello, Simone (2016), "Reconsidering Neoliberal Urban Planning in Times of Crisis: Urban regeneration policy in a 'dense' space in Lisbon", *Urban Geography*, 37(1), 117–140. DOI: 10.1080/02723638.2015.1056605.

Tulumello, Simone; Ferreira, Ana; Colombo, Alessandro; Di Giovanni, Caterina; Allegra, Marco (2018), "Comparative Planning and Housing Studies beyond Taxonomy: A genealogy of the special programme for rehousing (Portugal)", Transactions of the Association of European Schools of Planning, 2. Consultado a 15.01.2019, em http://repositorio.ul.pt/bitstream/10451/34166/1/2018_tulumello%20et%20al_transactions.pdf. DOI: 10.24306/TrAESOP.2018.01.003.

CIDADANIA PROPRIETÁRIA E EMERGÊNCIA DA FINANCEIRIZAÇÃO DA HABITAÇÃO EM PORTUGAL APÓS 1968*

TIAGO CASTELA**

INTRODUÇÃO — DESPROVINCIALIZAR A HISTÓRIA DA HABITAÇÃO EM PORTUGAL

Este capítulo recorda a dimensão contingente e situada da financeirização das políticas da habitação em Portugal, processo iniciado pelo aparelho estatal durante o período capital que vai desde o início da ditadura de Marcelo Caetano em 1968, até ao segundo acordo com o Fundo Monetário Internacional (FMI) em 1982. Para compreender as políticas da habitação em Portugal neste curto período de debate tecnocrático sobre as possibilidades da intervenção do Estado na produção de habitação — e após 1974 também de acesa luta política —, aborda-se aqui a criação do Fundo de Fomento da Habitação (FFH), entidade da qual o atual Instituto da Habitação e Reabilitação Urbana (IHRU) é herdeiro,

* Este trabalho é financiado pelo FEDER – Fundo Europeu de Desenvolvimento Regional através do COMPETE 2020 – Programa Operacional Competitividade e Internacionalização (POCI) e por fundos nacionais através da FCT – Fundação para a Ciência e Tecnologia, no âmbito do projeto PTDC/ATP-GEO/2362/2014 – POCI-01-0145-FEDER-016869. O autor declara o seu reconhecimento aos arquivos onde trabalhou, principalmente à Hemeroteca Municipal de Lisboa. O texto utiliza também material de arquivo recolhido durante a preparação de um capítulo sobre a história do Fundo de Fomento da Habitação para o livro *Habitação: cem anos de políticas públicas em Portugal*, coordenado pelo historiador de arquitetura Ricardo Agarez e financiado pelo Instituto de Habitação e Reabilitação Urbana (IHRU). O autor agradece aos coautores desse capítulo (Bandeirinha, Castela, Aristides e Alves, 2018).

** Centro de Estudos Sociais da Universidade de Coimbra.

assim como o início do regime do crédito à habitação. Desde o início, a missão explícita do FFH foi estimular um aumento das taxas de propriedade habitacional através do crédito bancário, de modo a suportar a emergência de uma indústria da construção orientada para a exportação.

O presente capítulo defende que, através do Fundo, o aparelho estatal pós-revolucionário teve um papel central na reconfiguração do mercado da habitação em Portugal e no início da sua financeirização, nomeadamente graças a uma articulação com seguradoras e bancos nacionalizados para a utilização de instrumentos de intervenção indireta como os designados contratos de desenvolvimento ou os empréstimos subsidiados.

No entanto, de modo a possibilitar uma compreensão do carácter situado da financeirização da habitação em Portugal, a primeira parte do capítulo dedica-se a recordar outras articulações nacionais do discurso da cidadania proprietária com o fomento estatal da indústria da construção, no quadro da região global do Atlântico. A segunda parte do capítulo, depois de mencionar brevemente a transformação mais ampla na economia do desenvolvimento em Portugal com a ditadura de Caetano, explora aspetos da história do FFH, e em particular o crédito à habitação no período pós-revolucionário.

Este texto procura assim contribuir para desprovincializar a história da habitação em Portugal, ou seja, evitar uma história que se dedique a uma redução das políticas estatais às políticas explícitas, e que se concentre excessivamente numa suposta homologia entre políticas habitacionais e regimes políticos, ao mesmo tempo que insiste no espectro da insularidade nacional. Sugerem-se assim rumos para a investigação futura sobre a inserção concreta do domínio da habitação em Portugal nos circuitos transnacionais de conhecimento e de capital.

1. PROVENIÊNCIA DA FINANCEIRIZAÇÃO DA HABITAÇÃO: CIDADANIA PROPRIETÁRIA E FOMENTO DA INDÚSTRIA

Mercantilização do espaço e financeirização da habitação

Como referem também outros capítulos deste volume, existe hoje uma crescente literatura científica nos campos que se dedicam ao estudo do "espaço-tempo social" (Lefebvre, 1991 [1974]), como a geografia e a arquitetura, sobre a relação entre o espaço — a várias escalas — e a chamada financeirização (Aalbers, 2008; Pike e Pollard, 2010; Rolnik, 2013; entre outros). Um dos autores que primeiro escreveu especificamente sobre a financeirização da habitação, o geógrafo belga Manuel Aalbers, definiu-a como "um padrão de acumulação no qual a obtenção de lucros ocorre cada vez mais através de canais financeiros em vez do comércio e da produção de bens" (Aalbers, 2008: 1).[1] Tal padrão tem sido observado nas sociedades onde o modo capitalista de produção da habitação é dominante.[2]

É importante distinguir historicamente a financeirização da habitação da mercantilização da propriedade urbana, podendo a mercantilização ser definida como a habituação dos sujeitos privilegiados ao espaço urbano enquanto mercadoria facilmente transacionável, que emergiu no Atlântico Norte em meados do século XIX, em cidades como Nova Iorque, nos EUA (Scobey, 2002).[3] Em Portugal, tal habituação esteve associada à expropriação liberal da Igreja Católica (Castela, 2011: 38), que encerrou um regime epocal de propriedades senhoriais que antecederia a constituição do Estado em vários séculos. A recente literatura da financeirização da habitação deve muito à investigação sobre a mercantilização global do espaço, desenvolvida a partir dos anos 70 do século passado, inspirada pela atenção de Lefebvre à crescente importância da indústria imobiliária enquanto "segundo circuito" de capital (2003 [1970]), e posteriormente no quadro da geografia anglófona após a leitura pioneira de Harvey (1978).

No entanto, muita da investigação existente sobre a financeirização da habitação emerge a partir da história da economia política de países anglófonos como o Reino Unido e os Estados Unidos da América (EUA), concentrando-se para além disso no período após o início da hegemonia global "neoliberal" dos EUA, com a queda do regime soviético.

[1] Todas as traduções de textos em língua não portuguesa são da responsabilidade do autor.

[2] É importante recordar que tal modo de produção não é o único existente, como tem sido notado pela geografia feminista na sua defesa de "uma linguagem da diversidade económica" (Gibson-Graham, 2006).

[3] Scobey nota como "mesmo na idade do capital — e na América empreendedora — a propriedade imobiliária estava circunscrita por normas pré-capitalistas que a distinguiam legalmente e moralmente de outras formas de propriedade" (2002: 108).

Consequentemente, sabe-se pouco sobre a proveniência contingente e situada da financeirização da habitação no quadro do "projeto do desenvolvimento" da Europa dita Ocidental, liderado pelos EUA após a partição da região europeia em 1945.[4] Em particular, há que investigar a relação entre a financeirização e o fomento estatal da propriedade habitacional. Evoca-se aqui o termo "provenance", utilizado por Foucault em oposição à busca pelas origens, na sua defesa de uma atenção à constituição contingente e situada das formações sociais presentes. À época, Foucault denunciava o carácter debilitante das narrativas teleológicas então dominantes na história social (2004 [1971]).

Ora para se validar a financeirização enquanto modelo conceptual, é necessário compreender como esta também provém da emergência da financeirização da habitação no quadro do projeto de desenvolvimento anticomunista liderado pelos EUA, e em particular da circulação do conhecimento especialista sobre políticas de fomento estatal da massificação da propriedade habitacional. Daí a importância de histórias nacionais de políticas de habitação, desde que sejam realizadas com uma perspetiva relacional. Por exemplo, em Portugal, a história do FFH não pode ser compreendida sem um exame da relação do aparelho estatal português com organizações regionais da Organização das Nações Unidas (ONU), que contribuíram para o fomento da cidadania proprietária.

Cidadania proprietária nos Estados atlânticos em meados do século XX

A construção de uma cidadania proprietária em Portugal é anunciada desde o início da ditadura por Salazar, na própria Constituição de 1933, cujo artigo 13.º prevê a obrigação estatal de favorecer "a constituição de lares independentes". Na sua apresentação, Salazar esclarece que se trata do fomento da "casa própria" (1935 [1933]). A ideia da cidadania proprietária, ou seja, da família proprietária da sua habitação como unidade fundamental do Estado, será difundida e desenvolvida por especialistas da habitação, como os arquitetos Raul Lino e Perfeito de Magalhães ou o médico Vicente Moreira, tendo este último defendido explicitamente a

---

[4] O termo "projeto de desenvolvimento" foi proposto por McMichael (1996).

propriedade habitacional como forma de erosão da subjetividade proletária em Lisboa (1950).

Lembro aqui o modo como Roy nota o "paradigma americano da cidadania proprietária" na sua crítica aos elogios da autoajuda no Sul global, e do modo como elidiam o carácter racializado de tal forma de cidadania nos EUA, aquando da sua emergência (2004: 108). No entanto, na sequência de uma reflexão anterior sobre o discurso da deslegitimação do arrendamento em Portugal (Castela, 2017), defino a cidadania proprietária como um projeto mais amplo, que se articula numa diversidade de Estados de um modo contingente com a hegemonia do modo capitalista de produção do espaço, e cuja história deve ser descentrada.[5] De facto, o discurso da cidadania proprietária de meados do século XX em Portugal é contemporâneo de discursos semelhantes noutros Estados do Atlântico, como o Brasil, os EUA e a Espanha.

Recordando a política federal no Brasil durante a ditadura de Vargas nos anos 30 do século passado, Teresa Caldeira nota que, em São Paulo, tanto os industriais como os especialistas do trabalho no aparelho estatal defendiam a expansão da propriedade habitacional urbana, assim como a sua difusão enquanto preceito moral que seria uma das bases da "estabilidade social" (2000: 209). Uma aliança análoga entre especialistas estatais e empresários caracterizou o debate sobre a política federal da habitação nos EUA imediatamente após a vitória na Guerra de 1939–1945, já que a massificação da propriedade habitacional era explicitamente considerada como "uma barreira ao socialismo". Neste quadro discursivo, a indústria da construção era oposta à produção direta de habitação pelo Estado, aderindo entusiasticamente ao apoio estatal providenciado através do seguro de hipoteca da Federal Housing Administration (Beauregard, 2006: 156), que será descrito abaixo. Já em Espanha, uma década mais tarde, o programa de desenvolvimento nacional implementado pela ditadura de Franco centrou-se "na expansão radical da propriedade habitacional privada" (López e Rodríguez, 2011: 6).

[5] A história da cidadania proprietária deve também ser enquadrada na história mais ampla da propriedade privada no colonialismo europeu, já que, como Bhandar demonstra, "as leis modernas da propriedade emergiram com — e através de — modos coloniais de apropriação" (2018: 3).

Por outro lado, após 1945 o discurso da cidadania proprietária dos EUA é também difundido através do emergente aparelho estatal do desenvolvimento, com enfoque em territórios vizinhos da República Popular da China como o Taiwan, o actual Myanmar, e a Coreia do Sul, no quadro de uma política explícita de combate ao comunismo através da massificação da propriedade habitacional (Kwak, 2015: 60).

Em Portugal, tal como no Brasil, muito do aumento da propriedade habitacional urbana neste período acaba por resultar não da intervenção direta do Estado, mas sim da tolerância estatal relativamente à construção em loteamentos suburbanos informais, como os chamados "bairros clandestinos" da região de Lisboa (Castela, 2011). Recorde-se que os inovadores meios técnicos desenvolvidos nos EUA para o fomento da indústria da habitação, que se descrevem na secção seguinte, não foram adotados em Portugal num momento em que — tendo em conta a posição do país nas relações transnacionais desiguais de produção — tal investimento estatal era inconcebível num quadro da economia política no qual a habitação não era vista como parte de uma estratégia de desenvolvimento. O próprio Marcelo Caetano, à época ministro da Presidência e responsável pelo Plano de Fomento, argumentou que a habitação era um investimento de "fraca reprodutibilidade" (1958 [1956]). Com a participação de Portugal na criação da European Free Trade Association (EFTA) em 1960, o capital dos EUA e do Noroeste Europeu aumenta drasticamente o seu investimento em indústrias exportadoras nas regiões de Lisboa e do Porto (Deubner 1984), o que virá a criar as condições para o anúncio por Caetano do direito à habitação como um dos direitos sociais a garantir pelo novo "Estado Social de Direito" (1971), em particular através do Fundo de Fomento da Habitação. Antes de explorar as funções deste Fundo a partir da sua criação em 1969, o capítulo abordará agora o modo como o discurso da cidadania proprietária levou a transformações no seio do aparelho estatal nos EUA e no Brasil que terão inspirado a conceção do Fundo em Portugal.

O fomento da indústria da habitação

É necessária a realização de investigação adicional sobre a forma como as experiências de outros Estados terão inspirado o FFH. No entanto, aquando da criação do FFH em Portugal seria razoavelmente conhecida entre os especialistas da habitação a Federal Housing Administration (FHA) dos EUA, criada em 1934 através do National Housing Act. A FHA segurava empréstimos habitacionais de longo prazo realizados por privados para a construção e venda de habitação. Ou seja, estimulava o investimento por privados em crédito à habitação ao protegê-los de perdas no caso de incumprimento (Jackson, 1980: 431). Em 1938 intensificou-se a financeirização da habitação nos EUA com a criação de um mercado secundário federal, a Federal National Mortgage Association (FNMA ou Fannie Mae), para a aquisição de empréstimos segurados pela FHA (MacDonald, 1995: 55). Entre 1934 e 1972, a percentagem de famílias proprietárias da sua habitação subiu de 44 % para 63 %, já que frequentemente a aquisição através do crédito habitacional se tornou mais acessível do que o arrendamento (Jackson, 1980: 432). Este aumento foi possível graças ao financiamento público da indústria privada da habitação, que se concentrou na criação de loteamentos suburbanos de habitações unifamiliares para cidadãos classificados como "brancos", mesmo em zonas de classe trabalhadora onde era usual a autoconstrução (Nicolaides, 2002).

De facto, a política da habitação que surgiu durante o chamado New Deal tinha dois níveis: o FHA e a FNMA providenciavam "capital a baixo custo para os produtores e consumidores de habitação produzida pelo mercado". Por outro lado, o Wagner Act de 1937 criou um "nível inferior [...] de habitação diretamente assistida que era austera, fisicamente alienante, e de acesso condicionado pela certificação da falta de meios", impedindo a existência de apoio estatal a cooperativas ou outras entidades privadas interessadas em habitação "não comercial" (Radford, 1996: 198).

Outra experiência relevante terá sido o Ministerio de la Vivienda em Espanha, criado em 1957 e inicialmente liderado pelo falangista José Luis Arrese. No entanto, a experiência pertinente mais próxima da criação do FFH terá sido o Sistema Financeiro da Habitação (SFH) do Brasil, criado entre 1964 e 1966, especialmente tendo em conta a forma como o Banco Nacional de Habitação (BNH) regulava o Sistema Brasileiro de Poupança e Empréstimo (SBPE), incluindo um sistema de crédito a empresas de construção de habitação e para compradores de habitação. Tal como nos EUA, o sistema era dual, já que o BNH também geria os mecanismos da construção de habitação por empresas públicas estatais ou municipais, tal como por cooperativas. Em contraste com os EUA, tais mecanismos públicos não se destinavam a beneficiar cidadãos de remuneração baixa, orientando-se antes para trabalhadores assalariados de remuneração mais elevada. Note-se que este sistema público funcionava de forma a maximizar o benefício para a indústria privada nacional, já que

> o circuito de finança da habitação era [...] gerido de um modo privado: sociedades de construções privadas e bancos privados operavam tanto as contas de poupança como as contas do FGTS [Fundo de Garantia do Tempo de Serviço]; as seguradoras de vida e de hipoteca eram privadas. (Valença, 1999: 1748)

2. O PAPEL DO FFH NA EMERGÊNCIA DA FINANCEIRIZAÇÃO

O Fundo do Fomento da Habitação e as entidades sucessoras em Portugal

O FFH é criado a 28 de maio de 1969, imediatamente antes do Colóquio sobre Política da Habitação que se inicia a 30 de junho. Tal como nos sistemas dos EUA e no Brasil, o FFH tinha uma função dual: por um lado, centralizar a promoção direta de habitação, usualmente em regime de propriedade resolúvel; por outro lado, ser uma "entidade pública de crédito" que estimulasse a iniciativa privada, fomentando uma indústria de construção exportadora. A dualidade referida acima irá manter-se durante os primeiros governos pós-revolucionários, que articularam uma perspetiva social-liberal. Das duas principais estratégias num documento interno de 1977, a primeira é "estimular a iniciativa privada", sendo que um dos três meios para atingir tal objetivo é "facilitar o crédito para aquisição de habitação própria", que abordaremos na secção seguinte.[6]

Alguns dos meios empregues pelo Fundo para cumprir as suas funções intensificaram desde logo o recurso ao crédito por parte do próprio Estado e por parte de entidades públicas e privadas em Portugal. Isto verifica-se especialmente após o fim da ditadura de Caetano e o início da democratização política (FFH, 1978). Logo em novembro de 1974, são anunciados

[6] "Habitação: Plano MHUC/77", Arquivo do IHRU.

os já referidos contratos de desenvolvimento para a habitação.[7] Dois anos depois, no início do período pós-revolucionário, o FFH é autorizado a contrair um crédito para financiar o programa de empréstimos a autarquias;[8] e em 1979, já durante os governos de iniciativa presidencial, a contrair um crédito para garantir a compra dos fogos que as empresas com contratos de desenvolvimento não conseguissem vender no mercado.[9] Note-se que toda a preparação técnica para esta intensificação do recurso ao crédito ocorre ainda durante a ditadura de Caetano, em diálogo com o comité HBP (ou seja, Habitação, Construção e Urbanismo) da UNECE (United Nations Economic Committee for Europe), como atestam vários documentos do grupo de trabalho português no comité (FFH, 1972 [1970]; entre outros).

Durante os primeiros governos pós-revolucionários do Partido Socialista esboçam-se também formas de articulação da construção de infraestruturas com os fluxos de capital financeiro transnacional, através de entidades como o International Bank for Reconstruction and Development,[10] ao qual Portugal havia aderido em 1960, ou o Kreditanstalt für Wiederaufbau da República Federal da Alemanha, formado em 1948 sob o governo militar anglo-americano.[11] Em fevereiro de 1977, o governo é também autorizado a celebrar empréstimos através da Agency for International Development (AID) dos EUA — onde então se iniciava a presidência de Carter — destinados a "investimentos nos sectores da *habitação*, educação e saneamento básico".[12] Vale a pena examinar em maior detalhe a relação com a AID, que não foi quantitativamente muito relevante, mas que ajuda a compreender a inserção de Portugal em circuitos transnacionais de conhecimento e de capital, assim como a continuidade entre a ditadura de Caetano e o regime pós-revolucionário.

---

[7] Decreto-Lei n.º 663/74, de 26 de novembro. Note-se que a figura do contrato de desenvolvimento havia sido criada ainda durante a ditadura de Caetano, no quadro do "Acordo preferencial com a Comunidade Económica Europeia", de modo a incrementar o fomento da exportação com apoio do Fundo de Fomento da Exportação e da Caixa Geral de Depósitos. Portaria n.º 88/73, de 10 de fevereiro.

[8] Decreto-Lei n.º 817/76, de 11 de novembro.

[9] "Contratos de desenvolvimento: dois milhões de contos para F.F.H. garantir compra de fogos", *Expresso*, 24 de fevereiro de 1979.

[10] Lei n.º 11/77, de 12 de fevereiro.

[11] Lei n.º 12/77, de 12 de fevereiro.

[12] Lei n.º 13/77, de 12 de fevereiro; ênfase adicionada.

Tal como havia feito na América do Sul ao longo da década anterior, a AID veio a participar na formação do regime habitacional em Portugal, contribuindo para a articulação pós-revolucionária da política da habitação em Portugal com o capital transnacional de duas formas: concedendo acesso direto não só a um empréstimo da AID, mas também ao programa de garantias da agência.

De facto, menos de um mês depois da autorização parlamentar em Portugal, a AID formalizou um acordo para um empréstimo ao FFH, que se destinava a apoiar a construção direta de habitação para arrendamento, a habitação com comparticipação municipal, a habitação em alguns bairros herdados do programa SAAL (Serviço Ambulatório de Apoio Local), formalmente extinto em 1976, e também a construção de habitação por cooperativas.[13]

Por outro lado, logo em abril, a divisão da Habitação da AID, liderada pelo engenheiro Peter Kimm,[14] incluiu Portugal no seu programa de garantia federal a empréstimos para o financiamento da habitação, acima mencionado.[15] Este mecanismo de "garantia de investimento" por capitais dos EUA na habitação em Estados considerados em "desenvolvimento" havia sido previsto já em 1961, ano de criação da AID enquanto agência executiva do governo federal, no Foreign Assistance Act, lei cujo objetivo era estimular investimento privado fora dos EUA de modo a possibilitar o "descolar" previsto por Rostow (1956).[16]

---

[13] "Loan Agreement between the Government of Portugal and the United States of America for Housing for Low-Income Families", de 4 de março de 1977. Aviso de 30 de março de 1977, *Diário da República* n.º 88, de 15 de Abril de 1977.

[14] Kimm dirigiu a divisão de Habitação da AID ao longo de três décadas, tendo também sido um dos criadores em 2005 da International Housing Coalition Global, uma associação sem fins lucrativos sediada na capital dos EUA que tem influência na produção de conhecimento técnico sobre a habitação no quadro do aparelho do desenvolvimento, procurando orientar os fluxos do tipo de capital que Roy designa como "capital da pobreza" (2010).

[15] "Housing Guaranty Program for Portugal: Information for Investors", *Federal Register*, 42(69), de 11 de abril de 1977.

[16] O mecanismo de garantia de investimento já existia anteriormente, mas não abrangia a habitação. Em 1961, após pressão da National Association of Home Builders, da US Savings and Loan League, e da National Association of Real Estate Boards, o mecanismo passou a abranger o financiamento da habitação, inicialmente com enfoque no fomento da propriedade habitacional na América Latina (Kwak, 2015: 161).

Para este instrumento específico, o interlocutor formal no Estado português não foi o FFH, mas antes a Sociedade Financeira Portuguesa (SFP). A SFP era uma sociedade anónima com acionistas públicos, que havia sido criada durante a ditadura de Caetano no quadro da transformação da conceção do desenvolvimento anteriormente mencionada: a Sociedade fora criada em 1969, com o objetivo de promover operações financeiras "que envolvam relações com o estrangeiro".[17] No caso da SFP, a continuidade entre a ditadura de Caetano e o regime pós-revolucionário era concretizada através da liderança da entidade: desde 1976, a Sociedade era liderada pelo economista Alexandre Vaz Pinto,[18] que havia sido secretário de Estado do Comércio durante a ditadura de Caetano.[19]

O FFH é extinto em 1982, durante um governo liberal-conservador que apostou também no início da venda das habitações do Estado e da Segurança Social aos arrendatários (Bandeirinha, Castela, Aristides e Alves, 2018: 275). Em 1984, é criado o Instituto Nacional de Habitação (INH) explicitamente enquanto entidade "parabancária" (Vilaça e Ferreira, 2018: 345), intensificando-se no final dos anos 80 o financiamento da "casa própria", de longe o principal investimento estatal em habitação nas últimas décadas, que até 2002 se caracterizou por uma "distorção evidente na distribuição de apoios" (*ibidem*: 356), tendo beneficiado sobretudo os cidadãos mais privilegiados.

---

[17] Decreto-Lei n.º 49273, de 27 de setembro de 1969. A SPF veio dar origem ao Banco Mello, aquando da privatização em 1988. O Banco Mello fundiu-se com o Banco Comercial Português em 2000.

[18] Resolução do Conselho de Ministros, *Diário do Governo* n.º 32/1976, de 7 de fevereiro de 1976.

[19] Vaz Pinto terá possivelmente sido escolhido para liderar a SFP em 1976, já que enquanto secretário de Estado sob Caetano adquiriu um conhecimento íntimo do comércio na European Free Trade Area (EFTA), à qual Portugal pertencia, assim como experiência nas relações entre a EFTA, o então chamado Mercado Comum (a actual União Europeia), e o General Agreement on Tariffs and Trade (GATT, hoje substituído pela Organização Mundial do Comércio). Mais tarde, em 1981, Vaz Pinto seria ministro do Comércio e Turismo do breve VII Governo Constitucional de Balsemão. Foi também presidente da Associação Portuguesa de Bancos, de 1987 a 1994.

O crédito à habitação no Portugal pós-revolucionário

Logo em outubro de 1974, a Caixa Geral de Depósitos (CGD) lança uma campanha de concessão de crédito à construção e aquisição de habitação própria, pretendendo "integrar-se num conjunto de acções de emergência tendentes a fazer recuperar a construção civil", segundo o jurista António Sousa Franco, à época administrador do banco.[20] Rapidamente, a indústria da construção lança as suas próprias campanhas, como a de uma empresa do concelho de Almada que anunciava um "plano financeiro" que permitia aos clientes aproveitar "as facilidades concedidas pelo governo".[21] O programa propriamente estatal de financiamento da "casa própria" é iniciado em março de 1976: trata-se do financiamento ao comprador da habitação através do regime de crédito bonificado, anunciado explicitamente para o "relançamento da indústria da construção civil".[22] O financiamento podia ser prestado pela CGD, pelo Crédito Predial Português, ou pelo Montepio Geral. O regime tem a sua primeira revisão logo no ano seguinte, mantendo-se a preocupação com os "reflexos benéficos na indústria da construção", e possibilitando-se a concessão de empréstimos com bonificação de juro pelo FFH às cooperativas de habitação económica. [23] Nos anos que se seguem, os bancos e seguradoras procuram atrair os cidadãos mais privilegiados através de anúncios na imprensa, como um anúncio da CGD sobre a descentralização do crédito, ou seja, a transferência da capacidade de decisão sobre o crédito da sede em Lisboa para as capitais de distrito, com "maiores poderes de decisão" para o Porto, Açores e Madeira.[24]

Através deste regime, o aparelho estatal pós-revolucionário teve um papel central na reconfiguração do mercado da habitação em Portugal e no início da sua financeirização, nomeadamente graças a uma articu-

[20] "Sousa Franco em entrevista ao 'EXPRESSO': 'Era bem bom que viesse uma chuva de pedidos para aquisição de habitação própria'", *Expresso*, 19 de outubro de 1974.

[21] "Campanha de habitação própria: com o preço de uma renda construa a sua vivenda", *Expresso*, 21 de dezembro de 1974.

[22] Resolução do Conselho de Ministros de 24 de fevereiro de 1976, *Diário do Governo* n.º 67/1976, de 19 de março de 1976.

[23] Decreto-Lei n.º 515/77, de 14 de dezembro.

[24] "Portugal não é só Lisboa! Por isso, descentralizamos o crédito", *Expresso*, 11 de novembro de 1978.

lação com bancos e seguradoras nacionalizadas. Apesar de até ao início dos anos 90 muitos cidadãos não recorrerem ao crédito através do sistema bancário para a aquisição de habitação própria (Neves, 1998), o programa viria a ser mantido até 2002, contribuindo para o crescimento constante das taxas de propriedade habitacional. Em 1970, 49 % das famílias em Portugal viviam em habitação própria; em 1991 a percentagem havia subido para 65 %, e em 2011 para 73 %. (Santos, Serra e Teles, 2015).

No entanto, como se mencionou acima, o regime de crédito bonificado "não era um programa dirigido aos mais desfavorecidos" (Xerez, Rodrigues e Cardoso, 2018: 472). A própria Organização para a Cooperação e Desenvolvimento Económico (OCDE) — criada em 1961 para suceder à Organização Europeia de Cooperação Económica, fundada em 1948 para administrar o chamado Plano Marshall dos EUA — avisou em relatório de 2001 que o tratamento fiscal preferencial, dado ao longo de um quarto de século pelo Estado português ao investimento em habitação ocupada pelo proprietário, "tem consequências distributivas questionáveis já que beneficia grupos de rendimento médio e mais elevado". O mesmo relatório notava também que "os incentivos fiscais foram provavelmente capitalizados em grande parte em preços da terra e da habitação mais altos, desviando capital de investimentos físicos mais produtivos e aumentando os incentivos à evasão fiscal imobiliária" (Bronchi e Gomes-Santos, 2002: 32). Ou seja, o regime de crédito bonificado contribuiu para a inflação do custo da habitação, constituindo também um financiamento indireto da indústria da construção pelo Estado.

3. CONSIDERAÇÕES FINAIS — DILEMAS DO LEGADO DA CIDADANIA PROPRIETÁRIA EM PORTUGAL

Este capítulo procura contribuir para um enquadramento da habitação em Portugal no projeto de desenvolvimento da Europa Ocidental após 1945, recordando a importância situada e contingente do discurso da cidadania proprietária e do fomento estatal da indústria da habitação em Portugal. Aborda também o papel do Fundo de Fomento da Habitação no aumento da propriedade habitacional e no financiamento estatal da indústria privada a partir do início da ditadura de Caetano. É inegável o sucesso do projeto político da cidadania proprietária em Portugal. No entanto, como vimos, o aumento das taxas de propriedade habitacional resulta de um sistema dual, no âmbito do qual o Estado concentrou os próprios recursos com vista a capitalizar a indústria privada e a beneficiar sobretudo os cidadãos mais privilegiados, simultaneamente fomentando a crescente financeirização da habitação em Portugal. É crucial recordar a genealogia política deste legado, e em particular aprofundar a investigação sobre o modo como o aparelho estatal negligenciou a possibilidade de um sistema mais plural, para podermos deliberar coletivamente sobre um futuro da habitação desarticulado do espectro do desenvolvimento financeirizado.

REFERÊNCIAS BIBLIOGRÁFICAS

Aalbers, Manuel (2008), "The Financialization of Home and the Mortgage Market Crisis", *Competition and Change*, 12(2), 148–66.

Bandeirinha, José A.; Castela, Tiago; Aristides, Rui; Alves, Joana (2018), "O Fundo de Fomento da Habitação de 1969 a 1982: ordenamento, alternativas e mercado", *in* R. Agarez (org.), *Habitação: cem anos de políticas públicas em Portugal, 1918–2018*. Lisboa: IHRU.

Beauregard, Robert (2006), *When America Became Suburban*. Minneapolis, MN: University of Minnesota Press.

Bhandar, Brenna (2018), *Colonial Lives of Property: Law, Land, and Racial Regimes of Ownership*. Durham, NC: Duke University Press.

Bronchi, Chiara; Gomes-Santos, José (2002), "Reforming the Tax System in Portugal", *Working Papers*. Pavia: Società Italiana di Economia Pubblica.

Caetano, Marcello (1971), "Prefácio", *in Renovação na Continuidade*. Lisboa: Verbo.

Caetano, Marcello (1958 [1956]), "Exposição do Ministro da Presidência ao Conselho Económico", *in* Presidência do Conselho, *Relatório Final Preparatório do II Plano de Fomento: I. Estudos Gerais*. Lisboa: Imprensa Nacional.

Caldeira, Teresa (2000), *City of Walls: Crime, Segregation and Citizenship in São Paulo*. Berkeley, CA: University of California Press.

Castela, Tiago (2017), "Tradição da propriedade? Deslegitimação e geografias quotidianas do arrendamento em Portugal, 1974-1982", *in* T. Marques, J. Fernandes, J. Teixeira et al. (org.), *XI Congresso da geografia portuguesa: as dimensões e a responsabilidade social da Geografia*. Porto: Faculdade de Letras da Universidade do Porto e Associação Portuguesa de Geógrafos, 113–16.

Castela, Tiago (2011), "A Liberal Space: A History of the Illegalized Working-Class Extensions of Lisbon", Tese de doutoramento, University of California, Berkeley.

Deubner, Christian (1984), "The Paradox of Portugal's Industrialization: Emigrant Labor, Immigrant Capital and Foreign Markets", *in* T. Bruneau, V. Rosa e A. McLeod (orgs.), *Portugal in Development: Emigration, Industrialization, the European Community*. Ottawa: University of Ottawa Press.

FFH – Fundo de Fomento da Habitação (1978), "Relatório n.º 3/GE/78: Os programas do Fundo Fomento da Habitação e síntese de medidas legislativas". Lisboa: Ministério da Habitação e Obras Públicas.

FFH – Fundo de Fomento da Habitação (1972 [1970]), "The Financing of Housing in Portugal". Lisboa: Ministério das Obras Públicas.

Foucault, Michel (2004 [1971]), "Nietzsche, la généalogie, l'histoire", *in Philosophie: Anthologie*. Paris: Gallimard.

Gibson-Graham, J. (2006), *A Postcapitalist Politics*. Minneapolis, MN: University of Minnesota Press.

Harvey, David (1978), "The Urban Process under Capitalism: A framework for analysis", *International Journal of Urban and Regional Research*, 2(1-3),101–31.

Jackson, Kenneth (1980), "Race, Ethnicity, and Real Estate Appraisal: The Home Owners Loan Corporation and the Federal Housing Administration", *Journal of Urban History*, 6(4), 419–52.

Kwak, Nancy (2015), *A World of Homeowners: American Power and the Politics of Housing Aid*. Chicago, IL: University of Chicago Press.

Lefebvre, Henri (2003 [1970]), *The Urban Revolution*. Minneapolis, MN: University of Minnesota Press.

Lefebvre, Henri (1991 [1974]), *The Production of Space*. Malden, MA: Blackwell Publishing.

López, Isidro; Rodríguez, Emmanuel (2011), "The Spanish Model", *New Left Review*, n.º 69, 5–28.

MacDonald, Heather (1995), "Secondary Mortgage Markets and Federal Housing Policy", *Journal of Urban Affairs*, 17(1), 53–79.

McMichael, Philip (1996), *Development and Social Change: A Global Perspective*. Thousand Oaks, CA: Pine Forge Press.

Moreira, Manuel (1950), *Problemas da habitação: ensaios sociais*. Lisboa: Minerva.

Neves, Vítor (1998), "O endividamento para aquisição de habitação própria permanente: uma análise exploratória do Inquérito ao Património e Endividamento das Famílias 1994", *Cadernos Regionais: Região Centro*, n.º 8, 5–36.

Nicolaides, Becky (2002), *My Blue Heaven: Life and Politics in the Working-Class Suburbs of Los Angeles, 1920–1965*. Chicago, IL: University of Chicago Press.

Pike, Andy; Pollard, Jane (2010), "Economic Geographies of Financialization", *Economic Geography*, 86(1), 29–51.

Radford, Gail (1996), *Modern Housing for America: Policy Struggles in the New Deal Era*. Chicago, IL: University of Chicago Press.

Rolnik, Raquel (2013). "Late Neoliberalism: The Financialization of Homeownership and Housing Rights", *International Journal of Urban and Regional Research*, 37(3), 1058–66.

Rostow, Walt Whitman (1956), "The Take-Off Into Self-Sustained Growth", *The Economic Journal*, 66(261): 25–48.

Roy, Ananya (2010), *Poverty Capital: Microfinance and the Making of Development*. Abingdon: Routledge.

Roy, Ananya (2004), "Transnational Trespassings: The Geopolitics of Urban Informality", in A. Roy and N. AlSayyad (org.), *Urban Informality: Transnational Perspectives from the Middle East, Latin America, and South Asia*. Lanham, MD: Lexington Books.

Salazar, António (1935 [1933]), "Conceitos económicos da nova constituição", *Discursos: 1928–1934*. Coimbra: Coimbra Editora.

Santos, Ana Cordeiro; Serra , Nuno; Teles, Nuno (2015), "Finance and Housing Provision in Portugal", *Fessud Working Paper*, n.º 79. Leeds: FESSUD project.

Scobey, David (2002), *Empire City: The Making and Meaning of the New York City Landscape*. Philadelphia, PA: Temple University Press.

Valença, Marcio (1999), "The Closure of the Brazilian Housing Bank and Beyond", *Urban Studies*, 36(10), 1747–68.

Vilaça, Eduardo; Ferreira, Teresa (2018), "Os anos de crescimento: 1969-2002", *in* R. Agarez (org.), *Habitação: cem anos de políticas públicas em Portugal, 1918–2018*. Lisboa: IHRU.

Xerez, Romana; Rodrigues, Pedro; Cardoso, Francielli (2018), "A política de habitação em Portugal de 2002 a 2017: programas, políticas públicas implementadas e instituições envolvidas", *in* R. Agarez (org.), *Habitação: cem anos de políticas públicas em Portugal, 1918–2018*. Lisboa: IHRU.

QUANTO CUSTA SER PARENTE POBRE?
DO LUGAR PERIFÉRICO DA HABITAÇÃO NAS POLÍTICAS SOCIAIS À SUA CENTRALIDADE NO PROCESSO DE FINANCEIRIZAÇÃO*

NUNO SERRA**

Generalizou-se na sociedade portuguesa, desde o final do século passado, a ideia de que as dificuldades persistentes de acesso à habitação, por parte de muitos agregados familiares, estavam ultrapassadas. Esta ideia é suportada pela informação estatística disponível, nomeadamente nos dados censitários de 2001 e 2011, em que sobressai, entre outros aspetos, a existência de um *stock* de alojamentos significativamente superior ao do número de famílias. Isto contribuiu para que se começasse a dispensar a referência, que acompanhou a sociedade portuguesa durante décadas, a uma permanente e irresolúvel "crise de habitação".

Alguns fatores favoreceram de facto, desde os anos 90 do século passado, a consolidação progressiva da noção de um certo "fim de crise" no sector habitacional e de um cumprimento, mesmo que relativo — como de resto noutras dimensões do Estado Social, mas em menor grau — do direito constitucional à habitação.

Desde logo, e em resultado de um aumento expressivo do volume de construção, a referida melhoria do rácio de alojamentos por família, que

* Este trabalho é financiado pelo FEDER – Fundo Europeu de Desenvolvimento Regional através do COMPETE 2020 – Programa Operacional Competitividade e Internacionalização (POCI) e por fundos nacionais através da FCT – Fundação para a Ciência e Tecnologia, no âmbito do projeto PTDC/ATP-GEO/2362/2014 – POCI-01-0145-FEDER-016869.

** Centro de Estudos Sociais da Universidade de Coimbra.

atinge os 1,5 em 2011, depois de ter sido alcançado o valor de 1,4 em 2001 (1,3 em 1991, e 1,2 em 1981 e 1970). Por outro lado, a aceleração da tendência de crescente adesão das famílias ao regime de casa própria, que passa a rondar os 75 % do total de alojamentos desde 2001, tendo-se situado nos 65 % em 1991, 57 % em 1981, e em apenas 50 % em 1970.

Indissociável desta tendência, importa igualmente referir a maior facilidade de acesso ao crédito para aquisição de casa própria, desde final dos anos oitenta e com particular relevância nos anos 90, bem como a noção de que as carências habitacionais mais graves (barracas e outros alojamentos precários, que passam de cerca de 27 mil, em 2001, para quase sete mil, em 2011) teriam ficado resolvidas na última década do século XX, com o Programa Especial de Realojamento (PER). Ou, ainda, a noção de que o elevado número de fogos devolutos (cerca de 700 mil, em 2011, aproximadamente o dobro dos recenseados em 1991), não deixava de traduzir — a par de outras dinâmicas mais relevantes e decisivas — uma atenuação muito significativa das carências de habitação e das dificuldades de acesso ao alojamento.

Tabela 1 — Indicadores da habitação em Portugal (Censos 1970–2011)

	1970	1981	1991	2001	2011
Alojamentos por família	1,2	1,2	1,3	1,4	1,5
Agregados a residir em casa própria	50%	57%	65%	75%	73%
Barracas e outros	-	46391	27642	27319	6612
Fogos devolutos	373950	190331	440271	543777	735128

Fonte: INE, Pordata.

Assim, identificada durante sucessivas décadas como um dos défices estruturais da sociedade portuguesa — tanto ao nível das necessidades mais objetivas e pronunciadas de alojamento como ao nível das dificuldades de acesso em geral — a "questão da habitação" dava sinais de estar por fim a resolver-se. Mais recentemente, porém, e sobretudo nos anos que se sucederam ao período de crise e "ajustamento", o problema volta a colocar-se, sugerindo que a sua superação pode ter sido, pelo menos em parte, apenas aparente. Ou, numa hipótese alternativa, que a consolidação do mercado habitacional, com o incremento da construção e expansão da oferta nas últimas décadas, não fora afinal suficiente para responder ao impacto de novas dinâmicas da procura, como as que se associam, sobretudo nas áreas metropolitanas, ao surgimento dos Vistos *Gold* (que comportam benefícios na aquisição de imóveis por cidadãos estrangeiros), ao aumento exponencial da procura turística ou ao surgimento e generalização do fenómeno do alojamento local.

De facto, e ao contrário do que se poderia esperar à partida, apesar dos previsíveis efeitos da retoma da economia e da melhoria dos rendimentos, regista-se nos anos mais recentes uma revalorização dos imóveis para habitação (com o índice de preço da habitação do INE a aumentar de cerca de 101,8 para 129,7 entre o final de 2015 e o final de 2018); o aumento do crédito bancário concedido para aquisição de casa própria (que passa de cerca de 4 mil milhões de euros para 8,2 milhões de euros entre 2015 e 2017); o acréscimo de dificuldades de acesso ao mercado de arrendamento e — no plano das carências habitacionais mais pronunciadas — a "descoberta" de cerca de 26 mil agregados familiares a necessitar de soluções de alojamento condigno (IHRU, 2018). Num regresso a níveis acentuados de desequilíbrio entre a oferta e a procura, e a par de outros sinais, estas dinâmicas criaram as condições para que se começasse de forma crescente a falar numa "nova crise de habitação".

A compreensão desta "vulnerabilidade" da habitação, enquanto bem social, relativamente às dinâmicas do mercado, implica por isso, desde logo, a necessidade de situar o seu lugar, a sua especificidade e o seu relevo no processo de desenvolvimento do Estado Social português e no quadro das políticas de efetivação dos direitos sociais e da desmercadorização do bem-estar.

1. O LUGAR PERIFÉRICO DA HABITAÇÃO NO ESTADO SOCIAL

A Constituição da República Portuguesa de 1976 consagra no seu articulado, entre outros, o direito à saúde (Artigo 64.º), à educação (Artigo 74.º), à segurança social (Artigo 63.º) e à habitação (Artigo 65.º). Em qualquer dos casos é proclamada a responsabilidade do Estado na prossecução destes direitos, através da criação de sistemas de provisão pública (nomeadamente nos casos da saúde e educação), a par da adoção de mecanismos que, regulando a oferta privada, permitam afirmar esses direitos como bens públicos de acesso universal e tendencialmente gratuitos.

Surgindo tardiamente no contexto europeu, no momento em que era diagnosticada a crise do Estado Providência nos países mais avançados (Santos, 1987), o Estado Social português foi confrontado com a necessidade de fazer escolhas, relativamente aos domínios em que se iria fundamentalmente afirmar e constituir. De facto, um país pobre, com expressivos atrasos em diversos domínios, exaurido pela opção de manter uma guerra colonial já de si extemporânea por mais de uma década, democratiza-se numa manhã de abril de 1974 sem dispor, contudo, das necessárias condições para responder, em toda a amplitude, às diferentes necessidades, exigências e expetativas sociais.

Nesta conjuntura, as prioridades acabariam por se tornar claras, apontando para a constituição de sistemas públicos de educação e saúde, sobretudo numa primeira fase, e para a consolidação de um verdadeiro sistema de segurança e proteção social pública, um pouco mais tarde. Para além de se tratar de domínios incontornáveis na afirmação política de um quadro de direitos sociais, estes eram também os domínios onde a expansão da ação pública encontrava, apesar de tudo, menos obstáculos e interesses em presença. O que não sucedia, deste ponto de vista, com as políticas de habitação, tornando assim mais difícil a rutura com o passado, pelo que permanecia em traços gerais — e apesar das medidas relevantes adotadas no período que se seguiu à revolução — a abordagem minimalista do Estado Novo. Isto é, uma abordagem centrada na resposta às situações de maior carência de alojamentos e em ambíguos mecanismos de provisão indireta, assentes em incentivos à promoção privada (Serra, 2002).

Esta definição de prioridades torna-se de resto muito evidente quando analisamos a evolução da despesa pública ao longo das últimas quatro décadas. Globalmente situada em torno dos 4 % em 1975, a despesa social pública regista um incremento muito significativo nas áreas da saúde e da educação (que passam respetivamente de 0,4 para 3,5 % e de 2,0 para 4,6 % entre 1975 e 1995), a par da segurança e ação social (de 1,1 para 3,5 % no mesmo período). Ao contrário, portanto, do que sucede com a habitação e serviços coletivos, que nesta fase de constituição do Estado Social se mantém praticamente em valores percentuais inferiores a 1 % do Orçamento de Estado (OE), se excetuarmos os anos do final da década de setenta, em que a despesa pública nesta rubrica chega a superar esse valor.

Nos vinte anos seguintes (1995 a 2015), este padrão de prioridades no quadro de financiamento das políticas sociais não se altera substancialmente. As parcelas do OE destinadas à saúde e educação estabilizam em torno dos 4,9 e 4,5 %, registando-se um incremento das despesas relativas à segurança e ação social, que passam de cerca de 3,5 para 7,6 %, entre 1995 e 2015, permanecendo a habitação e serviços coletivos em valores abaixo de 1 %, apesar dos cerca de 0,6 a 0,7 % observados no final da década de noventa, mas que decaem para valores entre 0,1 e 0,2 % a partir de 2010 (Gráfico 1). Globalmente, a despesa pública nos principais domínios constitutivos do Estado Social português passa, entre 1995 e 2015, de cerca de 12 para 16 %.

Gráfico 1 — Percentagem do Orçamento de Estado afeto às áreas sociais (1975–2015) (*)

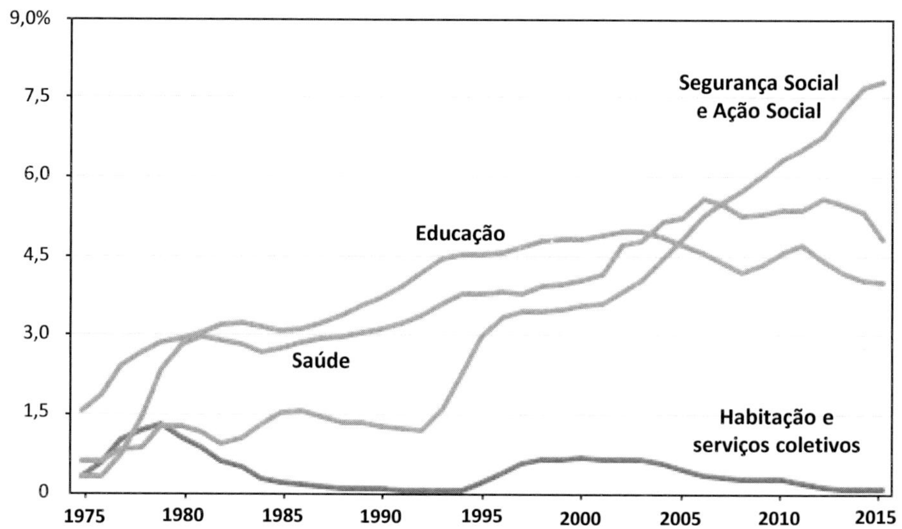

(*) Média móvel dos últimos três anos.
Fonte: INE e DGO.

Compreende-se de facto, neste processo de constituição do Estado Social, a primazia atribuída às áreas da educação e da saúde, em termos de políticas públicas. Com efeito, tratou-se não só de responder a duas dimensões centrais no compromisso da democracia com as políticas de desenvolvimento económico e social do país — implicando para esse efeito a constituição de redes de serviços, respostas e equipamentos públicos, com os necessários recursos humanos, de modo a garantir uma efetiva cobertura e o acesso universal e gratuito —, mas também de dar expressão concreta a dimensões com especial significado e simbolismo na consagração de direitos sociais pelo regime democrático, através da desmercadorização do acesso (Serra, 2017).

É também neste plano que deve ser interpretado o aumento progressivo da despesa no domínio da Segurança Social, não só ao nível da constituição de um sistema público de pensões, mas também ao nível da implementação efetiva de um conjunto de prestações que constituem parte integrante do Estado Providência (como sucede com o subsídio de desemprego, a proteção na doença ou o Abono de Família). Apoios a que se somam respostas sociais mais focalizadas, nomeadamente no âmbito do combate à pobreza e exclusão, e que entre nós foram surgindo numa fase mais tardia: como sucede com o Rendimento Mínimo Garantido, posteriormente convertido em Rendimento Social de Inserção, com o Complemento Solidário para Idosos ou, mais recentemente, com a Prestação Social para a Inclusão. Sublinhe-se, todavia, neste âmbito — e na perspetiva da adoção e consolidação de mecanismos provisão pública — que a esfera da ação social, sobretudo no que diz respeito a respostas à infância (creches, jardins de infância e ATL) e à população idosa (centros de dia, respostas residenciais e apoio domiciliário), ficou desde início muito dependente da prestação de serviços por organizações do Terceiro Sector (nomeadamente IPSS), que de certa forma dispensavam a adoção de mecanismos de provisão pública direta.

Isto é, à semelhança da política de habitação, a área da ação social foi também relegada para um segundo plano no âmbito da constituição de um quadro de políticas sociais, nomeadamente em termos de investimento e provisão pública. Ou seja, se é inequívoco o esforço, com oscilações e *nuances*, na criação e consolidação de serviços públicos de provisão direta nas áreas da saúde e educação, o mesmo não se pode dizer relativamente aos domínios da ação social e do alojamento, em que a efetivação dos direitos e do acesso foram essencialmente levados a cabo por organizações do Terceiro Sector (no caso da ação social) e do mercado (no caso da habitação).

Estas opções traduzem, evidentemente, o grau de premência e o lugar e relevância de cada domínio no que se pode designar por estrutura hierárquica das políticas sociais (Serra, 2002). Mas também traduzem, concretamente, as condições e circunstâncias em que se constituiu o Estado Social português, marcadas pela exiguidade de recursos e pelos atores e interesses em presença, contribuindo para de certa forma prolongar, em áreas específicas, as políticas seguidas durante o Estado Novo.

Com efeito, se a manifesta falta de oferta e cobertura ao nível da saúde e da educação justificou, por si só, a prioridade atribuída a criação de serviços públicos universais e gratuitos nestas áreas, já a rede existente de instituições do Terceiro Sector (dedicadas a respostas sociais mais específicas e ao combate à pobreza), bem como a prevalência das dinâmicas de mercado, num contexto de políticas habitacionais minimalistas,[1] ajudam a compreender por que razão a ação social e a habitação constituem desde a primeira hora duas áreas de menor investimento direto e de menor afirmação, por essa via, das políticas sociais públicas.

No caso da habitação, o reduzido investimento em termos de despesa pública tem um reflexo claro na diminuta expressão do número de fogos construídos por organismos públicos. Como demonstra o gráfico seguinte, a promoção pública de alojamentos apenas assume alguma expressão no final dos anos setenta e início dos anos oitenta, com níveis de construção acima de 10 % do total de fogos construídos (e uma média a rondar os 14 % entre 1977 e 1985) e, de forma menos significativa, no início dos anos 90 (em que a promoção pública se situou, em média, nos 4 % face ao total). Desde então, de facto, assistiu-se a um reforço da hegemonia da promoção privada, particularmente relevante entre 1995 e 2005 em termos de produção de alojamentos (com um ritmo de quase 90 mil fogos construídos por ano), que se acentua desde 2001, ao representar sempre mais de 98 % dos fogos construídos (atingindo-se desde 2012 valores na ordem dos 99 %).

[1] Pará lá da prevalência das dinâmicas de mercado deve igualmente ser referido, numa sociedade de desenvolvimento intermédio como a portuguesa, o papel de uma sociedade providência relevante neste domínio, como testemunha a expressão da construção clandestina e da autoconstrução durante o Estado Novo.

Gráfico 2 — Fogos concluídos por sector de promoção (público e privado)(*)

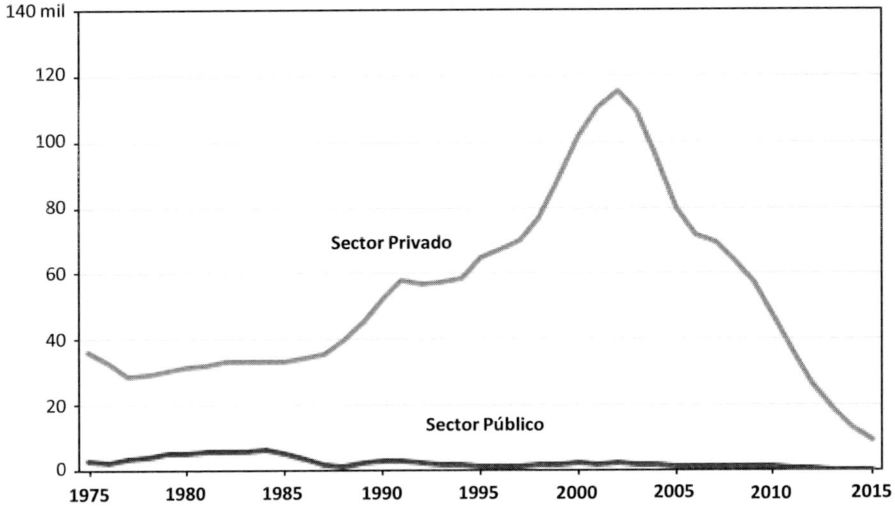

(*) Média móvel dos últimos três anos.

Fonte: INE.

Além de exígua, a promoção pública direta de alojamentos exibe igualmente os traços de uma política social minimalista, que praticamente se circunscreve, em termos de resposta, aos territórios com situações mais pronunciadas de carência. O que reflete, portanto, deste ponto de vista, a ausência de uma política social universalista, capaz de dar resposta a diferentes segmentos sociais da população, numa lógica de provisão que assume de forma plena a desmercadorização de certos bens e serviços, promovendo direitos sociais e a generalização do bem-estar.

O perfil minimalista das políticas de habitação desenvolvidas em Portugal, tanto do ponto de vista da escassa despesa pública, como na perspetiva das respostas adotadas e da sua incidência territorial, reproduz os padrões registados durante o Estado Novo. De facto, quando se considera o parque habitacional existente em 1970 constata-se que cerca de 73 % dos fogos promovidos por organismos públicos se concentravam nos distritos de Lisboa, Porto e Setúbal (ou seja, nas áreas metropolitanas); o que faz com que esses distritos apresentem uma percentagem de fogos construídos por organismos públicos no total a rondar os 4,1 %, um valor acima do registado no país, que se situa em torno dos 2 %.

Apesar dos menores níveis de concentração nas áreas metropolitanas face ao resto do país, a promoção pública de alojamentos, entre 1971 e 1993, segue o mesmo padrão, continuando a concentrar-se nas áreas metropolitanas (que agregam cerca de 57 % do total de fogos construídos por organismos públicos neste período), um valor semelhante ao observado para o período entre 1995 e 2015, no qual cerca de 51 % da promoção pública de alojamentos se concentra igualmente nos territórios que correspondem às áreas metropolitanas de Lisboa e Porto, onde continuaram a registar-se as carências de habitação mais pronunciadas. Não por acaso, sublinhe-se, o último grande programa de promoção de alojamento social da administração central do Estado (PER, de 2013), circunscrevia-se, na letra da lei, a estas áreas do território nacional.

Não surpreende, por conseguinte, que, no quadro europeu, Portugal surja no grupo de países com um modelo de promoção habitacional direta centrado em públicos-alvo específicos (os segmentos da população mais carenciados) e, nesse âmbito, como um país com políticas habitacionais residuais (Tabela 2). À semelhança da maioria dos países de Leste que integram a União Europeia, e acompanhado também pela Espanha, Portugal situava-se em 2013 no conjunto de países com níveis de promoção pública de alojamentos muito reduzidos (entre 0 e 5 %).

Tabela 2 — Modelos de política habitacional na União Europeia (2013)

		Relevante (>19%)	**Médio** (11-19%)	**Reduzido** (5-10%)	**Muito reduzido** (0-5%)
Modelos universalistas		• Holanda • Dinamarca • Suécia			
Modelos focados em públicos-alvo	**Generalistas**	• Áustria	• Rep. Checa • França • Finlândia • Polónia	• Bélgica • Alemanha • Itália	• Eslovénia • Luxemburgo • Grécia
	Residuais	• Reino Unido	• França	• Bélgica • Estónia • Alemanha • Irlanda • Malta	• Bulgária • Chipre • Hungria • Letónia • Lituânia • Espanha • Portugal

Fonte: Adaptado de European Parliament (2013).

Face aos avanços conseguidos pelo país, no âmbito das políticas de provisão direta de bem-estar desenvolvidas e consolidadas nos domínios da saúde, educação e proteção social, a afirmação progressiva do Estado Social português não passou nestes termos, decididamente, pela esfera da habitação. Com efeito, e ao contrário daqueles domínios, em que se constituíram redes de serviços públicos relativamente robustas, em termos de equipamentos, respostas, cobertura e recursos humanos, permitindo — apesar de todas as imperfeições e insuficiências — democratizar e desmercadorizar o acesso da população a serviços públicos de saúde e ensino e mecanismos de proteção social, no caso da habitação tal não se verificou. Isto é, o seu lugar periférico na construção e consolidação do Estado Social português não permitiu assegurar, em idêntico grau, o cumprimento direto de um direito igualmente consagrado em termos constitucionais.

2. UMA POLÍTICA SOCIAL DEPENDENTE DO MERCADO

Até meados dos anos oitenta, a política de habitação seguida em Portugal assentou fundamentalmente em políticas de promoção direta, centradas na oferta. Ou seja, na promoção pública de alojamentos através de programas de promoção que em muitos casos não disfarçavam, na sua própria formulação, os objetivos socialmente restritos e o alcance específico que presidia à sua conceção.[2]

Depois do 25 de Abril, e na sequência de um período de maior intervenção estatal direta no domínio do alojamento, que procurou dar corpo à afirmação de direitos e a uma política económica progressista, atribuindo relevância ao papel do Estado e das políticas públicas da resposta às aspirações sociais, consolida-se gradualmente uma abordagem cada vez mais assente na promoção indireta, centrada na procura.

Passa-se, nestes termos, de políticas de "apoio à pedra" para políticas de "apoio à pessoa", seguindo uma tendência que vinha já sendo concretizada à escala europeia, sobretudo nos países centrais, desde os anos

[2] Refiram-se, a título de exemplo, o Programa Especial de Realojamento (1993), a construção de Casas para Pescadores (1946), as Casas para Famílias Pobres (1945), o Programa de Casas Pré-Fabricadas (1976), ou o programa Casas Económicas (1933).

sessenta (Serra, 2002). Isto é, na sequência, nesses países, de um período de forte investimento do Estado na provisão direta de alojamentos e de adoção de medidas de regulação do mercado, ao contrário da trajetória seguida, neste âmbito, em Portugal.

Apesar da reconfiguração, em termos de público-alvo destinatário das políticas, no sentido de uma maior aproximação à classe média, esta transição não traduz, todavia, no nosso país, uma alteração relevante na condição periférica da habitação no quadro das políticas sociais (como demonstra, de resto, a já referida persistência ao nível da escassa dotação orçamental do sector).

Assim, na sequência de um conjunto de diplomas, orientados para o reforço de mecanismos de bonificação de crédito para aquisição de habitação própria — tanto em termos de taxas de juro como de períodos de amortização — é a partir de 1985 que se estabelecem de modo mais robusto e efetivo os diversos regimes de crédito à habitação, que incluem, além do regime geral, o regime de crédito bonificado e de crédito jovem bonificado, bem como outros regimes especiais de crédito e de poupança. De facto, quando se analisa a evolução e a composição do orçamento da habitação por medidas, desde meados dos anos oitenta, percebe-se a relevância que as políticas de promoção indireta passaram a adquirir. A bonificação de crédito, por exemplo, representa entre 1987 e 2011 cerca de 73 % do total da execução orçamental do sector, a par dos incentivos ao arrendamento jovem (IAJ, de 1992, e Porta 65, de 2007), que perfazem 8,4 % desse total (IHRU, 2015). Ou seja, os instrumentos claramente orientados para o "apoio à pessoa", visando o acesso à habitação através do mercado, representam cerca de 82 % da fatia do Orçamento de Estado dedicada à habitação (Tabela 3).

Tabela 3 — Política de habitação: dotações orçamentais por medida (1987–2011)(*)

	Orçamentado		Executado		Taxa de Execução
	Valor	%	Valor	%	
Bonificação de juros (crédito à habitação)	6672,5	65,9%	7046,7	73,3%	105,6%
Programas de realojamento	1815,0	17,9%	1353,4	14,1%	74,6%
Incentivos ao arrendamento	739,6	7,3%	803,9	8,4%	108,7%
Programas de promoção direta	426,2	4,2%	193,9	2,0%	45,5%
Programas de reabilitação de edifícios	392,2	3,9%	166,6	1,7%	42,5%
Subsídios de renda da Segurança Social	37,6	0,4%	29,2	0,3%	77,8%
Contratos de desenvolvimento da habitação	35,2	0,3%	13,9	0,1%	39,4%
TOTAL	**10118**	**100%**	**9608**	**100%**	**95%**

(*) Em milhões de euros.
Fonte: IHRU.

Sublinhe-se, aliás, que é nestas duas medidas que se regista, no período considerado, uma taxa média de execução acima do valor inicialmente orçamentado, ao contrário das medidas de promoção direta e de reabilitação urbana, com taxas de execução inferiores a 78 %, tanto no caso dos programas de realojamento (PER, de 1993, e PROHABITA, iniciado em 2004), como nos programas de promoção direta, Contratos de Desenvolvimento da Habitação, subsídios de renda da Segurança Social ou mesmo dos programas de reabilitação de edifícios (como o RECRIA, o RECRIPH e o REHABITA).

Associado a um conjunto mais vasto de fatores, o centramento das políticas de habitação na esfera da procura não deixou de contribuir para o aumento vertiginoso do número de fogos construídos (de uma média de 39 mil por ano entre 1981 e 1985, para cerca de 63 mil entre 1991 e 1995 e 97 mil entre 2001 e 2005), nem do número de prédios urbanos hipotecados (de cerca de 50 mil em 1985 para cerca de 200 mil em 1998) ou do acréscimo registado no número de famílias a contratualizar empréstimos bancários para aquisição de casa própria. Com efeito, e à sua medida, os estímulos de natureza fiscal foram parte ativa de um ciclo de particular dinamismo da indústria de construção, que se situa entre o final dos anos 90 e a primeira década do novo século.

Em termos de montantes, de facto, é no período entre 1997 e 2006 que se registam os valores mais elevados de despesa pública com bonificação de juros no crédito à habitação e em subsídios de arrendamento, medidas que atingem, neste período, montantes sempre acima dos dois mil milhões de euros e que apenas se reduzem com o início da crise financeira (Gráfico 3).

Gráfico 3 — Política de habitação: dotações orçamentais por medida (1987–2011)(*)

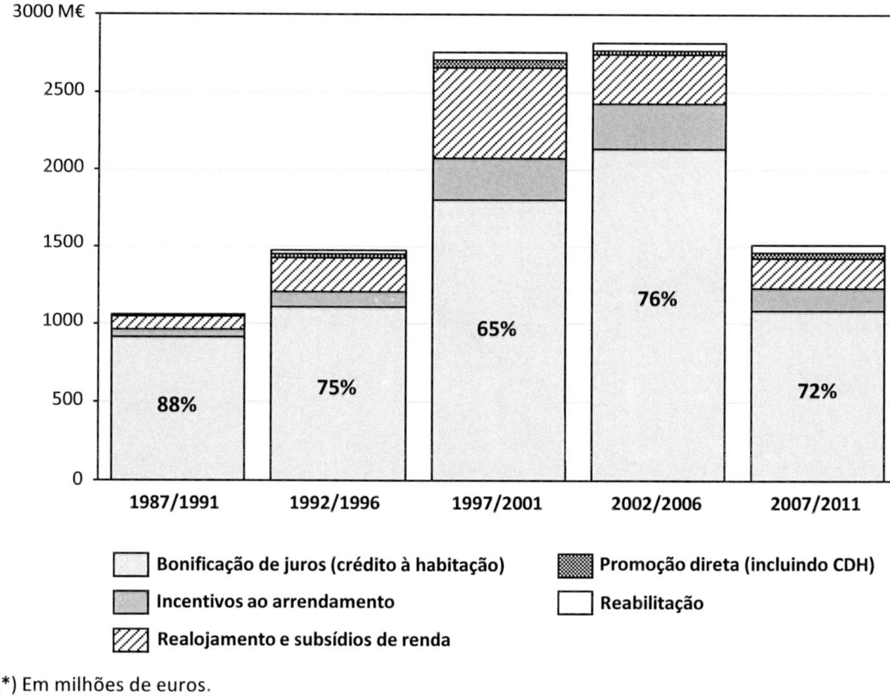

(*) Em milhões de euros.
Fonte: IHRU (2015).

As políticas de habitação assentes nos apoios à aquisição de casa própria, através da bonificação do crédito, articulam-se de facto com outros processos e refletem, nesses termos, o "espírito do tempo". De modo mais específico, não são dissociáveis das políticas de liberalização do sistema bancário, que vão desde a simples supressão da fixação administrativa das taxas de juro ao fomento deliberado da concorrência entre instituições bancárias, mecanismos que se revelaram decisivos para a acentuada descida das taxas de juro desde o início dos anos 90.

Aliás, não é por acaso que o aumento vertiginoso do crédito concedido para aquisição de casa própria — que passa de montantes inferiores a dez milhões por ano, no início dos anos 90, para montantes anuais acima de 60 milhões em 2005, atingindo-se montantes acima de 100 milhões em 2010 — se correlaciona, inversamente, com a descida dos valores das taxas de juro no mesmo período, passando-se em apenas dez anos de taxas superiores a 20 % para valores a rondar os 5 % (Gráfico 4).

Gráfico 4 — Evolução das taxas de juro e dos montantes de crédito concedido às famílias para aquisição de habitação (1990–2015)

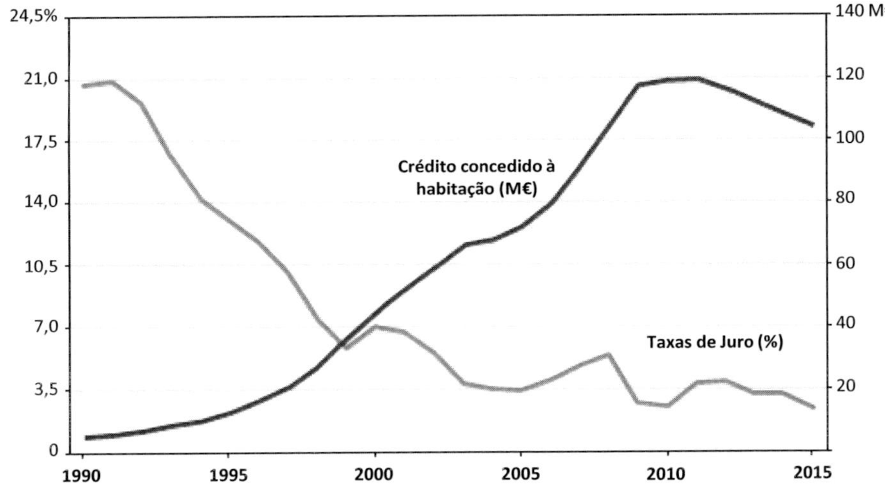

Fonte: Banco de Portugal (adaptado de CET-ISCTE, 2008).

As políticas de apoio à aquisição de casa própria inscrevem-se efetivamente num quadro mais amplo, não sendo dissociáveis das dinâmicas de integração europeia e dos impactos do processo de financeirização da economia numa sociedade como a portuguesa (Reis, 2018), com o sistema financeiro e bancário a comandar, nas últimas décadas, as principais dinâmicas económicas, sociais e políticas do país (Rodrigues *et al.*, 2016). Tal como não são dissociáveis, com a consequente criação de condições de acesso fácil a financiamento externo e concessão de crédito, da génese de imbricações intensas entre os sectores da habitação, da finança e da construção (Santos *et al.*, 2014).

A habitação, o tal "parente pobre" das políticas sociais públicas, em termos de provisão direta, converte-se assim, paradoxalmente, numa peça central do processo de endividamento da economia portuguesa e, portanto, em parte constituinte da "crise" e do processo de "ajustamento" que dele resultaram. Para se ter uma noção dessa centralidade e relevância, basta reter que o crédito à aquisição de casa própria corresponde a cerca de 80 % do crédito total concedido às famílias nas últimas décadas, que por sua vez representa cerca de 50 % do crédito atribuído a sociedades não financeiras e a particulares.

Perante as insuficiências e limitações das políticas de provisão direta, ou mesmo das políticas que procuraram agir através da promoção privada de alojamentos, seguidas até meados dos anos oitenta, poder-se-ia concluir, contudo, que o apoio público à aquisição de casa própria acabou por conseguir cumprir, através do mercado, o direito à habitação. Sucede, porém, que este modelo de política habitacional, centrado no acesso ao crédito, não parece ter sido capaz de enfrentar e resolver os verdadeiros problemas de fundo, como os que se associam ao funcionamento e efetiva regulação do mercado fundiário e imobiliário. Não intervindo nesses planos, as políticas habitacionais seguidas nas últimas décadas poderão por isso ter simplesmente criado a ilusão, passageira, de que a questão do acesso à habitação foi ultrapassada.

Com efeito, apesar da descida das taxas de juro e do aumento dos recursos financeiros necessários à generalização do acesso ao crédito, o preço dos alojamentos não deixou de subir desde meados dos anos 90. E quando o processo de "ajustamento" e as políticas de austeridade pareciam ter recolocado os preços da habitação em valores mais acessíveis, tudo indica que nada de estrutural se alterou, encontrando-se o custo médio dos prédios transacionados a subir desde 2015 (à semelhança do que sucede no mercado de arrendamento).

Gráfico 5 — Valor médio dos prédios transacionados (1995–2017)

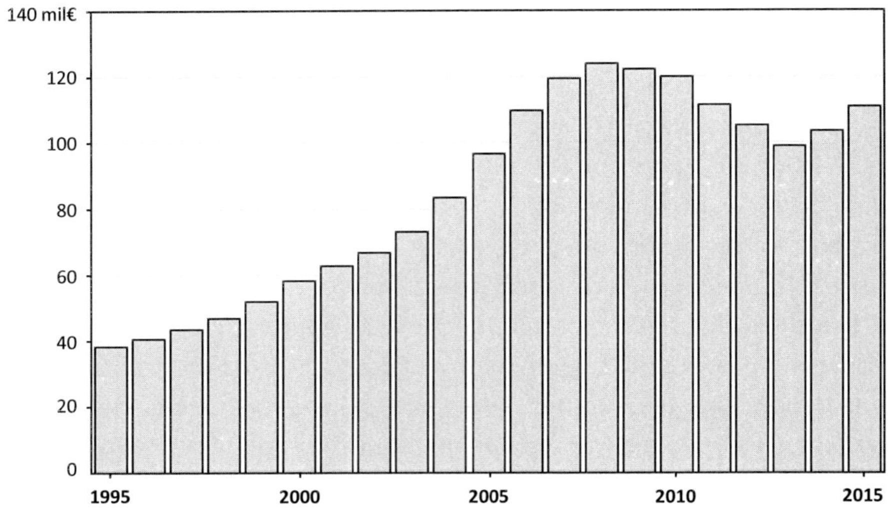

(*) Média móvel dos últimos três anos.
Fonte: Pordata.

Ao contrário de outros domínios do Estado Social português, em que as políticas seguidas e o investimento realizado permitiram uma efetiva (e mesmo que relativa) desmercadorização de bens sociais, no caso da habitação tal nunca parece ter verdadeiramente sucedido.

3. CONSIDERAÇÕES FINAIS

Pode hoje questionar-se se a focalização das políticas habitacionais no apoio ao crédito para aquisição de casa própria constituiu uma alternativa consequente à escassa provisão pública de alojamentos, por um Estado Social que relegou para segundo plano a questão social do alojamento, numa dependência de trajetória que remonta ao Estado Novo e que nunca foi verdadeiramente invertida.

Com efeito, não só os apoios à aquisição de casa própria representam uma parte relevante no processo de financeirização da economia portuguesa, como aos mesmos não deixa de se associar um conjunto de questões, tanto no plano urbanístico como da própria habitação. Não tornando a habitação mais acessível em termos de custo, mas sim em termos de acesso a financiamento, o que é diferente, a "política de crédito" contribuiu de facto para fenómenos associados à especulação do preço das casas, ao aumento do número de fogos devolutos e esvaziamento dos centros das cidades, ao acentuar do declínio do sector do arrendamento (dada a maior "racionalidade" da opção pela aquisição de casa própria) e a desequilíbrios no sistema bancário.

Por isso, como em devido tempo assinalou Fonseca Ferreira (1987), importa perguntar até que ponto os apoios públicos afetos à bonificação de empréstimos bancários — a forma que a política habitacional assumiu nas últimas décadas — não teriam sido mais bem aplicados na promoção direta de alojamentos e na regulação do mercado, permitindo níveis de promoção pública superiores aos registados e, desse modo, uma maior aproximação ao reconhecimento efetivo do direito universal a uma habitação condigna para todos.

REFERÊNCIAS BIBLIOGRÁFICAS

CET-ISCTE; IRIC/UP; A. Mateus e Associados (2008), "*Contributos para o Plano Estratégico de Habitação 2008/2013: diagnóstico de dinâmicas e carências habitacionais*". Plano Estratégico de Habitação 2008/2013. Lisboa: IHRU.

European Parliament (2013), *Social Housing in the UE*, Directorate-Generale for Internal Policies, Brussels.

Ferreira, António Fonseca (1987), *Por uma nova política de habitação*, Coleção *A cidade em questão*, 7. Porto: Edições Afrontamento.

IHRU – Instituto da Habitação e Reabilitação Urbana (2018), "Levantamento Nacional das Necessidades de Realojamento Habitacional". Lisboa: IHRU.

IHRU – Instituto da Habitação e Reabilitação Urbana (2015), "1987-2011: 25 anos de esforço do Orçamento de Estado com a habitação". Lisboa: IHRU.

Reis, José (2018), *A economia portuguesa: formas de economia política numa periferia persistente (1960–2017)*. Coimbra: Editora Almedina.

Rodrigues, João; Santos, Ana Cordeiro; Teles, Nuno (2016), *A financeirização do capitalismo em Portugal*. Observatório sobre Crises e Alternativas, CES | Actual, Coimbra.

Santos, Ana Cordeiro; Teles, Nuno; Serra, Nuno (2014), *Finança e habitação em Portugal. Cadernos do Observatório*. Observatório sobre Crises e Alternativas, CES, Lisboa.

Santos, Boaventura de Sousa (1987), "O Estado, a sociedade e as políticas sociais", *Revista Crítica de Ciências Sociais*, 23:13-74.

Serra, Nuno (2017), "Estado Social e desmercadorização do bem-estar", *in* Ladrões de Bicicletas (org.), *Economia com Todos*. Lisboa: Relógio d'Água.

Serra, Nuno (2002), *Estado, território e estratégias de habitação*. Coimbra: Quarteto Editora.

A NOVA QUESTÃO DA HABITAÇÃO E A NOVA GERAÇÃO DE POLÍTICAS EM PORTUGAL*

ANA CORDEIRO SANTOS**

1. A QUESTÃO DA HABITAÇÃO

A expressão "a questão da habitação" remete para a polémica travada, numa série de artigos publicados no jornal alemão *Der Volksstaat*, entre Engels e os proponentes de soluções proudhonianas para a crise habitacional que se fazia sentir na segunda metade do século XIX na Europa Central. Em 1872, Engels publica os três artigos acerca da referida polémica num pequeno livro com o mesmo título.

Na altura em que Engels a abordou, a questão dizia respeito à escassez de habitação resultante da afluência da população rural às principais cidades europeias no auge do processo de industrialização, manifestando-se do seguinte modo: "um aumento colossal dos alugueres, uma concentração ainda maior dos inquilinos em cada casa e, para alguns, a impossibilidade de em geral encontrar um alojamento". Esta escassez tem na altura uma dimensão relevante "porque não se limita à classe operária, mas também atingiu a pequena burguesia" (1984: 26).

* Este trabalho é financiado pelo FEDER – Fundo Europeu de Desenvolvimento Regional através do COMPETE 2020 – Programa Operacional Competitividade e Internacionalização (POCI) e por fundos nacionais através da FCT – Fundação para a Ciência e Tecnologia, no âmbito do projeto PTDC/ATP-GEO/2362/2014 – POCI-01-0145-FEDER-016869. Agradeço os comentários e sugestões de João Rodrigues, que muito contribuíram para melhorar este capítulo. Agradeço a Rita Silva, que comigo conduziu as entrevistas a destacados especialistas, citados neste capítulo, a quem também agradeço a generosa disponibilidade. Erros e omissões são da minha inteira responsabilidade.

** Centro de Estudos Sociais da Universidade de Coimbra.

A escassez habitacional produzia um "valor artificialmente, colossalmente, aumentado" do solo nas áreas de localização central levando à mudança dos operários, que "vão sendo empurrados do centro das cidades para os arredores", porque

> as habitações operárias e as habitações pequenas em geral se vão tornando raras e caras e muitas vezes é mesmo impossível encontrá-las, pois nestas condições a indústria da construção, à qual as habitações mais caras oferecem um campo de especulação muito melhor, só excecionalmente construirá habitações operárias. (*ibidem*: 27)

Os seguidores alemães do anarquista francês Pierre-Joseph Proudhon (1809–1865), ou próximos das suas posições como A. Mülberger, autor de alguns dos artigos publicados no *Der Volksstaat*, defendiam o fim do arrendamento e a conversão das rendas em prestações mensais para a aquisição dos alojamentos, pondo assim fim às relações de poder dos senhorios face aos inquilinos. O reformista social Emil Sax, que também participou na polémica, sublinhava outras vantagens da propriedade residencial, designadamente a de permitir obter um rendimento através da venda do imóvel ou de aceder ao crédito em caso de necessidade, bem como o seu papel na promoção de valores conservadores junto da classe trabalhadora.

Apodando estas posições de "socialismo burguês", Engels considerava que a "questão da habitação" não se resolveria assim no quadro capitalista. Na verdade, em sua opinião, esta questão era secundária. Ela só se solucionaria com a resolução da verdadeira questão operária: o fim da exploração do operário pelo capitalista, este sim "o mal fundamental que a revolução social quer abolir na medida em que abole o modo de produção capitalista" (*ibidem*: 26). Ainda assim, Engels não deixou de se engajar no debate, criticando a promoção da propriedade privada da habitação.

Engels opunha-se terminantemente à proposta de transformação dos operários em proprietários da residência familiar. Considerava que esta solução não só não resolvia o "mal fundamental" do modo de produção capitalista, como o potenciava, contribuindo para acentuar a exploração do operariado. Assim sucedia porque, do seu ponto de vista, a propriedade da habitação "amarrava" os operários às suas casas, tornando-os "escravos" dos seus patrões. A compra da casa a prestações ou a crédito fazia com que os trabalhadores procurassem conservar as suas casas, permanecendo nelas, sendo "obrigados a aceitar todas as condições de trabalho que lhes sejam oferecidas" (*ibidem*: 38, nota). Quando o capitalista industrial era também o construtor das habitações operárias esta dependência era ainda maior:

> Na Inglaterra surgiram deste modo aldeias inteiras, algumas das quais se desenvolveram mais tarde como cidades. Mas os operários, em vez de estarem agradecidos [...] têm desde então posto significativas objecções [...] não só porque têm de pagar pelas casas preços de monopólio, em virtude de os fabricantes não terem concorrentes, mas também porque ficam imediatamente sem tecto no caso de qualquer greve, pois o fabricante pode pô-los na rua quando quiser, tornando assim mais difícil qualquer resistência. (*ibidem*: 59)

Ou seja, segundo Engels, a propriedade da habitação não só torna os operários mais dependentes dos capitalistas, levando-os a aceitar piores condições de trabalho, como também tem um elemento disciplinador, contendo o ímpeto revolucionário do proletário urbano. A vantagem da grande indústria moderna (à época) era, na verdade, a criação do proletariado, que representava um avanço face aos camponeses amarrados à terra, os quais "nunca teriam podido conceber" e muito menos "teriam podido querer" a "grande transformação social que porá fim a toda a exploração de classe" (*ibidem*: 32).

Engels também não considerava que a propriedade da habitação pudesse apresentar-se como um último recurso, por exemplo, servindo de garantia hipotecária para a obtenção de crédito, em caso de desemprego ou incapacidade para o trabalho. Referindo-se, agora, à experiência dos camponeses franceses e renanos lembra:

> [A]s suas casas e campos estão sobrecarregados de hipotecas, as suas colheitas pertencem aos credores antes de serem apanhadas e no seu "território" não são eles mas sim os usurários, os advogados e os oficiais de diligências que põem e dispõem de forma soberana. Este é, de facto, o grau supremo pensável de independência económica — para os usurários! (*ibidem*: 54)

Porém, a construção de habitações operárias tardava. Mesmo as *building societies* inglesas não tinham este objetivo. Segundo Engels, o seu "objectivo principal acaba por ser sempre o de proporcionar às poupanças da pequena burguesia um investimento hipotecário mais elevado, com um bom juro e a perspetiva de dividendos mediante a especulação em propriedade fundiária" (*ibidem*: 68). Também não se poderia contar com o Estado, já que enquanto o capitalismo perdurar este "não passa do poder conjunto organizado das classes possuidoras, dos proprietários e capitalistas contra as classes exploradas, os camponeses e operários" (*ibidem*: 73).

A oposição de Engels à propriedade habitacional assentava na crença de que esta enfraquecia a luta política contra o mal maior — a exploração da classe operária pela classe capitalista, como vimos — por fomentar aspirações em torno da pequena propriedade e, por esta via, uma lógica individualista à custa da consciência de classe. Um século e meio volvidos, a casa própria é o modo de ocupação dominante e o capitalismo financeirizado floresce, apesar das sucessivas e cada vez mais intensas crises. Não querendo estabelecer uma relação causal linear entre a propriedade privada e a sobrevivência do capitalismo, a financeirização da habitação, que conduziu ao predomínio da propriedade privada, não deixa de ser um elemento relevante na evolução recente do capitalismo financeirizado (como já se argumentou no primeiro capítulo). Talvez por isso, "a questão da habitação" é hoje ainda premente, sendo cada vez mais evidente que o regime de propriedade privada não é o mais adequado para resolver as carências habitacionais atuais, nem as engenharias financeiras constituem a melhor via para financiar a habitação dos que enfrentam hoje "aumentos colossais dos alugueres" e são "empurrados dos centros das cidades para os arredores" no Portugal do século XXI. Mas, talvez ao contrário do que Engels supunha, a magnitude dos problemas habitacionais possa ser uma fonte de transformação social.[1] Antes de retomarmos estes temas, importa revisitar os debates do século XX.

[1] Sintomático da relevância da questão da habitação no Portugal de hoje é o debate em torno da Lei de Bases da Habitação, que esperou 45 anos após a Revolução de Abril para reunir as condições necessárias para ser apresentada e, espera-se, aprovada na atual legislatura.

2. DE PROVISÃO PÚBLICA A PROVISÃO FINANCEIRIZADA

Na Europa, particularmente após a Segunda Guerra Mundial, mas também em certas experiências localizadas entre as duas Guerras, passa-se por um período de construção de habitação para a classe trabalhadora, procurando materializar uma visão socialista ou social-democrata, não mercadorizada, da habitação. Era esta uma fase de forte crescimento económico proporcionado por métodos de produção em larga escala, que mobilizava uma classe de trabalhadores relativamente homogénea e coletivamente organizada em sindicatos. Ao mesmo tempo, os Estados de então erguiam os seus sistemas de proteção social e os governos iam assumindo o objetivo político do pleno emprego, para o qual devotavam importante investimento público, contribuindo assim para uma certa estabilidade económica e social. As condições habitacionais melhoraram extraordinariamente, ainda que diferentes modelos tenham emergido, com diferentes combinações entre provisão pública e privada, casa própria e arrendada (Schwartz e Seabrooke, 2009; Fernandez e Aalbers, 2016).

O Reino Unido destaca-se por ser um dos países europeus que garantiu efetivamente a satisfação das necessidades habitacionais, através da promoção direta por parte do Estado, entre as duas Guerras e imediatamente após a Segunda Grande Guerra. A habitação pública, gerida pela administração local, chegou a constituir a forma de ocupação dominante, alojando mais de um terço das famílias britânicas (Ryan-Collins *et al.*, 2017). A questão de habitação no Reino Unido ficou então resolvida. Contudo, a partir dos anos 1970, com a emergência da ideologia neoliberal, enceta-se uma viragem na política de habitação, iniciando-se uma vaga de privatização da habitação pública, que facilitava a compra dos apartamentos arrendados por parte dos inquilinos (mais abastados) às autarquias. Esta vaga de privatização é acompanhada pela crescente liberalização dos mercados financeiros, que garante as condições para a expansão do mercado de crédito hipotecário, induzindo a crescente marginalização da habitação pública, cada vez mais devotada aos mais pobres (Robertson, 2017a).

A eleição de Margaret Thatcher como primeira-ministra do Reino Unido, em 1979, constitui um marco, não só da nova era neoliberal, como é do conhecimento público, mas também de profundas reformas neoliberais na provisão da habitação. O significativo peso da habitação pública no país tornou este sistema de provisão particularmente vulnerável à vaga neoliberal. A privatização da habitação pública foi, pois, parte integrante de um projeto neoliberal de reconfiguração do papel do Estado. Isto é, de um esforço deliberado de destruição de um sentido de coletivo e sua substituição por uma sociedade individualista, composta unicamente por indivíduos e pelas suas famílias, as quais deveriam assumir a responsabilidade pela provisão das suas necessidades habitacionais, entre outras.[2] Hoje, a propriedade privada é o modo de ocupação dominante e o mercado de arrendamento privado supera o de arrendamento público no Reino Unido (Ryan-Collins *et al.*, 2017: 107).

Na verdade, a partir do último quartil do século XX, o regime de propriedade privada expande-se um pouco por toda a parte, tornando-se cada vez mais dominante, por via da privatização do parque público e/ou expansão do mercado de crédito hipotecário, apesar dos diferentes pontos de partida e da especificidade institucional de cada sistema de provisão nacional (Fernandez e Aalbers, 2016). Sintomático do gradual sucesso político da agenda neoliberal, a privatização da habitação deixou de fazer parte de um movimento político explícito de combate ideológico.[3] Aos poucos, a privatização da habitação torna-se parte de um processo de expansão dos próprios mercados financeiros, isto é, da financeirização das economias e sociedades (Aalbers, 2016).

Potenciado por um conjunto de desenvolvimentos, como a titularização do crédito hipotecário e a abertura do mercado de crédito a novos agentes, como a banca de investimento, o crédito à habitação cresce exponencialmente à escala internacional a partir dos anos 1990 (Jordà *et al.*, 2015 e 2017). Cresce em termos absolutos e relativos, seja medido como fração do produto gerado no país, do rendimento disponível das famílias, por habitante, ou do valor das casas que se adquirem a crédito. Quer isto dizer que segmentos cada vez mais significativos da população passam a

---

[2] Consulte-se Dufty-Jones (2016) para uma exposição mais alongada das dimensões ideológicas e culturais da provisão privada e individualizada da habitação, Robertson (2017b) para o que se designa por cultura material do regime de propriedade privada, e Fine (2017) para o tema mais vasto da cultura material da financeirização.

[3] Recorde-se que este combate ficou parcialmente resolvido com a queda do Muro de Berlim, em 1989 (Rodrigues, 2018).

aceder ao mercado de crédito hipotecário; sobretudo nos EUA, onde este se alastrou às camadas da população até então excluídas, que compuseram o segmento de mercado chamado *subprime*, o mais atingido com a crise imobiliária de 2007 (Dymsky, 2009; Roberts, 2013).

Com a expansão da finança, do mercado de crédito hipotecário, como vimos, mas também dos mercados de produtos de poupança dirigidos às famílias, começa a consolidar-se a ideia de uma nova forma de provisão social sustentada na acumulação individual de bens (*asset-based welfare)*, através de apoio público a mecanismos privados de provisão, como a aquisição da residência familiar ou a constituição de poupanças para a reforma. Esta ideia consiste na substituição de uma lógica coletiva e universalista de provisão por uma lógica individual e seletiva, em que os indivíduos são levados a aceitar uma maior responsabilidade pelo seu bem-estar, acumulando e investindo poupanças em produtos financeiros e imobiliários, com vista à sua valorização futura para prover as suas necessidades e as da sua família (Doling e Ronald, 2010; Doling e Elsinga, 2012). Este movimento também se associa ao esforço político de promoção de literacia financeira, dada a cada vez maior centralidade das decisões financeiras individuais para o bem-estar das famílias (Santos e Costa, 2013; Santos, 2017).

Constituindo o principal ativo das famílias, a habitação não é apenas encarada como um bem essencial, cuja provisão deve ser assumida por indivíduos e famílias, mas começa a ser também percecionada como uma garantia para fazer face a outras necessidades de reprodução social, constituindo uma espécie de seguro individual ou familiar. Ao oferecer tal garantia de satisfação de necessidades futuras, a habitação favorece a implementação de reformas regressivas em outros domínios das políticas públicas, designadamente no sistema público de pensões. Por sua vez, este recuo da provisão pública reforça estratégias individuais de constituição de poupanças, incluindo a compra da habitação, que se pode vender ou servir de garantia num empréstimo bancário, como os oponentes de Engels já defendiam há século e meio atrás, sustentando-se assim uma lógica individual de provisão.

Efetivamente, a relação inversa entre o regime de propriedade da habitação e a solidez do Estado Providência já havia sido notada na área de estudos de habitação, constatando-se que os países com provisão pública mais robusta, como foi o caso dos países nórdicos a dada altura, apresentavam taxas de propriedade residencial mais baixas, e vice-versa (Kemeny, 1981 e 2005). Embora não fosse sugerida uma relação causal direta, a ideia pressupunha que as políticas de habitação que promoviam o arrendamento de uma forma mais transversal aos vários segmentos da população favoreciam formas coletivas de provisão que se estendiam a outros domínios. O corolário desta tendência era, portanto, que as políticas de privatização da habitação são políticas que promovem lógicas individuais e seletivas de provisão nos mais variados domínios.

Num contexto de políticas sociais regressivas, mas de forte apoio público à compra de casa própria com recurso ao crédito — induzindo uma evolução tendencialmente crescente dos preços da habitação e, logo, a expectativa de valorização dos imóveis — as famílias com mais recursos vêm investindo no imobiliário com o objetivo explícito de beneficiar de mais-valias nesta área. A casa própria deixou de ser um meio de prover às necessidades imediatas de abrigo e de reprodução social, ou até uma forma de acumulação de riqueza para deixar para a geração seguinte. Passou também a ser percecionada como um modo de gerar um rendimento adicional, substituto ou supletivo da remuneração do trabalho precário, ou um seguro para a velhice (cf. os capítulos de Ribeiro e de Silva, neste volume). Em suma, a retração do Estado Providência em contexto de sobreaquecimento do mercado imobiliário potencia a aquisição de habitação com vista à sua rendibilidade enquanto ativo, e não ao valor de uso para o próprio. A recente procura habitacional no nosso país por parte de cidadãos europeus oferece um bom exemplo (veja-se Gago e Cocola-Gant, Mendes *et al.* e Santos, neste volume). Contudo, os agregados que não são proprietários encontram-se em vertiginosa desvantagem: sem um ativo relevante a que possam recorrer, com uma provisão pública em declínio e enfrentando um contexto social e político favorável ao investimento especulativo no imobiliário, que acentua a sua posição de desvantagem.

Concluindo, a expansão do crédito hipotecário contribuiu não só para a expansão dos sectores da finança, construção e imobiliário, mas também com um papel ideológico determinante ao transformar a propriedade privada no regime de ocupação dominante, marginalizando e estigmatizando outras formas de ocupação, como a habitação pública e o mercado de arrendamento privado. Num país como Portugal, onde nunca chegou a haver provisão pública com dimensão significativa, a relevância política da habitação é, por isso, particularmente significativa, não havendo sequer memória de uma intervenção mais significativa por parte do Estado (cf. os capítulos de Castela e de Serra, neste volume).

3. A QUESTÃO DA HABITAÇÃO NO PORTUGAL FINANCEIRIZADO

Ainda que as principais necessidades habitacionais estejam aparentemente resolvidas e a questão da habitação já não diga respeito ao desafio de alojar uma população urbana em crescimento (veja-se Reis; Santos; e Serra, neste volume), a natureza dos problemas da habitação de hoje é, em grande medida, análoga à dos problemas que Engels identificava há um século e meio atrás.

Na verdade, alguns dos receios de Engels concretizaram-se, mesmo num contexto semiperiférico como o português. O extraordinário peso económico e político dos agentes que se dedicam à construção ou reabilitação de imóveis e sua transação permite-lhes exercer uma pressão política capaz de preservar, senão mesmo enviesar ainda mais em seu proveito, as estruturas regulatória e fiscal que lhes são particularmente favoráveis, garantindo uma evolução ascendente dos preços das casas e, consequentemente, rendibilidades elevadas do investimento imobiliário. A estratégia para a política de habitação, designada Nova Geração de Políticas de Habitação (NGPH), definida pela recentemente criada Secretaria de Estado da Habitação, em 2017, é reveladora do poder do sector imobiliário. Com efeito, como iremos mostrar, a NGPH não só preserva o quadro regulatório do sector, como as propostas de política preconizadas promovem ainda mais os seus interesses.[4]

[4] Esta secção discute o documento governamental "Para uma nova geração de políticas de habitação", divulgado em outubro de 2017 e disponível em www.portugal.gov.pt (consultado em janeiro de 2019). Exceto quando indicado o contrário, as citações desta secção referem-se a este documento.

3.1. A Nova Geração de Políticas de Habitação

A NGPH define quatro objetivos de política: 1. dar resposta às famílias que vivem em situação de grave carência habitacional; 2. garantir o acesso à habitação a todos os que não têm resposta por via do mercado; 3. criar condições para que a reabilitação seja a principal forma de intervenção ao nível do edificado e do desenvolvimento urbano; e 4. promover a inclusão social e territorial e as oportunidades de escolha habitacionais.

O primeiro objetivo procura dar resposta às necessidades habitacionais mais graves e urgentes, designadamente através de apoio financeiro a entidades públicas e assistenciais para a oferta de alojamentos a valores acessíveis (Programa 1.º Direito), ou de apoio financeiro direto aos agregados familiares desprovidos de habitação, em resultado de causa imprevisível, como, por exemplo, desastres naturais (Programa Porta de Entrada). A dotação orçamental para 2019 com este objetivo é de 40 milhões de euros, destinando-se, na íntegra, ao Programa 1.º Direito. A transferência de verbas para o Programa Porta de Entrada está dependente da ocorrência de acontecimentos que o justifiquem, tal como intempéries que provoquem o desalojamento da população.

O terceiro objetivo visa apoiar a reabilitação e revitalização urbana, sendo o Instrumento Financeiro para a Reabilitação e Revitalização Urbanas (IFRRU 2020) a medida mais significativa, que visa a reabilitação de edifícios com idade igual ou superior a 30 anos, ou em mau estado de conservação. Este instrumento prevê um montante total de financiamento de 1400 milhões de euros para o período 2016–2023, proveniente de diversas fontes, incluindo o Banco Europeu de Investimento (BEI), o Banco de Desenvolvimento do Conselho da Europa (CEB), os Fundos Estruturais e de Investimento (FEEI) e o Orçamento de Estado (em 2018 com um montante de 20,5 milhões). Como o próprio nome indica, este é um instrumento financeiro destinado a apoiar o crédito bancário para o investimento em reabilitação.[5] As medidas de apoio à reabilitação também contemplam o financiamento de operações de reabilitação de edifícios que se destinem ao arrendamento habitacional. O Programa Reabilitar

[5] Em dezembro de 2018 existiam 265 pedidos de financiamento, perfazendo um total de 733 milhões de euros, estando 71 destes pedidos contratualizados e correspondendo a 265 milhões de euros (consultado a 11.02.2019, em www.portaldahabitacao.pt).

para Arrendar, o único que tem este objetivo explícito previa, em 2018, uma linha de financiamento do Banco Europeu de Investimento (BEI) e do Banco de Desenvolvimento do Conselho da Europa (CEB), com uma dotação total de 50 milhões de euros.

O quarto objetivo contempla medidas de teor organizativo para a gestão e implementação dos programas em curso, bem como um conjunto de ações facilitadoras da mobilidade habitacional, com diminuto impacto orçamental.[6]

Independentemente do mérito destes objetivos de apoio a situações de maior urgência habitacional e à reabilitação do edificado, o cerne da estratégia da política de habitação encontra-se nas medidas propostas para o segundo objetivo — garantir o acesso de todos a habitação adequada —, que passamos a analisar com mais detalhe.

3.2. O acesso à habitação

A estratégia para a habitação afirma de forma clara e inequívoca a necessidade de inverter a orientação de "uma política de habitação cujos principais instrumentos assentaram na construção de novos alojamentos e no apoio à compra de casa para uma política que privilegia a reabilitação e o arrendamento" (*ibidem*: 6).[7] Contudo, as medidas propostas afiguram-se insuficientes para inverter esta tendência, seja pela reduzida dotação orçamental devotada à habitação, seja pelos instrumentos que mobiliza, assentes em estímulos fiscais e na criação de novos instrumentos financeiros, que não terão um impacto significativo na oferta de alojamentos para arrendamento direcionado às famílias de rendimentos médio-baixos. Se, por um lado, a dotação orçamental para a habitação em 2019 é de 257,5 milhões de euros, correspondendo a 0,8 % da despesa das funções sociais do Estado, e não se sabendo ao certo que parte caberá à implementação das medidas referentes a este objetivo; por outro lado, os instrumentos financeiros propostos dificilmente contribuirão

[6] Com um valor estimado de dois milhões de euros para os anos de 2018 e 2019.

[7] A necessidade de uma inversão da política de habitação, e nestes moldes, já havia sido notada anteriormente, mas sem grande resultado prático (consulte-se, por exemplo, IHRU, 2015).

para promover o arrendamento a preços acessíveis, visando "os agregados familiares de rendimentos intermédios que não consegue(m) aceder a uma habitação adequada no mercado sem que tal implique uma sobrecarga sobre o seu orçamento familiar" (*ibidem*: 16).[8]

O Programa de Arrendamento Acessível é a principal medida que visa promover a oferta alargada de habitação para o arrendamento a preços viáveis face aos rendimentos dos agregados familiares. Tomando como um dado inquestionável a inviabilidade económica das rendas a preços acessíveis, e não deixando de, paradoxalmente, considerar os "preços excessivos das rendas dos fogos disponíveis", este programa "[t]erá por base incentivos fiscais para as entidades públicas e privadas, coletivas e singulares, que coloquem os seus prédios ou frações urbanas em arrendamento habitacional permanente com o limite de valor de renda definido pelo programa" (*ibidem*: 17). No documento estratégico, propõe-se a isenção da tributação dos rendimentos prediais em sede de Imposto sobre o Rendimento de Pessoas Singulares (IRS) e uma redução de pelo menos 50 % do Imposto Municipal sobre Imóveis (IMI), podendo chegar à isenção, por decisão da Assembleia Municipal. Em contrapartida, o proprietário reduz a renda em 20 % face ao valor de mercado (*ibidem*: 17–18).

Contudo, o Programa de Arrendamento Acessível recentemente aprovado na Assembleia da República prevê a isenção total de impostos sobre os rendimentos prediais, em sede de IRS e de Imposto sobre o Rendimento de Pessoas Coletivas (IRC), desde que a renda não ultrapasse um limite máximo (supõe-se que a renda não possa ser superior a 80 % da mediana do preço de mercado a definir por portaria) e os arrendatários não tenham de suportar uma taxa de esforço excessiva (supõe-se que a renda não possa exceder 35 % dos rendimentos do agregado), condições que mantêm os preços elevados e excluem as famílias de mais baixos rendimentos.[9]

---

[8] No Orçamento de Estado para 2019 estão explicitadas as seguintes transferências: 40 milhões para o Programa 1.º Direito, 18 milhões para o Programa Porta 65 e 150 mil euros para o Projeto Reabilitar com Regra (consultado a 11.02.2019, em http://app.parlamento.pt).

[9] A Lei n.º 2/2019 de 9 de janeiro (aprovada com voto a favor do PS, votos contra do PCP, BE, CDS-PP e PEV, e abstenção do PAN e do PSD) autoriza o governo a aprovar um regime especial de tributação com a isenção de tributação dos rendimentos prediais decorrentes de arrendamento ou subarrendamento habitacional no âmbito do Programa

Esta medida afigura-se como ineficaz porque o seu efeito sobre a oferta de novos alojamentos para o arrendamento será diminuto onde estes são mais necessários, isto é, nos centros urbanos onde a atratividade de usos alternativos ao arrendamento acessível ou de longa duração se faz sentir com mais intensidade. Tal é referido explicitamente pelos representantes dos proprietários. Luís Menezes Leitão (2019), presidente da Associação Lisbonense de Proprietários, vaticina que este regime não terá adesão por parte dos proprietários porque o desconto concedido aos inquilinos é excessivo em sua opinião, o seguro obrigatório para acautelar os riscos do incumprimento não pode repercutir-se no valor da renda, que será determinada administrativamente, e porque a seleção dos inquilinos está vedada aos senhorios, ficando exclusivamente a cargo do Programa.

Mesmo que venha a ter alguma adesão por parte dos proprietários, não é expectável que esta medida tenha um impacto significativo sobre o valor das rendas. Em virtude do atual momento especulativo do mercado imobiliário, um desconto de 20 % sobre o "valor de referência de mercado", tal como é apresentado, não tornará as casas mais acessíveis. Desde 2014 que os preços da habitação não param de aumentar (cf. Ferreira *et al.* e Santos, neste volume). Apenas no primeiro trimestre de 2018 registou-se um crescimento superior a 20 % do preço mediano de alojamentos vendidos nas cidades do Porto e de Lisboa, face ao período homólogo de 2017, sendo este valor de 7,8 % para o país (INE, 2018a).[10] Quer isto dizer que um desconto de 20 % não compensará a evolução recente das rendas onde estas são mais inacessíveis.[11] Por outro lado, ao tomar como referência o valor de mercado das rendas, esta medida não

---

de Arrendamento Acessível. Esta Lei impõe ainda como condição de acesso ao referido regime fiscal a celebração de um contrato de seguro obrigatório.

[10] O INE iniciou a divulgação de estatísticas de rendas da habitação ao nível local com base em dados de natureza administrativa apenas em 2018. Estas estatísticas não permitem ainda traçar a evolução recente do valor das rendas. No entanto, não só permitem mostrar uma correlação forte entre os valores de arrendamento e de venda, como revelam uma sobrevalorização dos valores de arrendamento face aos valores dos preços da habitação em Lisboa e no Porto (INE, 2018b).

[11] Lança (2019) estima que uma casa de 100 m^2 num bairro de Lisboa com valor mediano mais elevado (962 euros) não poderá ser arrendada por mais de 769,2 euros a famílias com rendimento mensal de pelo menos 2200 euros, o que exclui uma grande parte das famílias de classe média, já que o salário médio mensal não chega aos 900 euros líquidos. Num bairro com o valor mais baixo da cidade, este valor poderá descer

só não trava a sua subida, como acaba por contribuir para a dinâmica especulativa que procura conter. Assim sucede porque, efetivamente, o preço das rendas se mantém, já que o desconto a conceder aos inquilinos, definido a partir dos valores de mercado em crescimento, será pelo menos parcialmente pago pelo Estado aos proprietários através de descontos ou isenções fiscais. Em suma, nos principais centros urbanos as rendas só continuarão a ser acessíveis às classes de rendimentos mais elevadas.

A ineficácia desta medida é potenciada pela redução da tributação dos contratos de arrendamento mais longos sem qualquer imposição de valores máximos para as rendas. No mesmo dia em que se aprovou a isenção total de rendimentos prediais no âmbito do Programa de Arrendamento Acessível, foi também aprovada a Lei que prevê a redução da taxa de IRS sobre rendimentos prediais, que se situa nos 28 %. Assim, aos rendimentos prediais decorrentes de contratos de arrendamento com duração igual ou superior a dois anos e inferior a cinco é aplicada uma redução de dois pontos percentuais, e por cada renovação com igual duração é aplicada uma redução de dois pontos percentuais até ao limite de 14 pontos percentuais. Nos contratos de cinco anos a redução é de cinco pontos percentuais, passando de 28 % para 23 %. Aos contratos de arrendamento de duração de dez anos aplica-se automaticamente 14 %, taxa que é reduzida para 10 % nos casos de contratos de 20 anos ou mais.[12] O que se espera é que os incentivos fiscais contribuam para o aumento da oferta de alojamentos que visam o arrendamento de longa duração. Neste caso, Luís Menezes Leitão (2019) considera a medida positiva, já que "[e]stas reduções poderão estimular de facto a celebração de contratos mais longos". No atual momento, não é certo que efeito terá esta medida sobre a oferta de alojamentos para a classe média; sendo certo, no entanto, o efeito sobre os impostos dos senhorios que já operam no mercado.

À eficácia duvidosa destas medidas acresce a sua profunda iniquidade. Com efeito, os descontos concedidos através de benefícios fiscais aos senhorios representam uma transferência de rendimento do Estado para estes, mantendo as rendas elevadas, mesmo no caso dos inquilinos

até aos 546 euros, ao qual poderão aceder famílias com rendimento mensal superior a 1500 euros.

[12] Lei n.º 3/2019 de 9 de janeiro, aprovada com os votos a favor do PS e PSD, votos contra do PCP, BE e PEV, e abstenção do CDS-PP e PAN.

que venham a beneficiar de um desconto de 20 %, o que amplifica a desigualdade entre os proprietários e os demais, bem como as disparidades de classe que lhe subjazem. Por sua vez, esta transferência de rendimento significa menores receitas fiscais e, consequentemente, menos recursos para medidas socialmente mais justas, como a provisão pública de alojamentos para o arrendamento a preços acessíveis. Outras medidas padecem do mesmo problema.

O preexistente, mas reforçado, Programa Porta 65 Jovem (com uma dotação orçamental para 2019 de 18 milhões) é um sistema de apoio financeiro ao arrendamento por jovens, que atribui uma percentagem do valor da renda como subvenção mensal, contribuindo também para sustentar "os preços excessivos das rendas". De resto, o reforço financeiro do programa para permitir o alargamento da idade elegível dos beneficiários dos 30 para os 35 anos, e a renovação da candidatura de 36 para 60 meses, terá como principal efeito imediato prolongar o apoio às mesmas pessoas por um período mais longo, mais do que alargar a medida a novos beneficiários.

A criação de um seguro de arrendamento é outra medida do mesmo programa que procura estimular o arrendamento. Ela garante aos proprietários o pagamento das rendas em caso de incumprimento por parte dos arrendatários, evidenciando uma preferência da NGPH por soluções financeiras que visam lidar com a escassez de oferta de habitação no mercado de arrendamento, e com a fraca adesão por parte dos proprietários, como vimos.[13]

O Fundo Nacional de Reabilitação do Edificado (FNRE), criado em 2016, é outro instrumento mobilizado para promover o mercado de arrendamento. Consiste num fundo especial de investimento imobiliário fechado, de subscrição particular e de duração indeterminada, ao qual se aplicam as normas e os regulamentos gerais relativos aos fundos de investimento imobiliário, bem como a supervisão da Comissão de Mercado de Valores Mobiliários (CMVM). A Fundiestamo, Sociedade Gestora de Fundos de Investimento Imobiliário, S.A., detida integralmente por capitais públicos, tem a responsabilidade de gerir este fundo, dispondo

[13] Com uma dotação orçamental prevista de cinco milhões de euros, a única verba orçamental explicitada para o Programa de Arrendamento Acessível.

de um investimento que pode atingir os 1400 milhões de euros do Fundo de Estabilização Financeira da Segurança Social (FEFSS).[14]

Dispondo de fundos públicos, o FNRE tem a missão de reabilitar património público, devoluto ou disponível, para posterior arrendamento, incluindo o arrendamento habitacional a custos acessíveis (isto é, com rendas 20 % inferiores ao seu preço de mercado), o que promove o aumento da oferta pública de habitação neste segmento do mercado. Está previsto que numa fase inicial possam participar entidades públicas da administração central e local e ainda entidades do Terceiro Sector, e que numa fase posterior se possa abrir a participação a outras entidades, públicas e privadas, incluindo pessoas singulares. Nas palavras do presidente da Fundiestamo, Alberto Souto Miranda, o FNRE permite aos participantes promover a reabilitação dos seus imóveis, sem terem de recorrer ao endividamento ou à mobilização de capitais próprios, dispensando-as além disso, "dos ónus das contratações e obras" e garantindo "uma rentabilidade aos participantes muito acima do que a banca pratica".[15] O que não é sublinhado é que esta reabilitação é feita à custa da alienação dos imóveis do Estado e dos institutos públicos para o Fundo. Ou seja, as entidades públicas (Ministérios, Autarquias, IPSS, Universidades e Politécnicos) transferem para o fundo os seus imóveis, recebendo em troca unidades de participação e a promessa de uma rendibilidade atrativa. Os detentores destas unidades têm ainda a vantagem de beneficiar de isenção de IRS e IRC (exceto nas mais-valias de alienação das unidades de participação), IMI, IMT, imposto de selo, taxa de supervisão da CMVM,

---

[14] O FEFSS, criado pelo Decreto-Lei n.º 259/89, de 14 de agosto, tem como objetivo a estabilização dos saldos do regime geral da Segurança Social. O FEFSS é gerido pelo Instituto de Gestão de Fundos de Capitalização da Segurança Social, devendo levar a cabo uma política de investimentos tendente à "obtenção a médio prazo da maximização dos valores dos investimentos, salvaguardando as melhores condições de estabilidade e liquidez" (Portaria n.º 1273/2004). A mobilização de capital do FEFSS para investimento imobiliário é não só uma demonstração da dificuldade de financiamento das políticas públicas, como da dependência do governo de engenhosas soluções financeiras para garantir o investimento em áreas fundamentais, como a reabilitação do património do Estado. Fica também claro que o FNRE não deixa de ser um fundo imobiliário, podendo o FEFSS deter até 10 % dos seus ativos em unidades de participação deste tipo de veículos financeiros, o que explica o valor de 1400 milhões de euros que lhe é destinado.

[15] "FNRE já tem 17 subfundos criados", suplemento "Imobiliário", jornal *Público*, 28 de novembro de 2018 (p. 15).

e ainda de IVA reduzido. Na medida em que a constituição destes fundos impõe um investimento mínimo de 51 % em alojamento residencial (em área bruta, por município, por subfundo), os restantes 49 % podem ter outros fins mais proveitosos, reforçando a viabilidade do investimento.[16]

Em novembro de 2018, o FNRE integrava 17 instituições aderentes, que constituiriam 17 subfundos criados para a recuperação de 49 imóveis, correspondendo a 219 fogos, bem como 1000 camas para estudantes, que se espera estarem disponíveis no último trimestre de 2019. Este é um investimento no total de 37,7 milhões de euros, que abrange cinco municípios (Tomar, Abrantes, Santarém, Idanha-a-Nova e Gouveia), três universidades, dois politécnicos e uma misericórdia. O objetivo, pouco realista dado o ritmo de implementação desta medida, é que em 2021 se alcance a existência de 700 mil camas, com 1350 fogos.[17] No entanto, destes fogos não se conhece a percentagem destinada a habitação, muito menos ao arrendamento acessível. Seja como for, o contributo será, na melhor das hipóteses, modesto.

Perante a exiguidade do orçamento da habitação e a escassez de recursos das autarquias para a preservação do património municipal, e mais ainda para levar a cabo uma política de habitação própria (à exceção talvez das duas principais autarquias do país), o FNRE é um instrumento aliciante. É também um mecanismo expedito de transferência do património público para a posse de um fundo imobiliário, que converte o património público em ativo financeiro. Mais relevante, talvez, é a expansão da lógica financeirizada às entidades públicas, que se tornam investidoras do património do Estado, aliciadas pela expectativa de uma rendibilidade atrativa. Segundo o Decreto-Lei n.º 150/2017, de 6 de dezembro, que estabelece o regime especial de afetação de imóveis ao FNRE:

> Apesar de a integração dos imóveis do domínio privado do Estado e dos institutos públicos no FNRE decorrer da sua alienação, a aplicação desses imóveis no fundo de investimento constitui uma fonte de rendimento susten-

[16] Consultado a 11.02.2019, em http://www.fundiestamo.com/index.php/fundos/area-fnre.

[17] "FNRE já tem 17 subfundos criados", suplemento "Imobiliário", jornal *Público*, 28 de novembro de 2018 (p. 15).

> tável para entidades gestoras do património imobiliário público, através das respetivas unidades de participação. Prevê-se ainda que os rendimentos das unidades de participação no FNRE possam ser aplicados na conservação do parque edificado público através do Fundo de Conservação e Reabilitação Patrimonial, constituindo um ciclo virtuoso e sustentável no qual o património disponível é rentabilizado, libertando as entidades de encargos com a sua reabilitação e posterior conservação, bem como das tarefas de gestão, e gerando receitas que podem ser aplicadas na conservação do património imobiliário público essencial à atividade administrativa. (p. 6537)

Significa isto que o FNRE terá de encontrar o equilíbrio entre dois objetivos contraditórios: por um lado, aumentar a oferta de alojamentos com rendas acessíveis; e, por outro, oferecer um produto financeiro atrativo aos seus participantes e principal financiador, o FEFSS.[18] Visa-se garantir este último através de um regime fiscal muito favorável, como vimos, e ainda do uso que se dará ao património não destinado ao arrendamento acessível. A pressão no sentido de usos que garantam elevada rendibilidade (nomeadamente de carácter especulativo) será, por isso, elevada. No entanto, as rendibilidades destes investimentos dependem da evolução do preço dos imóveis, que contém um elemento de imprevisibilidade, embora o investimento imobiliário esteja, no presente, em alta e proporcione rendimentos superiores aos de aplicações mais conservadoras como os depósitos bancários.

Admitindo que o FNRE permitirá reabilitar património público, e que parte deste poderá ser alocado ao arrendamento, acessível ou não, coloca-se ainda a questão sobre o que sucederá a este património quando o fundo se extinguir, sendo que a transferência do património público para o fundo não garante a aquisição posterior por parte dos anteriores proprietários (estando dependente do acordo dos restantes participantes). Neste caso, o FNRE constituir-se-á como um instrumento de alienação

---

[18] Esta tensão entre os objetivos da política de habitação (ou seja, aumentar a oferta de arrendamento acessível) e o imperativo da rendibilidade é um traço distintivo do FNRE, reconhecido por Ana Pinho, em entrevista concedida a 1 de junho de 2017, então vogal do Conselho de Administração da Fundiestamo antes de assumir, a 14 de julho de 2017, a função de secretária de Estado da Habitação.

do património público, algo que não tem merecido grande atenção no debate público.[19]

A criação de um regime fiscal regulatório que permita a constituição das sociedades de investimento em património imobiliário (conhecidas por *Real Estate Investment Trusts*) é outra das medidas elencadas para a promoção do mercado de arrendamento. Em Portugal, estes instrumentos irão adotar a denominação Sociedade de Investimento e Gestão Imobiliária, S.A. (SIGI). À semelhança dos fundos de investimento imobiliário (cf. primeiro capítulo), as SIGI também transformam a propriedade imobiliária num ativo financeiro, permitindo: a captação de poupanças de pequenos investidores através da aquisição de um ativo com liquidez e diversificação de risco (relativamente ao investimento num único imóvel); uma gestão profissional do património imobiliário; um regime fiscal favorável, que contribui para a rendibilidade do investimento; e a libertação do ónus associado à propriedade (custos de transação e manutenção, fiscalidade, iliquidez, relação com os inquilinos, etc.). A principal diferença é que, relativamente aos fundos imobiliários, as SIGI são sociedades anónimas cotadas, o que torna mais fácil o acesso a este tipo de investimento por parte dos pequenos investidores, bastando-lhes adquirir ações destas sociedades no mercado de capitais.

As SIGI foram inicialmente apresentadas como um instrumento de captação de nova oferta para arrendamento habitacional.[20] Contudo, o Decreto-Lei n.º 19/2019 que as aprova apresenta um propósito bastante diferente. Os dois primeiros parágrafos do preâmbulo deste Decreto-Lei destacam, em primeiro lugar, a "captação de investimento direto estrangeiro" e a sua importância "estratégica para a expansão dos recursos financeiros e não financeiros disponíveis na economia portuguesa", e, em segundo lugar, "a diversificação das fontes de financiamento e a dinamização e competitividade do mercado de capitais", ou seja, a "promoção do financiamento das empresas mediante o recurso a capitais próprios"

---

[19] Outra questão que gera preocupação e que não tem sido suficientemente sublinhada é a isenção das obras de reabilitação relativamente às regras e prazos da contratação pública, o que pode dar azo a processos menos transparentes (Roseta, 2019).

[20] Veja-se "Para uma nova geração de políticas de habitação" (p. 18), consultado a 11.02.2019, em www.portugal.gov.pt, e ainda Baptista (2018).

e menor "dependência do financiamento bancário".[21] O seu eventual papel na dinamização do mercado de arrendamento habitacional não é referido no preâmbulo, nem no articulado legal. O que se refere no artigo 7.º, é que as SIGI têm como atividade principal "[a] aquisição de direitos de propriedade, de direitos de superfície ou de outros direitos com conteúdo equivalente sobre bens imóveis, para arrendamento ou para outras formas de exploração económica", especificando que esta aquisição pode ter como objeto o "desenvolvimento de projetos de construção e de reabilitação de imóveis" ou a "sua afetação à utilização de loja ou espaço em centro comercial, ou utilização de espaço em escritórios". Isto significa que a expectativa é que as SIGI desenvolvam a atividade de construção e reabilitação e o arrendamento comercial, podendo ainda realizar investimentos, até um determinado limite, em veículos semelhantes, incluindo os fundos de investimento imobiliário de arrendamento habitacional.

Do ponto de vista legal, as SIGI têm obrigação de se constituir sob a forma de sociedades anónimas, com um capital social mínimo de cinco milhões de euros, sendo que as suas ações devem ser negociadas em mercado, e no prazo máximo de um ano a partir da data de constituição das mesmas. Estas sociedades estão sujeitas a requisitos de dispersão do capital, ao cumprimento de um limite máximo de endividamento, e a regras de composição do seu património. A obrigação de distribuição de dividendos (entre 75 % e 90 %) torna-as particularmente atrativas para os investidores, assim como o regime fiscal mais favorável, semelhante ao dos fundos de investimento imobiliário.

Fica claro que o objetivo deste instrumento é sobretudo a captação de novo investimento para o sector imobiliário, designadamente comercial, ajustando-se à trajetória recente do investimento estrangeiro e institucional focado neste segmento de mercado (Banco de Portugal, 2018). Mas daqui não decorre que estas sociedades não venham a ter impacto no mercado de arrendamento residencial. No atual momento do mercado imobiliário português, o mais provável é que estas sociedades venham a estimular ainda mais a procura de imóveis para outros usos, reduzindo a oferta e fazendo subir os preços das casas e das rendas.

[21] Consultado a 11.02.2019, em https://dre.pt/web/guest/pesquisa/-/search/118562 581/details/normal?q=19%2F2019.

A reação dos agentes financeiros à criação das SIGI mostra como estas são exclusivamente percecionadas como um novo instrumento financeiro. José Veiga Sarmento, presidente da Associação Portuguesa de Fundos de Investimento, Pensões e Património (APFIPP), declara ser "sempre favorável a que sejam instituídos veículos que dinamizem os sectores que representa" e espera que estes contribuam para a "atração de novos investidores, que farão crescer e desenvolver este mercado [imobiliário]". Dominique Moerenhout, diretor da European Public Real Estate Association (EPRA), apelidou a criação destas sociedades de "grande desenvolvimento", encarando-as como "um remédio eficaz que ajuda os países a recuperarem-se da crise financeira" através da angariação de "capital que não só produz retornos atraentes para os investidores, mas também traz de volta ativos para a economia real". Sublinha ainda que "[o]s edifícios não só são [espaços] onde todos trabalhamos e vivemos, mas também beneficiam pensionistas, aforradores e contribuintes" (*apud* Marvão, 2019). A subordinação do imobiliário à finança não podia ser mais clara.

Em suma, as políticas previstas para a promoção do arrendamento habitacional circunscrevem-se a isenções fiscais e a novos mercados financeiros para estimular a disponibilização de mais imóveis para o arrendamento por parte de proprietários, públicos e privados. Porém, as isenções fiscais para o arrendamento acessível não parecem estar a cativar os senhorios. Já as reduções de IRS para o arrendamento de longa-duração parecem agradar mais. No entanto, o seu efeito sobre o mercado de arrendamento, sobretudo onde este é mais exíguo, não é muito animador. O impacto do FNRE é até ao momento modesto, tratando-se de um instrumento de reabilitação de património público que deverá gerar alguma rendibilidade para os investidores públicos. Por seu lado, as SIGI não têm por objeto o mercado de arrendamento para aqueles "que não têm resposta por via do mercado". Resumindo, a política de habitação continua a ser, no essencial, uma política de incentivos fiscais. Contudo, há uma mudança significativa: o imobiliário, público e privado, é cada vez mais percecionado como uma fonte de rendibilidade para o investidor, que é o principal beneficiário daqueles incentivos fiscais na expetativa de que o seu investimento estimule o mercado de arrendamento.[22] À semelhança do que Engels vaticinava no seu tempo,

[22] Em 2018, os fundos imobiliários foram o produto financeiro mais rentável, com uma rendibilidade média superior a 3 % (Abreu, 2019).

e talvez com mais acuidade na atual fase de capitalismo financeirizado, não é expectável que a questão da habitação se venha a resolver deste modo.

3.3. A financeirização da habitação e do Estado

A pertença a uma Zona Euro, que impõe ao governo português um quadro macroeconómico de austeridade permanente, no contexto de livre circulação de capitais que lhe está associado, obriga a que a política pública assente cada vez mais em estímulos fiscais e engenhosas soluções financeiras para incentivar promotores privados (e públicos) a fazer o que o Estado não consegue fazer. Os governantes são, assim, instigados a definir o quadro regulatório necessário para a criação de novos produtos e mercados financeiros e a oferecer vantajosas condições fiscais para garantir que os privados executem, ao menos parcialmente, as políticas públicas.

Como se procurou mostrar, a eficácia de instrumentos financeiros, como os fundos de investimento ou as novas SIGI, para a prossecução de objetivos de política habitacional é duvidosa. Mesmo com aliciantes incentivos fiscais, dificilmente os investidores privados canalizarão o seu capital para o segmento de mercado dos grupos de rendimento baixo e intermédio. Estes instrumentos visam, pelo contrário, a captação de investimento estrangeiro de que a economia portuguesa necessita, evidenciando a subordinação do sector imobiliário aos interesses do capital financeiro estrangeiro. Conclui-se que a promoção de fundos de investimento imobiliário e de novas sociedades imobiliárias, que granjeia forte apoio por parte dos agentes financeiros e imobiliários, não irá ter grande impacto no mercado de arrendamento para as classes que dele necessitam.

A enorme dependência da economia relativamente ao sector imobiliário, como um dos seus principais motores, garante a manutenção do quadro regulatório que vem estimulando o investimento estrangeiro, como os Vistos Dourados ou o Regime Fiscal para o Residente não Habitual, e que tem efeitos perniciosos sobre o arrendamento. Revelador da correlação de forças neste momento, na VI Semana de Reabilitação do Porto,[23] que

[23] Este evento foi organizado pela Vida Imobiliária (https://vidaimobiliaria.com), que é uma plataforma de informação imobiliária, a mesma que produz o suplemento "Imobiliário" das quartas-feiras do jornal *Público*, onde se publica regularmente os

decorreu de 26 de novembro a 1 de dezembro de 2018 e que contou com a presença de Ana Pinho, a secretária de Estado da Habitação, Manuel Reis Campos, presidente da Associação dos Industriais da Construção Civil e Obras Públicas (AICCOPN), lembra que só em 2017 as receitas do IMI e do IMT ascenderam a quase 2,5 mil milhões de euros, o que representa um aumento de 42 % face ao valor registado em 2011, e apela ao valor sagrado da estabilidade fiscal e legislativa, "o alicerce essencial para promover e atrair o investimento privado".[24]

Contudo, este investimento privado significa uma presença cada vez mais forte do capital financeiro estrangeiro, representando uma transferência de propriedade para uma elite atraída por generosas mais-valias geradas com forte apoio fiscal do Estado português. Significa também mais segmentação social e espacial, com a continuada transferência de rendas fundiárias dos agentes nacionais para o exterior, isto é, das famílias e empresas portuguesas, as que se desfazem da sua propriedade a preço de saldo, arrendam caro, sustentam os benefícios fiscais e são empurradas do centro das cidades para os seus arredores.

4. POR OUTRA ESTRATÉGIA, POLÍTICAS E INSTRUMENTOS DE HABITAÇÃO

A resolução da questão da habitação financeirizada exige uma estratégia radicalmente divergente da preconizada na Nova Geração de Políticas de Habitação. A promoção de habitação a preços acessíveis requer formas não mercantis e não financeirizadas de provisão, o que implica uma mobilização do património habitacional público, e sua reabilitação para o arrendamento, nos vários regimes de renda apoiada, condicionada e a preços acessíveis, e que não esteja dependente de incentivos e estímulos fiscais.

Uma intervenção direta do Estado mais significativa, e nestes moldes, pode parecer inconcebível perante os constrangimentos da economia portuguesa no atual quadro europeu, que ao impor contenção orçamental permanente impede o investimento em sectores de elevado valor acrescentado,

---

artigos de opinião dos principais agentes do sector (que citamos abundantemente neste capítulo), e que é muito revelador do poder e da presença deste sector no debate público.

[24] Cf. suplemento "Imobiliário", jornal *Público*, 28 de novembro 2018 (p. 16).

assentes em mão de obra qualificada, mas fomenta a financeirização da economia e da sociedade, por via do endividamento e da expansão dos mercados financeiros, sendo a NGPH exemplar. Contudo, há políticas que poderiam ser prosseguidas que não implicariam um aumento da despesa pública e seriam de implementação imediata.

A revogação de todas as medidas geradoras de dinâmicas especulativas, como o Regime de Autorização de Residência para Atividade de Investimento (os Vistos Dourados) e o Regime Fiscal para o Residente não Habitual, seria de fácil aplicação e teria efeitos imediatos sobre a contenção da procura que não tem como principal motivação a satisfação de uma necessidade habitacional. A revisão da Lei do Arrendamento Urbano seria outra medida sem impactos orçamentais e bastante eficaz na reposição de uma relação contratual mais equilibrada entre proprietários e inquilinos, alargando o prazo para os contratos de arrendamento e introduzindo um mecanismo não especulativo para o cálculo das rendas. A promoção da habitação acessível requereria que o Estado assumisse a regulação da provisão deste bem essencial, garantindo a proteção das partes contratuais mais fracas em mercados assimétricos e desiguais, ao invés de ser o principal agente dos mais fortes, concedendo-lhes cada vez mais incentivos fiscais.

A promoção da habitação acessível passaria também por um melhor ordenamento do território, com políticas integradas de solos, de construção e de regeneração urbana. Estas teriam a capacidade de combater a especulação imobiliária, designadamente através da apropriação pública das mais-valias decorrentes de políticas que intervêm sobre o uso dos solos, por exemplo através da reclassificação de usos permitidos, limitando assim operações de carácter especulativo e o resultante impacto nos preços dos solos e do imobiliário.[25]

---

[25] Helena Roseta, em entrevista concedida a 28 de abril de 2017, enfatiza a importância de uma política de solos capaz de conter esta multiplicação de valor dos imóveis, que se repercute inevitavelmente no preço final de compra ou na renda. Sendo algo que se discute há bastante tempo, lamenta ainda não ter sido implementada legislação a tempo de conter a última bolha imobiliária. Com efeito, Bingre (2011) há muito identificou um conjunto de medidas que poderiam ter sido adotadas para levar a cabo uma política de solos com este objetivo. Consulte-se ainda Teles (2019) para uma análise do papel central da terra na relação entre a finança e a habitação.

Dir-se-á que assim se afugenta os investidores privados do sector imobiliário. Mas os problemas com que a economia e a sociedade se confrontam dizem precisamente respeito aos desequilíbrios gerados pelo peso excessivo que estes sectores têm na economia portuguesa e que fragilizam o Estado, cada vez mais vulnerável ao seu poder económico e político na condução das políticas públicas. Ademais, a eliminação dos incentivos fiscais ao investimento imobiliário libertaria receitas para outras políticas. Isso teria efeitos benéficos sobre outros sectores de atividade económica, contendo a continuada transferência de riqueza dos sectores produtivos para os sectores que vivem e se alimentam da especulação.

A eliminação daqueles incentivos poderia ainda contribuir para recentrar a política de solos na prossecução de objetivos de coesão socioterritorial, e de correção dos desequilíbrios territoriais que o investimento imobiliário desenfreado vem produzindo (cf. Reis, neste volume). A contenção da especulação imobiliária, por esta via, teria ainda a vantagem de combater a fraude e a corrupção, que frequentemente se observa quando se altera o estatuto de um terreno (por exemplo de rústico para urbanizável) ou a utilização que lhe pode ser dada (nomeadamente aumentando os índices de ocupação permitida), através da ratificação, revisão, alteração ou suspensão de um Plano Diretor Municipal, de um Plano de Pormenor, ou desafetação de uma Reserva Nacional.[26]

Apesar de estas medidas de teor regulatório não representarem despesa pública, elas não são realistas no atual contexto, dado que representam uma inversão de estratégia, de políticas e instrumentos. Esta dificuldade resulta, em parte, da profunda imbricação entre a finança e a habitação, de longa data e assente em iniciativas legislativas e fiscais estreitamente alinhadas com os interesses da finança, que vêm promovendo a liberalização dos mercados imobiliários e financeiros, e mais recentemente a criação de novos mercados, dos quais o FNRE e as SIGI são um bom exemplo. Isto significa, como Engels alertava, que dificilmente a questão

[26] É frequente este tipo de alterações estarem envoltas em suspeitas de tráfico de influência e corrupção, dando origem a processos judiciais que envolvem governantes, autarcas, agentes financeiros e imobiliários. A vulnerabilidade de agentes públicos à pressão dos agentes imobiliários, sobretudo em contexto de crise e desemprego, foi um tópico recorrente nas entrevistas que realizámos a agentes do sector e especialistas no âmbito do projeto FINHABIT.

da habitação se resolverá, caso não se resolvam questões estruturais de fundo que lhe estão a montante.[27]

Com efeito, no atual momento do capitalismo financeirizado, a questão da habitação dificilmente se resolverá se não ocorrerem também outro tipo de transformações que corrijam os desequilíbrios resultantes da natureza intermédia da economia portuguesa, que no caso nacional se traduz numa dependência excessiva do imobiliário (e do turismo), e numa complacência relativamente ao sistema bancário, generosamente resgatado pelo Estado sem contrapartidas (Reis, 2018; Santos e Reis, 2018). Esta situação deve-se, em grande medida, a uma União Económica e Monetária disfuncional e assimétrica, que orientou a economia para os chamados sectores dos não transacionáveis (Rodrigues *et al.*, 2016), e mais recentemente ao condicionalismo externo, embora alinhado com importantes sectores nacionais, que agravou as debilidades estruturais da economia portuguesa (Teles, 2017; Reis, 2018; Santos e Reis, 2018). Daqui resulta que a questão da habitação implica a desfinanceirização da economia, da sociedade e do Estado, tema que já se começou a abordar em Rodrigues *et al.* (2016). Esta é uma condição prévia para uma outra economia que não se baseie na precariedade laboral, nos baixos salários e em formas mercadorizadas de provisão, que também são parte do problema habitacional (Drago, 2018).

CONCLUSÃO

A revisitação da questão da habitação de Engels surpreende pela sua atualidade. A questão da habitação de hoje também trata da extraordinária escassez de alojamentos a preços acessíveis nos centros urbanos, que expulsa as classes mais vulneráveis e as submete a condições habitacionais cada vez mais degradadas e degradantes. Esta escassez deve-se, por um lado, à lógica especulativa inerente ao capital imobiliário que favorece a construção de alojamentos para os segmentos mais favorecidos

[27] É certo que o pacote de medidas de habitação recentemente aprovado inclui algumas medidas favoráveis aos inquilinos (por exemplo maior proteção para idosos ou para pessoas com deficiência); contudo, estas alterações visam corrigir os principais problemas criados pela Lei das Rendas de 2012, mantendo-a intacta no essencial.

em espaços privilegiados, fazendo perdurar a escassez de alojamentos para a classe trabalhadora. Deve-se ainda à lógica mais vasta do modo de produção capitalista na atual fase financeirizada, geradora de gritantes desigualdades na distribuição de rendimento, que estimula o investimento imobiliário especulativo dos muito ricos, fazendo crescer o hiato entre o rendimento disponível das famílias e os custos da habitação.

A atualidade da questão da habitação deve-se ainda ao facto de a habitação ser indissociável do território onde se localiza, que é por natureza único e irreproduzível. Daí que a escassez da habitação não seja, num sentido estrito, uma questão de construção de mais alojamentos para as classes trabalhadoras, mas da sua indisponibilidade onde se localizam outros recursos produtivos e reprodutivos, o que faz aumentar o custo dos solos dessas áreas e o valor do imobiliário aí construído.[28]

Contudo, a questão da habitação de hoje não se enquadra no contexto de industrialização do século XIX ou XX. A questão da habitação de hoje não pode ser compreendida fora do contexto de financeirização das economias capitalistas mais avançadas, entre as quais se inclui Portugal, ainda que com características híbridas tendo em conta a sua posição periférica no quadro europeu. Muito menos se compreenderá a questão da habitação de hoje sem se levar em linha de conta a sua crescente imbricação com a finança, incluindo o crédito hipotecário e a metamorfose da habitação em ativo financeiro por via das suas cada vez mais variadas formas de titularização, seja através da aquisição de unidades de participação de novos fundos imobiliários, seja através da aquisição de ações de novas sociedades imobiliárias.

Contudo, o regime de propriedade continua a ser de importância decisiva. A casa própria, mesmo com encargos de crédito, é uma solução viável para segmentos importantes da população, apesar, ou por causa, da estagnação salarial e regressão do Estado Providência. Quer isto dizer que a propriedade residencial é fonte de estabilidade e autonomia económica, tendo em conta, por um lado, a evolução das rendas dos inquilinos e a

---

[28] Na verdade, não há escassez de alojamentos, mas sim um aumento da concentração da propriedade, resultado da atual fase de capitalismo financeirizado, e um agudizar de desequilíbrios vários, resultado de uma ausência de políticas de coesão social e territorial, que redunda em enormes desperdícios de recursos, habitacionais e outros (veja-se Reis, neste volume).

degradação das suas condições habitacionais, e por outro, a acumulação de riqueza que a posse de um ativo em valorização permite. Contudo, o atual modelo também mostra, aliás como nunca, as contradições e os desequilíbrios de um sistema de provisão da habitação entregue ao mercado. Ainda que este sistema tenha funcionado para segmentos importantes da população, simultaneamente aumentou a vulnerabilidade dos mais frágeis. No atual contexto de regressão social, a vulnerabilidade habitacional está a aumentar. O regime de propriedade habitacional vinca cada vez mais outras desigualdades de classe, raça, género e geracionais. Engels temia o efeito disciplinador da casa própria, que foi de resto promovido com este propósito nas últimas quatro décadas, e o facto é que as contradições do modo de produção capitalista materializadas na habitação financeirizada, de que este livro dá conta nas suas mais variadas formas, podem enfim mobilizar a população não só para a resolução da nova questão da habitação, mas também para as dinâmicas geradoras de opressão que lhes estão a montante.

A atual contestação por parte de segmentos importantes da população, designadamente de funcionários públicos, perante a degradação dos serviços públicos e perdas salariais importantes com impacto significativo na reforma, é parcialmente explicada pelo aumento dos custos de vida, onde se incluem os custos de habitação. Estes começam inclusivamente a limitar o acesso dos jovens ao ensino superior, uma vez que os custos de alojamento nas grandes e médias cidades constituem uma fatia significativa das despesas dos estudantes universitários que as famílias têm cada vez mais dificuldade em suportar. Também as tensões, cada vez mais recorrentes, em bairros sociais degradados fazem parte do mesmo mal-estar de uma sociedade cada vez mais desigual e excludente. Se a desindustrialização e a perda do poder sindical fragmentaram a classe trabalhadora, o crescente hiato entre os custos de habitação e os rendimentos de segmentos heterogéneos da população pode, enfim, mobilizá-la no sentido de lutar por uma política de habitação que garanta o acesso de todos a uma habitação digna.

REFERÊNCIAS BIBLIOGRÁFICAS

Aalbers, Manuel B. (2016), *The Financialization of Housing: A political economy approach*. London: Routledge.

Abreu, Patrícia (2019), "Fundos imobiliários lideram retornos", *Jornal de Negócios*, 7 de fevereiro. Consultado a 11.02.2019, em https://www.jornaldenegocios.pt/mercados/detalhe/fundos-imobiliarios-lideram-retornos-em-2018.

Banco de Portugal (2018), Relatório de Estabilidade Financeira, junho. Lisboa: Banco de Portugal.

Batista, Ana (2018), "Novas sociedades para investir em imobiliário avançam até ao final do ano", *Expresso*, 18 de Setembro. Consultado a 11.02.2019, em https://expresso.pt/economia/2018-09-18-Novas-sociedades-para-investir-em-imobiliario-avancam-ate-ao-final-do-ano#gs.W1xd5Ezl.

Bingre, Pedro Amaral (2011), "Análise das relações da política de solos com o sistema económico". Lisboa: Direcção-Geral de Ordenamento do Território e Desenvolvimento Urbano.

Castela, Tiago (2019), "A habitação em Portugal no projeto de desenvolvimento da Europa Ocidental: o fomento estatal da propriedade e da indústria da construção após 1968", *in* Ana Cordeiro Santos (org.), *A nova questão da habitação em Portugal: uma abordagem de economia política*. Lisboa: Actual.

Doling, John; Elsinga, Marja (2012), "Housing as Income in Old Age", *International Journal of Housing Policy*, 12(1), 13–26.

Doling, John; Ronald, Richard (2010), "Home Ownership and Asset-based Welfare", *Journal of Housing and the Built Environment*, 25(2), 165–73.

Drago, Ana (2018), "Chamam-lhe 'falha de mercado': Habitação", *Manifesto*, 1, 26–33.

Dufty-Jones, Rae (2016), "Housing and Home: Objects and technologies of neoliberal governmentalities", *in* S. Springer, K. Birch e J. MacLeavy (orgs.), *The Handbook of Neoliberalism*. New York: Routledge, 453–66.

Dymski, Gary A. (2009), "Racial Exclusion and the Political Economy of the Subprime Crisis", *Historical Materialism*, 17, 149–79.

Engels, Friedrich (1984 [1987]), *Para a questão da habitação*. Lisboa: Edições Avante! [2.ª edição].

Fernandez, Rodrigo; Aalbers, Manuel B. (2016), "Financialization and Housing: Between Globalization and Varieties of Capitalism", *Competition & Change*, 20(2), 71–88.

Ferreira, João Pedro; Silva, Nuno Baetas; Costa, João Fontes (2019), "O preço da habitação: as determinantes do valor na área metropolitana de Lisboa", *in* Ana Cordeiro Santos (org.), *A nova questão da habitação em Portugal: uma abordagem de economia política*. Lisboa: Actual.

Fine, Ben (2017), "The Material and Culture of Financialisation", *New Political Economy*, 22(4), 371–82.

Gago, Ana; Cocola-Gant, Agustin (2019), "O alojamento local e a gentrificação turística em Alfama, Lisboa", *in* Ana Cordeiro Santos (org.), *A nova questão da habitação em Portugal: uma abordagem de economia política*. Lisboa: Actual.

IHRU – Instituto da Habitação e Reabilitação Urbana (2015), "Estratégia Nacional para a Habitação: desafios e mudanças". Lisboa: Instituto da Habitação e Reabilitação Urbana. Consultado a 15.01.2019, em https://www.portaldahabitacao.pt/.

INE – Instituto Nacional de Estatística (2018a), "Estatísticas de Preços da Habitação ao nível local", 1.º trimestre de 2018, 31 de julho de 2018 (www.ine.pt).

INE – Instituto Nacional de Estatística (2018b), "Estatísticas de Rendas da Habitação ao nível local", 21 de março de 2018 (www.ine.pt).

Jordà, Òscar; Knoll, K.; Kuvshinov, D.; Schularick, Moritz., Taylor, Alan M. (2017), "The Rate of Return on Everything, 1870–2015", *NBER Working Paper*, 24112.

Jordà, Òscar; Schularick, Moritz; Taylor, Alan M. (2015), "Betting the House", *Journal of International Economics*, 96, S2-S18.

Kemeny, Jim (2005), "'The Really Big Trade-off' between Home Ownership and Welfare: Castles' evaluation of the 1980 thesis, and a reformulation 25 years on", *Housing, Theory and Society*, 22, 59–75.

Kemeny, Jim (1981), *The Myth of Homeownership: Private versus public choices in housing tenure*. Abingdon: Routledge and Kegan Paul.

Lança, Filomena (2019), "Imobiliário. Alterações para senhorios e inquilinos", *Sábado*, 3 de janeiro, 35–45.

Leitão, Luís Menezes (2019), "O novo enquadramento tributário do arrendamento", *Imobiliário Público*, 16 de janeiro, p. 2.

Marvão, Susana (2019), "Mercado aguarda com expectativa promulgação do regime de REITS", *Imobiliário Público*, 23 de janeiro, p. 2.

Mendes, Luís; Carmo, André; Malheiros, Jorge (2019), "Gentrificação transnacional, novas procuras globais e financeirização do mercado de habitação em Lisboa", *in* Ana Cordeiro Santos (org.), *A nova questão da habitação em Portugal: uma abordagem de economia política*. Lisboa: Actual.

Reis, José (2019), "O território ainda existe? Sistemas de provisão de habitação e o desperdício do país", *in* Ana Cordeiro Santos (org.), *A nova questão da habitação em Portugal: uma abordagem de economia política*. Lisboa: Actual.

Reis, José (2018), *A economia portuguesa: formas de economia política numa periferia persistente (1960–2017)*. Coimbra: Almedina.

Ribeiro, Raquel (2019), A *Casa* — Entre o sonho e a realidade", *in* Ana Cordeiro Santos (org.), *A nova questão da habitação em Portugal: uma abordagem de economia política*. Lisboa: Actual.

Roberts, Adrienne (2013), "Financing Social Reproduction: The gendered relations of debt and mortgage finance in twenty-first-century America", *New Political Economy*, 18(1), 21–42.

Robertson, Mary (2017a), "The Great British Housing Crisis", *Capital & Class*, 41(2), 195–215.

Robertson, Mary (2017b), "(De)constructing the Financialised Culture of Owner-occupation in the UK, with the Aid of the 10Cs", *New Political Economy*, 22(4), 398–409.

Rodrigues, João (2018), "Na sombra de 1989: economia política internacional depois do fim da história", *Revista Crítica de Ciências Sociais*, número especial, 189–216.

Rodrigues, João; Santos, Ana Cordeiro; Teles, Nuno (2016), *A financeirização do capitalismo em Portugal*. Lisboa: Actual.

Roseta, Helena (2019), "Imobiliário público — Um alerta", *Público*, 19 de fevereiro. Consultado a 27.02.2019, em https://www.publico.pt/2019/02/19/economia/opiniao/imobiliario-publico-alerta-1862420#gs.dNlteZ0U.

Ryan-Collins, Josh; Lloyd, Toby; Macfarlane, Laurie (2017), *Rethinking the Economics of Land and Housing*. London: Zed Books.

Santos, Ana Cordeiro (2019), "Habitação em tempos financeiros em Portugal", *in* Ana Cordeiro Santos (org.), *A nova questão da habitação em Portugal: uma abordagem de economia política*. Lisboa: Actual.

Santos, Ana Cordeiro (2017), "Cultivating the Self-reliant and Responsible Individual: The Material Culture of Financial Literacy", *New Political Economy*, 22(4), 410–22.

Santos, Ana Cordeiro; Costa, Vânia (2013), "Regular o consumidor? Novas tendências de política no sector financeiro", *Análise Social*, 209(4), XLVIII, 756–90.

Santos, Ana Cordeiro; Reis, José (2018), "Portugal: uma semiperiferia reconfigurada", *e-cadernos CES*, 29, 57–76.

Serra, Nuno (2019), "Quanto custa ser parente pobre? Do lugar periférico da habitação nas políticas sociais à sua centralidade no processo de financeirização", *in* Ana Cordeiro Santos (org.), *A nova questão da habitação em Portugal: uma abordagem de economia política*. Lisboa: Actual.

Schwartz, Herman M.; Seabrooke, Leonard (orgs.) (2009), *The Politics of Housing Booms and Busts*. Basingstoke: Palgrave Macmillan.

Silva, Rita (2019), "Crise e desigualdade habitacional: como (não) se vive em Lisboa", *in* Ana Cordeiro Santos (org.), *A nova questão da habitação em Portugal: uma abordagem de economia política*. Lisboa: Actual.

Teles, Nuno (2019), "Financeirização da habitação: a terra e renda fundiária como elos em falta", *in* Ana Cordeiro Santos (org.), *A nova questão da habitação em Portugal: uma abordagem de economia política*. Lisboa: Actual.

Teles, Nuno (2017), "O trabalho como variável de ajustamento: da teoria à prática", *in* Manuel Carvalho da Silva; Pedro Hespanha; José Castro Caldas (orgs.), *Trabalho e políticas de emprego: um retrocesso evitável*. Lisboa: Actual, 35–77.

AGRADECIMENTOS

O presente livro é o resultado da pesquisa realizada por investigadores do Centro de Estudos Sociais (CES) da Universidade de Coimbra e do Instituto de Geografia e Ordenamento do Território (IGOT) da Universidade de Lisboa, no âmbito do projeto FINHABIT – "Viver em tempos financeiros: habitação e produção de espaço no Portugal democrático", o qual beneficiou de apoio financeiro da Fundação para a Ciência e Tecnologia (FCT/MEC) e do FEDER através do Programa Operacional Competitividade e Inovação COMPETE 2020 (PTDC/ATP-GEO/2362/2014 – POCI-01-0145-FEDER-016869), sem o qual a investigação que aqui se apresenta não teria sido possível.

Este livro constitui o quarto relatório do Observatório sobre Crises e Alternativas, tendo beneficiado do seu apoio, incluindo a apresentação pública que decorreu na Fundação Calouste Gulbenkian, a 22 de janeiro de 2019. É por isso devido um agradecimento aos seus coordenadores, o anterior e o atual, Manuel Carvalho da Silva e José Reis, pelo apoio facultado até este momento, bem como à presidente da Fundação Calouste Gulbenkian, Isabel Mota, pelo bom acolhimento nesta sessão pública. É ainda devido um agradecimento a Ana Drago e a Helena Roseta, que, a nosso convite, também participaram nesta sessão, comentando alguns resultados apresentados nesta ocasião.

A coordenadora deste livro gostaria ainda de expressar o seu sincero reconhecimento a destacados especialistas da área da habitação e seus agentes, que disponibilizaram o seu valioso tempo para falar com os membros da equipa de investigação, o que ajudou a melhor compreender a complexidade e multidimensionalidade deste sistema de provisão. O nosso agradecimento é, por isso, devido a Ana Pinho, membro do Conselho de Administração da Fundiestamo à data da entrevista e atual secretária de Estado da Habitação; António Machado, secretário-geral da Associação de Inquilinos Lisbonenses (AIL); Demétrio Alves, primeiro secretário da comissão executiva da Área Metropolitana de Lisboa; Eduardo Miranda, presidente da Associação de Alojamento Local; Helena Roseta, deputada da Assembleia da República Portuguesa no grupo parlamentar do Partido Socialista e presidente da Assembleia Municipal de Lisboa; Hugo Santos Ferreira, secretário-geral da Associação Portuguesa de Promotores e Investidores Imobiliários (APPII); João Ferrão, geógrafo, tendo ocupado o lugar de secretário de Estado do Ordenamento do Território e das Cidades entre 2005 e 2009; Luís Lima, presidente da Associação dos Profissionais e Empresas da Mediação Imobiliária de Portugal (APEMIP); Maria João Freitas, então investigadora no Laboratório Nacional de Engenharia Civil (LNEC), tendo sido Vogal do Conselho Diretivo do Instituto da Habitação e da Reabilitação Urbana (IHRU, 2005–2010); e Teresa Craveiro, técnica da Câmara Municipal de Lisboa (CML), anteriormente responsável pelo departamento de planeamento estratégico, tendo coordenado a elaboração do Plano Local de Habitação (2009–2013).

Agradecemos aos 1566 respondentes do inquérito FINHABIT realizado entre 3 de abril e 3 de setembro de 2018 e às diversas instituições que colaboraram na sua divulgação *online* (órgãos municipais e das juntas de freguesia, instituições académicas e profissionais, empresas, associações sem fins lucrativos). Não sendo possível mencionar todas elas, um agradecimento em especial é devido às instituições que possibilitaram a aplicação presencial do inquérito junto da população com menos recursos socioeconómicos, em particular à Câmara Municipal de Vila Nova de Gaia, à Gaiurb e às Técnicas da Unidade de Ação Social; à Câmara Municipal do Porto e à Domus Social; à Câmara Municipal de Matosinhos e à MatosinhosHabit; à Câmara Municipal de Espinho; à Junta de Freguesia do Bonfim e à Habitar Porto; ao Centro Nacional de Apoio à Integração de Migrantes do Norte e ao Alto Comissariado para as Migrações; à Representação Norte da Médicos do Mundo e à Porto4Ageing; e à Associação Habita.

Agradecemos ainda aos 23 entrevistados que se disponibilizaram para nos contar um pouco da sua trajetória habitacional, nem sempre fácil de verbalizar. Esperamos que este livro lhes faça justiça e que, ainda que muito modestamente, contribua para melhorar a política de habitação no Portugal financeirizado.

A coordenadora e os autores dos diferentes capítulos deste livro agradecem ainda aos que leram e comentaram versões preliminares, ou que ajudaram de outros modos, nomeadamente a André Pena, Cláudia Abreu Lopes, João Neto, João Ramos de Almeida, João Rodrigues, José Carlos Costa, Pedro Abreu, Pedro Dias da Silva, Rita Cabral e Rita Gomes.

ÍNDICE